深圳证券交易所中小企业之家系列读物

中小企业板、创业板
股票发行上市问答（第3版）

IPO and Listing on SME Board & ChiNext

深圳证券交易所创业企业培训中心 编著

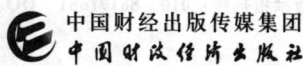

图书在版编目（CIP）数据

中小企业板、创业板股票发行上市问答／深圳证券交易所创业企业培训中心编著．—3版．—北京：中国财政经济出版社，2019.8

（深圳证券交易所中小企业之家系列读物）

ISBN 978-7-5095-9156-7

Ⅰ．①中… Ⅱ．①深… Ⅲ．①中小企业-股票投资-中国-问题解答②创业板市场-股票投资-中国-问题解答　Ⅳ．①F832.51-44

中国版本图书馆CIP数据核字（2019）第177944号

责任编辑：贾延平　张　莹　　责任校对：李　丽
封面设计：田　晗

中国财政经济出版社 出版

URL：http：//www.cfeph.cn

E-mail：cfeph@cfeph.cn

（版权所有　翻印必究）

社址：北京市海淀区阜成路甲28号　邮政编码：100142

营销中心电话：010-88191537

北京时捷印刷有限公司印刷　各地新华书店经销

710×1000毫米　16开　31印张　420 000字

2019年9月第3版　2020年10月北京第2次印刷

定价：78.00元

ISBN 978-7-5095-9156-7

（图书出现印装问题，本社负责调换）

本社质量投诉电话：010-88190744

打击盗版举报热线：010-88191661　QQ：2242791300

拥抱资本市场，为企业发展插上资本的翅膀
—— 《中小企业板、创业板股票发行上市问答》前言

回顾世界金融史，从荷兰诞生的股份制无疑是近代最伟大的制度发明，以公开募集资金、股份流通、股东有限责任及公开的公司治理为特点的制度安排，开创性地将全社会一盘散沙般的人、财、物有力地聚集起来，形成了一个个具有盈利冲动、富含生机与活力的股份制企业。

也正是由于这种聚集效应所产生的资金优势、人才优势与科研实力，才能使近代的科学发明迅速转化为蒸汽机、纺织机、铁路机车、轮船等工业品，催生了第一次工业革命，世界因之而进入了工业文明时代。

1602年，世界上第一个股票交易所出现在荷兰的阿姆斯特丹。阿姆斯特丹证券交易所也印制了世界上最早的股票——东印度公司股票。股票交易所的出现与发展，适应并推动了股份公司向上市公司、公众公司方向演进。

为了满足股票交易的需求，交易所不断推动股票的标准化，降低交易门槛，使原来只能由贵族与富人玩的财富游戏，迅速地推广到大众参与的层面，甚至连家庭主妇都可以把买菜剩下的闲钱投入股票市场。从这种意义上讲，上市公司的募资能力得到了极大的增强，一些大型公司的募资能力在广度与深度上也远远超过任何举国体制所能起到的作用，这也是当年小小的荷兰成为"海上马车夫"的重要原因之一。

交易所主导的股票交易由于参与度广、金额大、频率高，客观上又形成了全社会在某一时段内对上市公司或某个行业的定价，这

种定价既是整个社会资源配置的风向标，也是行业整合与行业并购的价格指挥棒。因此，资本市场越发达，以金融为纽带推动的行业整合与行业并购就越充分。在过去的一百年里，行业并购与整合已经不仅仅局限于同行业，也不仅仅局限于一国范围之内，往往触及全球，形成了今天世界版图内的跨国公司格局。目前，跨国公司所具有的资金、人才、研发与市场的强大实力正在主导着全球经济。据2012年的统计，跨国公司主导了全球91%的知识产权、1/3的世界总产值、60%的世界贸易额。

为什么荷兰能首先产生股份制与交易所？这个疑问会触及股份制的灵魂——契约精神与信托责任。自古以来，世界上从来不缺各类企业组织形式。中国自秦汉以来，西方自古罗马以来，都有各种作坊和包税人公司，但现代股份制企业还必须是从荷兰东印度公司开始算起。从法律关系上讲，任何企业都是一系列契约的组合，包括股东与股东之间，股东与管理层、员工之间的契约。近代北欧兴起的加尔文宗教改革，使新教徒率先创造出教会管理的选举制，并为以后股份公司设计出以董事会与股东大会为代表的公司治理结构打下了基础。

马克斯·韦伯在其划时代的著作《新教伦理与资本主义精神》中明确地提出了现代企业的两个标志：一是家庭事务和企业事务分开，私有财产和共同财产分离；二是采用理性的簿式记账方式。其中，共同财产的边界是靠契约来维系，共同财产的经营是靠信托责任来执行。

从国际经验来看，以荷兰为起点，发展在英国，壮大在美国的股份制经济，既是大国崛起的助推器，也是国家繁荣的动力源。同样，我国近年来大力发展股份制企业也是国家改革开放、走向繁荣的战略选择。从中国的现实来看，发展股份制还具有一些特殊性。

第一，开放式的公司文化与中国传统的封闭、内敛、"家天下"式的文化相抵触。经过四百多年的磨砺与涅槃，股份制已经完成公众化历程，包括了强制性的信息披露制度、相互制衡与公开的公司治理文化、平等地对待中小投资者的股东文化，这些都与中国命令式、计划式的传统国营工厂文化、家族式企业的封闭文化相冲突。

实践表明，企业发展到一定阶段，如果不能突破文化上的桎梏，将面临既聚不了资金，也聚不了人才的两难境地。例如，中国的某些"老小伙"企业，虽然历史悠久，却永远长不大，至今仍面临着规模小、瓶颈多、管理混乱等种种问题。

第二，中国企业家的现代股份意识、资本意识比较欠缺。很多企业家对项目与技术津津乐道，对资本却存在很大的陌生感。在成熟市场国家，股权不仅代表着权利、义务与责任，还代表着强烈的资产属性与工具属性。中国目前很多企业家除了满足基本的工商注册需求，普遍不存在资本战略与资本规划，很多民营企业在上市前不会有意识地去设计控制权结构与持股结构，导致创业板近六成的上市公司的第一大股东还是自然人直接持股。很多企业家对上市前的股权激励、员工持股、发行股份购买资产、吸收战略投资者等基本运作都非常陌生，更不会像国外企业一样聘请首席资本运营官。

第三，企业的规范运作与上市公司的高标准、严要求还有很大的距离。中国的民商法体系不健全是外因，企业自身规范意识不足是内因。从实践上看，大量中小民营企业在创业期求生存、重发展，忽视规范的现象普遍存在。这些不规范直接导致了企业在股份制改造中要承担很多的历史成本，要补缴大量的税款，在面临这些后顾之忧时，很多民营企业家存在困惑与矛盾，对改制上市也普遍存在着畏难感与距离感。

第四，中国资本市场独特而短暂的发展史使其包容度与服务能力与成熟市场相比还有较大差距。虽然中国资本市场经过20多年的高速发展，在规模、效率、透明度、影响力和开放度方面都有大幅提升，但我们还处于"新兴加转轨"的历史阶段，与国际成熟市场相比仍有差距。比如全球主要市场都不把首次公开发行（IPO）行为定义为募资行为，而是定义为分散股权行为，前者要求项目制，会导致非制造业企业上市困难，而后者则几乎不会出现这样的问题。比如，中国资本市场对未上市股权资产的定价还深受计划经济时代的影响，大量采用评估值与审计值作为定价依据，这也极大地影响了企业在上市前对融资价格的把握能力。再如，中国企业上市前还需要行政审批，审核的重心还是比较难以量化与评价的企业持续盈利能力。成熟市场国家则把持续盈利能力的判断更多地交给一级市场投资者，政府和法院只追责虚假披露与欺诈，因而更具包容性、效率与公平。

尽管如此，从发展的观点来看，以股份制为代表的先进组织形式一定会成为中国企业释放成长新动力的制度创新。拥抱资本市场，为企业发展插上资本的翅膀，也必将成为高科技、重资本、新经济等类型的企业的必然选择。

正如前文所述，为了适应公众公司的要求，尊重资本运作的规律，建议企业在迈入资本市场前重点关注以下几方面的问题：

一是从企业商业模式、盈利能力、行业发展空间等方面判断企业能否适应资本市场的要求；

二是做好与企业自身发展相匹配的资本战略与相应的具体规划；

三是匹配与资本战略相适应的人才，如资本首席运营官、董事会秘书、外部董事（含独立董事）；

四是设计好股权架构、控制权规划与大股东资本运作平台，为未来的企业传承与市值管理创造条件；

五是按公众公司的要求全面建立包括内控制度在内的规范化的公司治理体系；

六是做好企业商业模式与核心竞争力的梳理，以及未来发展战略的规划，为引入战略投资者与IPO做准备；

七是做好上市前的战略投资者引入、股权激励与员工持股计划的规划；

八是在有一定的知识对称和信息对称的条件下，选好中介机构。

为推动中国资本市场发展，建立和完善与全面小康社会相适应的高效资本市场体系，中国证监会正积极探索并逐步形成符合我国实际、市场主导、责任到位、信息披露为本、预期明确、监管有力的一整套股票发行上市制度安排，支持高新技术企业上市，进一步支持自主创新企业的融资需求。2019年7月，上海证券交易所科创板的开设无疑是IPO制度革新中的重要尝试之一，未来中国证监会也将在科创板试点的经验上，将IPO相关的制度改革推广到包括中小板、创业板在内的相关板块上。

在资本市场20多年的发展历程中,充分发挥资本市场功能,促进资本市场资源配置效率的提升一直是深圳证券交易所的工作重点,其中,推动企业改制上市,增强对实体经济的服务能力更是其工作的重中之重。截至2019年6月30日,总计超过2170家企业在深圳证券交易所上市,占深沪两个证券交易所上市公司总数的59.63%,总市值20.8万亿元,2019年上半年总成交38.8万亿元,位居世界交易所市场第三名,仅次于美国纳斯达克市场与纽交所市场。

一大批新兴产业登陆中小企业板和创业板,借助资本市场实现了跨越式发展,使中小企业板和创业板成为中国资本市场最具活力和创新精神的市场。截至2019年6月底,中小企业板市场与创业板市场的日均换手率分别是2.27与3.15,远高于沪市的0.82与深市主板的1.7。中小企业板与创业板的高新技术企业比例分别达到76%与93%,民营企业占比分别为76%与83%。从数据来看,深圳证券交易所已成为中国高新技术企业和民营企业的聚集地和理想上市地。

深圳证券交易所创业企业培训中心(以下简称"培训中心")作为资本市场培训、培育的重要组织者之一,充分发挥了在培育市场、服务市场方面的优势。为增强对拟上市企业特别是广大中小企业的改制上市服务,培训中心将企业在改制上市中涉及的观念转变、规范运作、改制要求、股权激励、审核要求等企业家关心的重点问题、难点问题以百科问答的形式展现出来,形成参考资料,使广大企业家遇到疑问即可随手翻阅。在具体方式上,培训中心注重一线实操,将历年来活跃在改制上市领域的一线专家,包括监管机构、律师事务所、会计师事务所、资产评估机构、保荐机构的一线专家,请到培训中心授课,与企业家进行面对面交流;同时组织专家们将企业家关心的问题、来自一线的实务操作最精华的部分,有针对性地编写到《中小企业板、创业板股票发行上市问答》中。此"问答"最早于2006年成书,并历经数十次大幅修订,连续出版,由于长期采用红色的封面,被业界称为"红宝书"。

本书的使用对象主要定位为企业家,本书的观点主要为市场一线操作专家的观点,并不代表深圳证券交易所的观点。

在使用本书时，由于个别地方存在专业词汇或专业领域的特殊定义，建议读者在使用过程中多与相关专业机构专家沟通。

深圳证券交易所创业企业培训中心主任 邹雄

2019 年 8 月

目　录

第一部分　股票发行上市基础知识

第一章　发行上市概要 …………………………………（ 3 ）

1. 什么是直接融资？……………………………………（ 3 ）
2. 什么是资本市场？……………………………………（ 3 ）
3. 什么是股票市场？……………………………………（ 3 ）
4. 股票市场主要有哪些参与主体？……………………（ 4 ）
5. 什么是公众公司和非公众公司？……………………（ 5 ）
6. 什么是发行、上市？公开发行和上市有什么关系？……………………………………………………（ 5 ）
7. 什么是公开发行和非公开发行？……………………（ 5 ）
8. 上市对企业有什么好处？……………………………（ 6 ）
9. 上市对企业有什么约束？……………………………（ 7 ）
10. 上市对企业有什么风险？……………………………（ 8 ）
11. 公开发行并上市（不含科创板）需要经过哪些程序？…………………………………………………（ 8 ）
12. 保荐制度主要包括哪些内容？………………………（ 10 ）
13. 深圳证券交易所有哪些主要职能和市场特点？…………………………………………………（ 12 ）
14. 深圳证券交易所在吸引企业上市方面主要有哪些优势？………………………………………………（ 12 ）

第二章　发行上市条件及可行性评估……（14）

15. 深圳证券交易所发行上市的法律规则体系是怎样的？……（14）
16. 《证券法》对发行上市条件有何要求？……（14）
17. 《首发管理办法》对中小企业板企业发行上市条件有何要求？……（15）
18. 《创业板首发管理办法》对创业板企业发行上市条件有何要求？……（18）
19. 深圳证券交易所上市规则对上市条件有何要求？……（19）
20. 公开发行股票并在中小企业板上市的条件是什么？……（20）
21. 公开发行股票并在创业板上市的条件是什么？……（23）
22. 最近一年中小企业板与创业板通过审核且取得中国证监会批文的企业，收入规模与利润规模是多少？……（25）
23. 如何计算持续经营起算时间？……（25）
24. 最近一年、最近两年、最近三年的含义是什么？……（25）
25. "主要经营一种业务"如何掌握？……（26）
26. 如何组建内部上市团队？……（26）
27. 如何评估上市的业务条件？……（27）
28. 如何评估上市的法律条件？……（28）
29. 如何评估上市的财务条件？……（30）

第三章　上市地选择和费用……（32）

30. 选择上市地应考虑哪些因素？……（32）
31. 如何决定在境内还是境外上市？……（33）
32. 为什么选择中小企业板或创业板上市？……（33）

33. 科创板的定位和特点是什么? ……………………（ 35 ）
34. 企业上市需要承担哪些费用? …………………（ 36 ）
35. 深沪两市的主要区别有哪些? …………………（ 37 ）

第二部分　股票发行上市前期准备

第一章　聘请中介机构 ……………………………（ 41 ）

36. 企业上市需要聘请哪些中介机构? ……………（ 41 ）
37. 企业上市选择中介机构应注意哪些问题? ……（ 41 ）
38. 保荐机构主要负责哪些工作? …………………（ 42 ）
39. 会计师事务所和注册会计师主要负责哪些工
　　作? ………………………………………………（ 43 ）
40. 律师事务所和律师主要负责哪些工作? ………（ 44 ）
41. 资产评估机构和评估师主要负责哪些工作? …（ 44 ）

第二章　尽职调查 ……………………………………（ 45 ）

42. 什么是发行上市尽职调查? ……………………（ 45 ）
43. 发行上市尽职调查的目的和意义是什么? ……（ 45 ）
44. 尽职调查的主要方式有哪些? …………………（ 46 ）
45. 尽职调查各阶段的调查重点是什么? …………（ 46 ）
46. 保荐人尽职调查的主要内容有哪些? …………（ 47 ）
47. 保荐人在尽职调查中的责任和义务有哪些? …（ 48 ）
48. 律师尽职调查的主要内容有哪些? ……………（ 48 ）
49. 律师在尽职调查中的责任和义务有哪些? ……（ 49 ）
50. 会计师尽职调查的主要内容有哪些? …………（ 49 ）
51. 会计师在尽职调查中的责任和义务有哪些? …（ 50 ）
52. 创业板尽职调查是否仍需关注持续盈利能
　　力? ………………………………………………（ 50 ）
53. 发行人在尽职调查中的责任和义务有哪些? …（ 50 ）

第三章　企业内部组织和业务架构的调整 ……（51）

54. 企业内部组织和业务架构设计应遵循哪些原则？ ……（51）
55. 什么是分公司、子公司？ ……（52）
56. 什么是参股公司？其收益如何计入拟上市公司的业绩？ ……（52）
57. 什么是控股子公司？如何合并财务报表？ ……（53）

第四章　企业规范运作与重组 ……（54）

58. 企业规范运作方面应满足哪些要求？ ……（54）
59. 法律规范包括哪些内容？ ……（55）
60. 财务规范包括哪些内容？ ……（55）
61. 内控方面应满足哪些要求？ ……（56）
62. 改制上市一定要重组吗？ ……（56）
63. 重组需要制订方案吗？ ……（57）
64. 公司和中介机构之间如何配合？ ……（57）

第五章　设立股份有限公司 ……（59）

65. 是否必须设立股份有限公司？ ……（59）
66. 设立股份有限公司应具备哪些条件？ ……（59）
67. 设立股份有限公司有哪些方式？ ……（60）
68. 以发起方式设立股份有限公司需要经过哪些程序？ ……（60）
69. 以募集设立方式设立股份有限公司需要经过哪些程序？ ……（61）
70. 需要在公司治理方面做出哪些改变？ ……（61）
71. 如何选择设立时点？ ……（62）
72. 对企业运作有何影响？ ……（62）
73. 协调事项主要涉及哪些政府部门？ ……（62）
74. 为上市而设立的股份有限公司应达到哪些要

求? …………………………………………………（63）
75. 如何设计股本规模? ……………………………（64）
76. 非公司制的国有股份应如何折股? ……………（64）
77. 外商投资企业改制需要哪些特别注意事项? …（65）
78. 改制后股份公司可以增资或股份转让吗? ……（66）
79. 评估基准日至设立日期间实现利润应如何处理? ………………………………………………（66）

第六章 辅导与备案 ……………………………（67）

80. 什么是上市辅导? ………………………………（67）
81. 辅导期有何要求? ………………………………（67）
82. 辅导备案有什么要求? …………………………（68）
83. 辅导程序有哪些? ………………………………（69）
84. 辅导内容有哪些? ………………………………（69）
85. 辅导验收有哪些要求? …………………………（70）

第七章 规划募集资金使用 ……………………（72）

86. 中小企业板对募集资金使用有哪些规定? ……（72）
87. 创业板对募集资金使用有哪些规定? …………（72）
88. 募投项目的核准、备案有什么要求? …………（73）
89. 发行审核过程中能否对募集资金运用进行调整? ………………………………………………（73）
90. 募集资金使用项目能否持有金融资产和进行财务性投资? ……………………………………（73）
91. 为什么要求募集资金数额和投资项目与发行人现有情况相适应? ………………………………（73）
92. 为什么募集资金使用要符合国家产业政策? …（74）
93. 募集资金使用项目与发行人是否需要环保核查? ………………………………………………（74）
94. 募投项目涉及土地使用权的,应关注哪些问题? ………………………………………………（75）

95. 为什么要关注募投项目产生的同业竞争及独立性问题？ ……（75）
96. 募集资金的使用是否一定要反映公司的发展战略和竞争优势？ ……（76）

第三部分　股票发行申报审核与发行上市

第一章　发行申报材料的制作 ……（79）

97. 制作发行申请文件需要做哪些准备？ ………（79）
98. 中小企业板股票发行申请文件包括哪些内容？ …（79）
99. 创业板股票发行申请文件包括哪些内容？ ……（81）
100. 制作招股说明书需要注意哪些问题？ ………（83）
101. 申请文件对原件及复印件的报送有何要求？ …（84）
102. 盈利预测报告提供有何要求？ ………………（84）
103. 纳税申报资料情况提供有何要求？ …………（85）
104. 曾经发行过内部职工股企业的申请文件有何特殊要求？ ……………………………………（85）
105. 招股说明书及其引用的财务报告的有效期如何规定？ ………………………………………（86）
106. 报送发行上市申请文件需要注意哪些问题？ …（86）
107. 更换中介机构及中介人员的处理程序有哪些？ ……………………………………………（87）
108. 中介机构及中介人员被行政机关调查处理的程序有哪些？ …………………………………（88）
109. 中止审查的情形有哪些？ ……………………（89）
110. 中止审查的程序有哪些？ ……………………（90）
111. 中止审查事项消失后，恢复审查需履行哪些程序？ …………………………………………（90）
112. 终止审查的情形有哪些？程序有哪些？ ……（91）
113. 哪些情形需要中介机构履行复核程序，如何

履行复核程序？……………………………………（92）

第二章 发行审核原则与流程……………………（93）

114. 发行审核有哪些原则？………………………（93）
115. 首发申请审核主要环节有哪些？……………（93）
116. 与发行审核流程相关的其他事项有哪些？…（96）
117. 从申报材料到通过审核，IPO审核一般需要多长时间？……………………………………（96）
118. 审核过程中企业应注意哪些问题？…………（97）
119. 反馈意见有何要求？…………………………（97）
120. 什么是专项复核？应符合什么要求？………（98）
121. 现行发行审核委员会制度主要内容有哪些？…（99）
122. 发审会的工作流程包括哪些？………………（101）
123. 企业如何参加发行审核会议？………………（102）
124. 发行人通过发审会审核后需要做哪些工作？…（102）
125. 未获核准的企业何时可以再次报送申请材料？……………………………………………（103）
126. 什么是财务专项核查？………………………（103）
127. 什么是信息披露质量抽查？…………………（104）
128. 什么是发行审核的普通程序、特殊程序？…（105）

第三章 发行与承销……………………………（106）

129. 股票发行方案包括哪些主要内容？…………（106）
130. 什么是承销？承销主要有哪些方式？………（106）
131. 股票发行方式主要有哪些？…………………（107）
132. 如何确定发行数量？…………………………（107）
133. 什么是超额配售选择权（绿鞋机制）？……（108）
134. 如何确定发行价格？…………………………（108）
135. 什么是路演？…………………………………（109）
136. 如何确定发行对象？…………………………（109）
137. 什么是回拨机制？……………………………（110）

138. 什么是配售机制？……………………………（111）
139. 股份锁定有何要求？…………………………（111）
140. 发行时间有何要求？…………………………（113）
141. 发行程序有哪些？……………………………（113）
142. 哪些情形下发行人应当中止发行？…………（113）
143. 什么是发行失败？……………………………（114）
144. 什么是首次公开发行中的老股转让？………（114）

第四章 上市及上市后监管 ……………………（116）

145. 企业首次公开发行后如何申请在交易所上市？………………………………………………（116）
146. 深圳证券交易所如何审核发行人的上市申请？………………………………………………（116）
147. 企业上市后需要注意哪些问题？……………（116）
148. 企业上市后如何进行规范运作？……………（117）
149. 企业上市后需要接受交易所哪些持续监管？…（118）
150. 交易所对上市公司的监管重点有哪些？……（118）
151. 保荐机构的持续督导工作涉及哪些内容？…（119）
152. 股份限售时间有何规定？……………………（120）
153. 企业上市后可通过哪些方式再融资？………（121）
154. 深圳证券交易所的自律监管措施包括哪几类？………………………………………………（121）

第四部分 股票发行审核——规范性审核

第一章 主体资格 …………………………………（127）

第一节 出资和资产问题 ……………………（127）

155. 出资方式有哪些？……………………………（127）
156. 出资程序有何要求？…………………………（127）
157. 如何处理委托出资和代出资问题？…………（128）

158. 注册资本足额缴纳有何具体要求？……………（128）
159. 注册资本未足额缴纳的表现形式有哪些？……（128）
160. 注册资本未足额缴纳的解决思路有哪些？……（128）
161. 非货币财产出资应注意哪些问题？……………（129）
162. 股权出资应注意哪些问题？……………………（130）
163. 债权出资有何要求？……………………………（130）
164. 无形资产出资应注意哪些问题？………………（131）
165. 对发行人是国有企业、集体企业改制而来的或历史上存在挂靠集体组织经营的企业有何要求？……………………………………………（132）
166. 资产评估需要注意哪些事项？…………………（132）
167. 发行人部分资产来自于上市公司应关注哪些问题？……………………………………………（132）
168. 土地审核应关注哪些方面？……………………（133）

第二节 股权和股东问题 ……………………………（134）
169. 什么是发起人？有何要求？……………………（134）
170. 哪些自然人不能成为拟上市公司股东？………（135）
171. 哪些企业不能成为拟上市公司股东？…………（139）
172. 为什么不受理职工持股会及工会持股公司IPO申请？…………………………………………（141）
173. 公司型及合伙型私募股权基金成为拟上市公司的发起人或股东需满足哪些要求？……………（142）
174. 新三板企业IPO涉及的"三类股东"问题监管要求有哪些？…………………………………（142）
175. 发行人为新三板挂牌、摘牌公司、H股公司，或者涉及境外分拆、退市的，应注意哪些事项？……………………………………………（143）
176. 合伙企业能否作为拟上市公司的发起人或者股东？……………………………………………（143）
177. 影响股权清晰必须清理的情形有哪些？………（144）
178. 出现股权被质押等不确定性事项的，应当如

何判断是否影响发行条件？…………………（145）
179. 发行人股权转让应注意哪些问题？…………（145）
180. 引进新股东应注意哪些问题？………………（146）
181. 发行人在申报前后引入了新股东，在核查和信息披露方面有哪些具体要求？……………（148）
182. 发行人在申报前后引入了新股东，在股份锁定方面有哪些具体要求？……………………（149）
183. 股东超过200人的非上市公众公司IPO应满足什么要求？……………………………………（149）
184. 股东超过200人但符合法律规定的情形有哪些？…………………………………………………（150）
185. 股东超过200人的核查的基本要求有哪些？…（151）
186. 对于历史上涉及人数较多的自然人股东主要关注哪些方面？………………………………（152）

第三节 国有企业和集体企业改制 ………………（152）
187. 国有企业改制应注意哪些问题？………………（152）
188. 什么是国有股东？………………………………（153）
189. 国有资产折股应符合什么要求？………………（153）
190. 国有资产折股资产评估日和设立登记日之间的损益如何处置？……………………………（154）
191. 国有股转持有何要求？…………………………（154）
192. 集体企业改制应注意哪些问题？………………（155）
193. "红帽子"企业"摘帽"应注意哪些问题？……（155）
194. 集体资产量化或奖励给个人应注意哪些问题？…………………………………………………（157）
195. 引入政府引导基金需关注哪些问题？…………（157）

第四节 实际控制人、主营业务、董事、高级管理人员无变更 ……………………………………（158）
196. 什么是控股股东和实际控制人？………………（158）
197. 要求实际控制人没有发生变更的立法意图是什么？…………………………………………（158）

198. 控股股东、实际控制人所持股票锁定期要求是什么？……………………………………………（159）
199. 如何认定实际控制人？………………………………（159）
200. 主张多人共同拥有公司控制权应当符合什么条件？……………………………………………………（161）
201. 共同控制的情况下如何判断控制权是否发生变化？……………………………………………………（161）
202. 发行人控股股东或实际控制人位于境外的应关注哪些问题？………………………………………（162）
203. 国资无偿划转在什么情况下可视为公司控制权没有发生变更？…………………………………（162）
204. 同一控制下业务重组在什么条件可视为主营业务没有发生重大变化？……………………………（163）
205. 同一控制业务重组发行人申请 IPO 有何要求？……………………………………………………（163）
206. 非同一控制下业务重组应关注哪些问题？………（164）
207. 非同一控制下业务重组是否引起主营业务重大变化判断原则？……………………………………（164）
208. 如何认定拟上市公司董事、高级管理人员有无重大变化？…………………………………………（165）
209. 如何认定只设执行董事公司改制后董事有无重大变化？……………………………………………（166）
210. 首次公开发行股票获批后，董事、高级管理人员的变化是否影响上市？………………………（166）

第二章 公司治理及规范运作 ……………………（168）

第一节 组织机构与公司章程 ……………………（168）

211. 股份有限公司应设立哪些组织机构？……………（168）
212. 股份有限公司章程应当载明哪些事项？…………（168）
213. 修改公司章程应注意哪些事项？…………………（169）
214. 国有上市公司章程中如何设置党建条款？………（169）

第二节 股东大会 （170）

215. 股东大会有哪些职权？ （170）
216. 股东大会会议由何人召集和主持？ （170）
217. 股东大会会议通知时间有何规定？ （171）
218. 在哪些情形下应当在两个月内召开临时股东大会？ （171）
219. 单独或者合计持有公司 10% 以上股份的股东请求召开临时股东大会的程序有哪些？ （171）
220. 公司股东大会临时提案如何提出？ （172）
221. 股东大会决议在什么情况下生效？ （172）
222. 公司股东大会特殊决议事项有哪些？普通决议事项有哪些？ （172）

第三节 董事会和监事会 （173）

223. 股份有限公司董事会有哪些职权？ （173）
224. 股份有限公司董事是如何产生的？任期如何？ （173）
225. 股份有限公司董事长是如何产生的？有哪些职权？ （173）
226. 谁可以提议召开临时董事会会议？ （174）
227. 董事会会议由谁召集和主持？ （174）
228. 董事会会议必须有多少董事参加才能举行？多少董事同意才生效？ （174）
229. 公司董事会决议表决方式有哪些？ （174）
230. 在什么情况下董事应回避表决？ （174）
231. 董事能否委托他人出席董事会？ （175）
232. 董事会运作应注意哪些事项？ （175）
233. 独立董事主要有哪些作用？ （176）
234. 独立董事需发表独立意见的事项有哪些？ （176）
235. 何种情况独立董事需出具事先认可意见？ （177）
236. 董事会设立专门委员会有何要求？ （177）
237. 公司监事会如何组成？其职权范围是什么？ （178）

238. 监事会由何人召集和主持？……………………（178）
239. 股份有限公司监事会运作中应注意哪些事
项？……………………………………………（179）

第四节 董事、监事和高级管理人员任职资格、责任与权利 ……………………………………（179）

240. 董事、监事、经理任职资格有哪些？不具备
任职资格该如何处理？………………………（179）
241. 对发行人高级管理人员任职有何规定？………（180）
242. 董事的法定义务和责任有哪些？………………（181）
243. 监事的法定义务和责任有哪些？………………（182）
244. 经理的法定义务和责任有哪些？………………（182）
245. 独立董事的任职资格有什么特殊要求？谁可
以提名独立董事？……………………………（183）
246. 独立董事的权利义务是什么？…………………（185）
247. 董事会秘书如何产生？有什么职责？…………（186）
248. 《刑法》对上市公司的董事、监事、高级管
理人员行为有何规定？………………………（186）
249. 高级管理人员兼职应符合什么要求？…………（187）

第五节 行为规范 ……………………………………（188）

250. 重大违法行为审核标准是什么？………………（188）
251. 三年前的违法违规行为是否影响上市？………（189）
252. 中小企业板对发行人行为规范有何要求？……（189）
253. 创业板对发行人行为规范有何要求？…………（190）
254. 对环保问题有何要求？…………………………（191）
255. 对发行人劳动与社会保障问题有何要求？……（193）
256. 如何规范劳务派遣用工问题？…………………（194）
257. 对拟 IPO 企业的劳务外包需要关注哪些方面
的内容？………………………………………（195）

第三章 内部控制 ……………………………………（196）

258. 有关财务内控有效性方面应如何掌握？………（196）

259. 发行人申报前的报告期内存在内控不规范情形，中介机构一般需核查哪些方面？……………（197）
260. 如何理解财务报告内部控制和非财务报告内部控制？……………………………………（198）
261. 非财务报告内部控制缺陷包括哪些方面？……（199）
262. 如何认定非财务报告内部控制缺陷？………（200）
263. 存在董事、监事或高级管理人员舞弊行为是否属于非财务报告内部控制缺陷？………（200）
264. 存在非财务报告内部控制缺陷是否会影响审计报告的意见类型？………………………（200）

第四章 信息披露 ……………………………（202）

265. 信息披露总体要求是什么？…………………（202）
266. 发行人应披露公司哪些基本情况？…………（202）
267. 如何披露业务与技术？………………………（204）
268. 如何披露董事、监事、高级管理人员与核心技术人员情况？……………………………（205）
269. 应披露公司治理哪些情况？…………………（206）
270. 如何披露管理层讨论与分析？………………（206）
271. 什么是申请文件预先披露制度？……………（208）
272. 招股说明书披露应遵循哪些原则？…………（209）
273. 关联交易披露有何要求？……………………（210）
274. 同业竞争应披露哪些内容？…………………（211）
275. 或有事项应披露哪些内容？…………………（212）
276. 发行人在申报期内存在未决诉讼或仲裁的，应关注哪些方面？………………………（212）
277. 重大事项提示披露应达到什么要求？………（213）
278. 投资性房地产账面价值占比很大，应如何披露？……………………………………（214）
279. 涉及商业机密的信息是否可以豁免披露？…（215）
280. 涉及第三方数据有何要求？…………………（216）

目 录

281. 如何处理发行申请文件及相关法律文书涉嫌虚假记载、误导性陈述或重大遗漏？……（216）
282. 发行过程中信息披露各方责任如何划分？……（217）
283. 封卷稿招股说明书一般有哪些变动修改或补充披露事项？……（217）
284. 核准发行到发行期间信息披露有何要求？……（218）

第五部分 股票发行审核——独立性及业务审核

第一章 独立性 ……（223）

285. 什么是发行人的独立性？……（223）
286. 什么是资产完整？……（223）
287. 什么是业务独立？……（224）
288. 什么是财务独立？……（224）
289. 什么是人员独立？……（225）
290. 什么是机构独立？……（225）
291. 发行人独立性方面有何规定？……（225）
292. 公司控股股东的资产质量很差是否影响公司上市？……（226）
293. 为什么公司整体上市有助于解决独立性问题？……（226）

第二章 同业竞争 ……（227）

294. 什么是同业竞争？……（227）
295. 如何界定同业？……（227）
296. 发行人存在同业竞争能申请上市吗？……（228）
297. 避免与发行人构成同业竞争的主体范围包括哪些？……（228）
298. 发行人是否存在同业不竞争的情形？……（229）
299. 如何判断是否构成同业竞争？……（229）

300. 解决同业竞争的途径和措施有哪些？………（230）
301. 仅对解决同业竞争做出承诺对发行人上市有
　　 无影响？……………………………………（231）
302. 什么叫竞业禁止？如何解决？……………（231）
303. 如发行人董事、高级管理人员为发行人股东，
　　 其拥有与发行人相同或相似业务如何处理？
　　 ………………………………………………（232）

第三章　关联交易 ………………………………（233）

304. 什么是关联关系？…………………………（233）
305. 什么是关联方？……………………………（233）
306. 什么是上市公司关联法人和关联自然人？…（234）
307. 什么是关联交易？关联交易主要有哪些形
　　 式？…………………………………………（235）
308. 为什么IPO审核时要关注关联方和关联交
　　 易？…………………………………………（235）
309. 关联方核查有何要求？需要关注哪些事项？…（236）
310. 关联交易的审核关注要点是什么？………（238）
311. 规范关联交易的基本原则、方式是什么？……（241）
312. 什么是关联交易非关联化？………………（243）
313. 为股东、关联公司提供担保有何要求？…（244）
314. 发行人与其控股股东、实际控制人或董事、
　　 监事、高级管理人员的关于共同投资的，应
　　 关注什么？…………………………………（245）
315. 拟上市公司与关联方资金往来应该遵循哪些规
　　 定？…………………………………………（246）

第四章　募集资金使用 …………………………（248）

316. 中小企业板对IPO募集资金使用有哪些规
　　 定？…………………………………………（248）
317. 创业板对IPO募集资金使用有哪些规定？……（248）

318. 募投项目的核准、备案有什么规定? ……………（249）
319. IPO 发行审核过程中发行人能否对募集资金运用进行调整? ………………………………（249）
320. 募集资金能否持有金融资产和财务性投资? …（249）
321. 募集资金使用项目与发行人是否需要环保核查? ……………………………………………（250）
322. 募集资金使用土地应关注什么问题? …………（250）
323. 募集资金项目为什么要关注项目实施后产生的同业竞争或者影响独立性的因素? ………（250）
324. 募集资金的使用是否一定要反映公司的发展战略和竞争优势? …………………………（251）

第六部分 股票发行审核——财务与会计审核

第一章 总体要求 ……………………………………（255）

325. IPO 对企业财务有何要求? ………………………（255）
326. IPO 财务审核有何特点? …………………………（255）
327. IPO 对企业盈利能力有何要求? …………………（256）
328. IPO 对企业内部控制有何要求? …………………（256）

第二章 申报财务会计资料的一般事项 ……………（258）

329. 会计师需出具哪些文件? …………………………（258）
330. 发行人还应提交哪些与财务会计资料相关的其他文件? ……………………………………（258）
331. 什么是原始财务报表?什么是申报财务报表? ……………………………………………（259）
332. 什么是原始财务报表与申报财务报表差异? …（259）
333. 什么是非经常性损益?包括哪些项目? ………（260）
334. 盈利预测的编制有何要求?如何编制? ………（261）
335. 首发企业应该何时提交经审阅的季度报告? …（262）

第三章 拟上市主体设立涉及的会计问题 ……… (263)

336. 注册资本缴纳有何要求？……………………… (263)
337. 有限责任公司整体变更股份有限公司时，应以什么为依据折股？…………………………… (263)
338. 合并报表范围确定及变动有何要求？如何披露？……………………………………………… (264)
339. 如何判断是否将结构化主体纳入合并报表范围？……………………………………………… (265)
340. 前期差错更正或追溯调整有何要求？如何披露？……………………………………………… (265)
341. 拟上市主体分离、剥离相关业务含义是什么？……………………………………………… (266)
342. 拟上市公司资产重组和业务合并含义是什么？……………………………………………… (266)
343. 合并中识别并确认无形资产以及对外购买客户资源应注意哪些方面？………………… (267)
344. 对于合并各方是否在同一控制权下认定需要重点关注的内容有哪些？………………… (268)
345. 剥离报表如何编制？………………………… (268)
346. 企业改制或者发行前滚存利润应如何处理？… (269)

第四章 会计处理与财务规范 ……………… (270)

347. 什么是会计政策、会计估计变更？应如何披露？……………………………………………… (270)
348. 什么是重大会计差错？重大会计差错更正如何披露？……………………………………… (271)
349. 会计政策、会计估计变更以及会计差错更正是否影响企业首发上市申请？…………… (271)
350. 收入确认应满足什么条件？………………… (272)
351. 收入确认应注意哪些问题？………………… (275)

352. 应收款项计提坏账准备基本原则是什么？……（275）
353. 从哪些方面判断应收款项计提坏账准备是否充分？……（278）
354. "预期信用损失"模型是怎么回事？……（278）
355. 政府补助的会计处理和披露应注意哪些问题？……（279）
356. 研发费用资本化应注意哪些问题？……（280）
357. 高新技术企业研发费用的核算应注意哪些问题？……（280）
358. 什么是股份支付？……（280）
359. 股份支付如何进行会计处理？……（281）
360. 股份支付关注要点有哪些？……（281）
361. 拟上市企业财务规范问题主要表现在哪些方面？……（283）
362. 为解决财务规范问题，拟上市企业应从哪些方面入手？……（283）
363. 何种情况会被认为会计核算基础薄弱？……（283）
364. 在审期间，现金分红、分派股票股利或资本公积转增股本的，应如何处理？……（284）
365. 如何把握从事院线发行等首发企业存在票房分账收入确认、放映业务成本归集核算方法不一致的问题？……（285）

第五章 税务问题……（287）

366. 申报期之前的税务风险如何应对？……（287）
367. 对税收优惠应如何把握？……（287）
368. 报告期税款缴纳是否合规需提交什么证明？……（288）
369. 发行人报告期内因纳税问题受到税收征管部门处罚应如何处理？……（288）
370. 个人转让股权应如何缴纳个人所得税？……（289）
371. 企业改制时投入土地及其地面建筑物是否可

372. 个人以非货币性资产出资时如何缴纳所得税？…(291)
373. 企业以非货币性资产出资时如何缴纳所得税？…(291)
374. 转增股本个人股东如何缴纳个人所得税？…(292)
375. 如何确保税收优惠政策的合法性？…(293)
376. 税收优惠政策不合法会产生哪些问题？…(294)
377. 对于发行人实际控制人尚未缴纳整体变更涉及的个人所得税的，如何掌握？…(294)
378. 上市后个人股东转让 IPO 前持有的股份应缴纳哪些税费？…(295)
379. 上市后企业法人股东转让 IPO 前持有的股份应缴纳哪些税费？…(295)
380. 关于外商投资企业如何补缴以前年度减免所得税？…(296)
381. 《刑法》对于纳税方面的违法犯罪有什么规定？…(296)
382. 企业改制时投入土地及其地面建筑物是否可以减免契税？…(297)
383. 个人股东将所持拟上市公司股权转让给自己的控股子公司，是否需要缴纳个人所得税？…(298)
384. 报告期内有哪些发票合规问题需要注意？…(299)
385. 报告期内重要子公司的纳税问题是否需要注意？…(299)

第六章　财务内控 …(300)

386. 拟 IPO 公司的内部控制应满足哪些要求？…(300)
387. 常见财务内控不规范情形有哪些？…(301)
388. 如何保证财务内控的有效性？…(301)
389. 公司设立内部审计部门有何要求？…(302)
390. 内部控制的基本要素有哪些？…(303)

391. 内部控制措施包括哪些？………………………（304）
392. 建立内部控制应遵循哪些基本原则？…………（305）
393. 对控股子公司的管理控制包括哪些内容？……（306）
394. 企业正常经营中发生的现金销售或现金采购应符合哪些条件？………………………………（308）
395. 如何有效防范现金交易可能带来的风险？……（308）
396. 报告期存在现金交易，保荐机构及申报会计师通常应关注并核查哪些方面？…………………（309）
397. 发行人可能存在部分销售回款由第三方代客户支付的情形有哪些？………………………………（310）
398. 发行人报告期存在第三方回款，保荐机构及会计师应重点核查哪些方面？…………………（310）

第七章　持续盈利能力 ………………………（312）

399. 中介机构应从哪些方面判断持续盈利能力？…（312）
400. 报告期经营业绩下滑的，如何把握持续盈利能力？………………………………………………（313）
401. 通过发审会后经营业绩出现下滑的，是否推进其核准发行？……………………………………（315）
402. 如何界定经营模式、产品或服务的品种结构发生重大变化？……………………………………（316）
403. 如何说明收入构成及变化情况符合行业和市场趋势？……………………………………………（316）
404. 如何针对不同销售模式进行收入核算？………（317）
405. 如何分析主要原材料和能源的价格及其变动趋势是否异常？…………………………………（318）
406. 如何核查和判断发行人是否存在影响持续经营能力的重要情形？……………………………（318）
407. 如何分析行业地位或发行人所处行业整体、经营环境发生重大变化？………………………（319）
408. 如何判断在行业内竞争地位是否出现不利变

化? …………………………………………………………（319）
409. 如何判断整体竞争力弱、抗风险能力有限? … （320）
410. 如何分析主要客户变化与新增及异常客户交
易的合理性? ………………………………… （320）
411. 如何分析主要供应商变动的原因及合理性? … （321）
412. 如何判断对关联方或者存在重大不确定性的
客户存在重大依赖? ………………………… （321）
413. 对于非关联的大客户依赖需把握什么标准? … （321）
414. 是否利用与关联方或其他利益相关方的交易
实现报告期收入的增长? …………………… （322）
415. 如何分析报告期关联销售金额及占比大幅下
降的原因及合理性? ………………………… （322）
416. 企业客户集中度较高是否影响发行条件? …… （322）
417. 按照受托加工或委托加工业务，还是按照独
立购销业务处理? …………………………… （323）

第八章 财务披露信息 …………………………… （325）

418. 应披露哪些对收入有重大影响的信息? …… （325）
419. 保荐机构和会计师事务所应如何核查发行人
收入的真实性、完整性和准确性? ………… （325）
420. 应披露哪些对成本有重大影响的信息? ……… （326）
421. 保荐机构和会计师事务所应如何核查发行人
成本的准确性和完整性? …………………… （326）
422. 已竣工未结转导致存货账面余额较大，发行人
及中介机构对上述事项应关注哪些方面? …… （327）
423. 应披露哪些对期间费用有重大影响的信息? … （328）
424. 保荐机构和会计师事务所应如何核查发行人
期间费用的准确性和完整性? ……………… （328）
425. 应披露哪些对净利润有重大影响的信息? …… （329）
426. 保荐机构和会计师事务所应如何核查影响发
行人净利润的项目? ………………………… （329）

427. 如何认定重大会计政策或会计估计与同行业公司存在较大差异？ ……………………（330）
428. 收入确认标准有什么变化？ ……………（330）
429. 突击确认销售收入有什么关注要点？ ………（331）
430. 应收账款金额与营业收入匹配有什么关注要点？ ………………………………………（331）
431. 大额应收款项有什么关注要点？ …………（331）
432. 投入与产出之间的关系及合理关注要点有哪些？ …………………………………………（332）
433. 成本核算有什么关注要点？ ………………（333）
434. 毛利率分析应注意哪些问题？ ……………（333）
435. 费用构成关注要点有哪些？ ………………（334）
436. 销售费用率关注要点有哪些？ ……………（335）
437. 管理人员薪酬有什么关注要点？ …………（335）
438. 如何判断对税收优惠不存在严重依赖？ ……（336）
439. 对外投资收益占比高是否对发行人持续经营能力构成影响？ …………………………（337）
440. 最近一个会计年度投资收益占净利润的比例较高是否影响发行条件？ ………………（337）
441. 发行人利润主要来源于子公司的审核关注点是什么？ ……………………………………（338）
442. 什么是财务操纵的会计方法和非会计方法？主要包括哪些手段？ ……………………（339）
443. 经销商模式下的收入确认，发行人及中介机构应关注哪些方面？ ……………………（339）
444. 非流动资产可变现净值低于账面价值，资产减值准备计提应当如何考虑？ …………（340）
445. 中国证监会针对IPO企业现场检查工作的开展情况如何？ ……………………………（341）
446. 保荐人与会计师对发行人进行财务专项检查应重点关注哪些事项？ …………………（341）

第七部分 发行上市相关专题

第一章 优先股 ……………………………………………… (345)

447. 什么是优先股？ ……………………………………… (345)
448. 优先体现在哪些方面？ ……………………………… (345)
449. 优先股股东有无表决权？ …………………………… (346)
450. 优先股发行与交易有何要求？ ……………………… (346)
451. 上市公司存在哪些情形不得发行优先股？ ………… (347)
452. 优先股与普通股有哪些区别？ ……………………… (348)
453. 优先股如何优先分配股息？ ………………………… (348)
454. 申请发行优先股的审核与普通股有区别吗？ …… (350)
455. 上市公司发行优先股的总体流程是什么？ ……… (350)
456. 优先股在承销环节有哪些特别要求？ …………… (350)
457. 优先股的每股票面金额和发行价怎么确定？ …… (351)
458. 优先股的票面股息率有哪些特殊要求？ ………… (351)
459. 非公开发行优先股的合格投资者包括哪些？ …… (351)
460. 优先股制度对保护中小投资者合法权益有哪些安排？ ………………………………………… (352)

第二章 股权激励 …………………………………………… (353)

461. 什么是股权激励？ …………………………………… (353)
462. 拟上市公司为什么要实施股权激励？ ……………… (353)
463. 什么是限制性股票？ ………………………………… (354)
464. 什么是股票期权？ …………………………………… (354)
465. 什么是虚拟股票？ …………………………………… (355)
466. 什么是股票增值权？ ………………………………… (356)
467. 拟上市公司实施股权激励计划是否可以授予外籍人士？ ……………………………………… (356)
468. 拟上市公司实施股权激励计划是否有人数限

制？ ·· (356)

469. 拟上市公司激励对象通常可以采取哪些持股方式？不同的持股方式主要有什么差异？ ······ (357)

470. 拟上市公司股权激励如何确定额度和比例规模？ ·· (358)

471. 股权激励如何通过权利限制和持股架构的设置，确保公司控制权的集中？ ··············· (359)

472. 国有控股拟上市公司如何实施股权激励？ ······ (360)

第三章 引入创业投资 ································ (363)

473. 什么是创业投资？ ··· (363)
474. 为什么要引进创业投资？ ································· (363)
475. 引进创业投资有什么风险？ ····························· (365)
476. 企业应该如何选择创业投资？ ························· (366)
477. 准备商业计划书有哪些关注要点？ ················· (367)
478. 配合创业投资基金进行尽职调查有哪些关注要点？ ·· (367)
479. 投资协议核心条款有哪些？ ····························· (368)
480. 创投机构评判企业的主要标准有哪些？ ········· (370)

第四章 重组上市 ·· (371)

481. 监管机构如何判定重组上市？ ························· (371)
482. 什么是壳公司？ ··· (372)
483. 重组方为何要求原上市公司"清壳"？ ·········· (372)
484. 重组主体应满足什么条件？ ····························· (373)
485. 规避重组上市的做法是否可行？ ····················· (374)
486. 重组上市的主要程序是什么？ ························· (375)
487. 重组上市有哪些基本模式？ ····························· (375)
488. 重组上市审核有哪些规定？ ····························· (377)

第五章 外商投资 ·· (379)

489. 外商投资企业发行上市需要什么条件？ ········· (379)

490. 外商投资企业改制要符合什么特殊条件？……（379）
491. 外商投资企业改制上市需要经过什么特殊程序？……………………………………………………（380）
492. 外商投资股份有限公司的设立应经哪些部门审批？……………………………………………………（381）
493. 外商投资股份有限公司的发起人和股东有什么限制？…………………………………………………（381）
494. 外商投资企业如何缴纳股权转让所得税？……（381）
495. 外商投资企业发行上市招股说明书的编制有何特别规定？……………………………………………（383）

第六章 红筹回归 ………………………………………（384）

496. 什么是红筹模式上市？红筹模式包括几种类型？………………………………………………………（384）
497. 什么是VIE架构？为何中国企业以VIE架构在境外上市？…………………………………………（385）
498. 什么是红筹回归？红筹回归的核心问题是什么？………………………………………………………（386）
499. 以红筹模式在境外上市的中国企业如何进行私有化退市？……………………………………………（386）
500. 拆除红筹架构的重组方式有哪些？………………（387）
501. 红筹架构拆除过程中通常会涉及哪些问题？……（388）
502. 历史上曾拆除VIE协议控制架构的拟上市公司有哪些特别注意事项？……………………………（389）
503. 红筹回归后的主体发行上市应满足的主要要求有哪些？………………………………………………（390）
504. 红筹回归后对企业业绩连续计算有影响吗？……（391）
505. 红筹回归涉及股权回购时如何定价？……………（391）
506. 红筹回归会给企业增加哪些税务负担？…………（391）
507. 境外投融资及返程投资外汇管理有何新规定？…………………………………………………………（392）

508. 红筹架构与假外资的主要区别有哪些？……… （394）
509. 对红筹回归上市的路径选择如何设计？……… （394）
510. 对于发行人控股股东位于境外且持股层次复杂的，应如何进行核查和信息披露？……… （395）

第七章 媒体关系、投资者关系管理及路演 ……… （396）

511. 为什么招股说明书预披露是拟上市公司的媒体关系第一课？……………………………… （396）
512. 股票发行上市期间，拟上市公司怎样制定舆情应对机制？……………………………… （397）
513. 什么是法定信息披露媒体？……………… （398）
514. 在企业发行上市过程中财经公关公司扮演着什么角色？…………………………………… （398）
515. 股票核准发行后企业与投资者沟通的主要途径有哪些？…………………………………… （399）
516. 股票核准发行后企业路演推介应注意哪些问题？…………………………………………… （399）

第八章 行业特殊问题 ……………………………… （401）

第一节 互联网 ……………………………………… （401）

517. 为何互联网企业热衷海外上市？………… （401）
518. 互联网企业境内上市发行审核的重点和难点是什么？…………………………………… （401）
519. 互联网企业 IPO 被否决的主要原因有哪些？… （403）
520. 网络视频企业在境内上市需要关注的问题和审核重点有哪些？………………………… （404）
521. 网络游戏在国内上市需要关注的问题和审核重点有哪些？……………………………… （407）
522. 跨境电子商务企业在国内上市需要关注的问题及审核重点有哪些？…………………… （409）
523. 移动互联网企业境内上市存在哪些特殊问

题？…………………………………………………………（410）
524. 互联网企业拆除红筹结构在境内上市需要关注哪些问题？对其审核有什么特别要求？……（411）
525. 互联网企业私有化后在国内再上市需要关注哪些特殊性问题？……………………………（412）

第二节 农林牧渔 ………………………………………（412）

526. 涉农企业发行审核要关注的重点是什么？……（412）
527. "公司＋农户"模式在企业上市过程中需要重点关注哪些问题？…………………………（415）
528. 农业企业上市涉及使用农村集体土地时应注意哪些问题？应如何规范？………………（416）
529. 农业企业上市涉及劳动用工时应注意的法律问题有哪些？应如何规范？………………（417）
530. 农业企业上市涉及的银行账户如何规范管理？……………………………………………（418）
531. 农业企业上市涉及的专利技术问题有哪些？…（418）

第三节 医疗健康 ………………………………………（419）

532. 药品生产企业和药品经营企业发行审核需关注哪些问题？…………………………………（419）
533. 医疗器械企业发行审核需关注哪些问题？……（421）
534. 医疗服务企业发行审核需关注哪些问题？……（423）

第四节 文化传媒 ………………………………………（424）

535. 文化创意产业有哪些盈利模式？………………（424）
536. 文化创意产业有哪些风险点？…………………（425）
537. 创意产业发行审核要关注的难点和重点是什么？……………………………………………（426）
538. 传媒产业有哪些盈利模式和风险点？…………（428）
539. 传媒产业发行审核要关注的重点和难点是什么？……………………………………………（428）
540. 文化创意公司的公司治理有何特点？…………（430）
541. 如何看待文化创意公司的IPO和并购？………（431）

542. 文化创意公司申报材料前的收购是否影响 IPO？ ……………………………………………（432）
543. 文化创意公司应如何充分披露信息？ …………（432）
544. 对于客户众多且分散的文化企业应如何核查其业务的真实性？ ……………………………（433）

第五节 军工 ……………………………………（433）

545. 军工企业改制的类型有哪些？ …………………（433）
546. 军工企业上市应注意哪些问题？ ………………（434）
547. 军工企业股份制改造需注意哪些问题？ ………（435）
548. 军工企业股份制改造有哪些监管要求？ ………（436）
549. 涉及军工业务、国家秘密和商业机密的信息是否可以豁免披露？ …………………………（437）
550. 改制后军工企业的章程有何特殊要求？ ………（438）

第六节 建设施工行业 ……………………………（439）

551. 建筑施工行业有哪些特殊的行业特点？ ………（439）
552. 申报 IPO 的建筑施工行业企业在审核中一般有哪些问题会被关注？ ……………………（440）
553. 申报 IPO 的建筑施工行业企业被否决的案例有哪些问题值得关注？ ……………………（441）

第九章 创新试点 ……………………………………（442）

554. 开展创新试点工作有何必要性？ ………………（442）
555. 哪些企业可以试点？ ……………………………（442）
556. 科技创新产业化咨询委员会主要作用是什么？ …………………………………………………（443）
557. 试点方式是什么？ ………………………………（443）
558. 发行条件包括哪些？ ……………………………（444）
559. 中国证监会对创新试点工作有何具体安排？ …（444）
560. 创新试点中如何促进投行更好地发挥作用？ …（445）
561. 设立战略配售基金主要考虑什么问题？ ………（446）
562. 上市前实施员工持股计划应满足哪些要求？ …（446）

563. 满足哪些要求不必穿透计算持股计划的权益持有人数？ ……………………………………（447）
564. 上市前制定、上市后实施的期权激励计划应满足哪些要求？ ……………………（447）

第十章　新三板挂牌企业 ………………（449）

565. 新三板挂牌企业申请IPO是否需履行特殊流程？ ……………………………………（449）
566. IPO信息披露方面应关注哪些问题？ …………（449）
567. 股东之间的对赌问题有何要求？ ………………（450）
568. 企业及实际控制人的承诺问题有何要求？ ……（451）
569. 董事、高级管理人员的变动问题有何要求？ …（452）

后　　记 ……………………………………………（453）

第一部分
股票发行上市基础知识

第一章
发行上市概要

1. 什么是直接融资?

直接融资是指资金供给者通过与资金需求者协商或在资本市场上购买资金需求者所发行的有价证券,将货币资金直接提供给资金需求者使用的融资方式。企业发行股票和债券,以及企业之间、个人之间、企业和个人之间的直接借贷,均属直接融资。目前,我国企业的直接融资方式主要是资本市场融资,包括发行股票和债券等。

2. 什么是资本市场?

资本市场由各种融资活动组成,按融资方式的不同可分为证券市场和银行中长期信贷市场,主要包括股票、公司债券、大额可转让存单、不动产抵押贷款和金融衍生工具等。在通常意义上,资本市场主要指证券市场。我国目前已经形成涵盖股票和债券等融资工具的资本市场体系,建立了包括深沪主板、中小企业板、创业板、科创板、全国中小企业股份转让系统和区域性股权市场的多层次资本市场,为促进改革开放和经济社会发展做出了重要贡献。

3. 什么是股票市场?

股票是股份有限公司为筹集资金而发行给股东,作为持股凭证并借以取得股息的一种有价证券。每股股票代表股东对企业拥有一个基本单位的所有权,这种所有权为一种综合权利,包括知情权、资产收益权(收取股息、取得股份转让差价等)、公司重大决策参与权（参加股东大会、行使表决权、提案权、质询权等）、监督权以及求偿权等。

股票市场由发行市场和流通市场两个部分组成，又称一级市场和二级市场。发行市场，是指投资者从发行人处认购新增股份，典型形式为股份有限公司首次面向公众公开发行股票（IPO）、定向增发；流通市场，是指股票持有人之间的交易，典型形式为通过证券交易所买卖已上市的股票。

股票市场主要有如下功能：

（1）筹集资本。公司作为资金需求方发行股票，投资者认购股票，从而使资金从投资者流向发行股票的公司。

（2）转让资本。股票市场为股票的流通转让提供了场所，为资产提供了流动性。

（3）转化资本。股票市场在股票买卖者之间架起了一座桥梁，可以使非资本的货币资金转化为生产资本。

（4）发现价格。股票市场众多投资者的买卖行为产生了投资者认可的股票价格。

4. 股票市场主要有哪些参与主体？

股票市场主要有以下五种参与主体：

（1）发行人。发行人是指为筹措资金而发行股票的发行主体。

（2）投资人。投资人是指通过买卖股票而进行投资的机构投资者和个人投资者。

（3）中介机构。中介机构是指为股票的发行、交易提供服务的各类市场机构，如证券公司、律师事务所、会计师事务所、资产评估机构等。

（4）股票市场的自律性组织。股票市场的自律性组织是指由股票市场各类市场主体进行自律管理、自我约束而形成的行业组织机构，如证券交易所、上市公司协会、证券业协会和证券登记结算机构等。

（5）证券监管机构。在我国，证券监管机构主要是指中国证券监督管理委员会（以下简称"中国证监会"）及其派出机构（以下简称

"证监局")。

5. 什么是公众公司和非公众公司？

公众公司是指向不特定对象公开发行股票，或向特定对象发行或转让股票使股东人数超过200人以及自愿纳入监管的历史遗留股东人数超过200人的股份有限公司。非公众公司是指仅有特定对象持有股权且股东人数少于200人的企业。

公众公司分为上市公司和非上市公众公司。其中，股票在证券交易所上市交易的公司为上市公司，否则为非上市公众公司。

6. 什么是发行、上市？公开发行和上市有什么关系？

发行是指发行人为筹集资本而进行的出售和分配股份的行为。首次公开发行（IPO）是指发行人第一次将它的股份向社会公众投资者发售的行为。上市是指首次公开发行完成后在证券交易所公开挂牌交易的行为。

公开发行和上市通常是紧密联系的，我国《证券法》规定，企业上市之前必须进行公开发行。公开发行和上市是两个不同的环节，公开发行在先，上市在后。公开发行必须获得中国证监会核准，上市应符合证券交易所规定的股票上市条件并获得证券交易所批准。

7. 什么是公开发行和非公开发行？

根据发行对象的不同，可以将发行方式分为公开发行（Public Offering）与非公开发行（Private Placement）。

公开发行是指向不特定对象发行证券或向特定对象发行证券累计超过200人的行为。

非公开发行通常是指面向特定对象发售股票且累计股东人数不超过200人。对于上市公司而言，非公开发行股票的含义更加特定，是上市公司再融资的主要方式之一，主板与中小企业板上市公司非公开发行对象不超过10名，创业板上市公司非公开发行对象不超过5名。

公开发行证券必须符合法律、行政法规规定的条件，并依法报中国证监会核准；未经依法核准，任何单位和个人不得公开发行证券。根据《证券法》第十条的规定，公开发行证券，必须符合法律、行政法规规定的条件，并依法报经国务院证券监督管理机构或者国务院授权的部门核准；未经依法核准，任何单位和个人不得公开发行证券。

8. 上市对企业有什么好处？

上市对企业的好处：

（1）有利于获取发展资金。借助上市时募集到的资金，企业能够获得快速发展的机会；已上市企业同时具备更为宽广的融资渠道。因此，上市有助于企业降低融资成本，拓展融资渠道，改善财务结构，降低资产负债率，从而提高抗风险能力。

（2）有利于完善公司治理结构。证券监管部门、证券交易所对上市公司的治理结构、信息披露都有严格要求，企业应当按照上市公司的要求不断完善和健全企业法人治理结构，建立严格的内控体系，减少关联交易，杜绝同业竞争，遵守竞业禁止规定，从而促进企业进一步健康发展。

（3）有利于企业进行资源整合。上市后，企业可通过并购重组等资本运作手段进行产业整合，迅速做大做强。

（4）有利于提高公信力、品牌知名度、企业形象和市场地位。上市审批等事项的严格执行，有利于促进社会对上市公司真实性、合规性的认可，有利于提升上市公司的公信力。另外，企业上市具有较强的品牌传播效应，上市之后的挂牌交易和持续信息披露是最佳的广告和宣传方式之一，使企业能够持续地展示企业形象，向资本市场及社会公众呈现其综合实力，提升品牌识别度和市场地位。

（5）有利于完善激励机制。企业上市能增强员工对企业的认同感，有助于激发员工的责任感、荣誉感。企业可以通过股权激励等方式让员工分享企业成长价值，有利于留住人才、吸引人才。

（6）有利于股东实现创业价值。上市后的股票市值是对原有股东创业价值的直接体现。企业股东的原始投入获得了股票市场的公开定价。企业上市后，股票流动性大大增强，为股东提供了良好的退出平台。

9. 上市对企业有什么约束？

企业公开发行上市后，其性质转变为公众公司，公司将拥有众多的社会公众股东。为保护社会公众股东的利益，上市公司必须接受更为严格的监管，公司的社会责任和经营压力增大。因此，公开发行上市也对企业产生约束，主要体现在以下几个方面：

（1）监管更为严格。公开发行上市后，企业既要接受中国证监会及证监局、证券交易所等证券监管部门和自律组织的监管，也要接受保荐机构等中介机构的持续督导。

（2）企业规范运行的要求。公开发行上市后，企业应当建立严密、完整、规范的内控制度，包括公司治理、财务、税务、员工社会保障、环保等各个方面。

（3）严格、持续的信息披露要求。上市公司必须按照有关规定，定期披露经具有证券从业资格的会计师事务所审计的财务报告，真实、准确、完整、及时、公平地披露公司信息，公司及其董事、监事、高级管理人员应当保证信息披露内容的真实、准确、完整、及时、公平，且不存在虚假记载、误导性陈述或重大遗漏。

（4）经营压力增加。在成熟的资本市场环境和机制下，投资者要求获得合理的投资回报，众多专业机构参与公司调研，公司行业排名也会实时变动。如果公司经营不善，业绩不佳，公司股票将可能被投资者抛售，公司可能面临被恶意收购的风险。

（5）大股东受到严格约束。控股股东及实际控制人应当依照法律法规以及上市公司章程的规定参与公司的管理和决策，严格履行在公司公开发行上市时做出的各项承诺，不得侵害上市公司利益，不得滥用权力，不得通过关联交易、利润分配、资产重组、对外投资等方式损害上市公司及其他股东的利益。在中小企业板上市的企业及其控股股东、实际控制人须遵守《中小企业板上市公司规范运作指引》的要求，在创业板上市的企业及其控股股东、实际控制人须遵守《创业板上市公司规范运作指引》的要求。

10. 上市对企业有什么风险？

上市公司独特的运行规则也会对其经营决策、资本市场战略造成一定的影响，带来一定的风险。企业上市的风险主要体现在以下几个方面：

（1）控股权被稀释和被收购的风险。企业在上市前通常会引入战略投资者，IPO时一般要公开发行股本总额的25%（总股本在4亿元以下）或10%（总股本超过4亿元）以上的股份，上市后可能还会开展股权融资、股权激励、换股收购等活动，因此，股权分散是长期趋势，从而存在控股权被稀释甚至被收购的风险。

（2）大股东提交的议案存在不被股东大会批准或延迟批准的风险。根据《上市公司章程指引》《股票上市规则》等相关规定，大股东所提议案需经股东大会审议通过后方可实施。若大股东持股股数较少，则存在大股东所提议案不被股东大会批准，或者被延迟批准的风险。

（3）商业秘密被迫披露的风险。为满足投资者信息对称的要求，上市公司需要进行大量的信息披露。然而，应披露信息可能涉及上市公司的商业秘密，如披露分行业、分地区、分产品的销售区域与毛利率信息可能影响企业经营中的谈判能力，披露供应商与销售商信息会暴露企业的供销渠道，董事会、股东大会对公司战略的公开披露则可能导致企业在市场竞争中处于劣势。尽管资本市场已出现信息披露暂缓与豁免制度，但也只能在一定程度上缓解信息披露制度与商业秘密保护制度之间的冲突。

（4）负面信息广泛传播的风险。在公开市场上，企业经营不规范等负面信息的传播速度更快，并会对公司股票价格产生一定影响，因此要求企业具备更高的危机公关与信誉维护能力。

11. 公开发行并上市（不含科创板）需要经过哪些程序？

（1）确定中介机构。企业聘请保荐机构、会计师事务所、律师事务所、资产评估机构等中介机构，确定上市工作团队。

（2）尽职调查。各方中介机构针对公司的历史沿革、业务经营状况、财务状况和合法合规状况进行全面的前期尽职调查，为企业诊断问题。

（3）改制与设立。保荐机构、会计师事务所、律师事务所、资产评估机构等中介机构协助企业拟定改制重组方案，并对改制重组方案进行可行性论证。改制重组方案确定后，中介机构负责对拟改制的资产进行审计、评估，起草、推动签署发起人协议、公司章程等文件，设置公司内部组织机构，协助设立股份有限公司。

（4）辅导与辅导备案。保荐机构和其他中介机构对企业进行规范化培训、辅导和监督，协助其学习上市公司必备知识，完善组织结构和内部管理，规范企业行为，并准备首次公开发行申请文件。企业应明确业务发展目标和募集资金投向，参照发行上市条件对存在的问题进行整改，并需当地证监局对辅导情况进行验收。

（5）申请文件的准备和申报。企业、中介机构根据法律规定和中国证监会要求制作、准备申请文件，由保荐机构负责向中国证监会申报（特定行业的发行人或特定企业应当取得管理部门的批复性文件）。符合申报条件的，中国证监会在5个工作日内受理申请文件。在中国证监会受理后，发行人应按照中国证监会的规定预先披露有关申请文件。

（6）申请文件的初审及反馈。中国证监会受理申请文件后，由其发行监管部对申请文件进行初审，并向保荐机构反馈审核意见；保荐机构组织发行人和中介机构对反馈的审核意见进行回复或协助发行人整改，并及时更新原有的申请文件；发行监管部就更新后的申请文件组织召开初审会。

（7）发行审核委员会审核。申请文件初审后，提交中国证监会发行审核委员会（以下简称"发审委"）审核。发审委由中国证监会的专业人员和中国证监会外的专家组成，每次发审委会议由7名委员参加，委员负责审议有关申请材料，在会议上进行问询，对企业的发行申请发表审核意见并表决；表决投票时，同意票数达到5票即为企业通过发审委审核。

（8）核准。发行申请经发审委审核通过后，企业及相关中介机构根据发审委提出的意见落实有关会后事项，然后进行封卷工作，即将申请文件原件重新归类后存档备查；封卷并履行内部程序后，中国证监会将向企业下发核准批文。发行申请核准后、股票发行结束前，企业发生重大事项的，应当暂缓或者暂停发行，并及时报告中国证监会，同时履行信息披露义务；该重大事项影响发行条件的，应当重新履行核准程序。

（9）发行。获得核准批文后即进入发行环节，企业应在发行前按规定履行信息披露义务：其中，中小企业板上市企业应在中国证监会指定报刊上刊登招股说明书摘要及发行公告等信息，并将招股说明书等有关文件全文一并刊登于中国证监会指定的网站上；创业板上市企业应在中国证监会指定的网站上披露招股说明书及其附件，并同时在中国证监会指定报刊上披露首次公开发行股票并在创业板上市提示性公告，告知投资者网上刊登的地址及获取文件的途径。主承销商（证券公司）与发行人应组织路演，向投资者推介和询价，根据询价结果协商确定发行价格，并进行网上网下的公开发行。

（10）上市。企业根据中国证监会规定的发行方式公开发行股票，向证券交易所提交上市申请，在登记结算公司办理股份的托管与登记，在证券交易所挂牌上市。上市后由保荐机构按规定负责持续督导。

12. 保荐制度主要包括哪些内容？

保荐机构应当遵守法律、行政法规和中国证监会相关规定，恪守业务规则和行业规范，诚实守信，勤勉尽责，对发行人进行充分的尽职调查，尽职推荐发行人证券发行上市，持续督导发行人履行规范运作、信守承诺、信息披露等义务。证券发行上市保荐包括尽职推荐和持续督导两个环节，即保荐机构应当尽职推荐发行人证券发行上市；发行人证券上市后，保荐机构应当持续督导发行人履行规范运作、信守承诺、信息披露等义务。

根据中国证监会发布的《证券发行上市保荐业务管理办法》的规定，证券发行上市保荐制度主要包括以下内容：

（1）建立了保荐机构和保荐代表人的注册登记管理制度。公司证券发行上市不但需要有保荐机构进行保荐，还需具有保荐代表人资格的从业人员具体负责保荐工作。这样既明确了机构的责任，也

第一部分　股票发行上市基础知识

将责任具体落实到了个人。

（2）明确了保荐期限。除了创业板上市公司非公开发行股票符合一定情形时可采用简易程序且自行销售外，公司首次公开发行股票和上市公司发行新股、可转换公司债券均需要保荐机构和保荐代表人保荐。保荐期间分为尽职推荐和持续督导两个阶段。从中国证监会正式受理公司申请文件到完成发行上市为尽职推荐阶段。首次公开发行股票并在主板、中小企业板上市的，持续督导期间为证券上市当年剩余时间及其后两个完整会计年度；主板、中小企业板上市公司发行新股、可转换公司债券的，持续督导期间为证券上市当年剩余时间及其后一个完整会计年度。首次公开发行股票并在创业板上市、创业板上市公司发行新股及可转换公司债券的，持续督导期间较主板、中小企业板相应延长一个完整会计年度。首次公开发行股票并在创业板上市的，持续督导期内保荐机构应当自发行人披露年度报告、中期报告之日起15个工作日内在中国证监会指定网站上披露跟踪报告。发行人临时报告披露的信息涉及募集资金、关联交易、委托理财、为他人提供担保等重大事项的，保荐机构应当自临时报告披露之日起10个工作日内进行分析并在中国证监会指定网站上发表独立意见。

（3）确立了保荐责任。保荐机构和保荐代表人在向中国证监会推荐企业发行上市前，应当对发行人进行尽职调查和辅导；应当保证或有充分理由确信向中国证监会提交的相关文件不存在虚假记载、误导性陈述或重大遗漏；应当在推荐文件中对发行人的信息披露质量、发行人的独立性和持续经营能力等做出必要的承诺。保荐机构在持续督导阶段，应当对上市公司履行规范运作、信守承诺、信息披露等义务的情况进行持续跟踪，及时揭示风险，督促纠正错误，并给予规范性指导。持续督导的期间自证券上市之日起计算。持续督导期届满，如有尚未完结的保荐工作，保荐机构应当继续完成。保荐机构在尽职推荐期间、持续督导期间未勤勉尽责的，持续督导期届满，保荐机构仍应承担相应的责任。

（4）采取持续信用监管措施。除对保荐机构和保荐代表人的违法违规行为进行行政处罚和依法追究法律责任外，证券监管机构还将对违反相关规定的保荐机构和保荐代表人采取监管措施,即根据情节轻重,在一定时间内不受理或不再受理其提出的推荐发行上市申请,严重的还应当取消其从事保荐业务的资格。对有关机构和个人的不良信用表现记录在案并在必要时予以公布。

13. 深圳证券交易所有哪些主要职能和市场特点?

1990年12月1日,深圳证券交易所(以下简称"深交所")诞生于深圳经济特区,是中国境内两大证券交易所之一,由中国证监会直接监督管理。

深交所主要职能包括:提供证券集中交易的场所、设施和服务;制定和修改深交所的业务规则;审核、安排证券上市交易或者转让,决定证券终止上市交易或者转让;组织、监督证券交易;组织实施交易品种和交易机制创新;按照会员的风险管理水平进行分类管理,并实施日常监管;对上市公司信息披露等行为进行监管;设立或者参与设立证券登记结算机构;管理和公布市场信息;开展投资者教育;法律、法规、规章规定的以及中国证监会许可或者授权的其他职能。

深交所立足于服务实体经济和国家战略全局,经过28年的发展,初步建立起板块特色鲜明、监管规范透明、运行安全可靠、服务专业高效的多层次资本市场体系。截至2019年6月底,深交所共有上市公司2170家,其中,主板472家、中小企业板934家、创业板764家,总市值20.83万亿元。

深交所坚持完善基础性制度、增强金融服务功能,有效发挥多层次资本市场平台作用,促进科技创新企业、民营企业、成长型企业做大做强,全力打造国际领先创新资本形成中心,建设世界一流证券交易所,为建设规范、透明、开放、有活力、有韧性的资本市场积极贡献力量。

14. 深圳证券交易所在吸引企业上市方面主要有哪些优势?

(1)更具市场化精神。深交所地处深圳,毗邻中国香港,受市场化、法治精神影响,更加秉承公开、公平、公正的市场原则,加

第一部分 股票发行上市基础知识 13

强服务,创新监管,贴近市场。

(2)市场化的上市公司群体。深交所的上市公司以中小高科技民营企业为主,还有一大批类似万科这样的混合所有制的市场化蓝筹企业。很多企业在产业细分市场有着明显的优势,具备充足的发展活力,且其管理团队更具创新意识和拼搏意识。

(3)更有利于企业融资和并购。出于投资者尤其是专业投资机构对成长型公司的青睐,在深交所挂牌上市的中小高科技民营企业具备更好的市场认同度。2019年5月底,中小企业板上市公司的平均市盈率为25.77倍,创业板上市公司的平均市盈率为40.22倍,相对高的市盈率更有利于提高企业再融资和并购重组的效率。

(4)更具创新服务精神。由于地处深圳经济特区,深交所更具创新氛围和服务精神。二十多年来,深交所一直坚持服务企业的传统。2013年,深交所开始了建设"中小企业之家"的工作,进一步整合培训、上市、研究、信息等增值服务资源,打造综合服务平台,不断提升服务企业能力。深交所还持续开展"走进上市公司"活动,推出"投资易""互动易"等服务工具,为上市公司和投资者之间的交流搭建便捷的桥梁。

(5)向拟上市企业提供全面服务。深交所全方位开展上市推广服务工作,有效地解决了企业上市不同阶段的问题和困难,并通过开展面向拟上市企业的各种形式和层次的培训、交流活动,帮助企业顺利进入资本市场。

(6)更具多样性、包容性,更有利于创新型和成长型企业上市。深交所中小企业板和创业板市场已形成了各自不同的特色,且创业板市场还有独特的发行上市标准,对创新型和成长型企业具有极大的吸引力,许多文化传媒、电子商务、第三方物流企业纷纷选择在深交所上市。

第二章
发行上市条件及可行性评估

15. 深圳证券交易所发行上市的法律规则体系是怎样的？

深交所发行上市的法律规则体系如下：

（1）全国人大制定的《公司法》和《证券法》。

（2）中国证监会发布的部门规章和规范性文件。在部门规章层面，主要包括《首次公开发行股票并上市管理办法》（以下简称《首发管理办法》，适用于主板与中小企业板）和《首次公开发行股票并在创业板上市管理办法》（简称《创业板首发管理办法》，适用于创业板）；在规范性文件方面，主要包括中国证监会发行部公布的《发行监管问答》和《证券期货法律适用意见》，以及对于具体问题具有指导性质的《首发业务若干问题解答（一）》和《首发业务若干问题解答（二）》。

（3）深交所的《深圳证券交易所股票上市规则（2018年11月修订）》（适用于主板与中小企业板）和《深圳证券交易所创业板股票上市规则（2018年11月修订）》（适用于创业板）。

16.《证券法》对发行上市条件有何要求？

公开发行新股应当符合下列条件：

（1）具备健全且运行良好的组织机构。

（2）具有持续盈利能力，财务状况良好。

（3）最近三年财务会计文件无虚假记载，无其他重大违法行为。

（4）经国务院批准的国务院证券监督管理机构规定的其他条件。

上市公司非公开发行新股,应当符合经国务院批准的国务院证券监督管理机构规定的条件,并报国务院证券监督管理机构核准。

股份有限公司申请股票上市应当符合下列条件:

(1) 股票经国务院证券监督管理机构核准已公开发行。

(2) 公司股本总额不少于人民币 3000 万元。

(3) 公开发行的股份达到公司股份总数的 25% 以上;公司股本总额超过人民币 4 亿元的,公开发行股份的比例为 10% 以上。

(4) 公司最近三年无重大违法行为,财务会计报告无虚假记载。

证券交易所可以规定高于前款规定的上市条件,并报国务院证券监督管理机构批准。

17. 《首发管理办法》对中小企业板企业发行上市条件有何要求?

中小企业板企业发行上市条件与上交所主板企业发行上市条件相同。

(1) 主体资格。发行人应当是依法设立且合法存续的股份有限公司。经国务院批准,有限责任公司在依法变更为股份有限公司时,可以采取募集设立方式公开发行股票。

发行人自股份有限公司成立后,持续经营时间应当在三年以上,但经国务院批准的除外。有限责任公司按原账面净资产值折股整体变更为股份有限公司的,持续经营时间可以从有限责任公司成立之日起计算。

发行人的注册资本已足额缴纳,发起人或者股东用作出资的资产的财产权转移手续已办理完毕,发行人的主要资产不存在重大权属纠纷。

发行人的生产经营符合法律、行政法规和公司章程的规定,符合国家产业政策。

发行人最近三年内主营业务和董事、高级管理人员没有发生重大变化,实际控制人没有发生变更。

发行人的股权清晰,控股股东和受控股股东、实际控制人支配的股东持有的发行人股份不存在重大权属纠纷。

(2) 规范运行。发行人已经依法建立健全股东大会、董事会、监事会、独立董事、董事会秘书制度，相关机构和人员能够依法履行职责。

发行人的董事、监事和高级管理人员已经了解与股票发行上市有关的法律法规，知悉上市公司及其董事、监事和高级管理人员的法定义务和责任。

发行人的董事、监事和高级管理人员符合法律、行政法规和规章规定的任职资格，且不得有下列情形：①被中国证监会采取证券市场禁入措施尚在禁入期的；②最近36个月内受到中国证监会行政处罚，或者最近12个月内受到证券交易所公开谴责；③因涉嫌犯罪被司法机关立案侦查或者涉嫌违法违规被中国证监会立案调查，尚未有明确结论意见。

发行人的内部控制制度健全且被有效执行，能够合理保证财务报告的可靠性、生产经营的合法性、营运的效率与效果。

发行人不得有下列情形：①最近36个月内未经法定机关核准，擅自公开或者变相公开发行过证券；或者有关违法行为虽然发生在36个月前，但目前仍处于持续状态；②最近36个月内违反工商、税收、土地、环保、海关以及其他法律、行政法规，受到行政处罚，且情节严重；③最近36个月内曾向中国证监会提出发行申请，但报送的发行申请文件有虚假记载、误导性陈述或重大遗漏；或者不符合发行条件以欺骗手段骗取发行核准；或者以不正当手段干扰中国证监会及其发行审核委员会审核工作；或者伪造、变造发行人或其董事、监事、高级管理人员的签字、盖章；④本次报送的发行申请文件有虚假记载、误导性陈述或者重大遗漏；⑤涉嫌犯罪被司法机关立案侦查，尚未有明确结论意见；⑥严重损害投资者合法权益和社会公共利益的其他情形。

发行人的公司章程中已明确对外担保的审批权限和审议程序，不存在为控股股东、实际控制人及其控制的其他企业进行违规担保的情形。

发行人有严格的资金管理制度，不得有资金被控股股东、实际控制人及其控制的其他企业以借款、代偿债务、代垫款项或者其他方式占用的情形。

(3) 财务与会计。发行人资产质量良好，资产负债结构合理，盈利能力较强，现金流量正常。

发行人的内部控制在所有重大方面是有效的，并由注册会计师出具了无保留结论的内部控制鉴证报告。

发行人会计基础工作规范，财务报表的编制符合企业会计准则和相关会计制度的规定，在所有重大方面公允地反映了发行人的财务状况、经营成果和现金流量，并由注册会计师出具了无保留意见的审计报告。

发行人编制财务报表应以实际发生的交易或者事项为依据；在进行会计确认、计量和报告时应当保持应有的谨慎；对相同或者相似的经济业务，应选用一致的会计政策，不得随意变更。

发行人应完整披露关联方关系并按重要性原则恰当披露关联交易。关联交易价格公允，不存在通过关联交易操纵利润的情形。

发行人应当符合下列条件：①最近三个会计年度净利润均为正数且累计超过人民币 3000 万元，净利润以扣除非经常性损益前后较低者为计算依据；②最近三个会计年度经营活动产生的现金流量净额累计超过人民币 5000 万元，或者最近三个会计年度营业收入累计超过人民币 3 亿元；③发行前股本总额不少于人民币 3000 万元；④最近一期末无形资产（扣除土地使用权、水面养殖权和采矿权等后）占净资产的比例不高于 20%；⑤最近一期末不存在未弥补亏损。中国证监会根据《关于开展创新企业境内发行股票或存托凭证试点的若干意见》等规定认定的试点企业，可不适用第①项、第⑤项规定。

发行人依法纳税，各项税收优惠符合相关法律法规的规定。发行人的经营成果对税收优惠不存在严重依赖。

发行人不存在重大偿债风险，不存在影响持续经营的担保、诉讼以及仲裁等重大或有事项。

发行人申报文件中不得有下列情形：①故意遗漏或虚构交易、事项或者其他重要信息；②滥用会计政策或者会计估计；③操纵、伪造或篡改编制财务报表所依据的会计记录或者相关凭证。

发行人不得有下列影响持续盈利能力的情形：①发行人的经营

模式、产品或服务的品种结构已经或者将发生重大变化，并对发行人的持续盈利能力构成重大不利影响；②发行人的行业地位或发行人所处行业的经营环境已经或者将发生重大变化，并对发行人的持续盈利能力构成重大不利影响；③发行人最近一个会计年度的营业收入或净利润对关联方或者存在重大不确定性的客户存在重大依赖；④发行人最近一个会计年度的净利润主要来自合并财务报表范围以外的投资收益；⑤发行人在用的商标、专利、专有技术以及特许经营权等重要资产或技术的取得或者使用存在重大不利变化的风险；⑥其他可能对发行人持续盈利能力构成重大不利影响的情形。

18.《创业板首发管理办法》对创业板企业发行上市条件有何要求？

（1）发行人申请首次公开发行股票应当符合：①发行人是依法设立且持续经营三年以上的股份有限公司。有限责任公司按原账面净资产值折股整体变更为股份有限公司的，持续经营时间可以从有限责任公司成立之日起计算。②最近两年连续盈利，最近两年净利润累计不少于1000万元；或者最近一年盈利，最近一年营业收入不少于5000万元。净利润以扣除非经常性损益前后孰低者为计算依据。③最近一期末净资产不少于2000万元，且不存在未弥补亏损。④发行后股本总额不少于3000万元。中国证监会根据《关于开展创新企业境内发行股票或存托凭证试点的若干意见》等规定认定的试点企业，可不适用第②项规定和第③项"不存在未弥补亏损"的规定。

（2）发行人的注册资本已足额缴纳，发起人或者股东用作出资的资产的财产权转移手续已办理完毕。发行人的主要资产不存在重大权属纠纷。

（3）发行人应当主要经营一种业务，其生产经营活动符合法律、行政法规和公司章程的规定，符合国家产业政策及环境保护政策。

（4）发行人最近两年内主营业务和董事、高级管理人员均没有发生重大变化，实际控制人没有发生变更。

（5）发行人的股权清晰，控股股东和受控股股东、实际控制人支配的股东所持发行人的股份不存在重大权属纠纷。

(6) 发行人具有完善的公司治理结构,依法建立健全股东大会、董事会、监事会以及独立董事、董事会秘书、审计委员会制度,相关机构和人员能够依法履行职责。发行人应当建立健全股东投票计票制度,建立发行人与股东之间的多元化纠纷解决机制,切实保障投资者依法行使收益权、知情权、参与权、监督权、求偿权等股东权利。

(7) 发行人会计基础工作规范,财务报表的编制和披露符合企业会计准则和相关信息披露规则的规定,在所有重大方面公允地反映了发行人的财务状况、经营成果和现金流量,并由注册会计师出具无保留意见的审计报告。

(8) 发行人内部控制制度健全且被有效执行,能够合理保证公司运行效率、合法合规和财务报告的可靠性,并由注册会计师出具无保留结论的内部控制鉴证报告。

(9) 发行人的董事、监事和高级管理人员应当忠实、勤勉,具备法律、行政法规和规章规定的资格,且不存在下列情形:①被中国证监会采取证券市场禁入措施尚在禁入期的;②最近三年内受到中国证监会行政处罚,或者最近一年内受到证券交易所公开谴责的;③因涉嫌犯罪被司法机关立案侦查或者涉嫌违法违规被中国证监会立案调查,尚未有明确结论意见的。

(10) 发行人及其控股股东、实际控制人最近三年内不存在损害投资者合法权益和社会公共利益的重大违法行为。发行人及其控股股东、实际控制人最近三年内不存在未经法定机关核准,擅自公开或者变相公开发行证券,或者有关违法行为虽然发生在三年前,但目前仍处于持续状态的情形。

19. 深圳证券交易所上市规则对上市条件有何要求?

(1) 发行人申请其股票在中小企业板上市,应当符合下列条件:①股票已公开发行。②公司股本总额不少于 5000 万元。③公开发行的股份达到公司股份总数的 25% 以上;公司股本总额超过 4 亿元的,公开发行股份的比例为 10% 以上。④公司最近三年无重大违法行为,财务会计报告无虚假记载。⑤深交所要求的其他条件。

（2）发行人申请其股票在创业板上市，应当符合下列条件：①股票已公开发行。②公司股本总额不少于 3000 万元。③公开发行的股份达到公司股份总数的 25% 以上；公司股本总额超过 4 亿元的，公开发行股份的比例为 10% 以上。④公司股东人数不少于 200 人。⑤公司最近三年无重大违法行为，财务会计报告无虚假记载。⑥深交所要求的其他条件。

 20. 公开发行股票并在中小企业板上市的条件是什么？

（1）主体资格。依法设立且合法存续的股份有限公司。经国务院批准，有限责任公司在依法变更为股份有限公司时，可以采取募集设立方式公开发行股票。

（2）经营年限。自股份有限公司成立后，持续经营时间应当在 3 年以上，但经国务院批准的除外。有限责任公司按原账面净资产值折股整体变更为股份有限公司的，持续经营时间可以从有限责任公司成立之日起计算。

（3）出资。注册资本已足额缴纳，发起人或者股东用作出资的资产的财产权转移手续已办理完毕，发行人的主要资产不存在重大权属纠纷。

（4）资产。①最近一期末无形资产（扣除土地使用权、水面养殖权和采矿权等后）占净资产的比例不高于 20%。②最近一期末不存在未弥补亏损［中国证监会根据《关于开展创新企业境内发行股票或存托凭证试点的若干意见》等规定认定的试点企业（以下简称"试点企业"），可不适用该标准］。

（5）股权。股权清晰，控股股东和受控股股东、实际控制人支配的股东持有的发行人股份不存在重大权属纠纷。

（6）股本。发行前股本总额不少于人民币 3000 万元，发行后股本总额不少于人民币 5000 万元。

（7）盈利。①最近三个会计年度净利润均为正数且累计超过人民币 3000 万元，净利润以扣除非经常性损益前后较低者为计算依据（中国证监会根据《关于开展创新企业境内发行股票或存托凭证试点的若干意见》等规定认定的试点企业,可不适用该标准)。②最近三个会计年度经营活动产生的现金流量净额累计超过人民币 5000 万元;或者最近三个会计年度营业收入累计超过人民币 3 亿元。

(8) 主营业务。最近三年内主营业务没有发生重大变化。

(9) 董监高。董事、高级管理人员最近三年内没有发生重大变化。董事、监事和高级管理人员已经了解与股票发行上市有关的法律法规,知悉上市公司及其董事、监事和高级管理人员的法定义务和责任,符合法律、行政法规和规章规定的任职资格,且不得有下列情形:①被中国证监会采取证券市场禁入措施尚在禁入期的;②最近 36 个月内受到中国证监会行政处罚,或者最近 12 个月内受到证券交易所公开谴责;③因涉嫌犯罪被司法机关立案侦查或者涉嫌违法违规被中国证监会立案调查,尚未有明确结论意见。

(10) 实际控制人。最近三年内未发生变更。

(11) 同业竞争。发行人的业务与控股股东、实际控制人及其控制的其他企业之间不得有同业竞争。

(12) 关联交易。发行人应完整披露关联方关系并按重要性原则恰当披露关联交易。关联交易价格公允,不存在通过关联交易操纵利润的情形。

(13) 公司治理结构。已经依法建立健全股东大会、董事会、监事会、独立董事、董事会秘书制度,相关机构和人员能够依法履行职责。

(14) 募集资金使用。应该有明确的使用方向,原则上用于主营业务。

(15) 持续盈利能力。发行人不得有下列影响持续盈利能力的情形:①发行人的经营模式、产品或服务的品种结构已经或者将发生重大变化,并对发行人的持续盈利能力构成重大不利影响;②发行人的行业地位或发行人所处行业的经营环境已经或者将发生重大变化,并对发行人的持续盈利能力构成重大不利影响;③发行人最近一个会计年度的营业收入或净利润对关联方或者存在重大不确定性的客户存在重大依赖;④发行人最近一个会计年度的净利润主要来自合并财务报表范围以外的投资收益;⑤发行人在用的商标、专利、专有技术以及特许经营权等重要资产或技术的取得或者使用存在重大不利变化的风险；⑥其他可能对发行人持续盈利能力构成重大不利影响的情形。

（16）违法行为。发行人不得有下列情形：①最近36个月内未经法定机关核准，擅自公开或者变相公开发行过证券；或者有关违法行为虽然发生在36个月前，但目前仍处于持续状态。②最近36个月内违反工商、税收、土地、环保、海关以及其他法律、行政法规，受到行政处罚，且情节严重。③最近36个月内曾向中国证监会提出发行申请，但报送的发行申请文件有虚假记载、误导性陈述或重大遗漏；或者不符合发行条件以欺骗手段骗取发行核准；或者以不正当手段干扰中国证监会及其发行审核委员会审核工作；或者伪造、变造发行人或其董事、监事、高级管理人员的签字、盖章。④本次报送的发行申请文件有虚假记载、误导性陈述或者重大遗漏。⑤涉嫌犯罪被司法机关立案侦查，尚未有明确结论意见。⑥严重损害投资者合法权益和社会公共利益的其他情形。

（17）独立性。资产完整、人员独立、财务独立、机构独立、业务独立。

（18）财务状况。发行人资产质量良好，资产负债结构合理，盈利能力较强，现金流量正常。

（19）财务制度。①发行人会计基础工作规范，财务报表的编制符合企业会计准则和相关会计制度的规定，在所有重大方面公允地反映了发行人的财务状况、经营成果和现金流量，并由注册会计师出具了无保留意见的审计报告。②发行人编制财务报表应以实际发生的交易或者事项为依据；在进行会计确认、计量和报告时应当保持应有的谨慎；对相同或者相似的经济业务，应选用一致的会计政策，不得随意变更。

（20）内部控制。①发行人的内部控制在所有重大方面是有效的，并由注册会计师出具了无保留结论的内部控制鉴证报告。②发行人的内部控制制度健全且被有效执行，能够合理保证财务报告的可靠性、生产经营的合法性、营运的效率与效果。③公司章程中已明确对外担保的审批权限和审议程序，不存在为控股股东、实际控制人及其控制的其他企业进行违规担保的情形。④有严格的资金管理制度，不得有资金被控股股东、实际控制人及其控制的其他企业以借款、代偿债务、代垫款项或者其他方式占用的情形。

（21）税收。发行人依法纳税，各项税收优惠符合相关法律法规的规定。发行人的经营成果对税收优惠不存在严重依赖。

（22）或有事项。发行人不存在重大偿债风险，不存在影响持续经营的担保、诉讼以及仲裁等重大或有事项。

（23）信息披露。发行人申报文件中不得有下列情形：①故意遗漏或虚构交易、事项或者其他重要信息。②滥用会计政策或者会计估计。③操纵、伪造或篡改编制财务报表所依据的会计记录或者相关凭证。

（24）经营。发行人的生产经营符合法律、行政法规和公司章程的规定，符合国家产业政策。

21. 公开发行股票并在创业板上市的条件是什么？

（1）主体资格。依法设立且持续经营3年以上的股份有限公司。

（2）经营年限。持续经营3年以上。有限责任公司按原账面净资产值折股整体变更为股份有限公司的，持续经营时间可以从有限责任公司成立之日起计算。

（3）出资。注册资本已足额缴纳，发起人或者股东用作出资的资产的财产权转移手续已办理完毕，发行人的主要资产不存在重大权属纠纷。

（4）资产。①最近一期末净资产不少于2000万元。②不存在未弥补亏损（中国证监会根据《关于开展创新企业境内发行股票或存托凭证试点的若干意见》等规定认定的试点企业，可不适用该标准）。

（5）股权。股权清晰，控股股东和受控股股东、实际控制人支配的股东所持发行人的股份不存在重大权属纠纷。

（6）股本。发行后股本总额不少于3000万元。

（7）盈利能力。最近两年连续盈利，最近两年净利润累计不少于1000万元；或者最近一年盈利，最近一年营业收入不少于5000

万元。净利润以扣除非经常性损益前后孰低者为计算依据（中国证监会根据《关于开展创新企业境内发行股票或存托凭证试点的若干意见》等规定认定的试点企业，可不适用该标准）。

（8）主营业务。①发行人应当主要经营一种业务，其生产经营活动符合法律、行政法规和公司章程的规定，符合国家产业政策及环境保护政策。②最近两年内主营业务没有发生重大变化。

（9）董事、监事和高级管理人员。董事、高级管理人员最近两年内没有发生重大变化。董事、监事和高级管理人员应当忠实、勤勉，具备法律、行政法规和规章规定的资格，且不存在下列情形：①被中国证监会采取证券市场禁入措施尚在禁入期的；②最近三年内受到中国证监会行政处罚，或者最近一年内受到证券交易所公开谴责的；③因涉嫌犯罪被司法机关立案侦查或者涉嫌违法违规被中国证监会立案调查，尚未有明确结论意见的。

（10）实际控制人。最近两年内未发生变更。

（11）同业竞争。发行人的业务与控股股东、实际控制人及其控制的其他企业之间不得有同业竞争。

（12）关联交易。关联交易价格公允，不存在通过关联交易操纵利润的情形。

（13）公司治理结构。具有完善的公司治理结构，依法建立健全股东大会、董事会、监事会以及独立董事、董事会秘书、审计委员会制度，相关机构和人员能够依法履行职责。发行人应当建立健全股东投票计票制度，建立发行人与股东之间的多元化纠纷解决机制，切实保障投资者依法行使收益权、知情权、参与权、监督权、求偿权等股东权利。

（14）持续盈利能力。发行人应当在招股说明书中分析并完整披露对其持续盈利能力产生重大不利影响的所有因素，充分揭示相关风险，并披露保荐人对发行人是否具备持续盈利能力的核查结论意见。

（15）违法行为。发行人及其控股股东、实际控制人最近三年内不存在损害投资者合法权益和社会公共利益的重大违法行为。发行人及其控股股东、实际控制人最近三年内不存在未经法定机关核准，擅自公开或者变相公开发行证券，或者有关违法行为虽然发生在三年前，但目前仍处于持续状态的情形。

（16）独立性。发行人应当在招股说明书中披露已达到发行监管对公司独立性的基本要求。

（17）财务制度。发行人会计基础工作规范，财务报表的编制和披露符合企业会计准则和相关信息披露规则的规定，在所有重大方面公允地反映了发行人的财务状况、经营成果和现金流量，并由注册会计师出具无保留意见的审计报告。

（18）内部控制。内部控制制度健全且被有效执行，能够合理保证公司运行效率、合法合规和财务报告的可靠性，并由注册会计师出具无保留结论的内部控制鉴证报告。

（19）经营。发行人的生产经营符合法律、行政法规和公司章程的规定，符合国家产业政策。

22. 最近一年中小企业板与创业板通过审核且取得中国证监会批文的企业，收入规模与利润规模是多少？

2018年全年，中小企业板通过审核且取得中国证监会批文的企业有24家，这些企业2017年平均营业收入31.70亿元，平均净利润5.87亿元；营业收入中位数为8.76亿元，净利润中位数为1.49亿元。

2018年全年，创业板通过审核且取得中国证监会批文的企业有29家，这些企业2017年平均营业收入22.88亿元，平均净利润4.37亿元；营业收入中位数为9.04亿元，净利润中位数为1.40亿元。

23. 如何计算持续经营起算时间？

有限责任公司按原账面净资产折股整体变更为股份有限公司的，持续经营时间可以从有限责任公司成立之日起计算。如有限公司以经评估的净资产折股设立股份公司，视同新设股份公司，业绩不可连续计算。

24. 最近一年、最近两年、最近三年的含义是什么？

《首发管理办法》和《创业板首发管理办法》中规定的"最近

一年"按 12 个月计,"最近两年"按 24 个月计,"最近三年"按 36 个月计。

25. "主要经营一种业务"如何掌握?

对"一种业务"可界定为"同一类别业务"或相关联、相近的集成业务。中介机构核查判断是否为"一种业务"时,应充分考虑相关业务是否系发行人向产业上下游或相关业务领域自然发展或并购形成,业务实质是否属于相关度较高的行业类别,各业务之间是否具有协同效应等,实事求是地进行把握。

对于发行人确属在一种业务之外经营其他不相关业务的,在最近两个会计年度以合并报表计算,同时符合以下标准,可认定符合创业板主要经营一种业务的发行条件:主要经营的一种业务之外的其他业务收入占营业收入总额的比重不超过 30%;主要经营的一种业务之外的其他业务利润占利润总额的比重不超过 30%。

26. 如何组建内部上市团队?

为统筹规划和组织发行上市,拟上市公司应聘请董事会秘书、证券事务代表,同时可以设立证券事务部门,负责与中介机构的沟通,联络证券监管等政府部门、证券交易所、投资机构,组织开展公司"三会"等工作。为更好地推进发行上市工作,建议拟上市公司组建由实际控制人、董事会秘书、财务总监及其他相关部门骨干人员参与的上市工作小组。公司情况较复杂的,上市工作小组可再分设业务组、法律组和财务组,由熟悉公司情况且具备相关知识的公司人员组成,分别对接保荐人、律师事务所、会计师事务所、资产评估师等中介机构。

(1) 业务组负责协调业务尽职调查,协助完成募投项目设计;负责提供招股说明书业务部分所需资料和分析,并对相应部分的内容进行复核等。

(2) 法律组负责协调法律尽职调查,办理规范、重组、改制相关的法律事务及工商变更手续;履行"三会"的程序及撰写相关会议文件;建立与完善对外担保及信息披露等管理制度;负责提供招股说明书法律部分所需资料和分析,并对相应部分的内容进行复核等。

(3)财务组负责协调财务尽职调查,配合中介机构完成审计、评估等相关工作;完善内部控制制度;提供招股说明书财务部分所需资料和分析,并对相应部分的内容进行复核等。

27. 如何评估上市的业务条件?

(1)企业所处行业是否是国家鼓励和优先发展的行业。如果企业所处的行业是国家鼓励和优先发展的行业,这类企业上市的可行性就较高;反之,如果是国家限制和淘汰的行业,上市的可能性就大幅降低。

(2)企业在行业中的地位。一般而言,在细分行业中处于领先地位的企业往往更受资本市场青睐,行业排名过低的企业上市会比较难。

(3)企业所处行业是否具有广阔发展空间。一般而言,所处行业具有广阔发展空间的企业上市的可能性较大。某些具有未来概念的行业以及高科技行业具有较为广阔的发展空间。市场容量大的传统行业往往竞争较为激烈,企业应有较高的市场份额和较好的财务业绩才能顺利上市;市场容量小的传统行业,由于缺乏成长空间,较难得到资本市场的认同。

(4)稳定的盈利模式和创新的商业模式。企业的盈利模式稳定,不存在盈利模式的重大不确定性。企业在商业模式上进行创新,并在财务业绩上得到充分体现,是企业差异化竞争优势的体现。一般而言,具有独特商业模式和持续盈利能力的企业,在上市融资方面往往具有优势。

(5)客户和供应商。企业拥有优质的客户和供应商,表明企业的供应链系统较为健康,拥有稳定的上下游。采购或销售的地域范围广,供应商或客户的结构多元化,不对单一主体构成依赖,表明企业具备较强的抗风险能力,容易得到资本市场的认可。

(6)管理团队和人才队伍。人才是企业发展的重要资源,特别是在激烈的市场竞争中,企业间的竞争已经转化为人才竞争。公司要生存、发展，就必须吸引优秀人才，用好、培养好现有人才。拥有优秀的管理团队和人才队伍，意味着企业拥有较强的市场竞争力，更容易在众多企业中脱颖而出。

（7）较强的创新能力和核心知识产权。企业要有较强的创新能力，拥有较多的核心发明专利、商标等知识产权或其他专有技术，并能据此产生差异化的竞争优势。

（8）有一定的定价权。公司对自身的产品，要掌握一定的定价权，以便于在经营环境发生不利变化时将成本上涨等不利因素向外转移。

（9）其他方面的差异化核心竞争力。企业具有其他方面的差异化核心竞争力，能增强企业的持续盈利能力，实现企业的稳步成长。

28. 如何评估上市的法律条件？

（1）主体资格。上市主体应当是依法设立、合法存续且持续经营时间在三年以上的股份有限公司。有限责任公司按原账面净资产值折股整体变更为股份有限公司的，持续经营时间可以从有限责任公司成立之日起计算。对于持续经营时间未满三年的企业，可向国务院申请批准，取得合格的主体资格。

（2）历史沿革。企业注册资本足额缴纳，股东用作出资的资产的所有权转移手续已办理完毕。企业股权清晰，历次股权转让和增资合法有效，不存在股权权属纠纷。

（3）独立性。企业应当具备完整的业务体系和直接面向市场独立经营的能力，具体如下：①资产独立。生产型企业应当具备与生产经营有关的生产系统、辅助生产系统和配套设施，合法拥有与生产经营相关的土地、厂房、机器设备以及商标、专利、非专利技术的所有权或者使用权，具备独立的采购和销售系统；非生产型企业应当具备与经营有关的业务体系和资产。②人员独立。企业的高级管理人员不得在控股股东、实际控制人及其控制的其他企业中担任除董事、监事以外的其他职务。发行人的财务人员不得在控股股东、实际控制人及其控制的其他企业中兼职。③财务独立。企业应当有独立的财务核算系统，能够独立做出财务决策，具备规范的财务会计制度和对分公司、子公司的财务管理制度；不得与控股股东、实际控制人及其控制的其他企业共用银行账户。④机构独立。企业应当建立内部经营管理机构，独立行使经营管理职权，与控股股东、实际控制人及其控制的其他企业之间不得有机构混同的情形。⑤业务独立。企业的业务应当独立于控股股东、实际控制人及其控制的其他企业，与控股股东、实际控制人及其控制的其他企业之间不得有同业竞争或者显失公平的关联交易。

（4）同业竞争。同业竞争是指一切直接、间接地控制公司或有重大影响的法人或自然人及其控制的法人单位与公司从事相同、相似的业务，双方构成或可能构成直接或间接的利益冲突关系。实务中避免同业竞争的主体范围包括一切直接、间接地控制公司或能够对公司施加重大影响的自然人或法人及其控制的法人单位（即"竞争方"）。企业在上市前，通常将构成同业竞争关系的相关资产、业务全部纳入上市主体，从而避免同业竞争；对于未纳入上市主体的资产、业务，应当进行充分论证。如有充分依据说明与竞争方从事的业务因客户对象、市场区域或其所应用的技术手段等不同而存在明显细分市场差别，且该市场细分是客观的、切实可行的，不会产生实质性同业竞争，即同业不竞争，发行人应充分披露与其竞争方存在经营相同、相似业务及市场差别情况。

（5）关联交易。关联交易是指关联方之间转移资源、劳务或义务的行为。企业应减少不必要的关联交易，不能完全避免的关联交易，关键是要注意在关联交易定价的公允性、决策程序的合法性、合规性及对发行人的独立性影响方面的分析上取得监管方的认同。

（6）公司治理。企业应具有权责分明、各司其职、有效制衡、科学决策、协调运作的法人治理结构。企业应建立股东大会、董事会、监事会、独立董事、董事会秘书制度，促使股东大会、董事会、监事会规范运行，相关机构和人员依法履行职责。企业控制权稳定，拟在中小企业板上市的企业应确保最近三年内主营业务和董事、高级管理人员没有发生重大变化，实际控制人没有发生变更；拟在创业板上市的企业应确保最近两年内主营业务和董事、高级管理人没有发生重大变化，实际控制人没有发生变更。

(7) 企业经营和董事、监事、高级管理人员。企业的生产经营符合法律、行政法规和公司章程的规定，符合国家产业政策，未从事法律禁止或须特许批准而未取得批准的经营活动。董事、监事、高级管理人员符合法律、行政法规和规章规定的任职资格，不属于被中国证监会采取禁入措施尚在禁入期的人员，不属于最近36个月内受到中国证监会处罚或者最近12个月内受到证券交易所公开谴责，以及因涉嫌犯罪被司法机关立案侦查或者涉嫌违法违规被中国证监会立案调查尚未有明确结论意见的人员。

(8) 违法行为及违反公众利益的情形。企业不得存在以下情形：①最近36个月内未经法定机关核准，擅自公开或者变相公开发行过证券，或者有关违法行为虽然发生在36个月前，但目前仍处于持续状态。②最近36个月内违反工商、税收、土地、环保、海关以及其他法律、行政法规，受到行政处罚，且情节严重。③最近36个月内曾向中国证监会提出发行申请，但报送的发行申请文件有虚假记载、误导性陈述或重大遗漏；或者不符合发行条件却以欺骗手段骗取了发行核准；或者以不正当手段干扰中国证监会及其发行审核委员会的审核工作；或者伪造、变造发行人或其董事、监事、高级管理人员的签字、盖章。④本次报送的发行申请文件有虚假记载、误导性陈述或者重大遗漏。⑤涉嫌犯罪被司法机关立案侦查，尚未有明确结论意见。⑥严重损害投资者合法权益和社会公共利益的其他情形。

29. 如何评估上市的财务条件？

(1) 企业资产及负债。企业资产质量良好，资产负债结构合理，盈利能力较强，现金流量正常。

(2) 会计基础工作及内部控制。企业会计基础工作规范，财务报表编制符合企业会计准则和相关会计制度的规定，且财务报表在所有重大方面公允地反映了企业的财务状况、经营成果和现金流量等情况，并由注册会计师出具了无保留意见的审计报告。企业内部控制在所有重大方面是有效的，并由注册会计师出具了无保留结论的内部控制鉴证报告。企业编制财务报表应以实际发生的交易或者事项为依据，在进行会计确认、计量和报告时保持应有的谨慎，对相同或者相似的经济业务，应选用一致的会计政策，不得随意变更。

（3）关联交易。企业应完整披露关联方关系，并按重要性原则恰当披露关联交易。关联交易价格公允，不得存在通过关联交易操纵利润的情形。

（4）依法纳税和税收优惠。企业在经营过程中应依法纳税，享受的各项税收优惠应当符合相关法律法规的规定。企业经营成果对税收优惠不存在严重依赖。

（5）债务风险。企业不存在重大偿债风险，不存在影响持续经营的担保、诉讼以及仲裁等重大或有事项。

（6）其他影响持续盈利能力的情形。企业不得有下列影响持续盈利能力的情形：企业的经营模式、产品或服务的品种结构已经或者将发生重大变化，并对企业的持续盈利能力构成重大不利影响；企业的行业地位或其所处行业的经营环境已经或者将发生重大变化，并对企业的持续盈利能力构成重大不利影响；企业最近一个会计年度的营业收入或净利润对关联方或者存在重大不确定性的客户存在重大依赖；企业最近一个会计年度的净利润主要来自合并财务报表范围以外的投资收益；企业在用的商标、专利、专有技术以及特许经营权等重要资产或技术的取得或者使用存在重大不利变化的风险；其他可能对企业持续盈利能力构成重大不利影响的情形。

第三章

上市地选择和费用

30. 选择上市地应考虑哪些因素?

(1) 是否符合公司发展战略的需要,包括产品市场、客户和国际化程度、企业与拟上市地国家或地区业务的关联度,如目前于深交所上市的企业主要以新兴、高科技、创新型企业为主。

(2) 集聚效应,包括上市地的上市公司与投资者的集聚效应。上市公司的集聚效应会聚集同类型企业,该类型企业会聚集同类型的投资者进行投资。同时,聚集的投资者又会反过来吸引、促进该类型的上市公司。

(3) 分析国内外的上市规则与本企业的契合度。国内外上市标准差异较大,国内上海市场、中小企业板与创业板也有不同的定位,因此是否足够了解拟上市地的规则并符合企业要求与长远利益很重要。

(4) 综合服务体系。根据上市地上市企业主体类型的组成不同,证券交易所的经验、服务体系以及信息披露监管呈现出不同的特点。

(5) 一级市场的筹资能力、市盈率水平;二级市场的流通性、市场活跃状况、后续融资能力、估值水平。

(6) 上市成本,包括初始上市成本与后续维护费用、上市时间与进程。

(7) 不同上市地对拟上市企业行业的认同度。

(8) 地理位置、文化背景、法律制度等。

(9) 政府的有关政策,企业上市后的监管成本与监管环境等。

31. 如何决定在境内还是境外上市？

企业选择在境内上市或境外上市应视各自的具体情况而定，关键是要找准定位。通常来说，企业选择在境内上市的主要原因为企业对境内相关法律、法规和资本市场规则比较了解，文化背景相通，上市成本较低，有地理位置优势，主要产品和市场在国内的企业容易得到投资者及市场的认同，广告效应明显。因此，对大多数企业而言在境内上市利大于弊。

从国际经验来看，大多数国家的企业都是充分利用本国市场的地利、人和的优势在本土上市。随着企业经营规模的扩大和业务的国际化发展，再视需要选择境外多地上市，如到了跨国公司的规模，可实现多国挂牌交易。当然，因为企业规模大，才能承受多地上市的成本。

从中国实际来看，由于外汇在资本项下的汇兑还未完全市场化，企业境外上市存在资本项下自由兑换的实际困难。

目前企业选择在境外上市的主要原因为境外上市的时间与进程较境内上市而言具有可控性；境外监管部门规定的发行条件及交易所规定的上市条件具有灵活性；发行审核方面更偏重于信息披露；部分企业不满足境内上市的条件但符合境外上市地的上市条件；企业的主要产品和市场在境外，通过境外上市可提高国际化程度，能得到境外市场及投资者高度认同。

32. 为什么选择中小企业板或创业板上市？

（1）选择中小企业板上市的主要因素。2004年5月27日，党中央、国务院高瞻远瞩，审时度势，做出设立中小企业板的重大决策，一个专门服务于中小企业的市场板块应运而生，中小企业的发展迎来了朝气蓬勃的春天。十几年间，中小企业板逐步成长为促进我国中小企业发展壮大的高效融资平台、优化产业结构和资源配置的重要渠道、中国多层次资本市场建设中承前启后的中坚力量，为我国国民经济转型与发展做出了卓越贡献。

在中小企业板上市主要有以下好处：①更有利于企业发展。中小企业板中民营企业占主体，深交所的监管和服务更贴近民营企业。

民营经济代表中国未来的发展方向,深交所必然成为中国的主流交易平台。②更有利于企业融资。中小企业板总体的平均市盈率、换手率更高,更有利于企业首发融资、再融资、并购重组和股权转让。③更具行业集群效应。中小企业板上市公司中细分行业中龙头企业占40%,上市公司覆盖23个行业,3/4以上是促进国民经济工业化、信息化发展,提高居民生活消费水平的重要行业。同行业上市公司的聚集会带来同类型的投资者的聚集,有利于上市公司合理定位企业形象,获得投资者认可。④更具全面服务条件。深交所具有服务企业的传统,20年来一直坚持不懈。深交所全方位参与上市培育服务工作,有能力解决企业上市不同阶段的不同困难。深交所有各种形式和层次的培训、交流,能够深度服务企业,帮助企业顺利进入资本市场。

(2)选择创业板上市的主要因素。自2009年10月30日启动创业板以来,创业板市场就肩负着促进自主创新、推动新兴产业发展的历史使命,始终保持稳健发展。在中国经济谋求转型的大背景下,以新兴产业为代表的创业板市场持续活跃,指数屡创新高,投资者结构不断优化;上市公司积极利用资本市场谋求主业发展,优秀公司脱颖而出;市场各项基础制度也得到持续优化和完善。这些都为创业板下一步改革与发展奠定了扎实基础。更为重要的是,创业板正深刻地改变着传统的思维方式和公司价值判断观念,激发着全社会的创新活力和热情,推动着创业企业成为促进我国经济增长方式转变的中坚力量。多层次资本市场体系架构基本确立。在创业板上市主要有以下好处:①更有利于企业成长。深交所着重服务于战略性新兴产业,深交所的培育、服务和监管与民营企业的创新、成长和壮大良性互动。成长型、创业型企业也可获得资本市场的有力支持。②更具多样性、包容性。创业板上市公司规模灵活,未来创业板的上市条件将适度放宽,进一步降低发行门槛,淡化持续盈利能力的实质性判断。同时,创业板申报企业将取消九大行业限制,可以接纳更多元、更具特色的各类企业上市。③更有利于企业融资。相对于主板、中小企业板,创业板总体的平均市盈率、换手率更高,更有利于企业首发融资、并购重组和股权转让。创业板推出再融资制度,特别是"小额快速"定向增发机制将进一步提高再融资效率。④更具创新服务精神。由于地处深圳,深交所更具创新氛围和服务精神。深交所深度了解企业需求,针对企业发展所处阶段、企业特点,切实解决企业困难。

33. 科创板的定位和特点是什么?

按照相关规定,上海证券交易所(以下简称"上交所")科创板(以下简称"科创板")拟上市企业应当符合科创板定位,面向世界科技前沿、面向经济主战场、面向国家重大需求。优先支持符合国家战略,拥有关键核心技术,科技创新能力突出,主要依靠核心技术开展生产经营,具有稳定的商业模式,市场认可度高,社会形象良好,具有较强成长性的企业。科创板主要有以下几个特点:

(1)将先于主板市场实施股份发行注册制,将会建立以信息披露为中心的挂牌审核机制,由拟上市企业和中介机构保证信息的真实性、准确性和完整性。审核分为上交所审核阶段和中国证监会审核阶段。

(2)审核要求进一步趋向灵活,财务指标方面符合以下条件之一即可:①预计市值不低于人民币 10 亿元,最近两年净利润均为正且累计净利润不低于人民币 5000 万元,或者预计市值不低于人民币 10 亿元,最近一年净利润为正且营业收入不低于人民币 1 亿元;②预计市值不低于人民币 15 亿元,最近一年营业收入不低于人民币 2 亿元,且最近三年累计研发投入占最近三年累计营业收入的比例不低于 15%;③预计市值不低于人民币 20 亿元,最近一年营业收入不低于人民币 3 亿元,且最近三年经营活动产生的现金流量净额累计不低于人民币 1 亿元;④预计市值不低于人民币 30 亿元,且最近一年营业收入不低于人民币 3 亿元;⑤预计市值不低于人民币 40 亿元,主要业务或产品需经国家有关部门批准,市场空间大,目前已取得阶段性成果。医药行业企业需至少有一项核心产品获准开展二期临床试验,其他符合科创板定位的企业需具备明显的技术优势并满足相应条件。

(3)合格投资者制度,科创板有一定门槛。个人投资者参与科创板股票交易应当符合下列条件：①申请权限开通前20个交易日，个人投资者的证券账户及资金账户内的资产日均不低于人民币50万元（不包括该投资者通过融资融券融入的资金和证券）；②参与证券交易24个月以上；③交易所规定的其他条件。

（4）科创板股票竞价交易设置较宽的涨跌幅限制，首次公开发行上市的股票，上市后的前5个交易日不设涨跌幅限制，其后涨跌幅限制为20%。

（5）符合《国务院办公厅转发证监会关于开展创新企业境内发行股票或存托凭证试点若干意见的通知》（国办发〔2018〕21号）相关规定的红筹企业，可以申请发行股票或存托凭证并在科创板上市。其中，营业收入快速增长，拥有自主研发、国际领先技术，同行业竞争中处于相对优势地位的尚未在境外上市红筹企业，申请在科创板上市的，市值及财务指标应当至少符合下列标准之一：①预计市值不低于人民币100亿元；②预计市值不低于人民币50亿元，且最近一年营业收入不低于人民币5亿元。

34. 企业上市需要承担哪些费用？

以企业境内上市为例，企业从改制到发行上市需要支付一定的费用，主要包括中介机构费用、交易所费用和推广辅助费用三个部分。其中，中介机构费用包括改制设立财务顾问费用、辅导费用、保荐与证券承销费用、会计师费用、律师费用、资产评估费用等。交易所费用系企业发行上市后所涉及的费用，主要包括上市初费和年费等。推广辅助费用主要包括印刷费、媒体及路演的宣传推介费用等。上述三项费用中，中介机构费用是发行上市成本高低的主要决定因素。从目前实际发生的发行上市费用情况看，我国境内发行上市的总成本一般为融资金额的6%—8%。

企业承担的费用的财务处理方面：承销费、保荐费、上网发行费、招股说明书印刷费、申报会计师费、律师费、评估费等与发行权益性证券直接相关的新增外部费用应自所发行权益性证券的发行收入中扣减，并不影响企业的当期成本费用和利润。广告费、路演及财经公关费、上市酒会费等其他费用应在发生时计入当期损益。

35. 深沪两市的主要区别有哪些?

深沪两市都是多层次资本市场的重要组成部分,在承担板块、上市企业和交易方面具体有以下区别:

(1) 交易所承载板块不同。深市有主板、中小企业板和创业板三个板块,沪市有主板和科创板两个板块。在上市发行审核方面,深市主板、中小企业板、沪市主板主要适用《首次公开发行股票并上市管理办法》,深市创业板主要适用《首次公开发行股票并在创业板上市管理办法》,沪市科创板主要适用《科创板首次公开发行股票注册管理办法》。前述三个管理办法对拟上市企业的要求在财务指标等条件上有所不同,这就导致在深市主板、中小企业板、沪市主板上市的企业,在深市创业板上市的企业与在沪市科创板上市的企业,在财务指标上存在差异。

(2) 上市企业类型有所不同。科创板设立之前,沪市的上市公司以国有企业为主,其中国企营收占全部上市公司收入七成以上;2019年以来,按照《关于在上海证券交易所设立科创板并试点注册制的实施意见》等相关政策法规,沪市新建立了科创板并试点注册制,此举将吸引不少科技型、创新型民营企业在沪市科创板申请上市。

深市中小企业板与创业板上市公司超过九成是民营企业,其中,国企营收占两个板块上市公司的营收不到一成。

(3) 市场估值不同。截至2019年6月底,沪市平均市盈率为13.82倍,深市中小企业板为25.77倍,创业板为40.02倍。

(4) 成交活跃度不同。2019年上半年,沪市总成交金额为30.74万亿元,深市为38.80万亿元。沪市日均换手率为0.82,深市中小企业板为2.27,创业板为3.13。

第二部分
股票发行上市前期准备

第一章
聘请中介机构

36. 企业上市需要聘请哪些中介机构？

（1）保荐机构，即具有保荐承销业务资格的证券公司。

（2）具有证券期货业务资格的会计师事务所。

（3）律师事务所。

（4）具有证券期货相关业务资格的资产评估机构。

37. 企业上市选择中介机构应注意哪些问题？

（1）中介机构是否具有从事证券业务的资格。在我国，会计师事务所和资产评估机构从事股票发行上市业务必须具有"证券期货相关业务资格"，证券公司须具有"证券承销与保荐"业务资格。

（2）中介机构的执业能力、执业经验和执业质量。企业应关注中介机构的知名度、专业水平、成功案例和行业声誉，较高的执业能力、执业经验和执业质量有助于中介机构发现问题、解决问题，帮助企业顺利通过审核。

（3）中介机构对企业发行上市的重视程度、资源投入情况。中介机构的重视程度一般与项目收入大小、项目难易程度相关。一般而言，企业融资规模越大，中介机构收入越高，中介机构的资源投入要多些。

（4）中介机构之间是否能进行良好的合作。股票发行上市是发行人以及各中介机构合力的结果，保荐机构与律师、会计师之间必须能够进行良好的合作，只有这样才能推动项目的顺利进行。保荐机构在其中承担更多的牵头与组织作用。

（5）中介机构的收费水平是企业选择中介机构时需要考虑的因素之一，收费标准一般由企业和中介机构双方协商确定。

（6）保荐机构的保荐代表人数量。每个保荐代表人同时签字推荐的企业家数是有限制的，而每家企业需要两个保荐代表人签字推荐，因此如果保荐机构的保荐代表人数量不足，可能会影响企业的正常申报。

（7）中介机构所派遣项目团队直接服务于企业，因此项目团队非常重要。企业应尽量选择有相关行业经验和实战案例的中介团队，这样便于中介机构与企业深入沟通行业竞争格局、市场发展趋势，挖掘公司核心竞争力，审慎讨论公司募投项目与发展战略。在协议签订前，企业最好能与中介机构确定至少一名牵头保荐代表人作为项目负责人，该项目负责人应具有较高的专业水准、敬业精神、沟通与协调能力。

（8）项目成员的精力是重要考量因素。企业可以了解项目成员同时参与的项目数量，尤其是现场负责人同时负责的其他项目情况和项目时间安排，确保项目成员有足够精力投入到企业尽职调查及项目运作中，项目成员如与项目在同一城市，可更大程度地保障项目组成员的精力投入。

（9）项目成员的敬业精神、职业道德等也是重要的考量因素。中介机构相关人员应保持足够的独立性，企业对于中介机构相关人员提出的入股等不合理要求应予以回绝。

38. 保荐机构主要负责哪些工作？

（1）协助企业拟定改制重组方案和设立股份有限公司。

（2）根据《保荐人尽职调查工作准则》的要求，对企业进行尽职调查。

（3）对公司主要股东、董事、监事和高级管理人员等进行辅导和专业培训，帮助其了解与股票发行上市有关的法律法规，知悉上市公司及其董事、监事和高级管理人员的法定义务和责任。

（4）帮助企业完善组织结构和内部管理，规范企业行为，明确业务发展目标和募集资金投向等。

（5）对于尽职调查中发现的问题及相关事项，应组织企业、各中介机构沟通，提出解决方案并跟进落实情况。

（6）组织发行人和中介机构制作发行申请文件，并依法对公开发行申请文件进行全面核查，向中国证监会尽职推荐并出具发行保荐书及发行保荐工作报告等。

（7）对发行人是否具备持续盈利能力、是否符合法定发行条件做出专业判断，并确保发行人的申请文件和招股说明书等信息披露资料真实、准确、及时、完整。

（8）组织发行人和中介机构对中国证监会的审核反馈意见进行回复或整改。

（9）负责证券发行的主承销工作，组织承销团承销。

（10）与发行人共同组织路演、询价和定价工作。

（11）在发行人证券上市后，持续督导发行人履行规范运作、信守承诺、信息披露等义务。

39. 会计师事务所和注册会计师主要负责哪些工作？

（1）对企业发行上市涉及的财务会计事项进行审查并协助企业进行规范、调整和完善。

（2）负责企业财务报表审计，并出具三年一期审计报告。

（3）负责企业注册资本验证，并出具有关验资报告。

（4）负责企业盈利预测报告审核，并出具盈利预测审核报告（如果需要）。

（5）负责企业内部控制鉴证（或内控审计），并出具内部控制鉴证报告（或内控审计报告）。

（6）负责核验企业的非经常性损益明细项目和金额。

（7）对发行人主要税种纳税情况出具专项意见。

（8）对发行人原始财务报表与申报财务报表的差异情况出具专项意见。

（9）发行人财务报告审计截止日至招股说明书签署日的这个时间段超过4个月的，对发行人提供的期间季度财务报表进行审阅。

（10）提供与发行上市有关的财务会计咨询服务。

（11）配合企业、保荐机构落实相关反馈问题的回复，并根据中国证监会等机构的要求出具专业意见。

40. 律师事务所和律师主要负责哪些工作？

（1）对改制重组方案的合法性进行论证。

（2）指导设立或变更为股份有限公司。

（3）协助和指导发行人制定法人治理规范运作的相关制度并遵照执行。

（4）对企业发行上市涉及的法律事项进行审查并协助企业进行规范、调整和完善。

（5）对发行主体的历史沿革、股权结构、资产、组织机构运作、独立性、税务等法律事项的合法性做出判断。

（6）对股票发行上市的各种法律文件的合法性进行判断。

（7）协助和指导发行人起草公司章程等公司法律文件。

（8）出具法律意见书。

（9）出具律师工作报告。

（10）出具相关资产产权证书的鉴证意见。

（11）对有关申请文件提供鉴证意见。

（12）配合企业、保荐机构落实相关反馈问题的回复，并根据中国证监会等机构的要求出具专业意见。

41. 资产评估机构和评估师主要负责哪些工作？

企业申请公开发行股票涉及资产评估的，应聘请具有证券期货相关业务资格的资产评估机构承担，资产评估工作一般包括资产清查、评定估算、出具评估报告。

企业以实物、知识产权、土地使用权等非货币资产出资设立公司的，应当评估作价，核实资产。国有及国有控股企业以非货币资产出资或者接受其他企业的非货币资产出资，应当遵守国家有关资产评估的规定，委托有资格的资产评估机构和执业人员进行评估；其他的非货币资产出资的评估行为，可以参照执行。

第二部分 股票发行上市前期准备

第二章
尽职调查

42. 什么是发行上市尽职调查？

发行上市尽职调查，是指中介机构履行职责，根据自身的专业知识对拟上市公司合并报表内的公司以及合并报表外可能相关的公司、业务进行全面核查的行为。

尽职调查是掌握拟上市公司是否存在发行上市障碍和制订改制上市方案的重要基础工作。公司确定发行上市规划后，即可开展尽职调查。尽职调查越早开展，越有利于准确抓住问题，对症下药，尽早消除发行上市障碍。

43. 发行上市尽职调查的目的和意义是什么？

改制上市过程中，尽职调查的目的在于让保荐人等中介机构全面和充分地了解发行人的生产经营情况以及针对发行上市所面临的风险和问题，使中介机构有充分理由确信发行人符合《证券法》等法律法规及中国证监会规定的发行条件，以及确信发行人申请文件和公开发行募集文件真实、准确、完整，不存在虚假记载、误导性陈述或者重大遗漏。发行上市尽职调查有以下几个方面意义：

（1）减少信息不对称。发行人和中介机构对企业的了解程度不一样，所获取信息的范围也不尽相同，这种信息的不对称会影响股票发行上市保荐工作的成效，甚至影响股票发行上市的成败。因此，中介机构有必要通过对发行人进行尽职调查，减少双方在信息获知上的不平衡。

（2）评估企业潜在风险。任何准备发行上市的企业都存在各种各样的风险,比如过往财务账册的规范性和准确性、相关资产是否具有发行人赋予的相应价值、是否存在任何可能导致发行人运营或财务运作出现问题的因素等。尽职调查是发行上市风险管理的第一步,有助于中介机构更好地了解企业,发现企业存在的各种风险并评估其影响。

(3) 发现企业内在价值。发行上市过程中,保荐人需要发掘企业内在价值,以便确定股票的发行价格。

44. 尽职调查的主要方式有哪些?

(1) 审阅文件资料。通过审阅公司工商注册、财务报告、业务文件、法律合同等各项资料,发现潜在的异常情况及重大问题。

(2) 查阅外部信息。通过网络、行业杂志、业内人士等信息渠道,了解公司及其所处行业的情况。

(3) 访谈相关人员。与企业内部各层级和各职能人员、供应商、客户、关联方、主管机关、相关中介机构进行充分沟通交流,获取第一手资料。

(4) 实地调查企业。查看企业厂房、土地、设备、产品和存货等实物资产。

(5) 函证。向供应商、客户、关联方、银行等机构发函,核对相关数据。

(6) 分析性复核。通过研究不同财务数据之间以及财务数据与非财务数据之间的内在关系,对财务信息做出评价。以人工或计算机辅助方式,对记录或文件中数据计算的准确性进行核对。

45. 尽职调查各阶段的调查重点是什么?

第一个阶段以企业改制成股份有限公司为目标,调查重点是了解企业的历史沿革、主体资格、主营业务和主要资产的构成及其真实性、合法性,业务、资产、机构、财务和人员等方面的独立性、同业竞争、关联方关系等方面的情况。

第二个阶段以股票发行和上市为目标,结合《首发管理办法》《创业板首发管理办法》,从主体资格、独立性、规范运行、财务与会计、募集资金运用等方面进行全面尽职调查。

46. 保荐人尽职调查的主要内容有哪些？

（1）发行人基本情况调查，包括改制与设立情况、历史沿革、发起人股东的出资情况、重大股权变动、重大重组情况、主要股东情况、员工情况、独立情况、内部职工股情况、商业信用情况。

（2）业务与技术调查，包括行业情况及竞争情况、采购情况、生产情况、销售情况、核心技术人员、技术与研发情况、同业竞争情况、关联方与关联交易情况等。

（3）高级管理人员调查，包括其经历与操守、胜任能力与勤勉尽责、薪酬及兼职、报告期内高级管理人员变动、高级管理人员持股及其他对外投资情况等。

（4）组织结构与内部控制调查，包括公司章程及其规范运行情况、组织结构和"三会"运作情况、独立董事制度及其执行情况、内部控制环境、业务控制、信息系统控制、会计管理控制、内部控制的监督等。

（5）财务与会计调查，包括财务报告及相关财务资料、会计政策和会计估计、评估报告、内控鉴证报告、财务比率分析、销售收入、销售成本与销售毛利、期间费用、非经常性损益、货币资金、应收款项、存货、对外投资、固定资产、无形资产、投资性房地产、主要债务、现金流量、或有负债、合并报表的范围、纳税情况、盈利预测等。

（6）业务发展目标调查，包括发展战略、经营理念和经营模式、业务发展目标、募集资金投向与未来发展目标的关系等。

（7）募集资金运用调查，包括本次募集资金使用情况、募集资金投向产生的关联交易等。

（8）风险因素及其他重要事项调查，包括风险因素、重大合同、诉讼和担保、信息披露制度的建设和执行情况、其他中介机构执业情况等。

（9）其他。根据《保荐人尽职调查工作准则》规定，凡涉及发行条件或对投资者做出投资决策有重大影响的信息，保荐人均应当勤勉尽责地进行尽职调查。

47. 保荐人在尽职调查中的责任和义务有哪些？

保荐人尽职调查时，应当考虑其自身专业胜任能力和独立性，并确保参与尽职调查工作的相关人员能够恪守独立、客观、公正的原则，具备良好的职业道德和专业胜任能力。保荐人应在此基础上，履行以下职责：

（1）对发行人公开发行募集文件中无中介机构及其签名人员专业意见支持的内容，保荐人应当在获得充分的尽职调查证据并对各种证据进行综合分析的基础上进行独立判断。

（2）对发行人公开发行募集文件中有中介机构及其签名人员出具专业意见的内容，保荐人应当结合尽职调查过程中获得的信息对专业意见的内容进行审慎核查。对专业意见存有异议的，应当主动与中介机构进行协商，并可要求其做出解释或出具依据；发现专业意见与尽职调查过程中获得的信息存在重大差异的，应当对有关事项进行调查、复核，并可聘请其他中介机构提供专业服务。

（3）保荐人应在尽职调查基础上形成发行保荐书和保荐工作报告，同时，应当建立尽职调查工作底稿制度。工作底稿应当真实、准确、完整地反映尽职调查工作。

48. 律师尽职调查的主要内容有哪些？

律师应在进行充分核查验证的基础上，对股票发行上市的下列（包括但不限于）事项明确发表结论性意见：发行上市的批准和授权；发行人发行上市的主体资格；发行上市的实质条件；发行人的设立；发行人的独立性；发起人或股东（实际控制人）；发行人的股本及其演变；发行人的业务；关联交易及同业竞争；发行人的主要财产；发行人的重大债权债务；发行人的重大资产变化及收购兼并；发行人公司章程的制定与修改；发行人股东大会、董事会、监事会议事规则及规范运作；发行人董事、监事和高级管理人员及其变化；发行人的税务；发行人的环境保护和产品质量、技术等标准；发行人募集资金的运用；发行人业务发展目标；诉讼、仲裁或行政处罚；原定向募集公司增资发行的有关问题（如有）；发行人招股说明书法律风险的评价；律师认为需要说明的其他问题。

49. 律师在尽职调查中的责任和义务有哪些？

律师应严格履行法定职责，遵循勤勉尽责和诚实信用原则，对发行人的行为以及本次申请的合法、合规、真实、有效进行充分的核查验证，保证法律意见书和律师工作报告不存在虚假记载、误导性陈述及重大遗漏。律师的尽职调查是发表法律意见，制作律师工作报告和工作底稿的基础。

50. 会计师尽职调查的主要内容有哪些？

会计师的尽职调查主要侧重于财务数据的真实性和准确性，包括资产、负债、收入、成本等的真实性、准确性和完整性，内部控制的有效性等。会计师事务所应重点关注首发公司报告期内收入、盈利是否真实、准确，是否存在粉饰业绩或财务造假等情形，下列事项应予以重点核查：

（1）以自我交易的方式实现收入、利润的虚假增长。

（2）发行人或关联方与其客户或供应商以私下利益交换等方法进行恶意串通以实现收入、盈利的虚假增长。

（3）关联方或其他利益相关方代发行人支付成本、费用或者采用无偿或不公允的交易价格向发行人提供经济资源。

（4）保荐机构及其关联方、PE 投资机构及其关联方、PE 投资机构的股东或实际控制人控制或投资的其他企业在申报期内最后一年与发行人发生大额交易，从而导致发行人在申报期内最后一年收入、利润出现较大幅度增长。

（5）利用体外资金支付货款，少计原材料采购数量及金额，虚减当期成本，虚构利润。

（6）采用技术手段或其他方法指使关联方或其他法人、自然人冒充互联网或移动互联网客户与发行人（即互联网或移动互联网服务企业）进行交易以实现收入、盈利的虚假增长等。

（7）将本应计入当期成本、费用的支出混入存货、在建工程等资产项目的归集和分配过程以达到少计当期成本费用的目的。

（8）压低员工薪金，阶段性降低人工成本，粉饰业绩。

（9）推迟正常经营管理所需费用开支，通过延迟成本费用发生期间，增加利润，粉饰报表。

（10）期末对欠款坏账、存货跌价等资产减值可能估计不足。

（11）推迟在建工程转固时间或外购固定资产达到预定使用状态时间等，延迟固定资产开始计提折旧时间。

（12）其他可能导致公司财务信息披露失真、粉饰业绩或财务造假的情况。

51. 会计师在尽职调查中的责任和义务有哪些？

会计师应当遵守与财务报表审计相关的职业道德要求，在计划和实施审计工作时，保持职业怀疑，运用职业判断，获取充分、适当的审计证据，得出合理的结论，形成审计意见。会计师的尽职调查是发表财务报告审计意见、盈利预测报告（如有）、内部控制鉴证报告、非经常性损益表核验意见等的基础。

52. 创业板尽职调查是否仍需关注持续盈利能力？

《创业板首发管理办法》从发行条件中删除了"发行人应当具有持续盈利能力"，要求保荐人及其保荐代表人对发行人的申请文件和信息披露资料进行审慎核查，由保荐人及其保荐代表人对发行人是否具备持续盈利能力做出专业判断。

如发行人持续盈利能力存在重大不利影响，发行人应当在招股说明书中分析并完整披露对其持续盈利能力产生重大不利影响的所有因素，充分揭示相关风险，并披露保荐人对发行人是否具备持续盈利能力的核查结论意见。

53. 发行人在尽职调查中的责任和义务有哪些？

发行人作为信息披露第一责任人，必须始终恪守诚实守信的行为准则。在尽职调查过程中，发行人的基本义务和责任是：为保荐人、会计师事务所和律师事务所等中介机构提供真实、完整的财务会计资料和其他资料，并且全面配合中介机构开展尽职调查工作。

第三章
企业内部组织和业务架构的调整

54. 企业内部组织和业务架构设计应遵循哪些原则?

应当明确股东大会、董事会、监事会和经理层的职责权限、议事规则和工作程序,并以公司章程等法律文件固化,决策流程安排应避免任何个人单独决策或者可单独改变集体决策意见的结构。

应当按照规范、科学、高效、透明、制衡的原则,综合考虑企业性质、发展战略、文化理念和管理要求等因素,合理设置内部职能机构和岗位,明确各机构、岗位的职责权限。

拟上市公司的架构设计既要考虑公司结构的合法性、规范性,同时也要兼顾运作的实用性和效率。如涉及多家关联公司时,公司架构的设计关系到公司合法性和合理性的重大问题,处理不好可能成为上市的障碍。一般来说,涉及多家关联公司的架构需要进行梳理甚至重组,遵循的原则有:

(1) 突出主营业务,应将非主营业务及相关资产、人员从拟上市公司及其子公司中剥离。

(2) 避免同业竞争。例如,在合并报表范围外还存在与拟上市公司有相同或者相似的业务,应当由拟上市公司或子公司收购,或出售给无关联的第三方,也可以停止业务、注销公司,此外还应避免接受同行业企业及其关联方成为公司的股东。

(3) 避免不必要的关联交易。要保证拟上市公司及子公司在人员、业务、财务、资产和机构的独立,不能将拟上市公司必要的经营环节放在合并报表范围之外,不能形成供应商或客户成为公司股东的利益输送模式。此外,公司和公司管理人员共同成立子公司也是关联交易，并且这种持续性的关联交易容易造成公司管理人员向公司输送不当利益的嫌疑，因此，拟上市公司应当慎重以这种方式设立子公司。

55. 什么是分公司、子公司？

分公司是公司的分支机构，不具有法人资格，其民事责任由公司承担，并且应当向公司登记机关申请登记，领取营业执照。分公司设负责人，没有董事、监事等设置，但需要在当地进行税务登记。分公司不存在股权，也不能转让。

子公司是公司持有股权比例达到控制程度的次一级机构，具有法人资格，依法独立承担民事责任，应设置董事会或执行董事、监事会或监事、经理等组织架构，并独立纳税。公司以认缴的出资额为限承担有限责任，持有子公司的股权可以依法转让。

对分公司、子公司和对拟上市主体的规范要求是相同的。分公司或子公司数量众多，本身不会成为上市的障碍，但会增加改制上市的工作量，因为中介机构须逐个核查子公司和分公司经营和财务状况（子公司还要核查历史沿革）并发表专业意见。子公司和分公司的重大不规范事项或重大违法行为可能会成为公司上市的法律障碍。

董事、高级管理人员未经股东会或者股东大会同意，不得利用职务便利为自己或者他人谋取属于公司的商业机会，自营或者为他人经营与所任职公司同类的业务，应注意发行人子公司的其他股东背景。

对于发行人存在与其董事、监事、高级管理人员及其亲属直接或者间接共同设立公司情形的，应进行清理。对于发行人与其控股股东、实际控制人及其亲属直接或间接共同设立公司的，应进行清理，尤其应注意实际控制人通过持股公司与发行人共同设立公司的情形。

56. 什么是参股公司？其收益如何计入拟上市公司的业绩？

参股公司是指公司作为出资一方设立，但持股比例尚未达到控制程度的次一级机构,具有法人资格,依法独立承担民事责任。参股公司通常不称为子公司。一般来说,参股公司已实现的分红或股权转让获得的收益应计入拟上市公司的收益,但不能作为拟上市公司的主营业务收入以考核公司的经营能力。

57. 什么是控股子公司?如何合并财务报表?

一般来说,公司控制子公司分为以下两种情形:

(1) 公司对其持股比例超过50%,为绝对控股;

(2) 虽然公司对其持股比例没有达到50%,但是可以控制其重要管理人员选任和重大决策活动,为相对控股。

合并财务报表,是指应当由公司编制的反映公司及其全部子公司形成的企业集团整体财务状况、经营成果和现金流量的财务报表。

合并财务报表至少应当包括下列组成部分:①合并资产负债表;②合并利润表;③合并现金流量表;④合并所有者权益(或股东权益)变动表;⑤附注。

合并财务报表的合并范围应当以控制为基础予以确定。所谓控制,是指公司拥有对子公司的权力,通过参与子公司的相关活动而享有可变回报,并且有能力运用对子公司的权力影响其回报金额。所谓相关活动,是指对子公司的回报产生重大影响的活动。子公司的相关活动应当根据具体情况进行判断,通常包括商品或劳务的销售和购买、金融资产的管理、资产的购买和处置、研究与开发活动以及融资活动等。

第四章
企业规范运作与重组

58. 企业规范运作方面应满足哪些要求？

对拟上市企业的规范运作要求要远高于一般企业的经营规范运作标准。《公司法》《证券法》《首发管理办法》《创业板首发管理办法》及其他由中国证监会、证券交易所等相关部门发布的与企业上市有关的相关规定构建了对拟上市公司的严格监管体系。同时，拟上市公司的日常经营活动，也必须按照其所在行业的产业政策、法规以及市场监管、财税、环保、劳动保障等部门的相关规定进行规范运作。

拟上市主体在日常经营规范运作的基础上，还需满足多项条件才能实现首次公开发行并上市，主要有：

（1）主体资格方面。要求股份公司持续经营满三年，且最近三年（中小企业板）或两年（创业板）主营业务、董事和高级管理人员没有发生重大变化，实际控制人没有发生变更，股权清晰等。

（2）法人治理方面。要求企业已建立健全公司治理结构且"三会"运作规范，董事、监事和高级管理人员满足任职资格要求，内部控制制度健全且得到有效执行，无对关联方担保和被大股东占用资金的情形，无重大违法违规行为。

（3）财务与会计方面。要求企业会计基础工作规范且财务报表编制公允反映企业经营情况，内部控制由注册会计师出具无保留结论的鉴证报告，依法纳税，经营业绩符合上市要求等。

此外，拟上市公司还需要达到证券监管部门对资产完整、人员独立、财务独立、机构独立及业务独立的要求，控股股东、实际控制人及其控制的其他企业不存在从事与拟上市公司相同、相似业务的情形。

59. 法律规范包括哪些内容？

（1）主体资格方面。要求股份有限公司依法设立和存续，且持续经营三年以上（实务中除获得国务院批准外，应达到三个完整会计年度）。

（2）资产权属方面。要求出资已足额缴纳并且规范，主要资产不存在瑕疵或重大权属纠纷。

（3）经营合规性方面。要求企业生产经营符合国家产业政策，不存在违反工商、税收、土地、环保、海关以及其他法律、行政法规受到行政处罚且情节严重的情形，且主营业务在最近三年（创业板两年）没有发生重大变化。

（4）股权及实际控制人方面。要求企业的股权清晰，实际控制人最近三年（创业板两年）没有发生变更。

（5）公司治理结构方面。要求企业已经依法建立健全股东大会、董事会、监事会、独立董事、董事会秘书制度，且"三会"运作规范。

（6）董事、监事和高级管理人员方面。要求相关人员符合法律、行政法规和规章规定的任职资格，且董事及高级管理人员在最近三年（创业板两年）没有发生重大变化。

（7）对外担保方面。不存在为控股股东、实际控制人及其控制的其他企业进行违规担保的情形。

（8）独立性与同业竞争方面。要求企业实现资产完整、人员独立、财务独立、机构独立及业务独立，且不存在同业竞争情形。

60. 财务规范包括哪些内容？

（1）税收方面。要求拟上市企业依法纳税，各项税收优惠合法合规。

（2）会计基础工作方面。要求拟上市企业会计基础工作规范，财务报表符合准则的规定,并由会计师出具无保留意见的审计报告。

(3)内部控制方面。要求拟上市企业内控制度健全并且有效,并由会计师出具无保留结论的内部控制鉴证报告。

(4)资金管理方面。要求拟上市企业建立严格的资金管理制度,不存在大股东占用资金的情形。

61. 内控方面应满足哪些要求?

为了加强和规范企业内部控制,提高企业经营管理水平和风险防范能力,促进企业可持续发展,财政部等五部委于2008年发布了《企业内部控制基本规范》,并于2010年发布了《企业内部控制应用指引第1号——组织架构》等18项应用指引、《企业内部控制评价指引》和《企业内部控制审计指引》。

上述规范及各项指引所称的内部控制,是由企业董事会、监事会、经理层和全体员工实施的、旨在实现控制目标的过程。内部控制的目标分为五个方面:

(1)合理保证企业经营管理合法合规。

(2)合理保证企业资产安全。

(3)合理保证企业财务报告及相关信息真实完整。

(4)提高经营效率和效果。

(5)促进企业实现发展战略。

执行企业内部控制规范体系的企业,必须对本企业内部控制的有效性进行自我评价,披露年度自我评价报告,同时聘请具有证券期货业务资格的会计师事务所对其财务报告内部控制的有效性进行审计,出具审计报告。

当企业的内部控制由于设计、运行缺陷而存在重大缺陷时,会导致内部控制无效,造成拟上市企业在上市过程中出现重大障碍。

62. 改制上市一定要重组吗?

改制上市是否需要重组,应当根据拟上市公司的具体情况决定,不是所有公司改制上市都必须经过重组的阶段。如果公司架构复杂,存在主业不突出、同业竞争和不必要关联交易的情形,或者架构不合理导致法律或财税关系不清晰、成本税负过高和管理效率低，或者拟上市企业主体的资产、业务不完整，财务、机构和人员不独立，都需要以重组的方式对资产、业务、股权、人员、公司架构等事项进行必要的调整、规范，为成功上市奠定基础。

63. 重组需要制订方案吗？

拟上市公司如需重组，应当在充分尽职调查的基础上，与中介机构结合各方面的诉求共同制订重组方案，并系统组织实施，切忌为解决某一问题而导致更严重的新问题出现，或者不分顺序全面开展。重组方案需要根据拟上市公司的具体情况和诉求，考虑突出主营业务、避免同业竞争和不必要的关联交易，并且尽量降低税负成本和对公司经营活动的影响。重组方案一定要综合考虑各方面的因素，明确具体的工作事项、责任方、顺序和时间安排、调整机制等，才能得到有效实施。

64. 公司和中介机构之间如何配合？

会计师事务所结合财务报表对公司出资状况及最近三年的财务状况进行核查，律师事务所对公司历史沿革、股权状况、资产权属状况、公司架构等进行核查，保荐机构在会计师事务所和律师事务所工作的基础上，对公司的商业模式、经营情况进行综合的分析、判断，然后协调公司和第三方中介机构将规范要求和公司诉求相结合，制订系统的改制上市方案，再组织实施并根据具体进展情况进行调整。

公司应当向中介机构全面、真实地披露相关情况并提供有关资料，不要有所保留或隐藏，否则可能导致其重组、规范方案出现障碍甚至推倒重做，造成不必要的时间、经济成本。

公司还需要将自己的诉求完整地表达给中介机构，并根据中介机构的要求，讨论调整公司架构、模式、制度等事项，以便在保障经营、获得利润的基础上最大限度地规范经营活动。

在尽职调查的基础上，中介机构应当结合公司诉求，制订规范、重组、改制和上市的系统规划，制作具体的工作清单和时间表，明确工作内容、责任方和时间要求,并不断监督、检查工作计划的执行情况。

在规范、重组过程中,公司应当及时和中介机构沟通、协调,对重组改制方案的变更、调整进行讨论并修正工作清单和时间表,以达到动态系统管理的效果。

第五章

设立股份有限公司

65. 是否必须设立股份有限公司？

经国务院特别批准,有限责任公司在依法变更为股份有限公司时,可以采取募集设立方式公开发行股票。除此之外,企业申请发行股票,必须先设立股份有限公司。

66. 设立股份有限公司应具备哪些条件？

根据《公司法》,设立股份有限公司应当具备以下条件:

(1) 发起人符合法定人数。发起人数量应当有 2 人以上 200 人以下,其中,必须有半数以上的发起人在中国境内有住所。

(2) 有符合公司章程规定的全体发起人认购的股本总额或者募集的实收股本总额。法律、行政法规以及国务院决定对股份有限公司注册资本实缴、注册资本最低限额另有规定的,从其规定。

(3) 股份发行、筹办事项符合法律规定。发起人必须依照规定申报文件,承担公司筹办事务。

(4) 发起人应根据《公司法》制定公司章程,采用募集设立的应经创立大会通过。

(5) 有公司名称,建立符合股份有限公司要求的组织机构。拟设立的股份有限公司应当依照工商登记的要求确定公司名称,并建立股东大会、董事会、监事会和经理等组织机构。

(6) 有公司住所。

67. 设立股份有限公司有哪些方式？

（1）发起设立，是指由发起人认购公司应发行的全部股份而设立公司。发起设立主要有以下两种情况：一是新设设立，即2个以上200个以下发起人出资新设立一个公司；二是变更设立，即有限责任公司以经审计的账面净资产值为限折成股份有限公司注册资本的设立方式，有限责任公司的股东根据自身的出资比例作为股份有限公司的发起人。

（2）募集设立，是指由发起人认购公司应发行股份的一部分（不得少于公司股份总数的35%），其余股份向社会公开募集或者向特定对象募集而设立公司。经国务院批准，有限责任公司在依法变更为股份有限公司时，可以采取募集设立方式公开发行股票。募集设立方式主要存在于1994年到1999年，代表性案例包括东风汽车、邯郸钢铁（已退市）和中兴通讯等。

实践中，更多的情况是发起设立中的变更设立，即由有限责任公司整体变更为股份有限公司后再申请发行股票。

68. 以发起方式设立股份有限公司需要经过哪些程序？

（1）主发起人拟订设立股份有限公司方案，确定发起人数量、注册资本和股本规模、业务范围、邀请发起人。

（2）对拟出资的非货币资产进行资产评估或审计。

（3）签订发起人协议书，明确各自在公司设立过程中的权利和义务。

（4）发起人制定公司章程。

（5）由全体发起人指定的代表或者共同委托的代理人向公司登记机关申请名称预先核准。

（6）法律、行政法规规定设立公司必须报经批准的，或者公司经营范围中属于法律、行政法规或者国务院决定规定在登记前须经批准的项目的，以公司登记机关核准的公司名称报送批准，履行有关报批手续。

（7）发起人按公司章程规定缴纳出资，并依法办理以非货币性财产出资的财产权的转移手续。

（8）发起人应当自股款缴足之日起 30 日内主持召开公司创立大会。创立大会审议发起人关于公司筹办情况的报告，通过公司章程，选举董事会成员和监事会成员，对公司的设立费用进行审核，对发起人用于抵作股款的财产的作价进行审核等。

（9）由董事会于创立大会结束后 30 日内，向公司登记机关报送公司章程以及法律、行政法规规定的其他文件，申请设立登记。

69. 以募集设立方式设立股份有限公司需要经过哪些程序？

（1）发起人签订发起人协议，明确各自在公司设立过程中的权利和义务。

（2）发起人制定公司章程。

（3）发起人认购一定数额的股份。发起人认购的股份不得少于公司股份总数的 35%。法律、行政法规另有规定的，从其规定。

（4）公开募集股份。发起人向社会公开募集股份须报经国务院证券监督管理机构核准，公告招股说明书，并制作认股书。

（5）发起人与依法设立的证券公司签订承销协议并由证券公司承销。

（6）发起人同银行签订代收股款协议。

（7）发行股份的股款缴足后，经依法设立的验资机构验资并出具证明。

（8）发起人应当自股款缴足后 30 日内召开公司创立大会。

（9）董事会于创立大会结束后 30 日内申请设立登记。

70. 需要在公司治理方面做出哪些改变？

股份有限公司应依照《公司法》建立"三会一层"，即股东大会、董事会、监事会、经理层，并适时增设独立董事、董事会秘书等岗位，形成相互协调、彼此制衡、规范的法人治理结构。依法制定股东大会议事规则、董事会议事规则、监事会议事规则等决策及内部控制制度，对于决策权限、决策程序、关联交易等重要事项进行清晰、有效的规定，并依法召开各项会议。健全股东投票计票制度，建立公司与股东之间的多元化纠纷解决机制，切实保障投资者能够依法行使收益权、知情权、参与权、监督权、求偿权等股东权利。

71. 如何选择设立时点？

通常情况下，企业设立股份有限公司会在规范和重组完成的基础下进行，但由于各企业自身的情况千差万别，也会出现改制安排在重组过程中的情形，即部分重组事项会放在拟上市公司改制为股份有限公司以后开展。因此，企业进行改制时点的选择时，需要结合规范、重组的目标以及企业改制方案的复杂程度、上市时间计划、改制对于引进各项经营资源的影响等多重因素综合考虑。

72. 对企业运作有何影响？

设立股份有限公司后，企业需要依法按照股份有限公司的各项要求开展"三会"运作、健全内控制度及其他决策管理活动，规范性要求会明显提高；此外，改制可能导致自然人股东产生个人所得税，因此改制时点的选择对于纳税数额和纳税时点有重要的影响。另外，在改为股份有限公司后的一年内，发起人的股份不能转让，而且股份有限公司董事、监事和高级管理人员持有的股份也受到每年转让不超过25%的限制。这时如果拟上市公司还需要通过股权转让方式继续重组，就会面临操作层面的困难，给公司的被并购带来同样的障碍。

73. 协调事项主要涉及哪些政府部门？

（1）地方人民政府，协调解决涉及国有资产和集体资产改制所形成的股权的合法性认定、国有企业土地处理事项相关审批、国有股权设置等协调事项等。

（2）企业注册地的上市主管部门（金融办、上市办、金融局）主导企业改制上市过程中的组织协调和指导服务工作，协调地方政府及其相关职能部门解决企业在改制上市过程中遇到的相关问题，推进企业改制上市工作。

（3）辖区证监局，受理所辖区域企业上市辅导报备，进行辅导验收，配合中国证监会进行举报信核查等。

（4）发改委，对企业上市所募集资金投资项目进行核准或备案。

（5）税务机关，为企业报告期内经营活动及改制过程中的纳税行为是否规范出具证明。

（6）自然资源管理部门，协调办理历史遗留的各种土地等产权问题，为企业土地使用是否合法合规出具证明。

（7）房产管理部门，协调办理历史遗留的各种房产产权等问题。

（8）民政与社会保障部门，对企业是否遵守国家劳动法规，是否按规定给员工缴纳社保"五险一金"等出具无违规证明。

（9）市场管理部门，为企业办理注册及变更登记、年检，提供登记档案复印件，就是否合法经营出具证明。

（10）商务部门，审批（或备案）外商投资企业的设立及其变更、外商投资企业的改制上市相关事项。

（11）国有资产管理部门，根据权限审查批准涉及国有资产或股权的出资行为、股权转让、改制上市等，对于改制过程中涉及国有资产的界定、转让或其他处置行为是否合法、合规出具证明。

（12）海关部门，对有进出口业务的企业出具无违规证明。

（13）环保部门，对企业上市募集资金投资项目实施环境影响评价。

74. 为上市而设立的股份有限公司应达到哪些要求？

（1）形成清晰的业务发展战略目标。

（2）突出主营业务，形成核心竞争力和持续经营能力。

（3）避免同业竞争，减少和规范关联交易。

（4）产权关系清晰，不存在法律障碍。

（5）建立健全公司治理结构，股东大会、董事会、监事会以及经理层规范运作，比照上市公司适时设立并聘任董事会秘书，引入独立董事。

（6）具有完整的业务体系和直接面向市场独立经营的能力，做到资产完整、人员独立、财务独立、机构独立、业务独立。

（7）会计基础工作规范，财务报表的编制符合《企业会计准则》和相关会计制度的规定，在所有重大方面公允地反映了发行人的财务状况、经营成果和现金流量。

（8）建立健全有效的内部控制制度，能够保证财务报告的可靠性、生产经营的合法性和营运的效率与效果。

（9）公司章程明确对外担保的审批权限和审议程序，不存在为控股股东、实际控制人及其控制的其他企业进行违规担保的情形。

（10）有严格的资金管理制度，不得有资金被控股股东、实际控制人及其控制的其他企业以借款、代偿债务、代垫款项或者其他方式占用的情形。

 75．如何设计股本规模？

（1）拟在中小企业板上市的公司公开发行前股本总额不少于3000万元，发行后不少于5000万元；拟在创业板上市的公司公开发行后的股本总额不少于3000万元。

（2）股本规模大小，与发行规模有关。如发行后股本在4亿股以上，最低只需要发行总股本的10%；如发行后股本在4亿股以下，则最低需要发行总股本的25%。

（3）股本规模应与企业营收规模、净利润规模相匹配。股本规模直接影响每股收益，可以充分参考目前上市公司同行业的平均每股收益来确定改制时的股本规模。

（4）改制时设定的股本与改制前注册资本的差额大小，可能会对改制时自然人股东应缴的个人所得税数额产生影响。

76．非公司制的国有股份应如何折股？

（1）国有资产作价入股必须进行资产评估。国有资产的出资方应当委托具有相关资质的资产评估机构，依照国家有关规定进行资产评估。评估报告经核准或者备案后，作为确定企业国有产权入股价格的参考依据。

（2）国有资产作价入股时，企业应当以经核准或备案的资产评估结果为作价参考依据；当交易价格低于评估结果的90%时，应当暂停交易，在获得原经济行为批准机构同意后方可继续交易。

(3)国有资产严禁低估作价折股。一般应以评估确认后的净资产折为国有股的股本。如不全部折股,则折股方案须与募股方案和预计发行价格一并考虑。

(4)企业改制设立股份有限公司时,要取得关于企业设立时国有股权(包括国家股及国有法人股)的设置文件。国务院国资委、财政部、省级财政或国资部门出具的关于公司国有股权设置的批复文件,是企业提交公开发行股票申请文件的必备文件。该设置文件中需要明确国有股的界定及设置,包括股东名称、持股数量、占总股本的比例、股权性质等。

77. 外商投资企业改制需要哪些特别注意事项?

(1)应符合国家有关外商投资企业产业政策的规定,按规定需由中方控股(包括相对控股)或对中方持股比例有特殊规定的外商投资股份有限公司,上市后应按有关规定的要求继续保持中方控股地位或持股比例。

(2)原境内公司中的中国自然人在原公司作为股东一年以上的,经批准,可继续作为变更后所设立外商投资企业的中方投资者。此外,暂不允许境内中国自然人以新设或被外资并购等方式成为外商投资企业的股东(作为地方性规定,部分省市已经取消或放宽外商投资企业发起人为自然人的限制)。

(3)限额以下外商投资股份有限公司的设立及其变更,须由省级商务主管部门负责审批,限额以上以及对外商投资有专项规定的行业、特定产业政策、宏观调控行业仍由国家商务部审批,其中,外商投资股份有限公司的限额按注册资本计,改制为外商投资股份有限公司的限额按评估后的净资产值计。

(4)以发起方式设立外商投资股份有限公司,应符合《公司法》关于必须有半数以上的发起人在中国境内有住所的规定,因此,境内发起人数量应当多于或等于境外发起人数量,且合计为2人以上200人以下。

有关外商投资事项及外商投资股份有限公司设立的各项规定发布时间跨度大,且存在与《公司法》不一致的地方,所以具体适用标准应以有关部门实际执行为准。

78. 改制后股份公司可以增资或股份转让吗？

改制后，发起人在股份公司成立之日起一年内不得转让股权，但老股东或新股东可以对股份公司进行增资。股份公司成立之日满一年，发起人的股份就可以转让，其他股东并不具有优先受让权，也不需要公司进行决策或审批程序。此外，市场监管部门一般不受理股份公司单纯的股份转让变更事宜，而是在股权转让方和受让方签署股权转让合同后，由公司变更股东名册。如改制后的股份公司选择交由产权交易机构托管股权的，则在托管机构办理变更手续。改制后、申报前的股份转让应注意股权转让行为的规范性与合理性，以及交易价格的公允性、受让股份资金来源的合法性，以及是否造成实际控制人发生变化，处理不当会为以后的 IPO 审核造成程度不同的负面影响。

增资事项需要由股份公司股东大会以特别决议通过方能进行，即需要出席股东大会股东所持表决权三分之二以上通过。增资方案需要结合公司的股权结构和资金需求制订，并非增资越多就越好。企业规模较小的时候，最好股权要相对集中，伴随企业的发展，还需要以稀释股权的方式实施融资或并购。此外，还要关注增资资金的性质。吸纳外资与国有资金将会增加企业在 IPO 申报过程中的审批环节；引进战略投资者要充分参考同行业上市公司的市盈率、市销率与市净率的基础上合理定价；谨慎接受客户和供应商作为股东，避免形成利益输送的经营模式。

79. 评估基准日至设立日期间实现利润应如何处理？

公司应在会计报表附注的"其他重要事项"中，披露自评估基准日至公司设立日期间公司已实现利润的分配情况。如果上述期间实现的利润已分配给发起人，且自评估基准日起，存货、固定资产、无形资产等资产未根据评估价值进行成本结转或调整折旧或摊销计提的，公司应当说明上述利润分配是否会导致发起人出资不实、是否会影响公司资本保全，如产生出资不实或影响资本保全的，应明确责任及具体解决办法。

第六章
辅导与备案

80. 什么是上市辅导？

上市辅导，是指中介机构在推荐发行人首次公开发行股票并上市前，对发行人的董事、监事和高级管理人员、持有5％以上股份的股东和实际控制人（或者其法定代表人）进行系统的法规知识、证券市场知识培训，使其全面掌握发行上市、规范运作等方面的有关法律法规和规则，知悉信息披露和履行承诺等方面的责任和义务，树立进入证券市场的诚信意识、自律意识和法制意识。

为保障股票发行核准制的顺利实施，提高首次公开发行股票公司的质量及规范运作的水平，凡拟在中华人民共和国境内首次公开发行股票的股份有限公司，在提出首次公开发行股票并上市的申请前，应聘请辅导机构进行辅导。

81. 辅导期有何要求？

（1）各地证监局对辅导期的规定有所不同，比如：

根据《北京证监局拟上市公司辅导工作监管指引（试行）》，辅导期应不少于3个月，存在特定情况的，经审核同意后，可酌情缩短辅导期限。除特殊情况外，自受理日起每两个月报送一期辅导工作报告。

根据《山东证监局企业上市辅导监管工作指引》，辅导期限原则上不少于90日，存在特例情况的，辅导机构可缩短辅导期限。自接收辅导备案材料之日起，辅导机构原则上每60日报送一期辅导工作报告。

根据《浙江证监局拟上市公司辅导工作监管指引》,辅导期自辅导备案日开始,至浙江证监局出具辅导监管报告日结束。为保证辅导工作质量,辅导期原则上不得少于三个月。

根据《安徽证监局首发上市辅导监管工作指引(试行)》,辅导期自辅导备案日开始,至安徽证监局出具辅导监管报告日结束。辅导备案日至辅导机构提出辅导验收申请日的期间原则上不得少于三个月。

(2)拟上市企业应登录所在地证监局网站查询辅导相关的最新要求,或者通过辅导机构获取所在地证监局关于辅导的相关要求。

82. 辅导备案有什么要求?

中介机构应当与发行人签订辅导协议,明确双方的权利和义务。辅导协议签订后,中介机构应在 5 个工作日内报发行人所在地的中国证监会派出机构备案。

备案登记材料根据各地中国证监会派出机构的具体要求提交,一般应包括:

(1)辅导备案申请报告(内容包括辅导备案的请求,介绍辅导对象的设立及历史沿革、股权结构、主要股东和实际控制人、主营业务及主要产品、所属行业概况及在行业中的地位、经营情况及财务状况等)。

(2)辅导对象接受辅导的公告。

(3)辅导人员名单、简历及证券从业资格证明。

(4)辅导机构基本情况、相关内部控制制度及营业执照。

(5)辅导对象全体董事、监事、高级管理人员、持有5%以上股份的股东和实际控制人(或其法定代表人)的名单及其简历。

(6)辅导协议。

(7)辅导计划及实施方案。

(8)辅导对象基本情况备案表。

(9)辅导人员对同期担任辅导工作的公司家数的说明。

83. 辅导程序有哪些？

（1）辅导机构与辅导对象签订辅导协议，辅导机构针对辅导对象成立辅导工作小组，制订辅导工作计划和实施方案。

（2）辅导协议签署5个工作日内，辅导机构向辅导对象所在地的中国证监会派出机构备案。

（3）辅导机构按照辅导工作计划对辅导对象进行系统的法规知识、证券市场知识培训，使其全面掌握发行上市、规范运作等方面的有关法律法规和规则，知悉信息披露和履行承诺等方面的责任和义务，树立进入证券市场的诚信意识、自律意识和法制意识。同时，在此期间，辅导机构还将与其他中介机构对辅导对象开展尽职调查，共同指导辅导对象解决历史遗留问题，督促其按照现代企业制度的要求，完善法人治理结构，建立健全并真正落实内部约束机制，确保辅导对象资产权属清晰、经营体系独立完整、财务管理与会计体系健全、内部决策和控制制度规范。同时，辅导机构应对律师事务所、会计师事务所等证券服务机构出具的专业意见进行审慎复核。

（4）在辅导期间，辅导机构应当根据辅导的情况向辅导对象当地的中国证监会派出机构报送辅导工作备案报告，并对派出机构的反馈意见进行逐项落实。同时，根据中国证监会当地派出机构的要求，可以就接受辅导、准备首次公开发行股票等事项在当地两种主要报纸上进行公告。

（5）在辅导工作结束后，辅导机构向辅导对象当地的中国证监会派出机构报送辅导工作总结报告，提出辅导评估申请，派出机构应按规定进行辅导验收。

（6）辅导机构结束辅导工作、派出机构进行辅导验收后，中介机构可结合辅导情况、尽职调查情况、内部核查结论，在确信发行人符合法律、行政法规和中国证监会的有关规定的情况下，方可推荐其证券发行上市。

84. 辅导内容有哪些？

（1）对公司的董事（包括独立董事）、监事、高级管理人员、持有5%以上股份的股东和实际控制人（或其法定代表人）进行全面的证券法律、法规知识培训，聘请机构内部或外部的专业人员进行必要的授课，确信其理解发行上市有关法律、法规和规则，理解作为公众公司规范运作、信息披露和履行承诺等方面的责任和义务。

（2）协助辅导对象初步建立符合现代企业制度要求的公司治理结构，协助辅导对象建立和完善公司管理、投资决策和内部控制制度。

（3）核查辅导对象在公司设立、改制重组、股权设置和转让、增资扩股、资产评估、资本验证等方面是否合法、有效，产权关系是否明晰，股权结构是否符合有关规定。

（4）协助和督促辅导对象实现独立运营，做到业务、资产、人员、财务、机构独立完整，主营业务突出，具备核心竞争力。

（5）协助和督促辅导对象按规定妥善处置商标、专利、土地、房屋等的法律权属问题。

（6）规范辅导对象与控股股东及其他关联方的关系。

（7）督促辅导对象建立和完善规范的内部决策和控制制度，形成有效的财务、投资以及内部约束和激励制度。

（8）协助和督促辅导对象建立健全公司财务会计管理体系，杜绝财务虚假。

（9）协助辅导对象形成明确的业务发展目标和未来发展计划，并制订可行的募集资金投向及其他投资项目的规划。

85. 辅导验收有哪些要求？

在辅导工作结束后，辅导机构认为辅导工作已经达到预期效果，辅导对象已经具备了进入证券市场的必备知识和条件，可向辅导对象所在地的中国证监会派出机构报送辅导工作总结报告，提出辅导评估申请，申请辅导验收。时间上，通常在中介机构向中国证监会报送申报材料前两到三周，具体时间依各地中国证监会派出机构要求不同而有所差异。

申请辅导验收的材料根据各地中国证监会派出机构的要求提交，一般应包括：辅导验收申请报告、辅导工作总结报告、辅导报备材料、辅导内容及实施情况的工作底稿、财务报表、监管机关出具的反馈意见和落实情况等。辅导工作底稿内容一般包括：备案登记材料和所有辅导工作进展报告、辅导计划及实施方案、辅导协议、辅导人员变更及交接手续、辅导对象存在的重大问题及解决情况、历次辅导培训、考试及辅导评估的资料等。申请辅导验收的材料在提交申请时报送中国证监会派出机构专管人员。

中国证监会派出机构主要采用组织拟上市公司董事、监事、高级管理人员参加证券法规考试（若所在地证监局有要求）、审阅中介机构辅导材料、约谈、电话问询和实地走访相结合的监管方式深入了解所辅导的企业。中国证监会派出机构专管人员针对中介机构提交的辅导材料中存在的问题，及时提出反馈意见，要求辅导人员切实履行尽职调查义务，完善辅导工作底稿；通过约谈公司董事长、总经理、财务负责人等高级管理人员，督促公司尽快改进经营运作中的不规范之处；现场走访公司，实地查看公司的主要办公和生产经营场所，了解公司的生产经营情况。

派出机构完成辅导验收后，出具辅导验收报告（或辅导监管报告）。根据实际情况，部分派出机构要求保荐机构内核通过后，才能按程序出具辅导验收报告（或辅导监管报告）。

辅导验收报告（或辅导监管报告）是中国证监会受理处受理首次公开发行材料的必备文件。该文件通常由中国证监会派出机构传真至受理处，受理人员核验后才受理发行人的相关申报材料。

第七章
规划募集资金使用

86. 中小企业板对募集资金使用有哪些规定?

(1) 募集资金原则上应当用于主营业务。

(2) 发行人应披露董事会对募集资金投资项目可行性的分析意见,并说明募集资金数额和投资项目与企业现有生产经营规模、财务状况、技术水平和管理能力等相适应的依据。

(3) 保荐人及发行人律师对募集资金投资项目是否符合国家产业政策、环境保护、土地管理以及其他法律、法规和规章规定出具的结论性意见。

(4) 募集资金投资项目实施后不产生同业竞争或者对发行人的独立性不产生不利影响。

(5) 披露募集资金专项存储制度的建立及执行情况。

(6) 规范上市公司募集资金专户存储、使用、用途变更、管理与监督。

87. 创业板对募集资金使用有哪些规定?

(1) 募集资金应当围绕主营业务进行投资安排,列表简要披露募集资金使用的具体用途、预计募集资金数额、预计投资规模、预计投入的时间进度情况。

(2) 发行人应披露董事会对募集资金投资项目可行性的分析意见,并说明募集资金数额和投资项目与企业现有生产经营规模、财务状况、技术水平和管理能力等相适应的依据。

第二部分 股票发行上市前期准备

（3）规范上市公司募集资金专户存储、使用、用途变更、管理与监督。

88. 募投项目的核准、备案有什么要求？

企业投资建设政府核准的投资项目目录中的固定资产投资项目，须按照规定报送有关项目核准机关核准。企业投资建设该目录外的项目，实行备案管理。

按照规定由国务院核准的项目，由发展改革委审核后报国务院核准。按照规定报国务院备案的项目，由发展改革委核准后报国务院备案。核报国务院核准的项目、国务院投资主管部门核准的项目，事前须征求国务院行业管理部门的意见。由地方政府核准的项目，省级政府可以根据本地实际情况具体划分地方各级政府的核准权限。由省级政府核准的项目，核准权限不得下放。法律、行政法规和国家有专门规定的，按照有关规定执行。商务主管部门按国家有关规定对外商投资企业的设立和变更、国内企业在境外投资开办企业（金融企业除外）进行审核或备案管理。

89. 发行审核过程中能否对募集资金运用进行调整？

初审过程中，发行人需调整募集资金用途的，应履行相应的法律程序。已通过发审会的，发行人原则上不得调整募集资金项目，但可根据募投项目实际投资情况、成本变化等因素，合理调整募集资金的需求量，并可以将部分募集资金用于公司一般用途，但需在招股说明书中说明调整的原因。

90. 募集资金使用项目能否持有金融资产和进行财务性投资？

除金融类企业外，募集资金使用项目不得为持有交易性金融资产和可供出售的金融资产、借予他人、委托理财等财务性投资，不得直接或者间接投资于以买卖有价证券为主要业务的公司。

91. 为什么要求募集资金数额和投资项目与发行人现有情况相适应？

发行人应披露董事会对募集资金投资项目可行性的分析意见，

并说明募集资金数额和投资项目与企业现有生产经营规模、财务状况、技术水平和管理能力等相适应的依据。

如何使用和管理好上亿元的募集资金,大多数发行人没有相关经验。募集资金到位后,将会对企业的生产经营管理水平、财务状况及资金管理水平、技术及人员储备、管理人员配备及能力提出更高的要求。如果没有经过审慎论证,则很难做到募集资金的有效使用和管理,并产生预期效益。因此,现行审核制度要求发行人董事会对此进行分析论证并披露。

92. 为什么募集资金使用要符合国家产业政策?

发行人应披露保荐人及发行人律师对募集资金投资项目是否符合国家产业政策、环境保护、土地管理以及其他法律、法规和规章规定出具的结论性意见。

国家产业政策是政府为了实现一定的经济和社会目标而对产业的形成和发展进行干预的各种政策的总和。干预包括规划、引导、促进、调整、保护、扶持和限制等方面的含义。产业政策的功能主要是弥补市场缺陷,有效配置资源。中国共产党第十九次全国人民代表大会明确提出,我国经济已由高速增长阶段转向高质量发展阶段。推动经济高质量发展,离不开金融的有力支撑。资本市场作为金融资源配置的重要平台,在价格发现、风险分担、激励创新等方面具有独特优势。随着审核理念向以信息披露为中心的转变,中国资本市场服务实体经济的能力进一步增强。要求募集资金使用符合国家产业政策是资本市场服务实体经济的重要保障。

93. 募集资金使用项目与发行人是否需要环保核查?

2014年10月20日,环境保护部发布了《关于改革调整上市环保核查工作制度的通知》,要求自通知发布之日起,各级环保部门不再对各类企业开展任何形式的环保核查,不得再为各类企业出具环保守法证明等任何形式的类似文件,从而取消了运行多年的上市公司环保核查。

取消上市环保核查后,保荐机构、发行人律师需要在申报文件中对拟上市企业是否符合环保法律法规情况进行核查并发表意见。

环保核查取消后，上市公司应按照有关法律要求及时、完整、真实、准确地公开环境信息，并按《企业环境报告书编制导则》定期发布企业环境报告书。保荐机构和投资人可以依据政府、企业公开的环境信息以及第三方评估等信息，对上市公司环境表现进行评估。

募集资金使用项目涉及建设项目的，企业需要根据《中华人民共和国环境影响评价法》，按照建设项目对环境的影响程度，编制环境影响报告书、环境影响报告表或者填报环境影响登记表，按照国务院的规定报有审批权的环境保护行政主管部门审批或备案。

94. 募投项目涉及土地使用权的，应关注哪些问题？

对于非房地产行业的发行人，募投项目涉及土地使用权的，在申报前的土地使用权进度上，中国证监会的口径较为宽松，不强制要求取得土地使用权证或签署土地使用权出让合同。发行人募投用地尚未取得的，需披露募投用地的计划、取得土地的具体安排、进度等。保荐机构、发行人律师需对募投用地是否符合土地政策、城市规划、募投用地落实的风险等进行核查并发表明确意见。

从减少审核障碍、便利中介机构核查的角度考虑，建议企业尽量在申报前获得与土地使用相关的文件，以保障募投项目实施的确定性和可行性。在最近 IPO 申报的案例中，募投项目涉及的土地，尚未取得土地使用权证或未签订土地使用权出让合同的，大多数的做法是取得国土资源部门对于土地使用的预审意见。

95. 为什么要关注募投项目产生的同业竞争及独立性问题？

发行人与控股股东、实际控制人及其控制的其他企业不存在同业竞争，以及发行人资产完整、人员独立、财务独立、机构独立和业务独立是审核发行人是否具备上市条件的基本要求。如果募集资金投资项目实施后产生新的同业竞争或其他不符合独立性的情形将会使发行人达不到现行审核标准和要求，难以通过发审委审核。

96. 募集资金的使用是否一定要反映公司的发展战略和竞争优势？

募集资金的使用是一个公司未来发展战略的延伸。募集资金使用的安排，一定要符合产业发展的规律，体现出公司未来的战略需要，进一步提升公司的竞争优势、强化公司的核心竞争力，不能短视地以上市申报为目的。

第三部分
股票发行申报审核与发行上市

第三部分 股票发行申报审核与发行上市

第一章

发行申报材料的制作

97. 制作发行申请文件需要做哪些准备？

发行申请文件由发行人和各中介机构共同配合准备，通常由保荐机构牵头。申请文件制作的前期准备工作如下：

（1）建立相关工作底稿。

（2）关于本次发行上市事宜召开董事会、股东大会。

（3）取得政府部门的相关批文或文件。

（4）聘请中介机构出具相关专业意见。

（5）准备好各类申请文件的原件或做好鉴证，并汇总制作申请文件。

（6）配合中介机构履行内部问核、立项和内核申请程序。

98. 中小企业板股票发行申请文件包括哪些内容？

根据《公开发行证券的公司信息披露内容与格式准则第 9 号——首次公开发行股票并上市申请文件》，中小企业板企业首次公开发行股票并上市申请文件目录共分十章。

第一章　招股说明书与发行公告，包括招股说明书（申报稿）、招股说明书摘要（申报稿）、发行公告（发行前提供）。

第二章　发行人关于本次发行的申请及授权文件，包括发行人关于本次发行的申请报告、发行人董事会有关本次发行的决议、发行人股东大会有关本次发行的决议。

第三章　保荐人关于本次发行的文件，包括发行保荐书。

第四章　会计师关于本次发行的文件，包括财务报表及审计报告、盈利预测报告及审核报告、内部控制鉴证报告、经注册会计师核验的非经常性损益明细表。

第五章　发行人律师关于本次发行的文件，包括法律意见书、律师工作报告。

第六章　发行人的设立文件，包括发行人的企业法人营业执照、发起人协议、发起人或主要股东的营业执照或有关身份证明文件、发行人公司章程（草案）。

第七章　关于本次发行募集资金运用的文件，包括募集资金投资项目的审批、核准或备案文件，发行人拟收购资产（或股权）的财务报表、资产评估报告及审计报告，发行人拟收购资产（或股权）的合同或合同草案。

第八章　与财务会计资料相关的其他文件。包括：①发行人关于最近三年及一期的纳税情况的说明：发行人最近三年及一期的所得税纳税申报表，有关发行人税收优惠、财政补贴的证明文件，主要税种纳税情况的说明及注册会计师出具的意见，主管税收征管机构出具的最近三年及一期的发行人纳税情况证明；②成立不满三年的股份有限公司需报送的财务资料：最近三年原企业或股份公司的原始财务报表，原始财务报表与申报财务报表的差异比较表，注册会计师对差异情况出具的意见；③成立已满三年的股份有限公司需报送的财务资料：最近三年的原始财务报表，原始财务报表与申报财务报表的差异比较表，注册会计师对差异情况出具的意见；④发行人设立时和最近三年及一期的资产评估报告（含土地评估报告）；⑤发行人的历次验资报告；发行人大股东或控股股东最近一年及一期的原始财务报表及审计报告。

第九章　其他文件。包括：①产权和特许经营权证书：发行人拥有或使用的商标、专利、计算机软件著作权等知识产权以及土地使用权、房屋所有权、采矿权等产权证书清单（需列明证书所有者或使用者名称、证书号码、权利期限、取得方式、是否及存在何种他项权利等内容，并由发行人律师对全部产权证书的真实性、合法性和有效性出具鉴证意见），特许经营权证书；②有关消除或避免同业竞争的协议以及发行人的控股股东和实际控制人出具的相关承诺；③国有资产管理部门出具的国有股权设置批复文件及商务部出具的外资股确认文件；④发行人生产经营和募集资金投资项目符合环境保护要求的证明文件（重污染行业的发行人需提供省级环保部门出具的证明文件）；⑤重要合同：重组协议，商标、专利、专有技术等知识产权许可使用协议，重大关联交易协议，其他重要商务合同；⑥保荐协议和承销协议；⑦发行人全体董事对发行申请文件真实性、准确性和完整性的承诺书；⑧特定行业（或企业）的管理部门出具的相关意见。

第十章 定向募集公司还应提供的文件。

除上述文件外，中小企业板企业首次公开发行股票并上市还需要提交公司基本信息情况表和公司及相关中介机构联系表等。

如果某些材料对发行人不适用，可不提供，但应向中国证监会做出书面说明。

99. 创业板股票发行申请文件包括哪些内容？

根据《公开发行证券的公司信息披露内容与格式准则第 29 号——首次公开发行股票并在创业板上市申请文件》，创业板拟发行企业首次公开发行股票并上市申请文件包括：

第一章 招股说明书与发行公告，包括招股说明书（申报稿）、发行人控股股东、实际控制人对招股说明书的确认意见、发行公告（发行前提供）。

第二章 发行人关于本次发行的申请及授权文件，包括发行人关于本次发行的申请报告、发行人董事会有关本次发行的决议、发行人股东大会有关本次发行的决议。

第三章 保荐人和证券服务机构文件。包括：①保荐人关于本次发行的文件、发行保荐书（附发行人成长性专项意见）、发行保荐工作报告（附关于保荐项目重要事项尽职调查情况问核表）；②注册会计师关于本次发行的文件：财务报表及审计报告、发行人审计报告基准日至招股说明书签署日之间的相关财务报表及审阅报告（发行前提供）、盈利预测报告及审核报告、内部控制鉴证报告、经注册会计师鉴证的非经常性损益明细表；③发行人律师关于本次发行的文件；④法律意见书、律师工作报告。

第四章 发行人的设立文件，包括发行人的企业法人营业执照，发起人协议，发起人或主要股东的营业执照或有关身份证明文件，发行人公司章程（草案），发行人关于公司设立以来股本演变情况的说明及其董事、监事、高级管理人员的确认意见，国有资产管理部门出具的国有股权设置及转持批复文件及商务主管部门出具的外资股确认文件。

第五章 与财务会计资料相关的其他文件。包括：①发行人关于最近三年及一期的纳税情况的说明：发行人最近三年及一期的所得税纳税申报表，有关发行人税收优惠、财政补贴的证明文件，主要税种纳税情况的说明及注册会计师出具的意见，主管税收征管机构出具的最近三年及一期的发行人纳税情况证明；②成立不满三年的股份有限公司需报送的财务资料；③最近三年原企业或股份公司的原始财务报表，原始财务报表与申报财务报表的差异比较表，注册会计师对差异情况出具的意见；④成立已满三年的股份有限公司需报送的财务资料；⑤最近三年原始财务报表、原始财务报表与申报财务报表的差异比较表、注册会计师对差异情况出具的意见；⑥发行人设立时和最近三年及一期的资产评估报告（含土地评估报告）；⑦发行人的历次验资报告；⑧发行人大股东或控股股东最近一年及一期的原始财务报表及审计报告。

第六章 其他文件。包括：①关于本次发行募集资金运用的文件：发行人关于募集资金运用的总体安排说明，募集资金投资项目的审批、核准或备案文件，发行人拟收购资产（或股权）的财务报表，资产评估报告及审计报告，发行人拟收购资产（或股权）的合同或合同草案；②产权和特许经营权证书：发行人拥有或使用的商标、专利、计算机软件著作权等知识产权以及土地使用权、房屋所有权、采矿权等产权证书清单（需列明证书所有者或使用者名称、证书号码、权利期限、取得方式、是否及存在何种他项权利等内容，并由发行人律师对全部产权证书的真实性、合法性和有效性出具鉴证意见），特许经营权证书；③重要合同：商标、专利、专有技术等知识产权许可协议、重大关联交易协议、重组协议、其他重要商务合同；④承诺事项：发行人及其实际控制人、控股股东、持股5%以上股东以及发行人董事、监事、高级管理人员等责任主体的重要承诺以及未履行承诺的约束性措施，有关消除或避免同业竞争的协议以及发行人的控股股东和实际控制人出具的相关承诺，发行人全体董事、监事、高级管理人员对发行申请文件真实性、准确性、完整性、及时性的承诺书；⑤发行人律师关于发行人董事、监事、高级管理人员、发行人控股股东和实际控制人在相关文件上签名盖章的真实性的鉴证意见；⑥发行人生产经营和募集资金投资项目符合环境保护要求的证明文件（重污染行业的发行人需提供符合国家环保部门规定的证明文件）；⑦特定行业（或企业）的管理部门出具的相关意见；⑧保荐协议和承销协议。

除上述文件外，创业板企业首次公开发行股票并上市还需要提交公司基本信息情况表和公司及相关中介机构联系表等。

如果某些材料对发行人不适用，可不提供，但应向中国证监会做出书面说明。

100. 制作招股说明书需要注意哪些问题？

招股说明书的制作应按照《公开发行证券的公司信息披露内容与格式准则第1号——招股说明书》或《公开发行证券的公司信息披露内容与格式准则第28号——创业板公司招股说明书》编制，在制作招股说明书中，应注意以下问题：

（1）该准则某些具体要求对发行人确实不适用的，发行人可根据实际情况，在不影响披露内容完整性的前提下进行适当调整，但应在申报时进行书面说明。

（2）发行人有充分依据证明准则要求披露的某些信息涉及国家机密、商业机密及其他因披露可能导致其违反国家有关保密法律法规规定或严重损害公司利益的，发行人可向中国证监会申请豁免按本准则披露。

（3）在不影响信息披露的完整性和不致引起阅读不便的前提下，发行人可采用相互引证的方法，对各相关部分的内容进行适当的技术处理,以避免重复和保持文字简洁。

(4) 发行人在招股说明书及其摘要中披露的所有信息应真实、准确、完整、及时。

(5) 发行人在招股说明书及其摘要中披露的财务会计资料应有充分的依据,所引用的财务报表、盈利预测报告(如有)应由具有证券期货相关业务资格的会计师事务所审计或审核。

(6) 招股说明书引用的数据应有充分、客观的证据,并注明资料来源。

(7) 招股说明书应使用事实描述性语言,保证其内容简明扼要、通俗易懂、突出事件实质,不得有祝贺性、广告性、恭维性或诋毁性的词句。

101. 申请文件对原件及复印件的报送有何要求?

发行人报送申请文件,初次报送应提交原件一份、复印件三份(创业板两份)。如发行人不能提供有关文件原件,应由发行人律师提供鉴证意见,或由出文单位盖章,以保证与原件一致。如原出文单位不再存续,由承继其职权的单位或做出撤销决定的单位出文证明文件的真实性。

根据《发行监管问答——关于首发、再融资申报文件相关问题与解答》的相关规定,首发申报材料的申报文件应包括一份全套书面材料(原件)、两份全套申报文件电子版及两套部分申报文件单行本(包括招股说明书、发行保荐书、法律意见书、财务报告和审计报告,复印件)。

102. 盈利预测报告提供有何要求?

盈利预测报告不是申请材料的必备文件。如果发行人提供盈利预测报告,将有助于投资者对于发行人及其股票做出正确判断,若发行人确信能对最近未来期间的盈利情况做出比较切合实际的预测,发行人可以披露盈利预测报告。发行人披露盈利预测的,利润实现数如未达到预测数的80%,除不可抗力外,其法定代表人、盈利预测审核报告签字注册会计师(创业板系发行人法定代表人、财务负责人)应当在股东大会及中国证监会指定的报刊上（创业板系中国证监会指定的网站、报刊上）公开做出解释并道歉。中国证监会可以对法定代表人处以警告（创业板系情节严重的，中国证监会给予警告等行政处罚）。利润实现数未达到盈利预测的50%的，除不可抗力外，中国证监会在36个月内不受理该公司的公开发行证券申请。

103. 纳税申报资料情况提供有何要求？

发行人应向中国证监会发行监管部门申报的主要纳税资料包括：
（1）发行人最近三年及一期的所得税纳税申报表。
（2）有关发行人税收优惠、财政补贴的证明文件。
（3）主要税种纳税情况的说明及注册会计师出具的意见。
（4）主管税收征管机构出具的最近三年及一期的发行人纳税情况证明。所有纳入合并报表的子公司的纳税申报表及纳税证明等材料，也需比照股份公司的要求一并提供。

104. 曾经发行过内部职工股企业的申请文件有何特殊要求？

历史上曾经允许企业发行内部职工股，此类发行人提交给中国证监会的申请材料中，除常规材料外，还应提供以下文件：有关内部职工股发行和演变情况的文件（历次发行内部职工股的批准文件、内部职工股发行的证明文件、托管机构出具的历次托管证明、有关违规清理情况的文件、发行律师对前述文件真实性的鉴证意见）；省级人民政府或国务院有关部门关于发行人内部职工股审批、发行、托管、清理以及是否存在潜在隐患等情况的确认文件；中介机构的意见（发行人律师关于发行人内部职工股审批、发行、托管和清理情况的核查意见以及保荐人关于发行人内部职工股审批、发行、托管和清理情况的核查意见）。

在招股说明书中，发行人如发行过内部职工股，或出现原工会持股或职工持股进行转让的，应主要披露以下情况：
（1）内部职工股的审批及发行情况，包括审批机关、审批日期、发行数量、发行方式、发行范围、发行缴款及验资情况。
（2）本次发行前的内部职工股托管情况，包括托管单位、前十名自然人股东名单、持股数量及比例、应托管数量、实际托管数量、托管完成时间、未托管股票数额及原因、未托管股票的处理办法。省级人民政府对发行人内部职工股托管情况及真实性的确认情况。

（3）发生过的违法违规情况，包括超范围和超比例发行的情况，通过增发、配股、国家股和法人股转配等形式变相增加内部职工股的情况，内部职工转让和交易中的违法违规情况，法人股个人化的情况，这些违法违规行为的纠正情况及省级人民政府对清理、纠正情况的确认意见。

（4）对尚存在内部职工股潜在问题和风险隐患的，应披露有关责任的承担主体。

（5）发行人曾存在工会持股、职工持股会持股、信托持股、委托持股或股东数量超过 200 人的，应详细披露有关股份的形成原因及演变情况；进行过清理的，应当说明是否存在潜在问题和风险隐患，以及有关责任的承担主体等。

105. 招股说明书及其引用的财务报告的有效期如何规定？

（1）招股说明书的有效期规定。招股说明书的有效期为 6 个月，自中国证监会核准发行申请前招股说明书最后一次签署之日起计算。

（2）招股说明书中引用的财务报表的有效期规定。招股说明书中引用的财务报表在其最近一期截止日后 6 个月内有效。特别情况下发行人可申请适当延长，但至多不超过 1 个月。财务报表应当以年度末、半年度末或者季度末为截止日。

106. 报送发行上市申请文件需要注意哪些问题？

（1）材料完备性。按格式准则附录制作申报文件，且准则附录规定的申请文件目录是对发行申请文件的最低要求。根据审核需要，中国证监会可以要求发行人和中介机构补充材料。如果某些材料对发行人不适用，可不提供，但应向中国证监会做出书面说明。

（2）报送文件的格式要求。申请文件应采用幅面为 209 毫米×295 毫米规格的纸张（相当于标准 A4 纸张规格），双面印刷（需提供原件的历史文件除外）。申请文件的封面和侧面应标明"××公司首次公开发行股票并上市申请文件"或"××公司首次公开发行股票并在创业板上市申请文件"字样。申请文件的扉页（主板）或首页（创业板）应标明发行人董事会秘书及有关中介机构项目负责人的姓名、电话、传真及其他的联系方式。申请文件的章与章之间、节与节之间应有明显的分隔标识，申请文件中的页码应与目录中标示的页码相符。

（3）报送文件数量的要求。初次报送应提交原件一份、复印件三份（创业板需要复印件两份）。在提交发行审核委员会审核前，根据中国证监会要求的份数补报申请文件。发行人在每次报送书面申请文件的同时，应报送一份相应的标准电子文件（标准.doc或.rtf格式文件）。发行结束后，发行人应将招股说明书的电子文件及历次报送的电子文件汇总报送中国证监会备案。根据《发行监管问答——关于首发、再融资申报文件相关问题与解答》的相关规定，首发申报材料的申报文件应包括一份全套书面材料（原件）、两份全套申报文件电子版及两套部分申报文件单行本（包括招股说明书、发行保荐书、法律意见书、财务报告和审计报告，复印件）。

（4）报送文件有效性的要求。发行人不能提供有关文件的原件的，应由发行人律师提供鉴证意见，或由出文单位盖章，以保证与原件一致。如原出文单位不再存续，由承继其职权的单位或做出撤销决定的单位出文证明文件的真实性。

（5）报送文件签字要求。申请文件所有需要签名处，均应为签名人亲笔签名，不得以名章、签名章等代替。

（6）报送文件的更换和补充。申请文件一经受理，未经中国证监会同意，不得增加、撤回或更换。根据审核需要，中国证监会可要求发行人和中介机构补充材料。发行人应根据中国证监会对申请文件的反馈意见提供补充材料。有关中介机构应对反馈意见相关问题进行尽职调查或补充出具专业意见。

107. 更换中介机构及中介人员的处理程序有哪些？

根据 2017 年 12 月 7 日中国证监会发布的《发行监管问答——首次公开发行股票申请审核过程中有关中止审查等事项的要求》相

关规定,更换保荐机构的,除保荐机构存在被立案调查或者执业受限等非发行人原因的情形外,需重新履行申报及受理程序。

更换律师事务所、会计师事务所、资产评估机构,无须中止审查。相关中介机构应当做好更换的衔接工作,更换后的中介机构完成尽职调查并出具专业意见后,应当将齐备的文件及时提交发行监管部门,并办理中介机构更换手续。更换手续完成前,原中介机构继续承担相应法律责任。

更换签字保荐代表人、签字律师、签字会计师、签字资产评估师,无须中止审查。相关中介机构应当做好更换的衔接工作,更换后的中介机构签字人员完成尽职调查并出具专业意见后,相关中介机构应当将齐备的文件及时提交发行监管部门,并办理中介机构签字人员更换手续。更换手续完成前,中介机构原签字人员继续承担相应法律责任。

中止审查后更换保荐机构、律师事务所等中介机构或签字人员的,完成更换程序后由发行人及保荐机构提交恢复审查申请,更换前的相关中介机构或签字人员涉嫌违法违规被中国证监会立案调查、被司法机关侦查或执业受限等情形的,需履行复核程序。

108. 中介机构及中介人员被行政机关调查处理的程序有哪些?

(1)在申请人材料受理环节,当证券公司、证券服务机构及相关人员有下列情形之一的,中国证监会受理部门做出不予受理申请的决定:

①为申请人制作、出具有关申请材料的证券公司、证券服务机构因涉嫌违法违规被中国证监会及其派出机构立案调查,或者被司法机关侦查,尚未结案,且涉案行为与其为申请人提供服务的行为属于同类业务或者对市场有重大影响;

②为申请人制作、出具有关申请材料的证券公司、证券服务机构的有关人员因涉嫌违法违规被中国证监会及其派出机构立案调查,或者被司法机关侦查,尚未结案,且涉案行为与其为申请人提供服务的行为属于同类业务或者对市场有重大影响。

(2)在审查申请人申请材料过程中,当证券公司、证券服务机

构及相关人员有下列情形之一的,中国证监会审查部门做出中止审查的决定,通知申请人:

①为申请人制作、出具有关申请材料的证券公司、证券服务机构因涉嫌违法违规被中国证监会及其派出机构立案调查,或者被司法机关侦查,尚未结案,且涉案行为与其为申请人提供服务的行为属于同类业务或者对市场有重大影响;

②为申请人制作、出具有关申请材料的证券公司、证券服务机构的有关人员因涉嫌违法违规被中国证监会及其派出机构立案调查,或者被司法机关侦查,尚未结案,且涉案行为与其为申请人提供服务的行为属于同类业务或者对市场有重大影响。

因前述情形中止审查的,证券公司、证券服务机构应当指派与被调查事项无关的人员,对该机构或者有关人员为被中止审查的申请事项制作、出具的申请材料进行复核。按要求提交复核报告,并对申请事项符合行政许可法定条件、标准,所制作、出具的文件不存在虚假记载、误导性陈述或者重大遗漏发表明确复核意见的,中国证监会应当在30个工作日内恢复审查,通知申请人。

109. 中止审查的情形有哪些?

(1) 发行人或者发行人的控股股东、实际控制人因涉嫌违法违规被中国证监会立案调查,或者被司法机关侦查,尚未结案。

(2) 发行人的保荐机构、律师事务所等中介机构因首发、再融资、并购重组业务涉嫌违法违规,或其他业务涉嫌违法违规且对市场有重大影响被中国证监会立案调查,或者被司法机关侦查,尚未结案。

(3) 发行人的签字保荐代表人、签字律师等中介机构签字人员因首发、再融资、并购重组业务涉嫌违法违规,或其他业务涉嫌违法违规且对市场有重大影响被中国证监会立案调查,或者被司法机关侦查,尚未结案。

(4) 发行人的保荐机构、律师事务所等中介机构被中国证监会依法采取限制业务活动、责令停业整顿、指定其他机构托管、接管等监管措施,尚未解除。

（5）发行人的签字保荐代表人、签字律师等中介机构签字人员被中国证监会依法采取市场禁入、限制证券从业资格等监管措施，尚未解除。

（6）根据有关法律、行政法规、规章的规定，需要请求有关机关做出解释，进一步明确具体含义。

（7）发行人发行其他证券品种导致其与审核程序冲突。

（8）发行人及保荐机构主动要求中止审查，理由正当且经中国证监会批准。

110. 中止审查的程序有哪些？

发行人、保荐机构及其他相关中介机构在应当获知上述情况之日起两个工作日内提交中止审查申请，发行监管部门经核实符合中止审查情形的，履行中止审查程序。发行人、保荐机构及其他相关中介机构未提交中止审查申请，发行监管部门经核实符合中止审查情形的，直接履行中止审查程序。对于发行人、保荐机构及其他相关中介机构应当获知上述情况而未及时报告的，发行监管部门将视情节轻重依法采取相应的措施。

当证券中介服务机构或其从业人员涉嫌违法违规被立案调查，或者被司法机关侦查，尚未结案的，中国证监会将不予受理或中止审查其出具的同类业务的行政许可申请文件。在审项目被中止审查的，证券中介服务机构应当指派与被调查事项无关的人员进行复核。经复核，申请事项符合行政许可条件的，中国证监会应当恢复审查。

111. 中止审查事项消失后，恢复审查需履行哪些程序？

发行人中止审查事项消失后，发行人及中介机构应当在5个工作日内提交恢复审查申请，履行以下程序：

（1）发行人或者发行人的控股股东、实际控制人因涉嫌违法违规被中国证监会立案调查，或者被司法机关侦查，已结案且不影响发行条件的，由发行人、保荐机构及发行人律师提交恢复审查申请。

（2）发行人的保荐机构、律师事务所等中介机构因首发、再融资、并购重组业务涉嫌违法违规，或其他业务涉嫌违法违规且对市场有重大影响被中国证监会立案调查，或者被司法机关侦查，已结案且不影响发行条件的，由发行人及保荐机构提交恢复审查申请。

（3）发行人的保荐机构等中介机构因首发、再融资、并购重组业务涉嫌违法违规被中国证监会立案调查，或者被司法机关侦查，尚未结案的，经履行复核程序后，由发行人及保荐机构提交恢复审查申请。

（4）发行人的签字保荐代表人等中介机构签字人员因首发、再融资、并购重组业务涉嫌违法违规被中国证监会立案调查，或者被司法机关侦查，尚未结案，经履行复核程序后，由发行人及保荐机构提交恢复审查申请。

（5）发行人的保荐机构、律师事务所等中介机构被中国证监会依法采取限制业务活动、责令停业整顿、指定其他机构托管、接管等监管措施已解除的，由发行人及保荐机构提交恢复审查申请。

（6）发行人其他证券品种已完成相关发行程序，由发行人及保荐机构提交恢复审查申请。

（7）发行人中止审查后更换保荐机构、律师事务所等中介机构或签字人员，完成更换程序后由发行人及保荐机构提交恢复审查申请，更换前的相关中介机构或签字人员涉嫌违法违规被中国证监会立案调查、被司法机关侦查或执业受限等情形的，需履行复核程序。

恢复审查后，发行监管部门按照发行人申请的受理时间安排其审核顺序。

112. 终止审查的情形有哪些？程序有哪些？

申请人主动终止审查的情形：

（1）申请人主动要求撤回申请。

（2）申请人是自然人，该自然人死亡或者丧失行为能力。

（3）申请人是法人或者其他组织，该法人或者其他组织依法终止。

（4）申请人未在规定的期限内提交书面回复意见，且未提交延期回复的报告，或者虽提交延期回复的报告，但未说明理由或理由不充分。

（5）申请人未在规定的 30 个工作日内提交书面回复意见。

（6）首次公开发行的申请文件中记载的财务资料已过有效期且逾期 3 个月未更新的。

申请人主动要求撤回申请的，应当向受理部门提交书面报告，受理部门应当出具终止审查通知，经检查并留存申请人或者其受托人的身份证明文件（或复印件）、授权委托书，留存一份申请材料（或复印件），登记后将申请材料退回申请人。

113. 哪些情形需要中介机构履行复核程序，如何履行复核程序？

保荐机构等中介机构因首发、再融资、并购重组业务涉嫌违法违规被中国证监会立案调查，或者被司法机关侦查，尚未结案拟申请恢复审查的。

中介机构或中介机构签字人员涉嫌违法违规被中国证监会立案调查、被司法机关侦查或执业受限等情形，更换相关中介机构或签字人员后拟申请恢复审查的。

中介机构最近 6 个月内被中国证监会行政处罚的。

签字保荐代表人、签字律师、签字会计师、签字资产评估师最近 6 个月内被中国证监会行政处罚的。

涉及的中介机构应对其推荐的所有在审发行申请项目进行全面复核，由独立复核人员（非专业报告签字人员）重新履行内核程序和合规程序，最终出具复核报告。复核报告需明确复核的范围、对象、程序、实施过程和相关结论，明确发表复核意见。涉及保荐机构的，保荐机构董事长或总经理、合规总监、内核负责人、独立复核人员应在复核报告上签字确认；涉及律师事务所的，律师事务所负责人、内核负责人、独立复核人员应在复核报告上签字确认；涉及会计师事务所的，会计师事务所负责人、质控负责人、独立复核人员应在复核报告上签字确认；涉及资产评估机构的，资产评估机构负责人、质控负责人、独立复核人员应在复核报告上签字确认。

第二章

发行审核原则与流程

114. 发行审核有哪些原则?

发行审核的原则:
(1) 依法审核原则。
(2) 审慎监管原则。
(3) 合理质疑原则。
(4) 实质重于形式原则。
(5) 重要性原则。
(6) 一贯性原则。
(7) 集体决策原则。

115. 首发申请审核主要环节有哪些?

(1) 受理和预先披露。中国证监会受理部门根据《中国证券监督管理委员会行政许可实施程序规定》(证监会令第 138 号)、《首次公开发行股票并上市管理办法》(证监会令第 141 号)、《首次公开发行股票并在创业板上市管理办法》(证监会令第 142 号) 等规则的要求,依法受理首发申请文件,并按程序转发行监管部。发行监管部在正式受理后即按程序安排预先披露,并将申请文件分发至相关监管处室,相关监管处室根据发行人的行业、公务回避的有关要求以及审核人员的工作量等确定审核人员。

(2) 反馈会。相关监管处室审核人员审阅发行人申请文件后,从非财务和财务两个角度撰写审核报告,提交反馈会讨论。反馈会主要讨论初步审核中关注的主要问题，确定需要发行人补充披露以及中介机构进一步核查说明的问题。

反馈会按照申请文件受理顺序安排。反馈会由综合处组织，参会人员有相关监管处室审核人员和处室负责人等。反馈会后将形成书面意见，履行内部程序后反馈给保荐机构。反馈意见发出前不安排发行人及其中介机构与审核人员沟通。

保荐机构收到反馈意见后，组织发行人及相关中介机构按照要求进行回复。综合处收到反馈意见回复材料进行登记后转相关监管处室。审核人员按要求对申请文件以及回复材料进行审核。

发行人及其中介机构收到反馈意见后，在准备回复材料过程中如有疑问可与审核人员进行沟通，如有必要也可与处室负责人、部门负责人进行沟通。

审核过程中如发生或发现应予披露的事项，发行人及其中介机构应及时报告发行监管部并补充、修改相关材料。初审工作结束后，将形成初审报告（初稿）提交初审会讨论。

（3）预先披露更新。发行人对反馈意见已按要求回复、财务资料未过有效期且需征求意见的相关政府部门无异议的，将安排预先披露更新。对于具备条件的项目，发行监管部将通知保荐机构报送发审会材料和用于更新的预先披露材料，并在收到相关材料后安排预先披露更新，以及按受理顺序安排初审会。

（4）初审会。初审会由审核人员汇报发行人的基本情况、初步审核中发现的主要问题及反馈意见回复情况。初审会由综合处组织，发行监管部相关负责人、相关监管处室负责人、审核人员以及发审委委员（按小组）参加。

根据初审会讨论情况，审核人员修改、完善初审报告。初审报告是发行监管部初审工作的总结，履行内部程序后与申请材料一并提交发审会。

初审会讨论决定提交发审会审核的，发行监管部在初审会结束后出具初审报告，并书面告知保荐机构需要进一步说明的事项以及做好上发审会的准备工作。初审会讨论后认为发行人尚有需要进一步披露和说明的重大问题、暂不提交发审会审核的，将再次发出书面反馈意见。

（5）发审会。发审委制度是发行审核中的专家决策机制。目前，发审委委员不固定分组，采用电脑摇号的方式，随机产生项目审核小组，依次参加初审会和发审会。各组中委员个人存在需回避事项的，按程序安排其他委员替补。发审委通过召开发审会进行审核工作。发审会以投票方式对首发申请进行表决。根据《中国证券监督管理委员会发行审核委员会办法》规定，发审委会议审核首发申请适用普通程序。发审委委员投票表决采用记名投票方式，发审会前需撰写工作底稿，会议全程录音。

发审会召开5天前，中国证监会发布会议公告，公布发审会审核的发行人名单、会议时间、参会发审委委员名单等。首发发审会由审核人员向委员报告审核情况，并就有关问题提供说明，委员发表审核意见，发行人代表和保荐代表人各两名到会陈述和接受询问，聆询时间不超过40分钟，聆询结束后由委员投票表决。发审会认为发行人有需要进一步披露和说明问题的，形成书面审核意见后告知保荐机构。

保荐机构收到发审委审核意见后，组织发行人及相关中介机构按照要求回复。综合处收到审核意见回复材料后转交相关监管处室。审核人员按要求对回复材料进行审核并履行内部程序。

（6）封卷。发行人的首发申请通过发审会审核后，需要进行封卷工作，即将申请文件原件重新归类后存档备查。封卷工作在按要求回复发审委意见后进行。如没有发审委意见需要回复，则在通过发审会审核后即进行封卷。

（7）会后事项。会后事项，是指发行人首发申请通过发审会审核后，招股说明书刊登前发生的可能影响本次发行上市及对投资者做出投资决策有重大影响的应予披露的事项。发生会后事项的，需履行会后事项程序，发行人及其中介机构应按规定向综合处提交会后事项材料。综合处接收相关材料后转交相关监管处室。审核人员按要求及时提出处理意见。需重新提交发审会审核的，按照会后事项相关规定履行内部工作程序。如申请文件没有封卷，则会后事项与封卷可同时进行。

（8）核准发行。核准发行前，发行人及保荐机构应及时报送发行承销方案。

封卷并履行内部程序后，将进行核准批文的下发工作。发行人领取核准发行批文后，无重大会后事项或已履行完会后事项程序的，可按相关规定启动招股说明书刊登工作。

审核程序结束后，发行监管部根据审核情况起草持续监管意见书，书面告知日常监管部门。

116. 与发行审核流程相关的其他事项有哪些？

发行审核过程中，中国证监会还根据特殊行业企业的具体情况，征求相关主管部门是否同意其发行股票的意见。

为深入贯彻落实国家西部大开发战略、支持西部地区经济社会发展，改进发行审核工作服务水平，充分发挥沪、深两家交易所的服务功能，更好地支持实体经济发展，首发审核工作整体按西部企业优先，均衡安排沪、深交易所拟上市企业审核进度的原则实施。同时，依据上述原则，结合企业申报材料的完备情况，对具备条件进入后续审核环节的企业按受理顺序顺次安排审核进度计划。

发行审核过程中的终止审查、中止审查和恢复审查按相关规定执行。审核过程中收到举报材料的，依程序处理。

发行审核过程中，将按照对首发企业信息披露质量抽查的相关要求组织抽查。

发行审核过程中遇到现行规则没有明确规定的新情况、新问题，发行监管部将召开专题会议进行研究，并根据内部工作程序提出处理意见和建议。

117. 从申报材料到通过审核，IPO 审核一般需要多长时间？

自 2016 年开始，IPO 审核速度较之前明显加快。目前，IPO 申报企业"堰塞湖"的问题已经基本解决，新申报 IPO 企业的排队时间也在逐年缩短。2017 年通过发审委审核的企业，从提交申报稿到上会的平均时长为 549 天，2018 年通过发审委审核的企业，从提交申报稿到上会的平均时长为 468 天，审核时间进一步缩短。

118. 审核过程中企业应注意哪些问题？

（1）了解中国证监会有关部门的内部组织与分工、审核流程及各审核环节时限要求等。

（2）遵守"静默期"，即自受理申请文件至出具第一次反馈意见之间的这段时间，不得影响和干扰预审员和发审委委员的审核。同时，在"静默期"结束后，按照《中国证监会发行审核工作预约接待办法》的相关规定，可以通过预约与中国证监会预审人员当面沟通（反馈意见后附有联系方式），让预审人员深入了解企业及企业所在行业的情况，避免因沟通不够导致判断失误的情况。

（3）在回复反馈意见的过程中，企业应注意：①在接到反馈意见后，由保荐机构召集发行人、会计师和律师对反馈意见进行研究。为了避免答非所问，须尽量明确审核人员的关注要点，对问题中不明确的地方可以进行汇总，咨询审核人员，以做到有的放矢。待问题明确之后，保荐机构及其他中介机构根据反馈意见的要求，合理分工，补充尽职调查，形成正式的反馈意见答复。发行人应积极配合各中介机构的尽职调查工作。②在答复问题时，要做到充分、真实、准确地披露产生问题的原因、目前的状况和解决问题的方法。如果发行人语焉不详，甚至弄虚作假，轻则拖延审核时间，重则会被退回申请材料。③发行人应逐项落实反馈意见，并在规定期限内提供书面回复，若涉及对招股说明书的修改，需以楷体加粗字体标明。④对于重大疑难问题，发行人应主动与审核人员进行沟通。

119. 反馈意见有何要求？

审查部门在审查申请材料过程中，认为需要申请人做出书面说明、解释的，原则上应当将问题一次性汇总成书面反馈意见。申请人应当在审查部门规定的期限内提交书面回复意见；确有困难的，可以提交延期回复的书面报告，并说明理由。

确需由申请人做出进一步说明、解释的，审查部门可以提出第二次书面反馈意见，并要求申请人在书面反馈意见发出之日起30个工作日内提交书面回复意见。

发行人的书面回复意见不明确，情况复杂，审查部门难以做出准确判断的，经中国证监会负责人批准，可以增加书面反馈的次数，并要求申请人在书面反馈意见发出之日起30个工作日内提交书面回复意见。

发行人及其保荐机构应当在中国证监会第一次书面反馈意见发出之日起1个月内提交书面回复意见，确有困难的，可以申请延期，延期原则上不超过2个月。3个月内未提交书面回复意见且未说明理由或理由不充分的，发行监管部门将视情节轻重对发行人及保荐机构依法采取相应的措施。

发行人及保荐机构应当在中国证监会第二次书面反馈意见、告知函发出之日起30个工作日内提交书面回复意见；30个工作日未提交的，发行监管部门将视情节轻重对发行人及保荐机构依法采取相应的措施。

实践中，以一次书面反馈，多次口头沟通为主。除书面反馈外，审核人员可能以口头形式要求发行人和保荐机构针对相关事项进行核查和说明，并以书面形式报送至中国证监会。

120. 什么是专项复核？应符合什么要求？

为提高股票发行核准工作的质量和效率，中国证监会发行监管部在审核首次公开发行股票的公司的申请文件时，如发现其申报财务会计资料存在重大疑问或其财务会计方面的内部控制制度有可能存在重大缺陷，并由此导致申报资料存在重大问题时，可另行委托一家具备证券执业资格的会计师事务所对申报财务会计资料的特定项目进行专项复核。专项复核的决定由中国证监会发行监管部做出。专项复核的目的是为发行人申报财务会计资料的可靠性提供重要依据。

会计师事务所接受专项复核委托后，应当按照财政部《企业会计准则》及其他有关规定，以及中国注册会计师协会颁布的《中国注册会计师审计准则》及有关执业规范以及中国证监会的信息披露要求，根据中国证监会发行监管部的书面反馈意见和发行人具体情况拟定专项复核工作计划、确定复核范围和程序，并应在实施之前将专项复核工作计划报中国证监会发行监管部备案。

执行专项复核业务的会计师事务所应出具专项复核报告，该报告至少应包括四个部分：①复核时间、范围及目的；②相关责任；③履行的复核程序；④复核结论。

专项复核会计师应对复核事项提出明确的复核意见，不得以"未发现"等类似的消极意见代替复核结论。专项复核报告最迟应在发行人申报财务资料有效期截止前一个月送至中国证监会。如果专项复核会计师就复核事项所出具的复核意见与原申报财务资料存在差异，发行人、保荐机构及申报会计师应就该复核差异提出处理意见，审核人员应将该复核差异及处理情况向发行审核委员会汇报。

121. 现行发行审核委员会制度主要内容有哪些？

（1）发行审核委员会的设立及审核范围。中国证监会设立发行审核委员会和上市公司并购重组审核委员会，发审委审核发行人股票发行申请和可转换公司债券等中国证监会认可的其他证券的发行申请。

（2）发审委的组成。发审委委员由中国证监会的专业人员和中国证监会外的有关专家组成，由中国证监会聘任。2017年9月，中国证监会发布聘任第十七届发行审核委员会委员的公告，这一届发审委不再有主板和创业板之分，业界将其称为"大发审委"。第十七届发审委委员共计63人，专职委员大幅增加，达到42人，兼职委员21人。第十八届发审委委员共计21人，全部为专职委员，且委员近半数来自中国证监会、证券业协会、证监局、交易所等中国证监会及下属会管单位。

（3）发审委委员的任期。发审委委员每届任期一年，可以连任，但连续任期最长不超过两届。发审委委员每年至少更换一半。

（4）发审委委员回避制度。发审委委员审核股票发行申请文件时，有下列情形之一的，应及时提出回避：①发审委委员或者其亲属担任发行人或者保荐人的董事（含独立董事，下同）、监事、经理或者其他高级管理人员的。②发审委委员或者其亲属、发审委委员所在工作单位持有发行人的股票，可能影响其公正履行职责的。③发审委委员或者其所在工作单位近两年来为发行人提供保荐、承销、审计、评估、法律、咨询等服务,可能妨碍其公正履行职责的。④发审委委员或者其亲属担任董事、监事、经理或者其他高级管理人员的公司与发行人或者保荐人有行业竞争关系,经认定可能影响其公正履行职责的。⑤发审委会议召开前,与本次所审核发行人及其他相关单位或者个人进行过接触,可能影响其公正履行职责的。⑥中国证监会认定的可能产生利害冲突或者发审委委员认为可能影响其公正履行职责的其他情形。

发行人及其他相关单位和个人如果认为发审委委员与其存在利害冲突或者潜在的利害冲突,可能影响发审委委员公正履行职责的,可以在报送发审委会议审核的股票发行申请文件时,向中国证监会提出要求有关发审委委员予以回避的书面申请,并说明理由。中国证监会根据发行人及其他相关单位和个人提出的书面申请,决定相关发审委委员是否回避。

(5) 发审委会议的形式。①发审委通过召开发审委会议进行审核工作。发审委会议表决采取记名投票方式,表决票设同意票和反对票,发审委委员不得弃权并且在投票时应当在表决票上说明理由。②发审委委员应当以审慎、负责的态度,全面审阅发行人的股票发行申请文件和中国证监会有关职能部门出具的初审报告。发审委委员在发审委会议上应当根据自己的工作底稿发表个人审核意见,同时应当根据会议讨论情况,完善个人审核意见并在工作底稿上予以记录。③发审委会议在充分讨论的基础上,形成会议对发行人股票发行申请的审核意见,并对发行人的股票发行审核是否符合相关条件进行表决。④发审委会议对发行人的股票发行申请形成审核意见之前,可以请发行人代表和保荐代表人到会陈述和接受发审委委员的询问。⑤发审委会议对发行人的股票发行申请只进行一次审核。出现发审委会议审核意见与表决结果有明显差异或者发审委会议表决结果显失公正情况的,中国证监会可以进行调查,并依法做出核准或者不予核准的决定。⑥中国证监会有关职能部门负责安排发审委会议、送达有关审核材料、对发审委会议讨论情况进行记录、起草发审委会议纪要、保管档案等具体工作。⑦发审委会议根据审核工作需要,可以邀请发审委委员以外的行业专家到会提供专业咨询意见。发审委委员以外的行业专家没有表决权。⑧发审委每年应当至少召开一次全体会议,对审核工作进行总结。

(6) 发审委会议的表决。在普通程序中,每次参加发审委会议的发审委委员为7名,表决投票时同意票数达到5票为通过,同意票数未达到5票为未通过;在特别程序中,每次参加发审委会议的委员为5名,表决投票时同意票数达到3票为通过,同意票数未达到3票为未通过。

(7) 暂缓表决的情形。在发审会会议普通程序中,若发审委委员发现存在尚待调查核实并影响明确判断的重大问题,应当在发审委会议前以书面方式提议暂缓表决。发审委会议首先对该股票发行申请是否需要暂缓表决进行投票,同意票数达到5票的,可以对该股票发行申请暂缓表决;同意票数未达到5票的,发审委会议按正常程序对该股票发行申请进行审核。暂缓表决的发行申请再次提交发审委会议审核时,原则上仍由原发审委委员审核。发审委会议对发行人的股票发行申请只能暂缓表决一次。

(8) 重新审核的情形。在发审会会议普通程序中,在发审委会议对发行人的股票发行申请表决通过后至中国证监会核准前,发行人发生了与所报送的股票发行申请文件不一致的重大事项,中国证监会有关职能部门可以提请发审委召开会后事项发审委会议,对该发行人的股票发行申请文件重新进行审核。会后事项发审委会议的参会发审委委员不受是否审核过该发行人的股票发行申请的限制。

122. 发审会的工作流程包括哪些?

(1) 出席会议委员达到规定人数后,委员应填写与发行人接触事项的有关说明,交由发行监管部工作人员核对后,召集人宣布会议开始并主持会议。

(2) 发行监管部预审人员向委员报告审核情况,并就有关问题提供说明。

(3) 召集人组织委员对初审报告中提请委员关注的问题和审核意见逐一发表个人审核意见。委员也可对初审报告提请关注问题以外的其他问题发表个人审核意见。

（4）发行人代表和保荐代表人各两名到会陈述和接受询问，时间不超过40分钟。

（5）召集人总结委员的主要审核意见，形成发审委会议对发行人股票发行申请的审核意见。

（6）委员对发审委会议记录、审核意见记录确认并签名。

（7）委员进行投票表决。表决方式采取封闭式记名投票，委员个人的投票意见不对外公布。

（8）发行监管部工作人员负责监票及统计投票结果。

（9）召集人宣布表决结果。

（10）委员在发审委会议表决结果上签名，同时提交审核工作底稿。

123. 企业如何参加发行审核会议？

企业应挑选对企业情况最熟悉的两人（一般为董事长或总经理中的一人和财务负责人或董事会秘书中的一人）作为发行人代表和两名签字保荐代表人一起参加发审会会议，参会人员要做简要陈述并接受发审委委员的询问。

参会的发行人代表和保荐代表人应仪表端庄、整洁；发行人代表和保荐代表人应对材料充分熟悉；发审委委员的提问由发行人代表或保荐代表人作答，部分问题会指明由发行人代表或保荐代表人作答；回答问题时语言应条理清晰，言简意赅，不夸夸其谈。

124. 发行人通过发审会审核后需要做哪些工作？

（1）封卷。封卷是指发行人在提交发审委意见，落实书面材料并经发行监管部审核后，对原始申请文件、反馈意见答复及附件、发审委意见答复及附件等有关资料进行签字归档并封存。封卷工作在落实发审委意见后进行。如没有发审委意见需要落实，则在通过发审会审核后即进行封卷。

（2）会后事项。会后事项是指发行人首发申请通过发审会审核后，招股说明书刊登前发生的可能影响本次发行及对投资者做出投资决策有重大影响的应予披露的事项。存在会后事项的，发行人及其中介机构应按规定向中国证监会审核人员提交相关说明。审核人员按要求及时提出处理意见。如申请文件没有封卷，则会后事项与封卷可同时进行。

发行人必须关注自身在发审会后至招股说明书刊登之日前是否发生重大事项，即可能影响本次发行上市及对投资者做出投资决策有重大影响的应予披露的事项。

如果发行人发生重大事项的，应于该事项发生后两个工作日内向中国证监会作书面说明，并对招股说明书做出修改或进行补充披露，保荐机构及相关专业中介机构应对重大事项发表专业意见。中国证监会在收到上述补充材料和说明后，将按审核标准决定是否需要重新提交发审会讨论。

如果发行人在发审会通过后没有重大事项发生，或该等重大事项不影响公司的发行，还需办理最终封卷手续。发行人在刊登招股说明书的前一工作日，应向中国证监会说明拟刊登的招股说明书与前次封卷的招股说明书之间是否存在差异，保荐机构及相关中介机构应出具声明、承诺或补充法律意见书。

招股说明书或招股意向书刊登后至获准上市前，拟发行公司发生重大事项的，应于该事项发生后第一个工作日向中国证监会提交书面说明，保荐机构及相关中介机构应出具专业意见。经中国证监会审阅无异议的，拟发行公司方能于第二日刊登补充公告。

125. 未获核准的企业何时可以再次报送申请材料？

股票发行申请未获核准的，自中国证监会做出不予核准决定之日起6个月后，发行人可再次提出股票发行申请。

126. 什么是财务专项核查？

为推进以信息披露为中心的新股发行体制改革工作，夯实首次公开发行股票公司财务会计信息真实性、准确性、完整性，检查中介机构执业质量，中国证监会从2012年开始开展财务专项检查工作。

财务专项核查主要是对IPO在审企业的财务真实性进行核查，

重点检查虚构交易、现金收付等,力求挤出财务水分,充分披露在审企业风险,要求各中介机构在开展IPO相关工作时,应严格遵守现行各项执业准则和信息披露规范要求,勤勉尽责,审慎执业,对IPO在审企业报告期内财务会计信息真实性、准确性、完整性开展全面自查工作。

财务专项核查属于尽职调查的一部分,但相比以往的尽职调查更加严格和细致,重点核查虚构交易、操纵利润、关联交易、粉饰报表等多项常见的财务造假行为。在财务专项核查结束后,保荐机构、会计师事务所应提交自查报告,逐项具体说明对各项财务问题、执业中需关注问题的落实情况、核查过程和核查结论,核查过程应明示具体核查人员、核查时间、核查方式、获取证据等相关内容。

127. 什么是信息披露质量抽查?

在上发审会前,要对申请首次公开发行股票的企业的发行人信息披露质量进行抽查。抽查将通过审阅申报材料及工作底稿,并以抽样的方式进行现场检查,从而核实和印证中介机构是否就发行人信息披露质量履职尽责。抽查既不对企业进行全面体检,也不对企业的盈利能力进行判断。

信息披露质量抽查的具体操作流程如下:

(1)抽取范围。申请首次公开发行股票的企业,在上发审会前均应纳入抽取范围,并参加一次被抽取工作,已参加过抽取的企业将不再参加以后的抽取工作。

(2)抽取原则。被抽取企业将以抽签的方式随机产生,抽取过程公开透明。中国证监会将定期向中国证券业协会移交拟参加抽取的企业名单,具体抽取工作将由中国证券业协会负责。被抽取企业产生后,相关信息将及时向社会公布。此外,若审核过程中发现在审企业所披露的信息可能存在虚假记载、误导性陈述或重大遗漏,或者中介机构尽职履责情况存在重大疑问的,审核部门可以直接将其列为抽查对象。

(3)抽取结果处理。抽查完成后,如发现存在一般性问题的,将通过约谈提醒、下发反馈意见函等方式督促发行人及中介机构在后续工作中予以改进。情节较重的，将由中国证监会相关职能部门依法采取监管谈话、警示函等行政监管措施。经过抽查发现明确的违法违规线索的，将移送稽查部门进一步查实查证，涉及犯罪的，将移交司法机关严肃处理。

128. 什么是发行审核的普通程序、特殊程序？

发审委会议分普通程序和特殊程序两种：普通程序是指发审委会议审核发行人公开发行股票申请和可转换公司债券等中国证监会认可的其他公开发行证券申请的程序。特殊程序是指发审委审核上市公司非公开发行股票申请和中国证监会认可的其他非公开发行证券申请的程序。

普通程序和特殊程序的主要区别为：

（1）普通程序下，每次参加发审委会议的发审委委员为 7 名，表决投票时同意票数达到 5 票为通过，同意票数未达到 5 票为未通过。特殊程序下，每次参加发审委会议的委员为 5 名，表决投票时同意票数达到 3 票为通过，同意票数未达到 3 票为未通过。

（2）普通程序下，发审委委员发现存在尚待调查核实并影响明确判断的重大问题，应当在发审委会议前以书面方式提议暂缓表决，发审委会议首先对该股票发行申请是否需要暂缓表决进行投票，同意票数达到 5 票的，可以对该股票发行申请暂缓表决；同意票数未达到 5 票的，发审委会议按正常程序对该股票发行申请进行审核，发审委会议对发行人的股票发行申请只能暂缓表决一次。在特殊程序下，不得提议暂缓表决。暂缓表决的具体原因各不相同，一般源于发审委委员认为反馈意见尚未核查清楚，需要补充解释，或由于上会前夕收到举报，需要中介机构进行核查。

（3）普通程序下，发审委会议审核的发行人名单、会议时间、发行人承诺函、参会发审委委员名单、审核结果及发审委会议提出询问的主要问题都在中国证监会网站上公布。特殊程序下，中国证监会不公布发审委会议审核的发行人名单、会议时间、发行人承诺函、参会发审委委员名单和表决结果。

第三章
发行与承销

129. 股票发行方案包括哪些主要内容？

股票发行方案,是指股票向投资者发售的具体安排。证券公司实施承销前,应当向中国证监会报送发行与承销方案。股票发行方案由发行人和主承销商协商制定,经中国证监会核准后实施。

股票发行方案主要包括以下内容:承销方式、发行方式、发行数量、定价原则、发行对象、回拨机制、配售机制、股份锁定安排、发行时间和发行程序。发行方案应详细说明发行程序和操作细节,如日程安排、申购上下限、申购程序、发行费用等。

130. 什么是承销？承销主要有哪些方式？

承销,是指由证券公司凭借自己的销售能力和渠道在规定的发行有效期内将证券销售出去的过程。发行人向不特定对象发行的证券,法律、行政法规规定应当由证券公司承销的,发行人应当同证券公司签订承销协议。

承销方式有包销和代销两种。证券代销,是指证券公司代发行人发售证券,在承销期结束时,将未售出的证券全部退还给发行人的承销方式。证券包销,是指证券公司将发行人的证券按照协议全部购入或者在承销期结束时将售后剩余证券全部自行购入的承销方式。

证券包销又可分为全额包销和余额包销。全额包销,是指证券公司将发行人的证券按照协议全部购入的承销方式。采取全额包销方式时,证券公司首先将发行人的证券按照协议全部购入,然后再将其卖给投资者。余额包销,是指证券公司将发行人的证券按照协议在承销期结束时将售后剩余证券全部自行购入的承销方式。采取余额包销方式时,证券公司首先代理发行人发售证券,在承销期结束时将售后剩余证券全部自行购入。目前,我国首次公开发行上市股票的承销均采取余额包销的方式。

131. 股票发行方式主要有哪些?

按是否公开,股票发行方式可分为公开间接发行和非公开直接发行两种。公开间接发行,是指通过中介机构公开向社会公众发行股票。我国股份有限公司采用募集设立方式并向社会首次公开发行股票,须由证券公司承销的做法,即属于股票的公开间接发行。非公开直接发行,是指不公开对外发行股票,只向少数特定的对象直接发行。我国股份有限公司采用发起设立方式和上市公司非公开发行股票均属于这种方式。

在我国证券市场建立和发展过程中,股票发行方式经历了从行政化发行方式向市场化发行方式的发展历程。从证券市场建立之初到目前,曾经采用过的发行方式包括内部认购、发售认购表、存款挂钩、上网竞价、上网定价、预缴配售、机构配售、市值配售等。

现阶段,IPO股票发行主要采用询价发行或直接定价发行。发行人及其主承销商可以根据初步询价结果确定发行价格区间,在发行价格区间内通过累计投标询价确定发行价格,也可以通过初步询价直接确定发行价格。

132. 如何确定发行数量?

股份有限公司申请股票上市,发行的股票数量应当符合下列条件:股本总额(指发行后)4亿元以下的(不含4亿元),公开发行股票数量应达到公司股份总数的25%以上;股本总额(指发行后)超过人民币4亿元(含4亿元)的,公开发行股份的比例为10%以上。首次公开发行股票的数量应满足上述上市条件的最低要求。

133. 什么是超额配售选择权（绿鞋机制）？

超额配售选择权，又被称为"绿鞋机制"，美国波士顿绿鞋制造公司（Green Shoe Manufacturing Co.）于1963年IPO时最早使用了该机制，因此得名。

我国超额配售选择权的规定体现在《证券发行与承销管理办法》和《超额配售选择权试点意见》，具体内容是：首次公开发行股票数量在4亿股以上的，发行人和主承销商可以在发行方案中采用超额配售。由发行人授予主承销商一项选择权，获此授权的主承销商按同一发行价格超额发售不超过包销数额15%的股份，即主承销商按不超过包销数额115%的股份向投资者发售。在本次包销部分的股票上市之日起30日内，主承销商有权根据市场情况选择从集中竞价交易市场购买发行人股票，或者要求发行人增发股票，分配给对此超额发售部分提出认购申请的投资者。A股最先使用超额配售选择权的是2006年10月上市的工商银行，2010年上市的农业银行与光大银行也曾采用过超额配售选择权。

134. 如何确定发行价格？

首次公开发行股票，可以通过向网下投资者询价的方式确定股票发行价格，也可以通过发行人与主承销商自主协商直接定价等其他合法可行的方式确定发行价格。公开发行股票数量在2000万股（含）以下且无老股转让计划的，应当通过直接定价的方式确定发行价格。目前市场上多采用第一种方式。

询价方式确定发行价格的主要步骤为：

（1）主承销商披露询价及推介公告。

（2）主承销商及发行人向投资者进行现场和互联网的路演推介。

（3）投资者通过研读发行人的信息披露文件、参与路演等，对公司进行估值，并通过网下发行电子平台提交报价单，包括申购价格和申购数量。

（4）主承销商和发行人根据投资者的报价情况，剔除部分无效报价和高报价，确定一个发行价格或价格区间。

（5）如确定的是价格区间，投资者正式申购时还需填报价格，主承销商和发行人根据申购情况确定最终价格。

135. 什么是路演？

路演一词源自于英文"Road Show"。简言之，路演是一系列股票发行推介活动的总称，其主要目的是促进股票成功发行。路演过程中，发行人及主承销商在主要的路演地对可能的投资者进行推介活动，加深投资者对即将发行的股票的认知程度，并从中了解投资人的投资意向，发现投资需求和价值定位，确保股票的成功发行。

承销商可以和发行人采用现场、电话、互联网等合法合规的方式进行路演推介，且应当至少采用互联网方式向公众投资者进行公开路演推介。路演推介期间，承销商和发行人与投资者任何形式的见面、交谈、沟通，均视为路演推介。

国内股票发行，如需进行路演，发行人和主承销商通常会选择北京、上海和深圳三个机构投资者比较集中的城市进行，分别采取一对一或一对多的形式与投资者进行现场交流。此外，在网上申购前一个交易日，发行人和主承销商还应通过互联网向公众投资者推介。

136. 如何确定发行对象？

首次公开发行股票时，发行人和主承销商可以自主协商确定参与网下询价投资者的条件、有效报价条件、配售原则和配售方式，并按照事先确定的配售原则在有效申购的网下投资者中选择配售股票的对象。

首次公开发行股票时，主承销商不得向下列对象配售股票：

（1）发行人及其股东、实际控制人、董事、监事、高级管理人员和其他员工；发行人及其股东、实际控制人、董事、监事、高级管理人员能够直接或间接实施控制、共同控制或施加重大影响的公司，以及该公司控股股东、控股子公司和控股公司控制的其他子公司。

（2）主承销商及其持股比例5%以上的股东，主承销商的董事、监事、高级管理人员和其他员工；主承销商及其持股比例5%以上的股东、董事、监事、高级管理人员能够直接或间接实施控制、共同控制或施加重大影响的公司,以及该公司控股股东、控股子公司和控股股东控制的其他子公司。

(3)承销商及其控股股东、董事、监事、高级管理人员和其他员工。

(4)前三项所述人士的关系密切的家庭成员,包括配偶、子女及其配偶、父母及配偶的父母、兄弟姐妹及其配偶、配偶的兄弟姐妹、子女配偶的父母。

(5)过去6个月内与主承销商存在保荐、承销业务关系的公司及其持股5%以上的股东、实际控制人、董事、监事、高级管理人员,或已与主承销商签署保荐、承销业务合同或达成相关意向的公司及其持股5%以上的股东、实际控制人、董事、监事、高级管理人员。

(6)通过配售可能导致不当行为或不正当利益的其他自然人、法人和组织。

(7)主承销商或发行人就配售对象资格设定的其他条件。

上述第(2)、(3)项规定的禁止配售对象管理的公募基金不受前款规定的限制,但应当符合中国证监会的有关规定。

137. 什么是回拨机制?

回拨机制,是指在同一次发行中采取网下配售和网上发行时,先设定不同发行方式下的初始发行数量,然后根据认购结果,按照预先公布的规则适当调整网上与网下的发行数量。

首次公开发行股票网下投资者申购数量低于网下初始发行量的,发行人和主承销商不得将网下发行部分向网上回拨,应当中止发行。网上投资者有效申购倍数超过50倍、低于100倍(含)的,应当从网下向网上回拨,回拨比例为本次公开发行股票数量的20%;网上投资者有效申购倍数超过100倍的,回拨比例为本次公开发行股票数量的40%;网上投资者有效申购倍数超过150倍的,回拨后无锁定期网下发行比例不超过本次公开发行股票数量的10%。以上所指公开发行股票数量应按照扣除设定限售期的股票数量计算。

安排向战略投资者配售股票的，应当扣除向战略投资者配售部分后确定网下网上发行比例。

138. 什么是配售机制？

首次公开发行股票时，发行人与主承销商可以自主协商确定参与网下询价投资者的条件、有效报价条件、配售原则、配售方式，并按照事先确定的配售原则在有效申购的网下投资者中选择配售股票的对象。

首次公开发行股票采用询价方式的，公开发行后总股本在4亿股（含）以下的，网下初始发行比例不低于本次公开发行股票数量的60%；公开发行后总股本超过4亿股的，网下初始发行比例不低于本次公开发行股票数量的70%。其中，应当安排不低于本次网下发行股票数量的40%优先向通过公开募集方式设立的证券投资基金（以下简称公募基金）、全国社会保障基金（以下简称社保基金）和基本养老保险基金（以下简称养老金）配售，安排一定比例的股票向根据《企业年金基金管理办法》设立的企业年金基金和符合《保险资金运用管理暂行办法》等相关规定的保险资金（以下简称保险资金）配售。公募基金、社保基金、养老金、企业年金基金和保险资金有效申购不足安排数量的，发行人和主承销商可以向其他符合条件的网下投资者配售剩余部分。

对网下投资者进行分类配售的，同类投资者获得配售的比例应当相同。公募基金、社保基金、养老金、企业年金基金和保险资金的配售比例应当不低于其他投资者。

安排向战略投资者配售股票的，应当扣除向战略投资者配售部分后确定网下网上发行比例。网下投资者可与发行人和主承销商自主约定网下配售股票的持有期限并公开披露。

139. 股份锁定有何要求？

（1）发起人持有的本公司股份，自公司成立之日起一年内不得转让。公司公开发行股份前已发行的股份，自公司股票在证券交易所上市交易之日起一年内不得转让。

公司董事、监事、高级管理人员应当向公司申报所持有的本公司的股份及其变动情况，在任职期间每年转让的股份不得超过其所持有本公司股份总数的25%；所持本公司股份自公司股票上市交易之日起一年内不得转让。上述人员离职后半年内，不得转让其所持有的本公司股份。公司章程可以对公司董事、监事、高级管理人员转让其所持有的本公司股份做出其他限制性规定。

（2）发行人控股股东和实际控制人所持股份自发行人股票上市之日起36个月内不得转让，控股股东和实际控制人的亲属所持股份应比照该股东本人进行锁定。

对于发行人没有或难以认定实际控制人的，为确保发行人股权结构稳定、正常生产经营不因发行人控制权发生变化而受到影响，审核实践中，要求发行人的股东按持股比例从高到低依次承诺其所持股份自上市之日起锁定36个月，直至锁定股份的总数不低于发行前股份总数的51%。位列上述应予以锁定51%股份范围的股东，符合下列情形之一的，可不适用上述锁定36个月规定：员工持股计划；持股5%以下的股东；根据《发行监管问答——关于首发企业中创业投资基金股东的锁定期安排》可不适用上述锁定要求的创业投资基金股东。

对于相关股东刻意规避股份限售期要求的，仍应按照实质重于形式的原则进行股份锁定。

（3）申报前6个月内进行增资扩股的，新增股份的持有人应当承诺：新增股份自发行人完成增资扩股工商变更登记手续之日起锁定3年。在申报前6个月内从控股股东或实际控制人处受让的股份，应比照控股股东或实际控制人所持股份进行锁定。

（4）发行人控股股东、持有发行人股份的董事和高级管理人员应在公开募集及上市文件中公开承诺：所持股票在锁定期满后两年内减持的，其减持价格不低于发行价；公司上市后6个月内如公司股票连续20个交易日的收盘价均低于发行价，或者上市后6个月期末收盘价低于发行价，持有公司股票的锁定期限自动延长至少6个月。

第三部分 股票发行申报审核与发行上市

140. 发行时间有何要求？

中国证监会依照法定条件对发行人的发行申请做出予以核准或者不予核准的决定，并出具相关文件。根据《首次公开发行股票并上市管理办法》自中国证监会核准发行之日起，发行人应在 6 个月内发行股票；超过 6 个月未发行的，核准文件失效，须重新经中国证监会核准后方可发行。发行申请核准后、股票发行结束前，发行人发生重大事项的，应当暂缓或者暂停发行，并及时报告中国证监会，同时履行信息披露义务。影响发行条件的，应当重新履行核准程序。

根据《首次公开发行股票并上市管理办法》发行人应当自中国证监会核准之日起 12 个月内发行股票，发行时点由发行人自主选择；超过 12 个月未发行的，核准文件失效，须重新经中国证监会核准后方可发行。

141. 发行程序有哪些？

发行人领取中国证监会的核准批文后，即可与交易所联系安排股票发行与上市的有关事宜。不同的发行方式下，发行人需要完成的工作有细微的差别，依时间顺序需要完成的主要工作包括：

（1）申请股票代码及股票简称。
（2）披露招股意向书及询价公告。
（3）准备和报送发行申请资料、文件。
（4）申请股票发行。
（5）披露招股说明书及发行公告。
（6）发行结束后领取新股发行结果。
（7）参与摇号抽签（不同的发行方式略有不同）。
（8）披露配售结果。
（9）申购资金验资，资金交收。
（10）准备办理股份登记及股票上市申请文件。

142. 哪些情形下发行人应当中止发行？

（1）公开发行股票数量在 4 亿股（含）以下的，有效报价投资者的数量不少于 10 家；公开发行股票数量在 4 亿股以上的，有效报价投资者的数量不少于 20 家。剔除最高报价部分后有效报价投资者数量不足的，应当中止发行。

（2）首次公开发行股票网下投资者申购数量低于网下初始发行量的，发行人和主承销商不得将网下发行部分向网上回拨，应当中止发行。

（3）网下和网上投资者缴款认购的新股或可转换公司债券数量合计不足本次公开发行数量的 70% 时，可以中止发行。

中止发行后，在核准文件有效期内，经向中国证监会备案，可重新启动发行。

发行过程中曾因提供有效报价的投资者数量不足而导致发行中止的公司重启发行后依然可能发行成功并上市。

143. 什么是发行失败？

股票发行采用代销方式的，代销期限届满，向投资者出售的股票数量未达到拟公开发行股票数量 70% 的，为发行失败。

发行人应当按照发行价并加算银行同期存款利息返还股票认购人。只有股票发行采用代销方式，才会出现发行失败，如果采用包销方式，则不存在发行失败问题。

144. 什么是首次公开发行中的老股转让？

老股转让应被称为"公司股东公开发售股份"，是指发行人首次公开发行新股时，公司股东将其持有的股份以公开发行方式一并向投资者发售的行为。老股转让需要符合一定的条件，包括：

（1）公司首次公开发行时，公司股东公开发售的股份，其已持有时间应当在 36 个月以上。

（2）老股转让价格应当与新发行股票的价格相同。

（3）公司股东公开发售股份数量不得超过自愿设定 12 个月及以上限售期的投资者获得配售股份的数量。

（4）公司股东公开发售股份后，公司的股权结构不得发生重大变化，实际控制人不得发生变更。

（5）发行人与拟公开发售股份的公司股东应当就本次发行承销费用的分摊原则进行约定，并在招股说明书等文件中披露相关信息。自 2017 年 1 月至 2019 年 5 月末，申请 IPO 的同时进行老股转让的案例共有 6 例，分别为星帅尔（2017 年）、英可瑞（2017 年）、科力尔（2017 年）、洁美科技（2017 年）、养元饮品（2018 年）和亚世光电（2019 年）。

第四章
上市及上市后监管

145. 企业首次公开发行后如何申请在交易所上市？

企业首次公开发行结束后，需向交易所申请上市并办理相关手续，主要包括：

（1）办理股份登记手续。
（2）提交上市申请文件。
（3）签订上市协议。
（4）缴纳上市初费和当年剩余月份年费。
（5）在股票上市前披露上市公告书等文件。
（6）上市首日参加上市仪式。

146. 深圳证券交易所如何审核发行人的上市申请？

深交所设立的上市委员会对上市申请进行审议，做出独立的专业判断并形成审核意见。深交所根据上市委员会审核意见做出是否同意上市的决定。

发行人向深交所申请其首次公开发行的股票上市，应当提交上市报告书等文件，深交所在收到全套上市申请文件后7个交易日内，做出是否同意上市的决定。出现特殊情况时，深交所可以暂缓做出决定。

147. 企业上市后需要注意哪些问题？

（1）规范运作。上市公司要严格按照《公司法》《证券法》等相关法律法规的要求，完善股东大会、董事会、监事会制度，形成权力机构、决策机构、监督机构与经理层之间权责分明、各司其职、有效制衡、科学决策、协调运作的法人治理结构，规范股东大会、董事会、监事会、经理等高管人员的运作等。

（2）严格遵守证券上市协议。证券上市协议是上市公司与交易所签订的，用以规范股票、可转换公司债券、公司债券等证券及其衍生品种上市行为的协议。上市协议中明确规定了公司上市后应履行的各项义务，公司上市后应积极履行在证券上市协议中承诺的各项义务，包括严格遵守承诺及深交所业务规则及其他相关规定、接受深交所的自律监管、合法合规履行信息披露义务、配合交易所现场检查和非现场检查、按时交纳上市费等。

（3）提高公司运营的透明度。上市公司要切实履行作为公众公司的信息披露义务，严格遵守信息披露规则，保证信息披露内容的真实性、准确性、完整性、及时性和公平性，增强信息披露的有效性。要制定并严格执行信息披露管理制度和重要信息的内部报告制度，明确公司及相关人员的信息披露职责和保密责任，保障投资者平等获取信息的权利。公司股东及其他信息披露义务人，要积极配合和协助上市公司履行相应的信息披露义务。上市公司要积极做好投资者关系管理工作，拓宽与投资者的沟通渠道，培育有利于上市公司健康发展的股权文化。

（4）配合监管部门进行各项检查。公司上市后将接受中国证监会、中国证监会派出机构、交易所三方的监管，公司应积极配合监管部门的各项检查，并落实监管部门的监管意见。

148. 企业上市后如何进行规范运作？

（1）按照中国证监会的各项要求完善治理结构，实现并保持上市公司资产完整、人员独立、财务独立、机构独立和业务独立。

（2）按照中国证监会《上市公司章程指引》和交易所各项业务规则、指引的要求完善公司章程，并严格遵守公司章程。

（3）依据中国证监会《关于在上市公司建立独立董事制度的指导意见》《上市公司股东大会规则》及公司章程的要求，规范股东大会、董事会和监事会的运作,规范"三会"的投票表决,并注意规范关联股东和关联董事的回避和表决程序。

(4) 股东、控股股东、实际控制人、董事、监事和高级管理人员应当勤勉尽责、遵守法律法规,严格履行其做出的各项承诺。

(5) 及时公平地进行信息披露,建立内幕信息知情人制度,防范内幕交易。

(6) 建立募集资金管理制度,专户存储,专款专用。

(7) 加强内部控制制度建设,强化内部管理,对内部控制制度的完整性、合理性及其实施的有效性进行定期检查和评估。

(8) 建立投资者关系管理机制,加强与投资者交流,并避免信息泄密。

149. 企业上市后需要接受交易所哪些持续监管?

(1) 信息披露监管。主要目的是督促上市公司依法、及时、准确地披露信息:①日常信息披露监管,主要包括针对定期报告(年度报告、中期报告、季度报告)和临时报告(董事会、监事会、股东大会决议,收购、出售资产,关联交易,其他重大事件,股票交易异常波动,公司的合并、分立等)的监管。②市场信息监管,主要包括针对报刊、网络等传媒涉及上市公司未公开披露的信息和引起股票行情异常波动信息的监管。③上市公司运作监管,主要指交易所依据法律、行政法规、部门规章、规范性文件、业务规则的规定对公司的规范运作情况进行监管。

(2) 实时监控监管:交易所通过市场监察系统,对证券交易活动进行实时动态监控和事后统计分析。借助系统对价量异常波动和交易异常行为的预警和报警,监控涉嫌操纵市场、内幕交易等违法违规行为及潜在交易风险。按照中国证监会的要求,及时报告异常交易情况。

150. 交易所对上市公司的监管重点有哪些?

(1) 严禁违规减持。控股股东或实际控制人、持股5%以上股东、董事、监事、高级管理人员,不得有超比例减持、不按规定提前披露减持意向、窗口期减持、利用内幕信息减持等违规行为。

（2）严禁忽悠式重组。严禁上市公司进行以推高股价等为目的的忽悠式重组。例如：上市公司公布重组预案复牌后股价大幅上涨，大股东等相关方借机减持，公司随即宣布重组失败。

（3）严禁滥用停复牌制度。上市公司应当严格按照《深圳证券交易所上市公司信息披露指引第2号——停复牌业务》向交易所申请停复牌业务，严禁滥用停复牌制度规避市场波动风险、操纵股价、违规减持。

（4）坚决遏制违规对外担保。上市公司要根据有关规定明确对外担保的审批权限，严格执行对外担保审议程序。上市公司任何人员不得违背公司章程规定，未经董事会或股东大会批准或授权，以上市公司名义对外提供担保。

（5）减少并规范关联交易行为。上市公司在履行关联交易的决策程序时要严格执行关联方回避制度，并履行相应的信息披露义务，保证关联交易的公允性和交易行为的透明度。公司董事、监事和高级管理人员不得通过隐瞒甚至虚假披露关联方信息等手段，规避关联交易决策程序和信息披露要求。对因非公允关联交易造成上市公司利益损失的，上市公司有关人员应承担责任。

（6）规范使用募集资金。公司应当按照发行申请文件承诺的募集资金投向使用募集资金，遵守中国证监会、交易所有关募集资金管理的各项规定。同时，公司为规范使用募集资金，应建立募集资金专项存储制度，完善资金内部控制制度，明确资金使用批准程序。

（7）防范内幕交易。鉴于内幕交易造成对投资者权益的侵害以及证券市场秩序的破坏，严厉打击内幕交易行为是中国证监会、交易所实施证券监管的重要目标。

（8）中国证监会规定及上市协议约定的其他工作。

151. 保荐机构的持续督导工作涉及哪些内容？

（1）督导上市公司建立健全并有效执行公司治理制度、内控制度、信息披露制度等内部制度。

（2）主动、持续关注上市公司及相关信息义务人是否存在应披露未披露事项，督促其及时履行信息披露义务；主动、持续关注并了解上市公司相关重大事项及其变化；持续关注并督促上市公司及控股股东、实际控制人等切实履行承诺；关注媒体报道，及时开展针对性核查；关注公司或控股股东、实际控制人、董事、监事、高管受到的处罚处分，督促整改等。

（3）对募集资金使用情况、限售股份上市流通、关联交易、对外担保、委托理财、对外提供财务资助、风险投资等重大事项发表意见。

（4）按要求对上市公司进行定期现场检查和专项现场检查。

（5）中国证监会、证券交易所规定及保荐协议约定的其他工作。

152. 股份限售时间有何规定？

（1）一般性要求。

①控股股东、实际控制人及其一致行动人持股。自公司股票上市之日起36个月内，不转让或者委托他人管理其直接或者间接持有的发行人公开发行股票前已发行的股份，也不由发行人回购其直接或者间接持有的发行人公开发行股票前已发行的股份。

②董事、监事和高级管理人员直接持股。自公司股票上市交易之日起一年内不得转让；之后在任职期间每年转让的股份不得超过其所持有本公司股份总数的25%；离职后半年内，不得转让其所持有的本公司股份。

③上市前一般股东持股。自公司股票在证券交易所上市交易之日起一年内不得转让。

④控股股东、持有公司股份的董事和高级管理人员应在公开募集及上市文件中公开承诺："公司上市后6个月内如公司股票连续20个交易日的收盘价均低于发行价，或者上市后6个月期末收盘价低于发行价，持有公司股票的锁定期限自动延长至少6个月。"

⑤董事、监事和高级管理人员在任期届满前离职的，应当在其就任时确定的任期内和任期届满后6个月内，继续遵守下列规定：每年转让的股份不得超过其所持有本公司股份总数的25%；离职后半年内，不得转让其所持有本公司股份。

⑥控股股东和 5% 以上股东采取集中竞价交易方式减持的，在任意连续 90 个自然日内，减持股份的总数不得超过公司股份总数的 1%；采取大宗交易方式减持的，在任意连续 90 个自然日内，减持股份的总数不得超过公司股份总数的 2%。

（2）中小企业板特殊要求。中小企业板上市公司董事、监事和高级管理人员。申报离任 6 个月后的 12 个月内通过证券交易所挂牌交易出售本公司股票数量占其所持有本公司股票总数的比例不得超过 50%。股票上市一年后三年内，经控股股东和实际控制人申请并经交易所同意，出现下列情形可豁免遵守上市后 36 个月不转让承诺：转让双方存在实际控制关系，或者均受同一控制人控制的；因上市公司陷入危机或面临严重财务困难，受让人提出的挽救公司的重组方案获得该公司股东大会审议通过和有关部门批准，受让人继续遵守承诺；交易所认定的其他情形。

（3）创业板特殊要求。股票上市一年后三年内。经控股股东和实际控制人申请并经交易所同意，出现下列情形可豁免遵守上市后 36 个月不转让承诺：转让双方存在实际控制关系，或者均受同一控制人控制的；交易所认定的其他情形。

153. 企业上市后可通过哪些方式再融资？

企业在中小企业板、创业板上市后，可以通过股权融资和债券融资两种方式进行再融资。股权融资的方式包括非公开发行股票、公开增发股票、配股、发行优先股等。债券融资方式包括可转换公司债券、分离交易的可转换公司债券、公司债等。股权融资中非公开发行比较多见，债券融资中可转债、公司债近几年成为比较常见的方式。对于创业板公司，还可进行小额快速再融资，降低融资成本，加快融资效率。

154. 深圳证券交易所的自律监管措施包括哪几类？

根据《深圳证券交易所自律监管措施和纪律处分实施细则》，深交所对在深交所上市或者转让股票、债券、基金等证券的发行人、管理人、上市公司及相关主体、深交所会员和投资者的违法违规行为实施自律监管措施。

对在深交所上市或者转让股票、债券、基金等证券的发行人、管理人、上市公司及相关主体出现违规行为的,深交所或者业务部门可以单独或者合并实施以下自律监管措施:

(1) 口头警示。

(2) 书面警示。

(3) 约见谈话。

(4) 要求中介机构或者要求聘请中介机构核查并发表意见。

(5) 要求限期改正。

(6) 要求公开致歉。

(7) 要求限期召开投资者说明会。

(8) 要求限期参加培训或者考试。

(9) 建议更换相关任职人员。

(10) 暂停受理或者办理相关业务。

(11) 暂停适用信息披露直通车业务。

(12) 限制交易。

(13) 上报中国证监会。

(14) 向相关主管部门出具监管建议函。

(15) 本所规定的其他自律监管措施。

对于深交所会员、其他交易参与人及相关主体出现违规行为的,深交所或者业务部门可以单独或者合并实施以下自律监管措施:

(1) 口头警示。

(2) 书面警示。

(3) 约见谈话。

(4) 暂停受理或者办理相关业务。

(5) 限制交易。

(6) 上报中国证监会。

(7) 本所规定的其他自律监管措施。

对于深交所投资者出现违规行为的,深交所或者业务部门可以单独或者合并实施以下自律监管措施:

(1) 口头警示。

(2) 书面警示。
(3) 约见谈话。
(4) 限制交易。
(5) 上报中国证监会。
(6) 要求提交书面承诺。
(7) 将证券账户列入重点监控账户。
(8) 提请香港联合交易所有限公司采取相关措施。
(9) 不接受相关投资者的深股通交易申报。
(10) 本所规定的其他自律监管措施。

第四部分
股票发行审核
——规范性审核

第一章 主体资格

第一节 出资和资产问题

155. 出资方式有哪些?

可以用货币出资,也可以用实物、知识产权、土地使用权等可以用货币估价并可以依法转让的非货币财产作价出资。不得以劳务、信用、自然人姓名、商誉、特许经营权或者设定担保的财产等作价出资。

156. 出资程序有何要求?

(1)股东应当按照公司章程规定的金额和期限,足额缴纳公司章程中规定的各自所认缴的出资额。

(2)股东以货币出资的,应当将货币出资足额存入公司在银行开立的账户。

(3)股东以实物、知识产权、土地使用权等非货币财产出资的,必须进行评估作价,不得高估或低估作价,应核实产权并依法办理财产权的转移手续。

(4)特殊行业股东在全部缴纳出资后,必须经法定的验资机构验资并出具证明。

157. 如何处理委托出资和代出资问题？

委托他人出资或由他人代为出资，将导致实际出资人与登记在册的股东不一致，不符合"发行人的股权清晰"的规定，需要及时清理，还原股东及股权状况。

158. 注册资本足额缴纳有何具体要求？

（1）发行人的注册资本已足额缴纳要求，发起人或股东用作出资的资产的财产权转移手续已办理完毕，发行人的主要资产不存在重大权属纠纷。

（2）注册资本足额缴纳的主体，不仅是指发行人本身，重要子公司注册资本均应缴足，包括发行人及构成合并报表主要部分的重要子公司及募投项目的实施主体。

159. 注册资本未足额缴纳的表现形式有哪些？

（1）出资未能及时到位。

（2）出资资产价值低于认购股本的价值。

（3）出资后抽逃出资。

（4）出资资产未办理过户手续。

（5）股东用公司的资产出资。

160. 注册资本未足额缴纳的解决思路有哪些？

（1）与公司其他股东协商一致，由出资不实的股东及时采取补救措施，包括置换资产、补足出资额、补办出资资产过户手续等。

（2）由中介机构进行复核，出具注册资本足额到位的验资复核报告，还可由原验资单位出具变更登记验资报告书。

（3）大股东承诺承担发行人及股东因出资瑕疵导致的利益损失，其他股东承诺放弃向导致出资瑕疵的原股东追偿的权利。

（4）市场监管部门出具证明，证明发行人无违规、不会因出资瑕疵受到行政处罚。

（5）保荐机构和发行人律师应当对出资瑕疵事项的影响及发行人或相关股东是否因出资瑕疵受到过行政处罚、是否构成重大违法行为及本次发行的法律障碍、是否存在纠纷或潜在纠纷进行核查并发表明确意见。发行人应当充分披露存在的出资瑕疵事项、采取的补救措施，以及中介机构的核查意见。

161. 非货币财产出资应注意哪些问题？

（1）发起人以实物、知识产权、土地使用权等非货币财产出资设立公司的，应当评估作价，核实资产。国有及国有控股企业以非货币财产出资或者接受其他企业的非货币财产出资，应当遵守国家有关资产评估的规定，委托有资质的资产评估机构和执业人员进行；其他的非货币财产出资的评估行为，可以参照执行。

（2）法律法规禁止流通的财产，比如枪支、弹药等，依法被查封、扣押、监管的财产，因不具备可依法转让性，不得作为出资。"可依法转让"与"可自由转让"必须区别开来，比如国家限制流通的财产是否可以作为出资，则需根据具体情况而定。所谓限制流通的财产是指法律法规规定只能在特定主体之间流通或需经特别程序流通的财产，比如金、银、文物等。

（3）关于作为出资的非货币财产，是否应为被投资公司生产经营所必需的问题。一般情况下，用于出资的非货币财产的范围，除法律法规明确禁止的情形外，可以由公司股东之间自行协议决定。

（4）以非货币财产出资，涉及财产权利自投资方转移给被投资公司，需要注意是否需要缴纳税金的问题。根据《增值税暂行条例实施细则》规定，将自产、委托加工或购买的货物作为投资，提供给其他单位或个人工商户，视同销售货物，需要征收增值税。营改增之前，以无形资产、不动产投资入股，参与接受投资方的利润分配、共同承担投资风险的行为，不征收营业税。营改增以后，以无形资产、不动产投资入股的，按照国家和地方税务机关的相关规定征收增值税。

（5）以非货币财产出资，还需要注意投资方应如期办理其财产权的转移手续。对于动产，原则上以交付为转移；对于不动产、机动车，由于我国一般实行登记主义，则需要进行相应的过户登记；对于法律法规规定需要办理过户登记才能算为财产权转移的，如违反规定未及时办理过户登记，即使非货币财产已实际交付给公司使用，仍将视为投资方未实际缴纳认缴资本。

（6）以非货币出资的，必须关注出资作价的公允性，如以技术等无形资产出资还需要说明是否使用到生产经营中。如果监管部门认为有失公允，会认定为出资不实。

162. 股权出资应注意哪些问题？

（1）可以用于出资的股权只能是在中国境内设立的有限责任公司或者股份有限公司的股权，投资对象也只能是境内设立的股份有限公司或有限责任公司。

（2）用作出资的股权应当权属清楚、权能完整、依法可以转让。具有下列情形的股权不得用作出资：①股权已被设立质权；②股权所在公司章程约定不得转让；③法律、行政法规或者国务院决定规定，股权所在公司股东转让股权应当报经批准而未经批准；④法律、行政法规或者国务院决定规定不得转让的其他情形。

（3）用作出资的股权应当经依法设立的评估机构评估，股权出资人与被投资企业的股东或其他投资者可在股权评估的基础上协商确定股权作价金额、股权出资金额。其中，股权作价金额是指以上各方在股权评估基础上共同认定的用于出资股权的交易作价；股权出资金额是指股权作价金额中计入被投资企业注册资本的部分，股权出资金额不得高于股权评估值。

（4）股权出资应当符合国家有关税收管理的规定。

163. 债权出资有何要求？

（1）债权人可以将其依法享有的在中国境内设立的公司的债权，转为公司股权。转为公司股权的债权应当符合下列情形之一：①债权人已经履行债权所对应的合同义务，且不违反法律、行政法规、国务院决定或者公司章程的禁止性规定；②经人民法院生效裁判或者仲裁机构裁决确认；③公司破产重整或者和解期间，列入经人民法院批准的重整计划或者裁定认可的和解协议。债权转为公司股权的，公司应当增加注册资本。

（2）涉及政策性债权转股权的，按照国务院有关部门的规定处理。国有企业实行公司制改建时，经批准或者与债权人协商，可以实施债权转为股权，并按以下规定处理：①经国家批准的各金融资产管理公司持有的债权，可以实行债权转股权；原企业相应的债务转为金融资产管理公司的股权，企业相应增加实收资本或者资本公积。②经银行以外的其他债权人协商同意，可以按照有关协议和公司章程将其债权转为股权，企业相应增加实收资本或者资本公积。③改建企业经过充分协商，债权人同意给予全部豁免或者部分豁免的债务，应当转作资本公积。

（3）一般情况下，发起人能够以其对公司的债权，转为公司股权，但不得单纯以其对第三人的债权出资，即发起人不得以对拟设立公司以外的债权出资。

（4）股东以债权作为出资的，中介机构应核查债权的形成过程及其真实性，并发表明确意见。

164. 无形资产出资应注意哪些问题？

（1）拟在中小企业板上市的公司需满足"最近一期末无形资产（扣除土地使用权、水面养殖权和采矿权等后）占净资产的比例不高于20%"的规定。

（2）无形资产出资必须进行资产评估作价，由资产评估机构进行资产评估和并办理产权转移程序。

（3）无形资产出资形式有一定限制，即无形资产必须符合可以用货币估价和可以依法转让的要求，如发明专利、软件著作权和土地使用权等，股东不得以知名度、自然人姓名、劳务、信用、商誉、思想、特许经营权（包括业务资质，如不可转让的生产经营许可证）等作价出资。

（4）涉及以非专利技术出资的，发起人应以法定方式向公司交付该技术，确保公司在使用该技术上不存在障碍。

（5）涉及以专利权和计算机软件著作权出资的，应注意其剩余保护年限、是否许可第三人使用及其对公司经营的影响。

（6）用以出资的无形资产的权属应该无争议，如以专利、商标、设计、技术成果等出资，必须明确其权属，特别是要说明是否属于职务成果，权属是否清晰。

（7）用于出资的无形资产，如商标、专利、非专利技术等，需是对公司经营起重要作用，能产生一定收益的无形资产，其评估作价应持谨慎性原则，不得低估或高估。

165. 对发行人是国有企业、集体企业改制而来的或历史上存在挂靠集体组织经营的企业有何要求？

若改制过程中法律依据不明确、相关程序存在瑕疵或与有关法律法规存在明显冲突，原则上发行人应在招股说明书中披露有权部门关于改制程序的合法性、是否造成国有或集体资产流失的意见。国有企业、集体企业改制过程不存在上述情况的，保荐机构、发行人律师应结合当时有效的法律法规等，分析说明有关改制行为是否经有权机关批准、法律依据是否充分、履行的程序是否合法以及对发行人的影响等。发行人应在招股说明书中披露相关中介机构的核查意见。

166. 资产评估需要注意哪些事项？

（1）资产评估机构的资质。企业在聘请资产评估机构时，应当注意其是否具有相关业务资质或业务能力，而且资产评估机构与公司聘请的审计机构在法律形式上不能为同一家中介机构。

（2）资产评估的合规性。企业及资产评估机构应当按照国家资产评估管理部门和资产评估行业协会等规定的资产评估基本准则进行资产评估，并按规定的要求对工作底稿、资产评估报告及其他相关资料进行整理，形成资产评估档案。

167. 发行人部分资产来自于上市公司应关注哪些问题？

如发行人部分资产来自于上市公司，保荐机构和发行人律师应当针对以下事项进行核查并发表意见：

（1）发行人取得上市公司资产的背景、所履行的决策程序、审批程序与信息披露情况，是否符合法律法规、交易双方公司章程以及中国证监会和证券交易所有关上市公司监管和信息披露要求，是否存在争议或潜在纠纷。

（2）发行人及其关联方的董事、监事和高级管理人员在上市公司及其控制公司的历史任职情况及合法合规性，是否存在违反竞业禁止义务的情形；上述资产转让时，发行人的董事、监事和高级管理人员在上市公司的任职情况，与上市公司及其董事、监事和高级管理人员是否存在亲属及其他密切关系。如存在上述关系，在相关决策程序履行过程中，上述人员是否回避表决或采取保护非关联股东利益的有效措施。

（3）资产转让完成后，发行人及其关联方与上市公司之间是否就上述转让资产存在纠纷或诉讼。

（4）发行人及其关联方的董事、监事、高级管理人员以及上市公司在转让上述资产时是否存在损害上市公司及其中小投资者合法利益的情形。

（5）发行人来自于上市公司的资产置入发行人的时间，在发行人资产中的占比情况，对发行人生产经营的作用。

（6）境外上市公司在境内分拆子公司上市，是否符合境外监管的相关规定。

168. 土地审核应关注哪些方面？

发行人存在使用或租赁使用集体建设用地、划拨地、农用地、耕地、基本农田及其上建造的房产等情形的，保荐机构和发行人律师应对其取得和使用是否符合《土地管理法》等法律法规的规定、是否依法办理了必要的审批或租赁备案手续、有关房产是否为合法建筑、是否可能被行政处罚、是否构成重大违法行为出具明确意见，说明具体理由和依据。

发行人主要生产经营场所相关土地使用权的取得和使用原则上需符合法律法规规定。上述土地为发行人自有或虽为租赁但房产为自建的，如存在不规范情形且短期内无法整改，保荐机构和发行人应结合该土地或房产的面积占发行人全部土地或房产面积的比例、使用上述土地或房产产生的收入、毛利、利润情况，评估其对于发行人的重要性。如面积占比较低、对生产经营影响不大，应披露将来如因土地问题被处罚的责任承担主体、搬迁的费用及承担主体、有无下一步解决措施等，并对这些事项做重大风险提示。

发行人生产经营用的主要房产系租赁上述土地上所建房产的，如存在不规范情形，原则上不构成发行上市障碍。保荐机构和发行人律师应就其是否对发行人持续经营构成重大影响发表明确意见。发行人应披露如因土地问题被处罚的责任承担主体、搬迁的费用及承担主体、有无下一步解决措施等，并对这些事项做重大风险提示。

发行人募投用地尚未取得的，需披露募投用地的计划、取得土地的具体安排、进度等。保荐机构、发行人律师需对募投用地是否符合土地政策、城市规划、募投用地落实的风险等进行核查并发表明确意见。

第二节　股权和股东问题

169. 什么是发起人？有何要求？

股份有限公司发起人，是指参加订立发起人协议，提出设立股份公司申请，认购股份并对公司设立承担责任的人。发起人享有股东的权利并承担股东的义务，同时还须承担发起人的义务。受让发起人持有的股份而成为股东的不是发起人。

可以作为发起人的主体包括：能独立地承担民事责任的自然人；企业法人；机关法人、社会团体法人、事业单位法人和民办非企业单位法人（法律法规禁止从事投资和经营活动的除外）；外商投资企业；具备法人条件并依法登记为法人的农村集体经济组织（如合作社、经济联合社或代行集体经济管理职能的村民委员会）、具有投资能力的城市居民委员会。

不能作为发起人的主体包括：不具有法人资格的企业分支机构；会计师事务所、审计事务所、律师事务所和资产评估机构；工会和职工持股会；有关当时的法律法规规定不能进行股权投资的商业银行、证券公司等民事主体。

中外合资股份有限公司的中方发起人应当是"公司、企业或者其他经济组织",外商投资企业不得作为国家禁止外商投资行业的公司的股东或发起人。

170. 哪些自然人不能成为拟上市公司股东?

(1) 公务员。

①在职公务员(禁止)。《公务员法》(主席令第35号)第五十三条第十四款规定,公务员必须遵守纪律,不得从事或者参与营利性活动,在企业或者其他营利性组织中兼任职务。因此,国家公务员是不可以成为公司股东的。虽然公务员不能因个人营利目的担任企业董事、监事、经理,但是根据《公务员法》第六十三条、第六十六条的规定,公务员可以到国有企业事业单位挂职锻炼(包括担任董事、监事、经理职务)。同时,公务员在挂职锻炼期间,不改变与原机关的人事关系。

②离职、退休公务员(受限)。《公务员法》第一百零二条第一款规定,公务员辞去公职或者退休的,原系领导成员的公务员在离职三年内,其他公务员在离职两年内,不得到与原工作业务直接相关的企业或者其他营利性组织任职,不得从事与原工作业务直接相关的营利性活动。

(2) 党政机关的干部及其配偶、子女和职工。

①乡(含乡)以上党政机关在职干部、职工(禁止)。根据《中共中央、国务院关于严禁党政机关和党政干部经商、办企业的决定》(中发〔1984〕27号)第二条规定,乡(含乡)以上党政机关在职干部(包括退居二线的干部),一律不得以独资或合股、兼职取酬、搭干股分红等方式经商、办企业;也不允许利用职权为其家属、亲友所办的企业谋取利益。

《中共中央、国务院关于进一步制止党政机关和党政干部经商、办企业的规定》(中发〔1986〕6号)第二条规定,机关的干部、职工,包括退居二线的干部,除中央书记处、国务院特殊批准的以外,一律不准在各类企业中担任职务。已经担任企业职务的,必须立即辞职;否则,必须辞去党政机关职务。在职干部、职工一律不许停薪留职去经商、办企业。已停薪留职的,或者辞去企业职务回原单位复职,或者辞去机关公职。

《中国共产党纪律处分条例》(2015年修订)第八十八条规定,党组织和党员不得违反有关规定从事营利性活动以及在经济实体、社会团体等单位中兼职等。

综上,党政机关的在职干部和职工不得兴办企业、经商,担任企业职务以及兼职,除中央书记处、国务院特殊批准的以外。

②选聘的乡镇干部(受限)。《中共中央、国务院关于严禁党政机关和党政干部经商、办企业的决定》(中发〔1984〕27号)第二条规定,选聘的乡镇干部,除了其中担任乡镇党委正副书记、正副乡镇长、正副乡经管会主任的以外,在做好本职工作的前提下,可以利用业余时间兴办企业和参与有关企业的经营活动,但不得经营与本人分管工作业务有直接联系的工商企业。

尽管相关规定对选聘的乡镇干部没有完全禁止,但实务操作中,对此类主体依然采取严格审慎的态度。

③领导干部配偶、子女(受限)。《中共中央、国务院关于进一步制止党政机关和党政干部经商、办企业的规定》(中发〔1986〕6号)第五条规定,领导干部的子女、配偶,在党政机关及所属编制序列的事业单位工作的,一律不得离职经商、办企业;不在党政机关及所属编制序列的事业单位工作的,不准利用领导干部的影响和关系经商、办企业,非法牟利。对违反规定的,要严肃处理。非法所得,一律没收。

根据中央纪委《关于"不准在领导干部管辖的业务范围内个人从事可能与公共利益发生冲突的经商办企业活动"的解释》(中纪发〔2000〕4号)、《关于省、地两级党委、政府主要领导配偶、子女个人经商办企业的具体规定(执行)》(中纪发〔2001〕2号)的规定,省(自治区、直辖市)、地(市)两级党委、政府主要领导干部配偶、子女不准在领导干部管辖的业务范围内投资兴办可能与公共利益发生冲突的企业。

上市公司的行业主管部门、上市公司的国有控股单位的主管部门、证券监督管理机构的领导干部,其配偶、子女不准从事上述部门、机构所管理的公司的证券交易活动。

④县以上党和国家机关离退休干部（禁止）。《中共中央办公厅、国务院办公厅关于县以上党和国家机关退（离）休干部经商办企业问题的若干规定》（1988年实施）第一条至第二条规定，县级以上党和国家机关退的（离）休干部，不得兴办商业性企业，不得在该类企业任职，不得到全民所有制企业和外商投资企业（公司）担任任何领导职务（含名誉职务）和其他管理职务。

（3）国有企业领导人及其配偶、子女等特定关系人。

①国有企业领导人（受限）。《国有企业领导人员廉洁从业若干规定》（中办发〔2009〕26号）第五条第一款规定，国有企业领导人员不得有个人从事营利性经营活动和有偿中介活动，或者在本企业的同类经营企业、关联企业和与本企业有业务关系的企业投资入股谋取私利以及损害本企业利益的行为。第七款规定，国有企业领导人员不得在离职或者退休后三年内，与原任职企业有业务关系的私营企业、外资企业和中介机构担任职务、投资入股，或者在上述企业或者机构从事、代理与原任职企业经营业务相关的经营活动。

《中央企业贯彻落实〈国有企业领导人员廉洁从业若干规定〉实施办法》（国资党委纪检〔2011〕197号）第四条第三款规定，中央企业各级领导人员不得从事同类经营和其他营利性经营活动，违反规定投资入股。

②国有企业领导人配偶、子女等特定关系人（受限）。《国有企业领导人员廉洁从业若干规定》（中办发〔2009〕26号）第六条规定，国有企业领导人员的配偶、子女及其他特定关系人不得在本企业的关联企业、与本企业有业务关系的企业投资入股；国有企业领导人员的配偶、子女及其他特定关系人投资或者经营的企业与本企业或者有出资关系的企业发生可能侵害公共利益、企业利益的经济业务往来。

（4）国有企业职工（受限）。根据《关于规范国有企业职工持股、投资的意见》（国资发改革〔2008〕139号）的规定，国有企业职工投资限制如下：国有企业主业企业的职工不得持有辅业企业股权；职工持股不得处于控股地位；职工入股原则限于持有本企业股权。国有企业集团公司及其各级子企业改制，经国资监管机构或集团公司批准，职工可投资参与本企业改制，确有必要的，也可持有上一级改制企业股权，但不得直接或间接持有本企业所出资各级子企业、参股企业及本集团公司所出资其他企业股权。

（5）工会、青年团和妇联等人民团体的干部、职工。根据《中共中央、国务院关于进一步制止党政机关和党政干部经商、办企业的规定》（中发〔1986〕6号）第七条规定，工会、共青团、妇联、文联、科协和各种协会、学会等群众组织，以及这些组织的干部和职工的股东资格受限同样适用于对党政机关干部及职工的规定。

《中共中央办公厅、国务院办公厅关于县以上党和国家机关退（离）休干部经商办企业问题的若干规定》规定同样适用于县以上工会、妇联、共青团、文联以及各种协会、学会等群众组织的退休干部。

（6）现役军人（禁止）。《中国人民解放军内务条令》第一百二十七条规定，军人不得经商，不得从事本职以外的其他职业和传销、有偿中介活动，不得参与以营利为目的的文艺演出、商业广告、企业形象代言和教学活动，不得利用工作时间和办公设备从事证券交易、购买彩票，不得擅自提供军人肖像用于制作商品。《中国人民解放军纪律条令》第三章第三节第二十七条：参与经商或者偷税漏税，情节较轻的，给予警告、严重警告处分；情节较重的，给予记过、记大过处分；情节严重的，给予降职（级）、降衔（级）、撤职、取消士官资格处分。

（7）银行工作人员（受限）。《银行业金融机构从业人员职业操守指引》（银监发〔2011〕6号）第十条规定，从业人员应当遵守有关法律法规和本单位有关进行证券投资和其他投资的规定。现今各商业银行对其员工对外投资均有不同程度的限制性规定。

同时，根据《银行业金融机构从业人员职业操守指引》（银监发〔2011〕6号）第九条第三款规定，从业人员未经批准不得在其他经济组织兼职。

（8）证券市场禁入人员，不得参与二级市场股票买卖。按《证券法》的相关规定，证券交易所、证券公司和证券登记结算机构的从业人员、证券监督管理机构的工作人员以及法律、行政法规禁止参与股票交易的其他人员,在任期或者法定限期内,不得直接或者以化名、借他人名义持有、买卖股票,也不得收受他人赠送的股票。

(9) 在职教师(允许)。我国《教师法》和《教师职业道德规范》没有规定教师不可以做股东。教师也不是公务员,他们只是有些待遇按照公务员或者不低于公务员对待。所以,他们可以投资做股东。

但是,相关规定对教师,尤其是高校、科研院所的教师担任公司的董事、监事、高级管理人员具有相应的限制。

(10) 未成年人、无民事行为能力人和限制民事行为能力人(允许)。根据国家工商行政管理总局于2007年6月25日《关于未成年人能否成为公司股东的答复》(工商企字131号)的规定,《公司法》对未成年人能否成为公司股东没有做出限制性规定。因此,未成年人可以成为公司股东,其股东权利可以由法定代理人代为行使。

但是,根据《民法通则》《公司法》等法律的相关规定,无民事行为能力或者限制民事行为能力的人不得担任公司的董事、监事、高级管理人员。未成年人、无民事行为能力人和限制民事行为能力人可以以自己的名义成为公司股东,但必须借助监护和代理制度,通过法定代理人或监护人行使有关权利。

(11) 职工持股会(禁止)。2000年7月6日,民政部民办函〔2000〕110号《关于暂停对企业内部职工持股会进行社会团体法人登记的函》中特别规定,由于职工持股会属于单位内部团体,不应再由民政部门登记管理,各地民政部暂不对企业内部职工持股会进行社团法人登记;此前已登记的职工持股会在这次社团清理中暂不换发社团法人证书。据此,职工持股会不具有社团法人的主体资格,其作为股份有限公司的发起人,缺乏法律依据。2000年12月11日,中国证监会亦在其复函中指出:"职工持股会不能成为公司的股东。"

171. 哪些企业不能成为拟上市公司股东?

(1) 分公司(禁止)。根据《公司法》第十四条规定,分公司不具有法人资格,因此其不能对外投资成为公司的股东。

(2) 商业银行(受限)。根据《商业银行法》(2015年修订)第四十三条规定,商业银行在中华人民共和国境内不得从事信托投资和证券经营业务,不得向非自用不动产投资或者向非银行金融机构和企业投资,但国家另有规定的除外。第四十六条第一款规定,同业拆借,应当遵守中国人民银行的规定。禁止利用拆入资金发放固定资产贷款或者用于投资。

因此,商业银行原则上不能成为非金融机构的股东,但国家另有规定的除外,如司法判决或抵押质押等不属于主动投资行为。

(3) 被吊销营业执照的公司(允许)。拟上市股东被吊销营业执照,但其法人资格并未就此消亡,营业执照的吊销只说明其丧失了经营资格,其法人资格依旧存在,因此不影响其对股份的持有。但因为营业执照被吊销,可能存在法人资格丧失的风险,由此导致股权的不确定性。因此,拟上市以及新三板鉴于股权的稳定性考虑,若出现被吊销营业执照的法人股东,建议进行转让或者清算注销企业。

(4) 非营利性非企业法人(受限)。总体上来说,机关法人、社会团体法人、事业单位法人等非企业法人都可以投资设立有限责任公司、股份有限公司和外商投资企业等。但是一般来说,国家政府性质的非营利性的非企业法人不具备股权投资的主体资格。例如,根据《中共中央、国务院关于进一步制止党政机关和党政干部经商、办企业的规定》(中发〔1986〕6号)第七条规定,工会、共青团、妇联、文联、科协和各种协会、学会等群众组织对外投资的限制同样适用于该规定。

(5) 个人独资企业(允许)。个人独资企业可以作为有限公司的股东,并可设立分支机构;不得投资设立非公司企业法人。

(6) 外商投资企业(允许)。出资额已缴足、已经完成原审批项目、已经开始缴纳企业所得税的外商投资企业可以作为发起人。

(7) 合伙企业(允许)。合伙企业可以作为有限公司的股东,并可以设立分支机构。

(8) 中介机构(存在争议)。律师事务所不得设立公司。《律师法》（2012年修正）第二十七条规定，律师事务所不得从事法律服务以外的经营活动。但是，会计事务所、审计事务所、资产评估公司等中介机构可否对外投资，还有争议。1998年实行的《公司登记管理若干问题》第二十一条规定，会计师事务所、审计事务所、律师事务所和资产评估机构不得作为投资主体向其他行业投资设立公司，但是该规定已于2006年6月失效了。此后的《公司登记管理条例》《公司法》《注册会计师法》以及财政部的针对性规章《会计师事务所审批和监督暂行办法》均未对会计师事务所能否成为股东进行明确的禁止。

（9）事业单位（受限）。《中央行政事业单位国有资产管理暂行办法》第二十九条规定，各部门行政单位和参照公务员法管理的单位，不得将国有资产用于对外投资。其他事业单位应当严格控制对外投资，不得利用国家财政拨款、上级补助资金和维持事业正常发展的资产对外投资。

《事业单位国有资产管理暂行办法》（财政部令第36号）第六条第三款规定，（各级财政部门）按规定权限审批本级事业单位有关资产购置、处置和利用国有资产对外投资、出租、出借和担保等事项；第七条第三款规定，（各级事业单位的主管部门）审核本部门所属事业单位利用国有资产对外投资、出租、出借和担保等事项，按规定权限审核或者审批有关资产购置、处置事项。

（10）高校（受限）。2005年，教育部发布了《教育部关于积极发展、规范管理高校科技产业的指导意见》（教科发〔2005〕2号文）。该文规定，高校要对所投资企业占有和使用的国有资产进行清产核资，清产核资要申请立项，清产核资结果应经上级主管部门审核并报国有资产管理部门确认。高校除对高校资产公司进行投资外，不得再以事业单位法人的身份对外进行投资。

《关于加强高等学校反腐倡廉建设的意见》第十五条规定，高校不得以事业单位法人的身份直接投资办企业。高校所属院系及各部处等非法人单位严禁对外开展任何形式的经营活动和投资活动。

172. 为什么不受理职工持股会及工会持股公司IPO申请？

中国证监会停止审批职工持股会及工会作为发起人或股东的公

司IPO申请，主要出于以下考虑：

（1）防止发行人借职工持股会及工会的名义变相发行内部职工股，甚至演变成社会化的"非法集资"。

（2）在民政部门不再接受职工持股会的社团法人登记之后，职工持股会不再具备成为上市公司发起人或股东的主体资格。

（3）工会设立及活动的目的是代表企业职工的利益，依法维护职工的合法权益，工会成为上市公司的发起人或股东与该目的不符。因此，考虑到发行条件对发行人股权清晰、控制权稳定的要求，发行人控股股东或实际控制人存在职工持股会或工会持股情形的，应当予以清理。对于发行人间接股东存在职工持股会或工会持股情形的，如不涉及发行人实际控制人控制的各级主体，发行人不需要清理，但应当予以充分披露。对于工会或职工持股会持有发行人子公司股份，经保荐机构、发行人律师核查后认为不构成发行人重大违法违规的，发行人不需要清理，但应当予以充分披露。

173. 公司型及合伙型私募股权基金成为拟上市公司的发起人或股东需满足哪些要求？

公司型私募股权基金和合伙型私募股权基金成为拟上市公司的发起人或股东，在IPO申报前，基金需要按照规定向中国基金业协会进行备案，基金的管理人需要按照规定向中国基金业协会进行登记。

174. 新三板企业IPO涉及的"三类股东"问题监管要求有哪些？

"三类股东"是指契约型私募基金、资产管理计划（基金子公司和券商资管计划）和信托计划，对于新三板企业IPO涉及的"三类股东"问题的监管要求如下：

（1）中介机构应核查确认发行人控股股东、实际控制人、第一大股东不属于"三类股东"。

（2）中介机构应核查确认发行人的"三类股东"依法设立并有效存续，已纳入国家金融监管部门有效监管，并已按照规定履行审批、备案或报告程序，其管理人已依法注册登记。

（3）发行人应根据《关于规范金融机构资产管理业务的指导意见》（银发〔2018〕106号）披露"三类股东"相关过渡期安排，以及相关事项对发行人持续经营的影响。中介机构应当对前述事项核查并发表明确意见。

（4）发行人应当按照首发信息披露准则的要求对"三类股东"进行信息披露。中介机构应对控股股东、实际控制人、董事、监事、高级管理人员及其亲属，本次发行的中介机构及其签字人员是否直接或间接在"三类股东"中持有权益进行穿透核查并发表明确意见。

（5）中介机构应核查确认"三类股东"已做出合理安排，确保符合现行锁定期和减持规则要求。

175. 发行人为新三板挂牌、摘牌公司、H股公司，或者涉及境外分拆、退市的，应注意哪些事项？

发行人曾为或现为新三板挂牌公司、境外上市公司的，应说明并简要披露其在挂牌或上市过程中，以及挂牌或上市期间在信息披露、股权交易、董事会或股东大会决策等方面的合法合规性，披露摘牌或退市程序的合法合规性（如有），是否存在受到处罚的情形。涉及境外退市或境外上市公司资产出售的，发行人还应披露相关外汇流转及使用的合法合规性。保荐机构及发行人律师应对上述事项进行核查并发表意见。

此外，对于新三板挂牌、摘牌公司或H股公司因二级市场交易产生的新增股东，原则上应对持股5%以上的股东进行披露和核查。如新三板挂牌公司的股东中包含被认定为不适格股东的，发行人应合并披露相关持股比例，合计持股比例较高的，应披露原因及其对发行人生产经营的影响。

176. 合伙企业能否作为拟上市公司的发起人或者股东？

合伙企业可以开立股东账户，可以作为拟上市公司的发起人或者股东，披露的原则参照法人制企业，由于合伙企业的合伙人安排非常灵活，应关注合伙企业的真实性、合法性、是否存在代持关系，合伙人之间的纠纷、诉讼，以及突击入股合伙企业相关情况。

申报前新增股东为合伙企业，应披露合伙企业的基本情况及普通合伙人的基本信息。最近一年末资产负债表日后增资扩股引入新股东的，申报前须增加一期审计。

177. 影响股权清晰必须清理的情形有哪些？

（1）股权代持，又称委托持股、隐名投资或假名出资，是指实际出资人与名义出资人签订股权代持协议，以他人名义享有和履行股东权利义务的一种股权或股份处置方式。股权代持多被用于规避公司股东人数上限、境外自然人或法人的投资限制、其他股东的优先购买权，以及保护知名、敏感人物的隐私等。股权代持直接影响发行人股权的清晰度，股权代持协议在某些情形下可能会被认定为无效合同或者可撤销合同使得拟上市公司存在潜在的股权纠纷风险。

实际控制人认定中涉及股权代持情况的，发行人、相关股东应说明存在代持的原因，并提供支持性证据。对于存在代持关系但不影响发行条件的，发行人应在招股说明书中如实披露，保荐机构、发行人律师应出具明确的核查意见。如经查实，股东之间知晓代持关系的存在，且对代持关系没有异议、代持的股东之间没有纠纷和争议，则应将代持股份还原至实际持有人。

发行人及中介机构通常不应以股东间存在代持关系、表决权让与协议、一致行动协议等为由，认定公司控制权未发生变动。

（2）对赌协议，包含对赌条款的私募股权投资协议，是企业估值与融投资方持股比例或然性的一种约定安排。通常约定：如果企业未来的获利能力达到业绩增长指标，由融资方行使估值调整的权利，以弥补其因企业价值被低估而遭受的损失，否则由投资方行使估值调整的权利，以补偿其因企业价值被高估而遭受的损失。对赌协议作为企业原股东与新股东等主体对其民事权利义务的约定和处分，如果系相关各方真实意思的表示且未违反法律、行政法规的强制性规定，应受到法律的保护。对赌协议主要包括股权对赌型、现金补偿型、股权稀释型、股权回购型、股权激励型、股权优先型。

首发审核时，为了确保发行人控制权稳定并维护投资者合法权益，投资机构在投资发行人时如约定对赌协议等类似安排的，原则上要求发行人在申报前清理，但同时满足以下要求的对赌协议可以不清理：一是发行人不作为对赌协议当事人；二是对赌协议不存在可能导致公司控制权变化的约定；三是对赌协议不与市值挂钩；四是对赌协议不存在严重影响发行人持续经营能力或者其他严重影响投资者权益的情形。保荐人及发行人律师应当就对赌协议是否符合上述要求发表明确核查意见。

发行人应当在招股说明书中披露对赌协议的具体内容、对发行人可能存在的影响等，并进行风险提示。

（3）股权激励。在IPO前企业存在未执行完毕的股权激励安排，会导致公司未来股权的不确定性，需要提前行权或予以清理。

178. 出现股权被质押等不确定性事项的，应当如何判断是否影响发行条件？

发行条件要求发行人的控制权应当保持稳定。对于控股股东、实际控制人持有的发行人股权出现被质押、冻结或诉讼仲裁的，发行人应当按照招股说明书准则要求予以充分披露。保荐机构、发行人律师应当充分核查发生上述情形的原因，相关股权比例，质权人、申请人或其他利益相关方的基本情况，约定的质权实现情形，控股股东、实际控制人的财务状况和清偿能力，以及是否存在股份被强制处分的可能性、是否存在影响发行人控制权稳定的情形等。

对于被冻结或诉讼纠纷的股权达到一定比例或被质押的股权达到一定比例且控股股东、实际控制人明显不具备清偿能力，导致发行人控制权存在不确定性的，保荐机构及发行人律师应充分论证，并就是否符合发行条件审慎发表意见。对于发行人的董事、监事及高级管理人员所持股份发生被质押、冻结或发生诉讼纠纷等情形的，发行人应当按照招股说明书准则的要求予以充分披露，并向投资者揭示风险。

179. 发行人股权转让应注意哪些问题？

（1）履行相应的决策、审批程序，包括转让双方的决策程序和被转让公司的相应决策程序；涉及国有资产、集体资产转让的，需按照国有产权变动的相关要求履行审批程序;涉及中外合资的,需按照中外合资及外汇管理的相关规定履行审批或登记备案程序。

(2)股权转让作价需公允、合理。根据《股权转让所得个人所得税管理办法(试行)》,"股权转让收入应当按照公平交易原则确定","主管税务机关可以核定股权转让收入",列示了"股权转让收入明显偏低的情形",要求公司历次股权转让作价应当公允、合理。

(3)股权受让方需具备合格的股东资格。根据法律、法规规定不具备公司股东资格的人,不得受让股权并成为股东。

180. 引进新股东应注意哪些问题?

对 IPO 前通过增资或股权转让引入的新股东,主要考察申报前一年新引入的股东。发行人及中介机构应全面核查新股东的情况,主要应关注以下方面:

(1)新股东的基本情况、引入新股东的原因、增资或股权转让的价格及定价依据;新股东是否具备法律、法规规定的股东资格。

(2)股权转让系出让方、受让方的真实意思表示,双方签署了合法有效的转让合同,完成了股权转让款的支付,办理了工商变更手续,不存在纠纷或潜在纠纷,不存在股权代持。增资和股权转让应真实、合法合规,即履行了相应的程序,转让有限责任公司的股份需要得到其他股东的放弃认购承诺。

(3)在信息披露方面,除满足《招股说明书信息披露准则》的要求外,如新引入的股东为法人,还要求披露其股权结构及实际控制人;如新引入的股东为合伙企业,要求其披露合伙企业的基本情况及其普通合伙人的基本信息。最近一年末资产负债表日后增资扩股引入新股东的,申报前须增加一期审计。

(4)在股份锁定方面,申报前 6 个月内进行增资扩股的,新增股份的持有人应当承诺:新增股份自发行人完成增资扩股工商变更登记手续之日起锁定 3 年。在申报前 6 个月内从控股股东或实际控制人处受让的股份,应比照控股股东或实际控制人所持股份进行锁定。

（5）不影响公司连续计算经营时间（业绩），比如未发生主营业务的重大变化，未发生董事、高级管理人员的重大变化，未发生公司实际控制人的变更等。

（6）筹集的资金规模适当，以免对企业上市融资的必要性构成不利影响；如果新股东以资产折股出资，应考虑该资产对公司营业记录可比性的影响。

（7）新股东与发行人其他股东、董事、监事、高级管理人员、本次发行中介机构负责人及其签字人员是否存在亲属关系、关联关系、委托持股、信托持股或其他利益输送安排；应避免新股东与公司存在同业竞争的情形，新股东增资的资金来源应合法、清晰。

（8）应尽量避免引进公司的供应商、经销商或客户成为股东，这样的架构将使公司的收入和利润可能受到非市场因素的影响，财务成果的真实性很难考证，给上市造成障碍。

（9）若拟引进的新股东为事业单位，则需符合国家的有关规定，企业化经营的事业单位应先办理企业法人登记，再以企业法人的名义入股；若已入股的事业单位未依法办理企业法人登记并取得企业法人登记证明的，事业单位应提供投入公司的资产实行企业化经营的依据。

（10）有关增资和股权转让的定价原则问题，新增股份的认购价或折股价一般是在净资产值的基础上溢价一定比例，对在 IPO 前以净资产增资或转让或者以低于净资产转让的，要求说明原因并由中介进行核查；涉及国有股权的，需履行国有资产评估及报主管部门备案程序，履行国有资产转让需实行挂牌交易的程序，因历史遗留问题存在程序瑕疵的，需取得省级或以上国资部门的确认文件。

（11）如原股东（自然人）以转让股权方式引入新股东，根据《股权转让所得个人所得税管理办法（试行）》，在受让方已支付股权转让价款、股权转让协议已签订生效的、受让方已经实际履行股东职责或者享受股东权益的、国家有关部门判决、登记或公告已生效以及股权转让行为已完成等情形下，扣缴义务人、纳税人应当依法在次月15日内向主管税务机关申报纳税。

（12）申报后在审期间，通过增资或股权转让引入新股东的，原则上应当撤回发行申请,重新申报。但股权变动未造成实际控制人变更,未对发行人股权结构的稳定性和持续盈利能力造成不利影响,且符合下类情形的除外:引入新股东系因继承、离婚、执行法院判决或仲裁裁决、执行国家法规政策要求或由省级及以上人民政府主导,且新引入股东承诺其所持股份上市后36个月之内不转让、不上市交易(继承、离婚原因除外)。在审期间引入新股东且符合上述要求无须重新申报的,比照申报前一年新引入股东的要求处理。

(13)除上述要求以外,保荐机构和发行人律师还应对股权转让事项是否造成发行人实际控制人变更,是否对发行人股权结构的稳定性和持续盈利能力造成不利影响进行核查并发表意见。

181. 发行人在申报前后引入了新股东,在核查和信息披露方面有哪些具体要求?

对IPO前通过增资或股权转让产生的股东,保荐机构和发行人律师主要考察申报前一年新增的股东,全面核查发行人新股东的基本情况、产生新股东的原因、股权转让或增资的价格及定价依据,有关股权变动是否是双方真实意思表示,是否存在争议或潜在纠纷,新股东与发行人其他股东、董事、监事、高级管理人员、本次发行中介机构负责人及其签字人员是否存在亲属关系、关联关系、委托持股、信托持股或其他利益输送安排,新股东是否具备法律、法规规定的股东资格。在信息披露方面,除满足招股书信息披露准则的要求外,如新股东为法人,还应披露其股权结构及实际控制人;如为自然人,应披露其基本信息;如为合伙企业,应披露合伙企业的基本情况及其普通合伙人的基本信息。最近一年末资产负债表日后增资扩股引入新股东的,申报前须增加一期审计。

申报后,通过增资或股权转让产生新股东的,原则上发行人应当撤回发行申请,重新申报。但股权变动未造成实际控制人变更,未对发行人股权结构的稳定性和持续盈利能力造成不利影响,且符合下列情形的除外:引入新股东系因继承、离婚、执行法院判决或仲裁裁决、执行国家法规政策要求或由省级及以上人民政府主导,且新引入股东承诺其所持股份上市后36个月之内不转让、不上市交易（继承、离婚原因除外）。

在核查和信息披露方面，发行人申报后产生新股东，且符合上述要求无须重新申报的，应比照申报前一年新增股东的核查和信息披露要求处理。除此之外，保荐机构和发行人律师还应对股权转让事项是否造成发行人实际控制人变更，是否对发行人股权结构的稳定性和持续盈利能力造成不利影响进行核查并发表意见。

182. 发行人在申报前后引入了新股东，在股份锁定方面有哪些具体要求？

在股份锁定方面，申报前 6 个月内进行增资扩股的，新增股份的持有人应当承诺：新增股份自发行人完成增资扩股工商变更登记手续之日起锁定 3 年。在申报前 6 个月内从控股股东或实际控制人处受让的股份，应比照控股股东或实际控制人所持股份进行锁定。

申报后，通过增资或股权转让产生新股东的，原则上发行人应当撤回发行申请，重新申报。但发行人申报后产生的新股东符合要求无须重新申报的，新股东应承诺其所持股份上市后 36 个月之内不转让、不上市交易（继承、离婚原因除外）。

183. 股东超过 200 人的非上市公众公司 IPO 应满足什么要求？

对于股东人数已经超过 200 人的未上市股份有限公司，符合《非上市公众公司监管指引第 4 号——股东人数超过 200 人的未上市股份有限公司申请行政许可有关问题的审核指引》规定的，可申请公开发行并在证券交易所上市。具体要求如下：

（1）公司依法设立且合法存续。公司的设立、增资等行为不违反当时法律明确的禁止性规定，目前处于合法存续状态。城市商业银行、农村商业银行等银行业股份公司应当符合《关于规范金融企业内部职工持股的通知》。公司的设立、历次增资依法需要批准的，应当经过有权部门的批准。存在不规范情形的，应当经过规范整改，并经当地省级人民政府确认。公司在股份形成及转让过程中不存在虚假陈述、出资不实、股权管理混乱等情形，不存在重大诉讼、纠纷以及重大风险隐患。

（2）股权清晰。①股权权属明确。公司应当设置股东名册并进行有序管理，股东、公司及相关方对股份归属、股份数量及持股比例无异议。股权结构中存在工会或职工持股会代持、委托持股、信托持股，以及通过"持股平台"（是指单纯以持股为目的的合伙企业、公司等持股主体）间接持股等情形的，应当按照指引的相关规定进行规范。②股东与公司之间、股东之间、股东与第三方之间不存在重大股份权属争议、纠纷或潜在纠纷。③股东出资行为真实，不存在重大法律瑕疵，或者相关行为已经得到有效规范，不存在风险隐患。申请行政许可的公司应当对股份进行确权，通过公证、律师见证等方式明确股份的权属。申请公开发行并在证券交易所上市的，经过确权的股份数量应当达到股份总数的90%以上（含90%）。未确权的部分应当设立股份托管账户，专户管理，并明确披露有关责任的承担主体。

（3）经营规范。公司持续规范经营，不存在资不抵债或者明显缺乏清偿能力等破产风险的情形。

（4）公司治理与信息披露制度健全。公司按照中国证监会的相关规定，已经建立健全了公司治理机制和履行信息披露义务的各项制度。

在计算"200人"时，为防止规避法律，不仅多次发行需要累计计算，而且对于间接持有证券的实际人数也应当计算在内。此外，因股份转让导致股东人数超过200人的行为也视同公开发行。

184. 股东超过200人但符合法律规定的情形有哪些？

（1）1994年7月1日《公司法》实施前，经体改部门批准设立，存在内部职工股超范围或超比例发行、法人股向社会个人发行等不规范情形的定向募集公司。

（2）1994年7月1日《公司法》实施前，依法批准向社会公开发行股票的公司。

（3）按照《国务院办公厅转发证监会关于清理整顿场外非法股票交易方案的通知》，清理整顿证券交易所后"下柜"形成的股东超过200人的公司。

（4）2006年1月1日《证券法》修订实施后，未上市股份有限公司股东人数超过200人的，应当符合《证券法》《非上市公众公司监管管理办法》和《非上市公众公司监管指引第4号——股东人数超过200人的未上市股份有限公司申请行政许可有关问题的审核指引》的有关规定。

185. 股东超过200人的核查的基本要求有哪些？

（1）公司依法设立且合法存续。200人公司的设立、增资等行为不违反当时法律明确的禁止性规定，目前处于合法存续状态。城市商业银行、农村商业银行等银行业股份公司应当符合《关于规范金融企业内部职工持股的通知》（财金〔2010〕97号）。

200人公司的设立、历次增资依法需要批准的，应当经过有权部门的批准。存在不规范情形的，应当经过规范整改，并经当地省级人民政府确认。

200人公司在股份形成及转让过程中不存在虚假陈述、出资不实、股权管理混乱等情形，不存在重大诉讼、纠纷以及重大风险隐患。

（2）股权清晰。200人公司的股权清晰，是指股权形成真实、有效，权属清晰及股权结构清晰。具体要求包括：

①股权权属明确。200人公司应当设置股东名册并进行有序管理，股东、公司及相关方对股份归属、股份数量及持股比例无异议。股权结构中存在工会或职工持股会代持、委托持股、信托持股，以及通过"持股平台"间接持股等情形的，应当按照相关规定进行规范。

②股东与公司之间、股东之间、股东与第三方之间不存在重大股份权属争议、纠纷或潜在纠纷。

③股东出资行为真实，不存在重大法律瑕疵，或者相关行为已经得到有效规范，不存在风险隐患。

④申请行政许可的200人公司应当对股份进行确权，通过公证、律师见证等方式明确股份的权属。申请公开发行并在证券交易所上市的，经过确权的股份数量应当达到股份总数的90%以上（含

90%）；申请在全国股份转让系统挂牌公开转让的，经过确权的股份数量应当达到股份总数的 80% 以上（含 80%）。未确权的部分应当设立股份托管账户，专户管理，并明确披露有关责任的承担主体。

（3）经营规范。200 人公司持续规范经营，不存在资不抵债或者明显缺乏清偿能力等破产风险的情形。

（4）公司治理与信息披露制度健全。200 人公司按照中国证监会的相关规定，已经建立健全了公司治理机制和履行信息披露义务的各项制度。

186. 对于历史上涉及人数较多的自然人股东主要关注哪些方面？

对于历史沿革涉及较多自然人股东的发行人，保荐机构、发行人律师应当核查历史上自然人股东入股、退股（含工会、职工持股会清理等事项）是否按照当时有效的法律法规履行了相应程序，入股或股权转让协议、款项收付凭证、工商登记资料等法律文件是否齐备，并抽取一定比例的股东进行访谈，就相关自然人股东股权变动的真实性、所履行程序的合法性、是否存在委托持股或信托持股情形、是否存在争议或潜在纠纷发表明确意见。对于存在争议或潜在纠纷的，保荐机构、发行人律师应对相关纠纷对发行人股权清晰稳定的影响发表明确意见。

发行人以定向募集方式设立股份公司的，中介机构应以有权部门就发行人历史沿革的合规性、是否存在争议或潜在纠纷等事项的意见作为其发表意见的依据。

第三节　国有企业和集体企业改制

187. 国有企业改制应注意哪些问题？

对于发行人是国有企业改制而来的，若改制过程中法律依据不明确、相关程序存在瑕疵或与有关法律法规存在明显冲突，原则上发行人应在招股说明书中披露有权部门关于改制程序的合法性、是否造成国有资产流失出具的意见。

对于发行人是国有企业改制而来的，改制过程不存在"依据不明确、相关程序存在瑕疵或与有关法律法规存在明显冲突"等情况的，保荐机构、发行人律师应结合当时有效的法律法规等，分析说明有关改制行为是否经有权机关批准，法律依据是否充分、履行的程序是否合法以及对发行人的影响等。发行人应在招股说明书中披露相关中介机构的核查意见。

188. 什么是国有股东？

国有股东，是指符合以下情形之一的企业和单位：

（1）政府部门、机构、事业单位出资设立的国有独资企业（公司），以及上述单位、企业直接或间接合计持股为100%的国有全资企业。

（2）本条第（1）款所列单位、企业单独或共同出资，合计拥有产（股）权比例超过50%，且其中之一为最大股东的企业。

（3）本条第（1）、（2）款所列企业对外出资，拥有股权比例超过50%的各级子企业。

（4）政府部门、机构、事业单位、单一国有及国有控股企业直接或间接持股比例未超过50%，但为第一大股东，并且通过股东协议、公司章程、董事会决议或者其他协议安排能够对其实际支配的企业。

国务院国资委、财政部、省级财政或国资部门出具的关于公司国有股权设置的批复文件是企业提交公开发行股票申请文件的必备文件。该设置文件中需要明确国有股的界定及设置，包括股东名称、持股数量、占总股本的比例、股权性质等。

189. 国有资产折股应符合什么要求？

（1）国有资产作价入股必须进行资产评估。国有资产的转让方应当委托具有相关资质的资产评估机构，依照国家有关规定进行资产评估。评估报告经核准或者备案后，作为确定企业国有产权转让价格的参考依据。

（2）国有资产作价入股时，企业应当以经核准或备案的资产评估结果为作价参考依据；当交易价格低于评估结果的90%时，应当暂停交易，在获得原经济行为批准机构同意后方可继续交易。

（3）国有资产严禁低估作价折股。在折股比例上，一般应以评估确认后的净资产折为国有股的股本，如不全部折股，则折股方案须与募股方案和预计发行价格一并考虑。

190. 国有资产折股资产评估日和设立登记日之间的损益如何处置？

资产评估结果是国有资本持有单位出资折股的依据，自评估基准日起一年内有效。自评估基准日到公司制企业设立登记日的有效期内，相关损益按如下方法处置：

（1）原企业实现利润而增加的净资产，应当上缴国有资本持有单位，或经国有资本持有单位同意，作为公司制企业国家独享资本公积管理，留待以后年度扩股时转增国有股份。

（2）对原企业经营亏损而减少的净资产，由国有资本持有单位补足，或者由公司制企业用以后年度国有股份应分得的股利补足。

（3）企业超过有效期未能注册登记，或者在有效期内被评估资产价值发生重大变化的，应当重新进行评估。

191. 国有股转持有何要求？

（1）将中央和地方国有及国有控股大中型企业、金融机构纳入划转范围，公益类企业、文化企业、政策性和开发性金融机构以及国务院另有规定的除外。

（2）对于已完成公司制改革的中央和地方企业集团，直接划转企业集团股权；对于尚未完成公司制改革的中央和地方企业集团，要求抓紧推进改革，改制后按要求划转企业集团股权。同时，探索划转未完成公司制改革的企业集团所属一级子公司股权。全国社会保障基金因国有股权划转、投资等各种原因形成的上市企业和非上市企业股权除外。

（3）综合企业职工基本养老保险基金缺口测算情况、基本养老保险制度改革要求以及国有企业发展现状。目前，划转比例统一为企业国有股权的 10%。

（4）对于划转的中央企业国有股权，由国务院委托社保基金会负责集中持有；对于划转的地方企业国有股权，由各省级人民政府设立国有独资公司或委托本省（区、市）具有国有资本投资运营功能的公司作为承接主体。

192. 集体企业改制应注意哪些问题？

（1）对于发行人是集体企业改制而来的或历史上存在挂靠集体组织经营的企业，若改制过程中法律依据不明确、相关程序存在瑕疵或与有关法律法规存在明显冲突，原则上发行人应在招股说明书中披露有权部门关于改制程序的合法性、是否造成国有或集体资产流失的意见。集体企业改制过程不存在上述情况的，保荐机构、发行人律师应结合当时有效的法律法规等，分析说明有关改制行为是否经有权机关批准、法律依据是否充分、履行的程序是否合法以及对发行人的影响等。发行人应当在招股说明书中披露相关中介机构的核查意见。

（2）集体企业改制过程中损害集体利益的情形主要有：股份量化至个人时没有进行资产评估；股份对价支付没有根据评估净资产值确认；通过隐瞒资产、部分评估的方式做低甚至做亏集体企业资产以实现低价取得股份的目的。

（3）判断集体企业股权转让程序合法合规的基本要素包括：转让时相关企业的资产或产权须经资产评估并报集体企业主管部门确认和批准；转让事宜经过转让方企业、受让方企业的董事会或股东会批准并签订转让协议；转让事宜经企业职工代表大会或代表村民的村民集体代表大会同意；相关转让经当地至少区级以上政府批准，部分省市还要求交易应当在产权交易所进行。

193. "红帽子"企业"摘帽"应注意哪些问题？

"红帽子"企业，是指私营企业在设立之初，出于法律、政策、土地使用权和融资等因素考虑，注册或挂靠登记为集体所有制企业。这种企业内部仍按照有限责任公司或私营企业的制度设立和运作，只是按照集体所有制企业的规定办理了注册登记。目前，这些企业大多已经通过改制重新恢复了私营企业的本质属性。

"红帽子"企业认定的基本条件：在各级市场监管部门登记注册为城镇集体企业；资本来源主要为个人或与国有企业（单位）的投资、合资、合作；企业现有资产构成，不存在集体所有的或只存在少数集体所有的资产；采取上交一定管理费（挂靠费）的模式，名义上由有关部门、企业（单位）、社会团体临时管理、委托管理或"挂靠"管理。

（1）"摘帽"过程：①清产核资、产权界定。"摘帽"是对企业的真实所有权人进行判断，关键就是对企业的产权进行界定。只有当企业内确实不存在集体资产但本身又登记为集体所有制企业的时候，才符合"摘帽"的情形。根据《城镇集体所有制企业、单位清产核资产权界定暂行办法》《城镇集体所有制企业、单位清产核资产权界定工作的具体规定》，产权界定按照"谁投资，谁所有，谁收益""按协议约定确定归属"的原则，"集体企业在开办时筹集的各类资金或从收益中提取的各种资金，除国家另有规定的外，凡事先与当事人有约定的，按其约定确定产权归属"。②有关部门批准。根据《城镇集体所有制企业、单位清产核资产权界定工作的具体规定》，产权界定工作由各级人民政府分级组织，具体工作由当地集体企业主管部门负责。企业可以编制"产权界定申报表"和起草"产权界定工作报告"，连同其他相关资料上报企业主管部门审核，并报经贸部门、清产核资机构会审或认定。对于会审或认定的结果，由主管部门批复到当事企业及有关各方。③登记、备案。对经核实为私营和个人性质的企业，由各级清产核资机构出具有关证明材料，由市场监管、税务等部门限期办理变更企业经济性质和税务登记。

（2）"摘帽"过程中需要注意的事项：①"挂靠"集体企业与主管单位之间，其产权关系有法律依据或约定的从其规定或约定，无约定的按照投资、借款或扶持性投入协商处理。②对本企业职工以外的个人投入所占比重较大（50%以上）的企业，在明确国家对集体企业各项优惠政策在该企业所形成的集体财产的份额后，可按原始投资比例确定其投资收益。③为了促进企业的稳定和发展，对经产权界定后明确为私人资产的部门，经所有者同意仍留在企业使用并不变现的资产，按税法规定应缴纳个人所得税部分，可留作集体资产用于原企业的继续生产和发展。④对原主办单位和主要经营者均未出资，主要靠贷款、借款所形成的资产，因企业的原因至今尚未归还贷款、借款的，按原实际担保人或承担连带责任的企业、单位的产权性质确定产权归属；企业已归还贷款、借款或因债权人方面原因至今尚未归还贷款、借款的，经企业职工（代表）大会同意，确定归企业劳动者集体所有。⑤进行清理甄别的非集体企业，其资产损失和资金挂账，允许比照城镇企业清产核资的有关优惠政策和财务规定处理；对经核实实收资本低于注册资本金的企业，由市场监管部门限期补足，逾期未补足的，按实收资本重新核定注册资本金。

194. 集体资产量化或奖励给个人应注意哪些问题？

目前，国家法律、法规和政策没有明确规定企业改制设立时集体资产量化或奖励给个人应当如何处理。在实践中，企业提交发行上市申请时，监管部门会关注以下问题：

（1）企业改制设立时，除应履行内部批准程序外，一般还需取得当地政府部门关于集体资产量化或奖励到个人的批准文件，企业在申请公开发行前应当进一步取得当地省级人民政府出具的确认文件。

（2）企业在申请首次公开发行股票时，应当由律师针对集体企业资产量化或奖励给个人是否合法，企业在集体资产量化或奖励到个人时股份转让、股份分红行为是否按规定履行代扣代缴个人所得税义务等问题发表明确的法律意见。

195. 引入政府引导基金需关注哪些问题？

政府引导基金，又称创业引导基金，是指由政府出资并吸引有关地方政府、金融、投资机构和社会资本，不以营利为目的，以股权或债权等方式投资于创业风险投资机构或新设创业风险投资基金。该基金的宗旨是发挥财政资金的杠杆放大效应，支持创业企业的发展。

政府引导基金一般有几种不同的运作模式：对创业投资发展处于初期阶段的地区，可采用引入"补偿基金＋股权投资"的模式以快速启动引导基金，尝试引导社会资本进入创业投资领域；对创业投资发展处于成长阶段的地区，可通过引入"引导基金＋担保机构"的模式，扩大融资规模，加速创业投资的发展；对创业投资发展处于相对成熟的地区，可以通过引导基金作为母基金来吸引社会投资的方式，发挥其最大功效，促进创业投资发展。

公司引入政府引导基金，一般需要关注政府引导基金的性质是否属于国有股东。如属于国有股东，则需按照国有资产管理法律、法规的要求，在投资及股权变动过程中履行相应的审批、备案、资产评估等手续，且在申报 IPO 时需提供国有资产监督管理部门出具企业国有股权设置管理批复文件。

第四节　实际控制人、主营业务、董事、高级管理人员无变更

196. 什么是控股股东和实际控制人？

控股股东，是指其出资额占有限责任公司资本总额 50% 以上或者其持有的股份占股份有限公司股本总额 50% 以上的股东；出资额或者持有股份的比例虽然不足 50%，但依其出资额或者持有的股份所享有的表决权已足以对股东会、股东大会的决议产生重大影响的股东。实际控制人，是指通过投资关系、协议或者其他安排，能够实际支配公司行为的人。

197. 要求实际控制人没有发生变更的立法意图是什么？

中小企业板 IPO 要求发行人最近三年内，创业板 IPO 要求发行人最近两年内，实际控制人没有发生变更，这一要求旨在以公司控制权的稳定为标准，判断公司是否具有持续发展、持续盈利的能力，以便投资者在对公司的持续发展和盈利能力拥有较为明确预期的情

况下做出投资决策。由于公司控制权往往能够决定和实质影响公司的经营方针、决策和经营管理层的任免,一旦公司控制权发生变化,公司的经营方针和决策、组织机构运作及业务运营等都可能发生重大变化,给发行人的持续发展和持续盈利能力带来很大不确定性。

公司控制权是能够对股东大会的决议产生重大影响或者能够实际支配公司行为的权力,其渊源是对公司的直接或者间接的股权投资关系。因此,认定公司控制权的归属,既需要审查相应的股权投资关系,也需要根据个案的实际情况,综合对发行人股东大会、董事会决议的实质影响、对董事和高级管理人员的提名及任免所起的作用等因素进行分析判断。

198. 控股股东、实际控制人所持股票锁定期要求是什么?

发行人控股股东和实际控制人所持股份自发行人股票上市之日起 36 个月内不得转让,控股股东和实际控制人的亲属所持股份应比照该股东本人进行锁定。

对于发行人没有或难以认定实际控制人的,为确保发行人股权结构稳定、正常生产经营不因发行人控制权发生变化而受到影响,审核实践中,要求发行人的股东按持股比例从高到低依次承诺其所持股份自上市之日起锁定 36 个月,直至锁定股份的总数不低于发行前股份总数的 51%。位列上述应予以锁定 51% 股份范围的股东,符合下列情形之一的,可不适用上述锁定 36 个月规定:员工持股计划;持股 5% 以下的股东;根据《发行监管问答——关于首发企业中创业投资基金股东的锁定期安排》可不适用上述锁定要求的创业投资基金股东。

对于相关股东刻意规避股份限售期要求的,仍应按照实质重于形式的原则进行股份锁定。

199. 如何认定实际控制人?

实际控制人是拥有公司控制权的主体。在确定公司控制权归属时,应当本着实事求是的原则,尊重企业的实际情况,以发行人自身的认定为主,由发行人股东予以确认。保荐机构、发行人律师应通过对公司章程、协议或其他安排以及发行人股东大会（股东出席会议情况、表决过程、审议结果、董事提名和任命等）、董事会（重大决策的提议和表决过程等）、监事会及发行人经营管理的实际运作情况的核查对实际控制人认定发表明确意见。

发行人股权较为分散但存在单一股东控制比例达到30%的情形的，若无相反的证据，原则上应将该股东认定为控股股东或实际控制人。存在下列情形之一的，保荐机构应进一步说明是否通过实际控制人认定规避发行条件或监管并发表专项意见：

（1）公司认定存在实际控制人，但其他股东持股比例较高与实际控制人持股比例接近的，且该股东控制的企业与发行人之间存在竞争或潜在竞争的；

（2）第一大股东持股接近30%，其他股东比例不高且较为分散，公司认定无实际控制人的。

法定或约定形成的一致行动关系并不必然导致多人共同拥有公司控制权的情况，不应为扩大履行实际控制人义务的主体范围或满足发行条件而做出违背事实的认定。通过一致行动协议主张共同控制的，无合理理由的（如第一大股东为纯财务投资人），一般不能排除第一大股东为共同控制人。实际控制人的配偶、直系亲属，如其持有公司股份达到5%以上或者虽未超过5%但是担任公司董事、高级管理人员并在公司经营决策中发挥重要作用，除非有相反证据，原则上应认定为共同实际控制人。

共同实际控制人签署一致行动协议的，应当在协议中明确发生意见分歧或纠纷时的解决机制。对于作为实际控制人亲属的股东所持的股份，应当比照实际控制人自发行人上市之日起锁定36个月。保荐机构及发行人律师应重点关注最近三年内公司控制权是否发生变化，存在为满足发行条件而调整实际控制人认定范围嫌疑的，应从严把握，审慎进行核查及信息披露。

实际控制人为单名自然人或有亲属关系多名自然人，实际控制人去世导致股权变动，股份受让人为继承人的，通常不视为公司控制权发生变更。其他多名自然人为实际控制人，实际控制人之一去世的，保荐机构及发行人律师应结合股权结构、去世自然人在股东大会或董事会决策中的作用、对发行人持续经营的影响等因素进行综合判断。

200. 主张多人共同拥有公司控制权应当符合什么条件？

（1）每人都必须直接持有公司股份或间接支配公司股份的表决权。

（2）发行人公司治理结构健全、运行良好，多人共同拥有公司控制权的情况不影响发行人的规范运作。

（3）多人共同拥有公司控制权的情况，一般应当通过公司章程、协议或者其他安排予以明确，有关章程、协议及安排必须合法有效、权利义务清晰、责任明确，该情况在最近三年（创业板为两年）内且在首发后的可预期期限内是稳定、有效存在的，共同拥有公司控制权的多人没有出现重大变更。

（4）发行审核部门根据发行人的具体情况认为发行人应该符合的其他条件。

发行人及其保荐人和律师应当提供充分的事实和证据证明多人共同拥有公司控制权的真实性、合理性和稳定性，没有充分、有说服力的事实和证据证明的，其主张不予认可。相关股东采取股份锁定等有利于公司控制权稳定措施的，发行审核部门可将这些情形作为判断构成多人共同拥有公司控制权的重要因素。

法定或约定形成的一致行动关系并不必然导致多人共同拥有公司实际控制权，不应为了扩大履行实际控制人义务的主体范围或满足发行条件而做出违背事实的认定。通过一致行动协议主张共同控制的，无合理理由的（如第一大股东为纯财务投资人），一般不能排除第一大股东为共同控制人。实际控制人的配偶、直系亲属，如其持有公司股份达到5%以上或者虽未超过5%但是担任公司董事、高级管理人员并在公司经营决策中发挥重要作用，除非有相反证据证明，原则上应当认定为共同实际控制人。

201. 共同控制的情况下如何判断控制权是否发生变化？

如果发行人最近三年（创业板为两年）内持有、实际支配公司股份表决权比例最高的人发生变化,且变化前后的股东不属于同一实际控制人,视为公司控制权发生变更。发行人最近三年内持有、实际支配公司股份表决权比例最高的人存在重大不确定性的,比照前款规定执行。实际控制人问题的核心在于控制结构是否发生大的变化,共同实际控制人个别变化且没有重大影响的,可以视为实际控制人没有变化。

共同控制人签署一致行动协议的,应当在协议中明确发生意见分歧或纠纷时的解决机制。对于作为实际控制人亲属的股东所持的股份,应当比照实际控制人自发行人上市之日起锁定36个月。保荐机构及发行人律师应重点关注最近三年内公司控制权是否发生变化,存在为满足发行条件而调整实际控制人认定范围嫌疑的,应从严把握,审慎进行核查及信息披露。实际控制人为具有亲属关系的多名自然人,实际控制人之一去世的,保荐机构和发行人律师结合股权结构、去世自然人在股东大会或董事会决策中的作用、对发行人持续经营的影响等因素进行综合判断。

实际控制人为单名自然人或有亲属关系多名自然人,实际控制人去世导致股权变动,股份受让人为继承人的,通常不视为公司控制权发生变更。

202. 发行人控股股东或实际控制人位于境外的应关注哪些问题?

对于控股股东设立在境外且持股层次复杂的,保荐机构和发行人律师应当对发行人设置此类架构的原因、合法性及合理性、持股的真实性、是否存在委托持股、信托持股、是否有各种影响控股权的约定、股东的出资来源等问题进行核查,说明发行人控股股东和受控股股东、实际控制人支配的股东所持发行人的股份权属是否清晰,以及发行人如何确保其公司治理和内控的有效性,并发表明确意见。

203. 国资无偿划转在什么情况下可视为公司控制权没有发生变更?

因国有资产监督管理需要,国务院或者省级人民政府国有资产监督管理机构无偿划转直属国有控股企业的国有股权或者对这些企业进行重组等导致发行人控股股东发生变更的,如果符合以下情形,可视为公司控制权没有发生变更:

(1) 有关国有股权无偿划转或者重组等属于国有资产监督管理的整体性调整,经国务院国有资产监督管理机构或者省级人民政府按照相关程序决策通过,且发行人能够提供有关决策或者批复文件。

(2) 发行人与原控股股东不存在同业竞争或者大量的关联交易,不存在故意规避其他发行条件的情形。

(3) 有关国有股权无偿划转或者重组等对发行人的经营管理层、主营业务和独立性没有重大不利影响。

204. 同一控制下业务重组在什么条件可视为主营业务没有发生重大变化?

(1) 被重组方应当自报告期期初起即与发行人受同一公司控制权人控制,如果被重组方是在报告期内新设立的,应当自成立之日即与发行人受同一公司控制权人控制。

(2) 被重组进入发行人的业务与发行人重组前的业务具有相关性(相同、类似行业或同一产业链的上下游)。重组方式遵循市场化原则,包括但不限于以下方式:发行人收购被重组方股权;发行人收购被重组方的经营性资产;公司控制权人以被重组方股权或经营性资产对发行人进行增资;发行人吸收合并被重组方。

(3) 同一控制的两个企业,同一控制内部股权结构比例相当。

205. 同一控制业务重组发行人申请 IPO 有何要求?

(1) 被重组方重组前一个会计年度末的资产总额或前一个会计年度的营业收入或利润总额达到或超过重组前发行人相应项目 100% 的,为便于投资者了解重组后的整体运营情况,发行人重组后运行一个会计年度后方可申请发行。

(2) 被重组方重组前一个会计年度末的资产总额或前一个会计年度的营业收入或利润总额达到或超过重组前发行人相应项目 50%,但不超过 100% 的,保荐机构和发行人律师应按照相关法律法规对首次公开发行主体的要求,将被重组方纳入尽职调查范围并发表相关意见。

(3)被重组方重组前一个会计年度末的资产总额或前一个会计年度的营业收入或利润总额达到或超过重组前发行人相应项目20%的,申报财务报表至少须包含重组完成后的最近一期资产负债表。

(4)被重组方重组前一会计年度与重组前发行人存在关联交易的,资产总额、营业收入或利润总额按照扣除该等交易后的口径计算。发行人提交首发申请文件前一个会计年度或一期内发生多次重组行为的,重组对发行人资产总额、营业收入或利润总额的影响应累计计算。

206. 非同一控制下业务重组应关注哪些问题?

非同一控制下业务重组,包括收购被重组方股权或经营性资产、以被重组方股权或经营性资产对发行人进行增资、吸收合并被重组方等行为方式,发行人、中介机构应关注以下因素:

(1)重组新增业务与发行人重组前的业务是否具有高度相关性,如同一行业、类似技术产品、上下游产业链等。

(2)业务重组行为发生后,发行人实际控制人对公司控制权掌控能力的影响。

(3)被合并方占发行人重组前资产总额、资产净额、营业收入或利润总额的比例,业务重组行为对发行人主营业务变化的影响程度等。

207. 非同一控制下业务重组是否引起主营业务重大变化判断原则?

(1)对于重组新增业务与发行人重组前业务具有高度相关性的,被重组方重组前一个会计年度末的资产总额、资产净额或前一个会计年度的营业收入或利润总额,达到或超过重组前发行人相应项目100%,则视为发行人主营业务发生重大变化;对于重组新增业务与发行人重组前业务不具有高度相关性的,被重组方重组前一个会计年度末的资产总额、资产净额或前一个会计年度的营业收入或利润总额,达到或超过重组前发行人相应项目50%,则视为发行人主营业务发生重大变化。对主营业务发生重大变化的,应根据《首次公开发行股票并上市管理办法》《首次公开发行股票并在创业板上市管理办法》的规定,符合相关运行时间要求。

(2)对于重组新增业务与发行人重组前业务具有高度相关性的,被重组方重组前一个会计年度末的资产总额、资产净额或前一个会计年度的营业收入或利润总额达到或超过重组前发行人相应项目50%,但不超过100%的,通常不视为发行人主营业务发生重大变化,但为了便于投资者了解重组后的整体运营情况,原则上发行人重组后运行满12个月后方可申请发行。

(3)12个月内发生多次重组行为的,重组对发行人资产总额、资产净额、营业收入或利润总额的影响应累计计算。对于发行人报告期内发生的业务重组行为,应在招股说明书中披露发行人业务重组的原因、合理性以及重组后的整合情况,并披露被收购企业收购前一年的财务报表。保荐机构应当充分关注发行人业务重组的合理性、资产的交付和过户情况、交易当事人的承诺情况、盈利预测或业绩对赌情况、人员整合、公司治理运行情况、重组业务的最新发展状况等。

208. 如何认定拟上市公司董事、高级管理人员有无重大变化?

(1)董事、高级管理人员重大变化的认定没有固定标准,主要是从质和量两个角度考虑,即从变动的数量、原因、变动人员的岗位和职能、变动人员与控股股东和实际控制人的关系、相关变动对公司生产经营的影响等方面判断。对董事、高级管理人员是否发生重大变化的认定,应当本着实质重于形式的原则,综合两方面因素分析:①最近三年内的变动人数及比例,在计算人数比例时,以董事和高级管理人员合计总数作为基数;②上述人员因离职或无法正常参与发行人的生产经营是否导致对发行人生产经营产生重大不利影响。结合变动人员具体的岗位,与股东、实际控制人的关系进行分析,如果是职业经理人,则变化影响一般较小,如果是公司创始人,则有较大可能被视为重大变化。

如果最近三年内发行人的董事、高级管理人员变动人数比例较大，或董事、高级管理人员中的核心人员发生变化，对发行人的生产经营产生重大不利影响的，应视为发生重大变化。

（2）以下情形一般不认定为董事、高级管理人员的重大变化，但公司应当披露相关人员变动对公司生产经营的影响：①为规范公司治理结构，新增董事、独立董事、财务总监、董秘等，不会被认定为高级管理人员重大变动；②变动后新增的董事、高级管理人员来自原股东委派或发行人内部培养产生的，原则上不构成董事、高级管理人员的重大变化；③发行人管理层因退休、调任等原因发生岗位变化的，不轻易认定为重大变化；④国有企业在任职期内由于组织安排导致的变化，不轻易认定为重大变化。

实务操作过程中，董事长、总经理以及1/3以上董事、高级管理人员发生变更往往容易被认定为发生了重大的变化。

209. 如何认定只设执行董事公司改制后董事有无重大变化？

报告期内只设执行董事的有限责任公司整体变更为股份有限公司时，其经营决策机构由执行董事变更为董事会，由一人决策转为集体决策，此类公司应当自董事会设立后至少运行一年以上方可申请发行，目的在于判断此类公司组织形式的变化、决策机构和机制的变化是否会影响公司的经营业绩和可持续发展。

如果此类公司当时除设立执行董事外，还设有其他经营管理机构，机构设置合理且运行良好，并且当时的执行董事现时仍在公司管理层担任主要职务，其他主要管理人员现时仍在公司管理层任职，可以将执行董事与当时的经营管理层结合起来与现有的董事会成员、高级管理人员比较，除去因改制或章程修改所增加的人员，如果没有发生1/3以上人员变化，可以视为报告期内董事、高级管理人员未发生重大变化。

210. 首次公开发行股票获批后，董事、高级管理人员的变化是否影响上市？

首次公开发行股票获批后，发行人如出现了对公司的经营管理有重大影响的董事、高级管理人员的变化，应当暂缓或者暂停发行，并及时报告中国证监会，同时履行信息披露义务；出现不符合发行条件事项的，中国证监会将撤回核准决定，发行人需重新履行核准程序。

第二章
公司治理及规范运作

第一节　组织机构与公司章程

211. 股份有限公司应设立哪些组织机构?

股份有限公司应该设立股东大会、董事会、监事会、经理。

股东大会是股份有限公司的权力机构,由公司的投资者组成,这既体现了公司的投资者在公司中的地位,也体现了公司内部投资者和经营者之间的关系,公司其他机构必须服从、服务于股东大会。

董事会和经理组成公司的行政机构,其中,董事会是行政机构中的决策机构,经理是行政机构中的执行机构。监事会是公司的监督机构,接受股东大会的委托监督公司行政机构及其组成人员遵守法律、行政法规、公司章程和股东大会决定的职责。

拟上市公司应具有完善的公司治理结构,依法建立健全股东大会、董事会、监事会以及独立董事、董事会秘书,相关机构和人员能够依法履行职责。上市公司应在董事会中设立审计委员会、薪酬与考核委员会、提名委员会等专门委员会。

212. 股份有限公司章程应当载明哪些事项?

(1) 公司名称和住所。
(2) 公司经营范围。
(3) 公司设立方式。

（4）公司股份总数、每股金额和注册资本。

（5）发起人的姓名或者名称、认购的股份数、出资方式和出资时间。

（6）董事会的组成、职权和议事规则。

（7）公司法定代表人。

（8）监事会的组成、职权和议事规则。

（9）公司利润分配办法。

（10）公司的解散事由与清算办法。

（11）公司的通知和公告办法。

（12）股东大会会议认为需要规定的其他事项。

213. 修改公司章程应注意哪些事项？

股东应重视章程的作用，提高对制定或修改公司章程重要性的认识。章程是确定公司各方当事人权利、义务关系的基本法律文件，同时也是公司对外进行经营交往的基本依据。章程对公司股东、董事、监事、高级管理人员均具有约束力，对后加入的股东也具有法律效力。章程内容是股东之间的约定，只要意思表示真实，不违反法律法规的强制性规定，就是合法有效的。因此，制定或修改公司章程应充分考虑公司自身情况，对可以考虑到的易产生纠纷的情况进行清晰和详细规定，对法律没有规定或规定不够具体的内容进行细化和补充。章程的修改应按特别决议程序修改。上市公司制定、修改公司章程，应该严格遵守《上市公司章程指引》。

214. 国有上市公司章程中如何设置党建条款？

《关于在深化国有企业改革中坚持党的领导加强党的建设的若干意见》要求国有企业加强党的领导、加强党建工作，《关于全面推进法治央企建设的意见》明确中央企业应把加强党的领导和完善公司治理统一起来，明确党组织在公司治理结构中的法定地位，将党建工作总体要求纳入公司章程。国有上市公司可结合公司实际情况在章程中明确党建机构的设置、职权范围、履职程序等党建工作条款。例如：明确设立党委和公司纪委，纳入公司管理机构和编制，党组织工作经费纳入公司预算；规定党委参与公司重大问题的决策、研究决定公司重大人事任免，对董事会、总经理办公会拟决策的重大问题进行研究讨论，提出意见和建议等事项；公司纪委履行党纪党规教育，对党员领导干部行使权力进行监督，受理党员的控告和申诉，保障党员权利等职责。

第二节　股东大会

215. 股东大会有哪些职权？

（1）决定公司的经营方针和投资计划。

（2）选举和更换非由职工代表担任的董事、监事，决定有关董事、监事的报酬事项。

（3）审议批准董事会的报告。

（4）审议批准监事会的报告。

（5）审议批准公司的年度财务预算方案、决算方案。

（6）审议批准公司的利润分配方案和弥补亏损方案。

（7）对公司增加或者减少注册资本做出决议。

（8）对发行公司债券做出决议。

（9）对公司合并、分立、解散、清算或者变更公司形式做出决议。

（10）修改公司章程。

（11）公司章程规定的其他职权。

216. 股东大会会议由何人召集和主持？

股东大会会议由董事会召集，董事长主持；董事长不能履行职务或者不履行职务的，由副董事长主持；副董事长不能履行职务或者不履行职务的，由半数以上董事共同推举一名董事主持。董事会不能履行或者不履行召集股东大会会议职责的，监事会应当及时召集和主持；监事会不召集和主持的，连续90日以上单独或者合计持有公司10%以上股份的股东可以自行召集和主持。

217. 股东大会会议通知时间有何规定？

股东大会会议分为每年召开一次的年度股东大会会议和临时股东大会会议。召开股东大会会议，应当将会议召开的时间、地点和审议的事项于会议召开 20 日前通知各股东；临时股东大会应当于会议召开 15 日前通知各股东。

218. 在哪些情形下应当在两个月内召开临时股东大会？

（1）董事人数不足《公司法》规定人数或者公司章程所定人数的 2/3 时。

（2）公司未弥补的亏损达实收股本总额 1/3 时。

（3）单独或者合计持有公司 10% 以上股份的股东请求时。

（4）董事会认为必要时。

（5）监事会提议召开时。

（6）公司章程规定的其他情形。

219. 单独或者合计持有公司 10% 以上股份的股东请求召开临时股东大会的程序有哪些？

单独或者合计持有公司 10% 以上股份的股东向董事会请求召开临时股东大会，应当以书面形式向董事会提出。董事会应当根据法律、行政法规和公司章程的规定，在收到请求后 10 日内提出同意或不同意召开临时股东大会的书面反馈意见。

董事会同意召开临时股东大会的，应当在做出董事会决议后的 5 日内发出召开股东大会的通知，通知中对原请求的变更，应当征得相关股东的同意。

董事会不同意召开临时股东大会，或者在收到请求后 10 日内未做出反馈的，单独或者合计持有公司 10% 以上股份的股东有权向监事会提议召开临时股东大会，并应当以书面形式向监事会提出请求。

监事会同意召开临时股东大会的，应在收到请求 5 日内发出召开股东大会的通知，通知中对原请求的变更，应当征得相关股东的同意。监事会未在规定期限内发出股东大会通知的，视为监事会不召集和主持股东大会，连续 90 日以上单独或者合计持有公司 10% 以上股份的普通股股东可以自行召集和主持。

监事会或股东决定自行召集股东大会的，应当书面通知董事会，同时向公司所在地中国证监会派出机构和证券交易所备案。在股东大会决议公告前，召集普通股股东持股比例不得低于10%。监事会和召集股东应在发出股东大会通知及发布股东大会决议公告时，向公司所在地中国证监会派出机构和证券交易所提交有关证明材料。

220. 公司股东大会临时提案如何提出？

单独或者合计持有公司3%以上股份的股东，可以在股东大会召开10日前提出临时提案并书面提交召集人。召集人应当在收到提案后2日内发出股东大会补充通知，公告临时提案的内容。除前述规定的情形外，召集人在发出股东大会通知公告后，不得修改股东大会通知中已列明的提案或增加新的提案。

221. 股东大会决议在什么情况下生效？

股东出席股东大会会议，所持每一股份有一表决权，公司持有的本公司股份没有表决权。股东与股东大会拟审议事项有关联关系时，应当回避表决，其所持有表决权的股份不计入出席股东大会有表决权的股份总数。股东大会做出决议，必须经出席会议的股东所持表决权过半数通过。股东大会做出修改公司章程、增加或者减少注册资本的决议，以及公司合并、分立、解散或者变更公司形式的决议，必须经出席会议的股东所持表决权的2/3以上通过。

222. 公司股东大会特殊决议事项有哪些？普通决议事项有哪些？

股东大会特殊决议事项包括：修改公司章程、增加或者减少注册资本的决议，以及公司合并、分立、解散或者变更公司形式。普通决议事项主要为：决定公司的经营方针和投资计划，选举和更换非由职工代表担任的董事，监事及其报酬，审议批准董事会的报告，审议批准监事会或监事的报告，审议批准公司的年度财务预算方案及决算方案，审议批准公司的利润分配方案和弥补亏损方案，对公司发行公司债券做出决议及公司章程规定的其他事项。

第三节 董事会和监事会

223. 股份有限公司董事会有哪些职权?

(1) 召集股东大会,并向股东大会报告工作。
(2) 执行股东大会的决议。
(3) 决定公司的经营计划和投资方案。
(4) 制订公司的年度财务预算方案、决算方案。
(5) 制订公司的利润分配方案和弥补亏损方案。
(6) 制订公司增加或者减少注册资本以及发行公司债券的方案。
(7) 制订公司合并、分立、解散或者变更公司形式的方案。
(8) 决定公司内部管理机构的设置。
(9) 决定聘任或者解聘公司经理及其报酬事项,并根据经理的提名决定聘任或者解聘公司副经理、财务负责人及其报酬事项。
(10) 制定公司的基本管理制度。
(11) 公司章程规定的其他职权。

224. 股份有限公司董事是如何产生的?任期如何?

股份有限公司设立董事会,其成员为5至19人。董事会成员中可以有公司职工代表。董事会中的职工代表由公司职工通过职工代表大会、职工大会或者其他形式民主选举产生。非职工代表董事由股东大会选举产生。

董事任期由公司章程规定,但每届任期不得超过3年。董事任期届满,连选可以连任。

董事任期届满未及时改选,或者董事在任期内辞职导致董事会成员低于法定人数,在改选出的董事就任前,原董事仍应当依照法律、行政法规和公司章程的规定,履行董事职务。

225. 股份有限公司董事长是如何产生的?有哪些职权?

董事会设董事长一人,可以设副董事长。董事长和副董事长由董事会以全体董事的过半数选举产生。公司董事长职权范围包括：主持股东大会；召集、主持董事会会议；督促、检查董事会决议的执行；董事会授予的其他职权。董事会应谨慎授予董事长职权，例行或长期授权须在章程中明确规定。

226. 谁可以提议召开临时董事会会议？

董事会每年度至少召开两次会议，每次会议应当于会议召开10日前通知全体董事和监事。代表1/10以上表决权的股东、1/3以上董事或者监事会，可以提议召开董事会临时会议。董事长应当自接到提议后10日内，召集和主持董事会会议。董事会召开临时会议，可以另定召集董事会的通知方式和通知时限。

227. 董事会会议由谁召集和主持？

董事会会议由董事长召集和主持。董事长不能履行职务或者不履行职务的，由副董事长召集和主持。副董事长不能履行职务或者不履行职务的，由半数以上董事共同推举一名董事召集和主持。

228. 董事会会议必须有多少董事参加才能举行？多少董事同意才生效？

董事会会议应有过半数的董事出席方可举行。董事会做出决议，必须经全体董事的过半数通过。董事会决议的表决，实行一人一票制。

229. 公司董事会决议表决方式有哪些？

董事会决议表决方式通常为书面投票表决。董事会决议的表决，实行一人一票。董事会临时会议在保障董事充分表达意见的前提下，可以用通讯方式进行并做出决议，并由参会董事签字确认。

230. 在什么情况下董事应回避表决？

公司董事与董事会会议决议事项所涉及的企业有关联关系的，不得对该项决议行使表决权，也不得代理其他董事行使表决权。

231. 董事能否委托他人出席董事会？

董事应当亲自出席董事会会议，因故不能亲自出席董事会会议的，应当审慎选择并以书面形式委托其他董事代为出席，独立董事不得委托非独立董事代为出席会议。涉及表决事项的，委托人应当在委托书中明确对每一事项发表同意、反对或者弃权的意见。董事不得做出或者接受无表决意向的委托、全权委托或者授权范围不明确的委托。董事对表决事项的责任不因委托其他董事出席而免除。一名董事不得在一次董事会会议上接受超过两名董事的委托代为出席会议。在审议关联交易事项时，非关联董事不得委托关联董事代为出席会议。

232. 董事会运作应注意哪些事项？

（1）上市公司应当制定董事会议事规则，确保董事会规范、高效运作和审慎、科学决策。

（2）董事会的人数及人员构成应当符合有关法律、行政法规、部门规章、规范性文件、公司章程等的要求。

（3）上市公司可以根据公司章程或者股东大会决议，在董事会中设立专门委员会。公司章程中应当对专门委员会的组成、职责等做出规定。

（4）董事会会议应当严格按照董事会议事规则召集和召开，按规定事先通知所有董事，并提供充分的会议材料，包括会议议题的相关背景材料、独立董事事前认可情况等董事对议案进行表决所需的所有信息、数据和资料，及时答复董事提出的问询，在会议召开前根据董事的要求补充相关会议材料。董事会可以公开征集股东投票权，但不得采取有偿或者变相有偿的方式征集股东投票权。

（5）董事会会议记录应当真实、准确、完整，充分反映与会人员对所审议事项提出的意见，出席会议的董事、董事会秘书和记录人员应当在会议记录上签名。董事会会议记录应当作为上市公司重要档案妥善保存。

（6）《公司法》规定的董事会各项具体职权应当由董事会集体行使，不得授权他人行使，并不得以公司章程、股东大会决议等方式加以变更或者剥夺。公司章程规定的董事会其他职权,对于涉及重大业务和事项的,应当实行集体决策审批,不得授权单个或者几个董事单独决策。董事会可以授权董事会成员在会议闭会期间行使部分职权,但授权内容必须明确、具体,并对授权事项的执行情况进行持续监督。公司章程应当对授权的范围、权限、程序和责任做出具体规定。

233. 独立董事主要有哪些作用?

(1) 有利于公司的专业化运作。独立董事能利用其专业知识和经验为公司发展提供有建设性的建议,为董事会的决策提供参考意见,从而有利于公司提高决策水平,提高经营绩效。

(2) 有利于检查和评判。独立董事在评价总经理、高级管理人员等的绩效时能发挥非常积极的作用。独立董事相对于内部董事容易坚持客观的评价标准,并易于组织实施一个清晰的形式化的评价程序,从而避免内部董事"自己为自己打分",以最大限度地谋求股东利益。

(3) 有利于监督和约束。独立董事可以在监督总经理等高级管理人员方面发挥很重要的作用。

(4) 平衡大小股东之间的利益。独立董事由于在公司董事会中处于独立地位,不代表任何利益主体的利益,同时,在表决中被赋予了一定的特别权力,在利益主体之间有一定的平衡作用。

234. 独立董事需发表独立意见的事项有哪些?

(1) 提名、任免董事。

(2) 聘任、解聘高级管理人员。

(3) 董事、高级管理人员的薪酬。

(4) 公司现金分红政策的制定、调整、决策程序、执行情况及信息披露,以及利润分配政策是否损害中小投资者合法权益。

(5) 需要披露的关联交易、对外担保(不含对合并报表范围内子公司提供担保)、委托理财、对外提供财务资助、变更募集资金用途、公司自主变更会计政策、股票及其衍生品种投资等重大事项。

(6) 公司股东、实际控制人及其关联企业对公司现有或者新发生的总额高于 300 万元且高于公司最近经审计净资产值的 5% 的借款或者其他资金往来,以及公司是否采取有效措施回收欠款。

(7) 重大资产重组方案、股权激励计划。

(8) 公司拟决定其股票不再在深圳证券交易所交易,或者转而申请在其他交易场所交易或者转让。

(9) 独立董事认为有可能损害中小股东合法权益的事项。

(10) 有关法律、行政法规、部门规章、规范性文件、证券交易所业务规则及公司章程规定的其他事项。

235. 何种情况独立董事需出具事先认可意见?

独立董事发表的独立意见类型包括同意、保留意见及其理由、反对意见及其理由和无法发表意见及其障碍,所发表的意见应当明确、清楚。重大关联交易事项、聘用或解聘会计师事务所事项应由 1/2 以上独立董事同意后,由独立董事出具独立董事事前认可函,方能提交董事会讨论。

236. 董事会设立专门委员会有何要求?

上市公司应根据上市规则在董事会中设立审计委员会,可以根据公司章程或者股东大会决议,在董事会中设立薪酬与考核委员会、提名委员会等专门委员会。公司章程中应当对专门委员会的组成、职责等做出规定。

(1) 战略委员会的主要职责是对公司长期发展战略和重大投资决策进行研究并提出建议。

(2) 审计委员会的主要职责是:①提议聘请或更换外部审计机构;②监督公司的内部审计制度及其实施;③负责内部审计与外部审计之间的沟通;④审核公司的财务信息及其披露;⑤审查公司的内控制度。

(3) 提名委员会的主要职责是:①研究董事、经理人员的选择标准和程序并提出建议;②广泛搜寻合格的董事和经理人员的人选;③对董事候选人和经理人选进行审查并提出建议。

（4）薪酬与考核委员会的主要职责是：①研究董事与经理人员考核的标准，进行考核并提出建议；②研究和审查董事、高级管理人员的薪酬政策与方案。

专门委员会成员全部由董事组成，其中，审计委员会、提名委员会、薪酬与考核委员会中独立董事应占多数并担任召集人，审计委员会中至少应有一名独立董事是会计专业人士。

237. 公司监事会如何组成？其职权范围是什么？

股份有限公司设监事会，其成员不得少于三人。监事会应当包括股东代表和适当比例的公司职工代表，其中，职工代表的比例不得低于1/3，具体比例由公司章程规定。监事会中的职工代表由公司职工通过职工代表大会、职工大会或者其他形式民主选举产生。董事、高级管理人员不得兼任监事。

监事会的职权包括：

（1）检查公司财务。

（2）对董事、高级管理人员执行公司职务的行为进行监督，对违反法律、行政法规、公司章程或者股东大会决议的董事、高级管理人员提出罢免的建议。

（3）当董事、高级管理人员的行为损害公司的利益时，要求董事、高级管理人员予以纠正。

（4）提议召开临时股东大会会议，在董事会不履行《公司法》规定的召集和主持股东大会会议职责时召集和主持股东大会会议。

（5）向股东大会会议提出提案。

（6）对董事、高级管理人员依法提起诉讼。

（7）公司章程规定的其他职权。

监事可以列席董事会会议，并对董事会决议事项提出质询或者建议。监事会发现公司经营情况异常，可以进行调查，必要时，可以聘请会计师事务所等协助其工作，费用由公司承担。

238. 监事会由何人召集和主持？

监事会每六个月至少召开一次会议，监事可以提议召开临时监事会会议。监事会主席召集和主持监事会会议；监事会主席不能履行职务或者不履行职务的，由监事会副主席召集和主持监事会会议；监事会副主席不能履行职务或者不履行职务的，由半数以上监事共同推举一名监事召集和主持监事会会议。

239. 股份有限公司监事会运作中应注意哪些事项？

（1）上市公司监事会应当向全体股东负责，对公司财务以及公司董事、经理和其他高级管理人员履行职责的合法合规性进行监督，维护公司及股东的合法权益。

（2）上市公司应当采取有效措施保障监事的知情权，为监事正常履行职责提供必要的协助，任何人不得干预、阻挠。

（3）监事会成员应当确保监事会能够独立有效地行使对董事、高级管理人员以及上市公司财务监督和检查的权利。

（4）监事会会议记录应当真实、准确、完整，充分反映与会人员对所审议事项提出的意见，出席会议的监事和记录人员应当在会议记录上签字。监事会会议记录应当作为上市公司重要档案妥善保存。

（5）监事会应当提出书面审核意见，说明董事会对定期报告的编制和审核程序是否符合法律、行政法规、中国证监会和深圳证券交易所的规定，报告的内容是否能够真实、准确、完整地反映上市公司的实际情况。

第四节　董事、监事和高级管理人员
任职资格、责任与权利

240. 董事、监事、经理任职资格有哪些？不具备任职资格该如何处理？

有下列情形之一的，不得担任公司的董事、监事、高级管理人员：

（1）无民事行为能力或者限制民事行为能力。

（2）因贪污、贿赂、侵占财产、挪用财产或者破坏社会主义市场经济秩序，被判处刑罚，执行期满未逾5年，或者因犯罪被剥夺政治权利，执行期满未逾5年。

（3）担任破产清算的公司、企业的董事或者厂长、经理，对该公司、企业的破产负有个人责任的，自该公司、企业破产清算完结之日起未逾3年。

（4）担任因违法被吊销营业执照、责令关闭的公司、企业的法定代表人，并负有个人责任的，自该公司、企业被吊销营业执照之日起未逾3年。

（5）个人所负数额较大的债务到期未清偿。

（6）被中国证监会采取证券市场禁入措施的人员，且在禁入期间。

公司违反上述规定选举、委派董事、监事或者聘任高级管理人员的，该选举、委派或者聘任无效。董事、监事、高级管理人员在任职期间出现上述所列情形的，公司应当解除其职务。

241. 对发行人高级管理人员任职有何规定？

发行人的总经理、副总经理、财务负责人和董事会秘书等高级管理人员不得在控股股东、实际控制人及其控制的其他企业中担任除董事、监事以外的其他职务，不得在控股股东、实际控制人及其控制的其他企业领薪；发行人的财务人员不得在控股股东、实际控制人及其控制的其他企业中兼职。发行人的董事、监事和高级管理人员已经了解与股票发行上市有关的法律法规，知悉上市公司及其董事、监事和高级管理人员的法定义务和责任。

发行人的董事、监事和高级管理人员应符合法律、行政法规和规章规定的任职资格，且不得有下列情形：被中国证监会采取证券市场禁入措施尚在禁入期的；最近36个月内受到中国证监会行政处罚，或者最近12个月内受到证券交易所公开谴责；因涉嫌犯罪被司法机关立案侦查或者涉嫌违法违规被中国证监会立案调查，尚未有明确结论意见。

242. 董事的法定义务和责任有哪些?

董事应当遵守法律、行政法规和公司章程，对公司负有忠实义务和勤勉义务。董事不得利用职权收受贿赂或者其他非法收入，不得侵占公司的财产。

董事应当遵守法律、行政法规和公司章程，对公司负有忠实义务，不得有下列行为：①挪用公司资金；②将公司资金以其个人名义或者以其他个人名义开立账户存储；③违反公司章程的规定，未经股东大会或者董事会同意，将公司资金借贷给他人或者以公司财产为他人提供担保；④违反公司章程的规定或者未经股东大会同意，与本公司订立合同或者进行交易；⑤未经股东会或者股东大会同意，利用职务便利为自己或者他人谋取属于公司的商业机会，自营或者为他人经营与所任职公司同类的业务；⑥接受他人与公司交易的佣金归为己有；⑦擅自披露公司秘密；⑧利用其关联关系损害公司利益；⑨违反法律、行政法规、部门规章及公司章程规定的其他忠实义务。董事违反忠实义务所得的收入，应当归公司所有；给公司造成损失的，应当承担赔偿责任。

董事应当遵守法律、行政法规和公司章程，对公司负有下列勤勉义务：①应谨慎、认真、勤勉地行使公司赋予的权利，以保证公司的商业行为符合国家法律、行政法规以及国家各项经济政策的要求，商业活动不超过营业执照规定的业务范围；②应公平对待所有股东；③及时了解公司业务经营管理状况；④应当对公司定期报告签署书面确认意见，保证公司所披露的信息真实、准确、完整；⑤应当如实向监事会提供有关情况和资料，不得妨碍监事会或者监事行使职权；⑥法律、行政法规、部门规章及公司章程规定的其他勤勉义务。

董事连续两次未能亲自出席，也不委托其他董事出席董事会会议，视为不能履行职责，董事会应当建议股东大会予以撤换。

董事执行公司职务时违反法律、行政法规或者公司章程的规定，给公司造成损失的，应当承担赔偿责任。

董事应当对公司定期报告签署书面确认意见，保证上市公司所披露的信息真实、准确、完整。发行人、上市公司公告的招股说明书、财务会计报告、定期报告等信息披露资料，有虚假记载、误导性陈述或者重大遗漏，致使投资者在证券交易中遭受损失的，董事应当与发行人、上市公司承担连带赔偿责任，但是能够证明自己没有过错的除外。

发行人、上市公司未按照规定披露信息，或者所披露的信息有虚假记载、误导性陈述或者重大遗漏的，未按照规定报送有关报告，或者报送的报告有虚假记载、误导性陈述或者重大遗漏的，对应负责任的董事给予警告，并处以3万元以上30万元以下的罚款。

243. 监事的法定义务和责任有哪些？

监事应当遵守法律、行政法规和公司章程，对公司负有忠实义务和勤勉义务。监事不得利用职权收受贿赂或者其他非法收入，不得侵占公司的财产。

《公司法》对监事的忠实及勤勉义务的禁止性行为未进行列举，对于监事的忠实及勤勉义务，如果章程有规定的，依据章程规定，章程没有规定的，可参照适用董事忠实及勤勉义务的相关规定。

监事执行公司职务时违反法律、行政法规或者公司章程的规定，给公司造成损失的，应当承担赔偿责任。

监事应当对董事会编制的公司定期报告进行审核并提出书面审核意见，保证上市公司所披露的信息真实、准确、完整。若发行人、上市公司违反信息披露义务，存在所披露的信息有虚假记载、误导性陈述或者重大遗漏等行为，应负责任的监事应当与发行人、上市公司对投资者承担连带赔偿责任，并将受到警告、罚款。

244. 经理的法定义务和责任有哪些？

经理应当遵守法律、行政法规和公司章程，对公司负有忠实义务和勤勉义务。经理不得利用职权收受贿赂或者其他非法收入，不得侵占公司的财产。

（1）董事的忠实义务适用于经理，经理应当遵守法律、行政法规和公司章程，对公司负有下列勤勉义务：①应当对公司定期报告签署书面确认意见，保证公司所披露的信息真实、准确、完整；

②应当如实向监事会提供有关情况和资料,不得妨碍监事会或者监事行使职权;③法律、行政法规、部门规章及公司章程规定的其他勤勉义务。

(2)经理由董事会决定聘任或者解聘,对董事会负责,行使下列职权:①主持公司的生产经营管理工作,组织实施董事会决议;②组织实施公司年度经营计划和投资方案;③拟订公司内部管理机构设置方案;④拟订公司的基本管理制度;⑤制定公司的具体规章;⑥提请聘任或者解聘公司副经理、财务负责人;⑦决定聘任或者解聘除应由董事会决定聘任或者解聘以外的负责管理人员;⑧董事会授予的其他职权。

公司章程对股份公司经理职权另有规定的,从其规定。经理列席董事会会议。

经理执行公司职务时违反法律、行政法规或者公司章程的规定,给公司造成损失的,应当承担赔偿责任。

经理应当对公司定期报告签署书面确认意见,保证公司所披露的信息真实、准确、完整。若发行人、上市公司违反信息披露义务,存在所披露的信息有虚假记载、误导性陈述或者重大遗漏等行为,应负责任的经理应当与发行人、上市公司对投资者承担连带赔偿责任,并会受到警告、罚款。

245. 独立董事的任职资格有什么特殊要求?谁可以提名独立董事?

(1)独立董事应符合以下特殊要求及特殊规定:①取得深圳证券交易所或上海证券交易所颁发的独立董事任职资格证书。②具有《关于在上市公司建立独立董事制度的指导意见》所要求的独立性,即独立董事必须在人格、经济利益、产生程序、行权等方面独立,不受控股股东和公司管理层的限制。③具备上市公司运作的基本知识,熟悉相关法律、行政法规、规章及规则,其中,以会计专业人士身份被提名的独立董事候选人,应当具备丰富的会计专业知识和经验,并至少符合下列条件之一:一是具备注册会计师资格;二是具有会计、审计或者财务管理专业的高级职称、副教授或以上职称、博士学位。④具有 5 年以上法律、经济或者其他履行独立董事职责所必需的工作经验。⑤《中华人民共和国公务员法》的相关规定（如适用）。⑥中共中央纪委《关于规范中管干部辞去公职或者退（离）休后担任上市公司、基金管理公司独立董事、独立监事的通知》的相关规定（如适用）。⑦中共中央组织部《关于进一步规范党政领导干部在企业兼职（任职）问题的意见》的相关规定（如适用）。⑧中共中央纪委、教育部、监察部《关于加强高等学校反腐倡廉建设的意见》的相关规定（如适用）。⑨中国人民银行《股份制商业银行独立董事和外部监事制度指引》等的相关规定（如适用）。⑩中国证监会《证券公司董事、监事和高级管理人员任职资格监管办法》等的相关规定（如适用）。⑪中国银保监会《银行业金融机构董事（理事）和高级管理人员任职资格管理办法》《融资性担保公司董事、监事、高级管理人员任职资格管理暂行办法》等的相关规定（如适用）。⑫中国银保监会《保险机构独立董事管理办法》（银保监发〔2018〕35 号）等的相关规定（如适用）。⑬公司章程规定的其他要求。

除不得有《公司法》等相关法律法规规定中有关不得担任公司董事的情形外，存在下列情形之一的人员，不得担任独立董事：①在上市公司或者其附属企业任职的人员及其直系亲属和主要社会关系。②直接或间接持有上市公司已发行股份 1% 以上或者是上市公司前 10 名股东中的自然人股东及其直系亲属。③在直接或间接持有上市公司已发行股份 5% 以上的股东单位或者在上市公司前 5 名股东单位任职的人员及其直系亲属。④在上市公司控股股东、实际控制人及其附属企业任职的人员及其直系亲属。⑤为上市公司及其控股股东或者其各自附属企业提供财务、法律、咨询等服务的人员，包括但不限于提供服务的中介机构的项目组全体人员、各级复核人员、在报告上签字的人员、合伙人及主要负责人。⑥在与上市公司及其控股股东、实际控制人或者其各自的附属企业有重大业务往来的单位任职，或者在有重大业务往来单位的控股股东单位任职。⑦最近 12 个月内曾经具有前 6 项所列情形之一的人员。⑧最近 12 个月内，独立董事候选人、其任职及曾任职的单位存在其他影响其独立性情形的人员。⑨被中国证监会采取证券市场禁入措施，且仍处于禁入期的。⑩被证券交易所公开认定不适合担任上市公司董事、监事和高级管理人员，期限尚未届满的。⑪最近36个月内因证券期货违法犯罪，受到中国证监会行政处罚或者司法机关刑事处罚的。⑫因涉嫌证券期货违法犯罪，被中国证监会立案调查或者被司法机关立案侦查，尚未有明确结论意见的。⑬最近36个月内受到证券交易所公开谴责或3次以上通报批评的。⑭作为失信惩戒对象等被国家发改委等部委认定限制担任上市公司董事职务的。⑮在过往任职独立董事期间因连续3次未亲自出席董事会会议或者因连续两次未能亲自出席也不委托其他董事出席董事会会议被董事会提请股东大会予以撤换，未满12个月的。⑯公司章程规定的其他人员。⑰交易所认定的其他情形。

（2）独立董事的提名、选举和更换应当依法、规范地进行。上市公司董事会、监事会、单独或者合并持有上市公司已发行股份1%以上的股东可以提出独立董事候选人，并经股东大会选举决定。独立董事每届任期与该上市公司其他董事任期相同，任期届满，连选可以连任，但是连任时间不得超过6年。

246. 独立董事的权利义务是什么？

独立董事除了应当具有《公司法》和其他相关法律、法规赋予董事的职权外，上市公司还应当赋予独立董事以下特别职权：

（1）重大关联交易应由独立董事认可后，提交董事会讨论。独立董事做出判断前，可以聘请中介机构出具独立财务顾问报告，作为其判断的依据。

（2）向董事会提议或解聘会计师事务所。

（3）向董事会提请召开临时股东大会。

（4）提议召开董事会。

（5）独立聘请外部审计机构和咨询机构。

（6）可以在股东大会召开前公开向股东征集投票权。

独立董事除了履行上述职责外，还应当对有关法律、行政法规、部门规章、规范性文件、深圳证券交易所业务规则及公司章程规定的事项向董事会或股东大会发表独立意见。

247. 董事会秘书如何产生？有什么职责？

董事会秘书由董事会聘任和解聘，公司董事或者其他高级管理人员可以兼任公司董事会秘书，董事会秘书应当由上市公司董事、副总经理、财务负责人或公司章程规定的其他高级管理人员担任。

根据上市规则，董事会秘书对公司和董事会负责，履行如下职责：（1）负责公司信息披露事务，协调公司信息披露工作，组织制定公司信息披露事务管理制度，督促公司及相关信息披露义务人遵守信息披露相关规定。（2）负责公司投资者关系管理和股东资料管理工作，协调公司与证券监管机构、股东及实际控制人、保荐机构、证券服务机构、媒体等之间的信息沟通。（3）组织筹备董事会会议和股东大会，参加股东大会、董事会会议、监事会会议及高级管理人员相关会议，负责董事会会议记录工作并签字确认。（4）负责公司信息披露的保密工作，在未公开重大信息出现泄露时，及时向交易所报告并公告。（5）关注媒体报道并主动求证真实情况，督促董事会及时回复交易所所有问询。（6）组织董事、监事和高级管理人员进行证券法律法规、股票上市规则及相关规定的培训，协助前述人员了解各自在信息披露中的权利和义务。（7）督促董事、监事和高级管理人员遵守法律、法规、规章、规范性文件、股票上市规则、交易所其他相关规定及公司章程，切实履行其所做出的承诺；在知悉公司做出或可能做出违反有关规定的决议时，应予以提醒并立即如实地向交易所报告。（8）《公司法》《证券法》以及中国证监会和交易所要求履行的其他职责。

248.《刑法》对上市公司的董事、监事、高级管理人员行为有何规定？

（1）依法负有信息披露义务的公司、企业向股东和社会公众提供虚假的或者隐瞒重要事实的财务会计报告，或者对依法应当披露的其他重要信息不按照规定披露，严重损害股东或者其他人利益，或者有其他严重情节的，对其直接负责的主管人员和其他直接责任人员，处 3 年以下有期徒刑或者拘役，并处或者单处 2 万元以上 20 万元以下罚金。

（2）上市公司的董事、监事、高级管理人员违背对公司的忠实义务，利用职务便利，操纵上市公司从事下列行为之一，致使上市公司利益遭受重大损失的，处 3 年以下有期徒刑或者拘役，并处或者单处罚金；致使上市公司利益遭受特别重大损失的，处 3 年以上 7 年以下有期徒刑，并处罚金：①无偿向其他单位或者个人提供资金、商品、服务或者其他资产的；②以明显不公平的条件，提供或者接受资金、商品、服务或者其他资产的；③向明显不具有清偿能力的单位或者个人提供资金、商品、服务或者其他资产的；④为明显不具有清偿能力的单位或者个人提供担保，或者无正当理由为其他单位或者个人提供担保的；⑤无正当理由放弃债权、承担债务的；⑥采用其他方式损害上市公司利益的。

（3）证券、期货交易内幕信息的知情人员或者非法获取证券、期货交易内幕信息的人员，在涉及证券的发行，证券、期货交易或者其他对证券、期货交易价格有重大影响的信息尚未公开前，买入或者卖出该证券，或者从事与该内幕信息有关的期货交易，或者泄露该信息，或者明示、暗示他人从事上述交易活动，情节严重的，处 5 年以下有期徒刑或者拘役，并处或者单处违法所得 1 倍以上 5 倍以下罚金；情节特别严重的，处 5 年以上 10 年以下有期徒刑，并处违法所得 1 倍以上 5 倍以下罚金。

249. 高级管理人员兼职应符合什么要求？

发行人的总经理、副总经理、财务负责人和董事会秘书等高级管理人员不得在控股股东、实际控制人及其控制的其他企业中担任除董事、监事以外的其他职务，不得在控股股东、实际控制人及其控制的其他企业领薪；发行人的财务人员不得在控股股东、实际控制人及其控制的其他企业中兼职。

上市公司人员应独立于控股股东。上市公司的经理人员、财务负责人、营销负责人和董事会秘书在控股股东单位不得担任除董事以外的其他职务。

上市公司的总经理必须专职，总经理在集团等控股股东单位不得担任除董事以外的其他行政职务，总经理及高层管理人员（副总经理、财务主管和董事会秘书）必须在上市公司领薪，不得由控股股东代发薪水。

未经股东大会同意，国有资本控股、国有资本参股公司的董事、高级管理人员不得在经营同类业务的其他企业兼职，因此，上市公司为国有控股公司的，须遵守上述规定。

上市公司的董事长可以兼任总经理。未经股东大会同意，国有资本控股上市公司的董事长不得兼任经理。

第五节 行为规范

250. 重大违法行为审核标准是什么？

根据《首次公开发行股票并上市管理办法》，发行人最近36个月内不得存在违反工商、税收、土地、环保、海关以及其他法律、行政法规，受到行政处罚，且情节严重的情形。根据《创业板首发管理办法》，发行人及其控股股东、实际控制人最近3年内不得存在损害投资者合法权益和社会公共利益的重大违法行为。

重大违法行为，是指发行人及其控股股东、实际控制人违反国家法律、行政法规，受到刑事处罚或情节严重行政处罚的行为，中小企业板与创业板的审核标准保持一致。

认定重大违法行为应考虑以下因素：

（1）存在贪污、贿赂、侵占财产、挪用财产或者破坏社会主义市场经济秩序等刑事犯罪，原则上应认定为重大违法行为。

（2）被处以罚款以上行政处罚的违法行为，如有以下情形之一且中介机构出具明确核查结论的，可以不认定为重大违法：①违法行为显著轻微、罚款数额较小；②相关处罚依据未认定该行为属于情节严重；③有权机关证明该行为不属于重大违法，但违法行为导致严重环境污染、重大人员伤亡、社会影响恶劣等并被处以罚款以上行政处罚的，不适用上述情形。

（3）发行人合并报表范围内的各级子公司，若对发行人主营业务收入或净利润不具有重要影响（占比不超过5%），其违法行为可不视为发行人本身存在相关情形，但其违法行为导致严重环境污染、重大人员伤亡或社会影响恶劣的除外。

（4）最近三年重大违法行为的起算时点，从刑罚执行完毕或行政处罚执行完毕之日起计算。

（5）保荐机构和发行人律师应对发行人及其控股股东、实际控制人是否存在上述事项进行核查，并对是否构成重大违法行为及发行上市的法律障碍发表明确意见。

251. 三年前的违法违规行为是否影响上市？

这需要结合违法违规行为的性质及其重要程度进行综合判断。比如，因违法违规受到海关、税收、环保等部门的行政处罚，三年之后一般不会构成上市障碍，但是重大出资不实或虚假出资并对公司现状仍有重大影响的违法行为，即使三年之后也会对上市构成障碍。

252. 中小企业板对发行人行为规范有何要求？

（1）发行人已经依法建立健全股东大会、董事会、监事会、独立董事、董事会秘书制度，相关机构和人员能够依法履行职责。

（2）发行人的董事、监事和高级管理人员已经了解与股票发行上市有关的法律法规，知悉上市公司及其董事、监事和高级管理人员的法定义务和责任。

（3）发行人的董事、监事和高级管理人员符合法律、行政法规和规章规定的任职资格，且不得有下列情形：①被中国证监会采取证券市场禁入措施尚在禁入期的；②最近36个月内受到中国证监会行政处罚，或者最近12个月内受到证券交易所公开谴责；③因涉嫌犯罪被司法机关立案侦查或者涉嫌违法违规被中国证监会立案调查，尚未有明确结论意见。

（4）发行人的内部控制制度健全且被有效执行，能够合理保证财务报告的可靠性、生产经营的合法性、营运的效率与效果。

（5）发行人及其控股股东、实际控制人最近三年内不存在损害投资者合法权益和社会公共利益的重大违法行为。发行人不得有下列情形：①最近36个月内未经法定机关核准，擅自公开或者变相公开发行过证券；或者有关违法行为虽然发生在36个月前，但目前仍处于持续状态；②最近36个月内违反工商、税收、土地、环保、海关以及其他法律、行政法规，受到行政处罚，且情节严重；③最近36个月内曾向中国证监会提出发行申请，但报送的发行申请文件有虚假记载、误导性陈述或重大遗漏，或者不符合发行条件以欺骗手段骗取发行核准，或者以不正当手段干扰中国证监会及其发行审核委员会审核工作，或者伪造、变造发行人或其董事、监事、高级管理人员的签字、盖章；④本次报送的发行申请文件有虚假记载、误导性陈述或者重大遗漏；⑤涉嫌犯罪被司法机关立案侦查，尚未有明确结论意见；⑥严重损害投资者合法权益和社会公共利益的其他情形。

（6）发行人的公司章程中已明确对外担保的审批权限和审议程序，不存在为控股股东、实际控制人及其控制的其他企业进行违规担保的情形。

（7）发行人有严格的资金管理制度，不得有资金被控股股东、实际控制人及其控制的其他企业以借款、代偿债务、代垫款项或者其他方式占用的情形。

253. 创业板对发行人行为规范有何要求？

（1）发行人具有完善的公司治理结构，依法建立健全股东大会、董事会、监事会以及独立董事、董事会秘书、审计委员会制度，相关机构和人员能够依法履行职责。

发行人应当建立健全股东投票计票制度，建立发行人与股东之间的多元化纠纷解决机制，切实保障投资者依法行使收益权、知情权、参与权、监督权、求偿权等股东权利。

（2）发行人会计基础工作规范、财务报表的编制和披露符合企业会计准则和相关信息披露规则的规定，在所有重大方面公允地反映了发行人的财务状况、经营成果和现金流量，并由注册会计师出具无保留意见的审计报告。

（3）发行人内部控制制度健全且被有效执行，能够合理保证公司运行效率、合法合规和财务报告的可靠性，并由注册会计师出具无保留结论的内部控制鉴证报告。

（4）发行人的董事、监事和高级管理人员应当忠实、勤勉，具备法律、行政法规和规章规定的资格，且不存在下列情形：①被中国证监会采取证券市场禁入措施尚在禁入期的；②最近三年内受到中国证监会行政处罚，或者最近一年内受到证券交易所公开谴责的；③因涉嫌犯罪被司法机关立案侦查或者涉嫌违法违规被中国证监会立案调查，尚未有明确结论意见的。

（5）发行人及其控股股东、实际控制人最近三年内不存在损害投资者合法权益和社会公共利益的重大违法行为。

发行人及其控股股东、实际控制人最近三年内不存在未经法定机关核准，擅自公开或者变相公开发行证券，或者有关违法行为虽然发生在三年前，但目前仍处于持续状态的情形。

254. 对环保问题有何要求？

环保问题与发行人的生产经营活动相关，发行人在生产经营过程中应遵守相关环保法律法规的要求，报告期内，不能存在违反环保法律法规而受到重大行政处罚的情形。具体要求包括但不限于以下：

（1）建设项目应当履行完整的环评手续，未经环评不得开工建设。建设项目需要配套建设的环境保护设施，必须与主体工程同时设计、同时施工、同时投产使用。配套建设的环境保护设施需经验收合格，方可投入生产或者使用。建设项目投入生产或者使用后，需开展环境影响后评价。发行人需确保环境保护设施真实、有效运转。

（2）对于纳入固定污染源排污许可分类管理名录的企业事业单位和其他生产经营者，应当按照规定的时限申请并取得排污许可证；未纳入固定污染源排污许可分类管理名录的排污单位，暂不需申请排污许可证。发行人日常生产经营的污染物排放不得超过相关主管部门规定的排放标准，重点污染物的排放不得超过重点污染物排放总量控制指标。

（3）在中华人民共和国领域和中华人民共和国管辖的其他海域，直接向环境排放大气污染物、水污染物、固体废物和噪声四种应税污染物的企业事业单位和其他生产经营者应当向税务机关申报缴纳环境保护税，同时不再征收排污费。

（4）如发行人生产产生工业固体废物，必须向主管部门进行工业固体废物的申报登记。

（5）如发行人从事危险废物收集、贮存、处置的经营活动，应当领取危险废物经营许可证。

（6）发行人要建立健全环保内控制度，制定突发环境事件应急预案，重点排污单位应当如实向社会公开其主要污染物的名称、排放方式、排放浓度和总量、超标排放情况，以及防治污染设施的建设和运行情况，接受社会监督。

（7）保荐机构和发行人律师应该核查发行人是否发生环保事故或重大群体性的环保事件以及有关公司环保的媒体报道。

目前，有关环保问题的主要审核内容有：①招股说明书是否详细披露发行人生产经营中涉及环境污染的具体环节、主要污染物名称及排放量、主要处理设施及处理能力；报告期内发行人环保投资和相关费用成本支出情况，环保设施实际运行情况，报告期内环保投入、环保相关成本费用是否与处理公司生产经营所产生的污染相匹配；募投项目所采取的环保措施及相应的资金来源和金额等；公司生产经营与募集资金投资项目是否符合国家和地方环保要求，发行人若发生环保事故或受到行政处罚的，应披露原因、经过等具体情况，发行人是否构成重大违法行为，整改措施及整改后是否符合环保法律法规的有关规定。②保荐机构和发行人律师是否对发行人的环保问题进行详细核查，包括是否符合国家环保要求，已建项目和已经开工的在建项目是否履行环评手续，发行人排污达标检测情况和环保部门的现场检查情况，发行人是否发生环保事故或重大群体性的环保事件，有关发行人环保的媒体报道，发行人有关污染处理设施的运转是否正常有效，有关环保投入、环保设施及日常治污费用是否与处理公司生产经营所产生的污染相匹配等。③在对发行人全面系统核查基础上，保荐机构和发行人律师应对发行人生产经营总体是否符合国家和地方环保法规和要求发表明确意见，发行人曾发生环保事故或因环保问题受到处罚的，除详细披露相关情况外，保荐机构和发行人律师还需要对其是否构成重大违法行为发表意见。

255. 对发行人劳动与社会保障问题有何要求？

（1）自用工之日起即与劳动者建立劳动关系，订立书面劳动合同，履行劳动合同约定的义务。

（2）如有劳动派遣用工，只能在临时性、辅助性或者替代性的工作岗位上使用派遣劳动者，并且使用的被派遣劳动者数量不得超过用工总量的10%。

（3）发行人需依法按时为符合条件的员工缴纳基本养老保险、基本医疗保险、工伤保险、失业保险、生育保险五种社会保险，并且要按照法定的缴纳基数与比例缴纳。

（4）发行人录用职工的，应当自录用之日起30日内到住房公积金管理中心办理缴存登记，职工和单位住房公积金的缴存比例均不得低于职工上一年度月平均工资的5%，不得逾期缴存或者少缴。

（5）发行人制定的劳动规章制度不得违反法律法规规定，发行人需按照劳动合同的约定或者国家规定及时足额支付劳动报酬，实行同工同酬，不得低于当地最低工资标准。

（6）劳动者每日工作时间不超过八小时、平均每周工作时间不超过四十四小时，发行人应当保证劳动者每周至少休息一日。发行人不得强迫或者变相强迫劳动者加班，由于生产经营需要，经与工会和劳动者协商后可以延长工作时间，一般每日不得超过一小时；因特殊原因需要延长工作时间的，在保障劳动者身体健康的条件下延长工作时间每日不得超过三小时，但是每月不得超过三十六小时。安排加班的，应当按照国家有关规定向劳动者支付加班费。

（7）发行人必须为劳动者提供符合国家规定的劳动安全卫生条件和必要的劳动防护用品，对从事有职业危害作业的劳动者应当定期进行健康检查。

就社会保险与住房公积金问题，从目前审核实践看，监管部门要求发行人说明并披露包括发行人母公司和所有子公司办理社会保险和缴纳住房公积金的员工人数、未缴纳员工人数及原因、企业与个人缴纳比例、办理社会保险和住房公积金的起始日期、是否存在补缴的情形。如补缴，说明补缴的金额与措施，分析补缴对发行人的持续经营可能造成的影响，揭示相关风险，并披露应对方案。保荐机构及律师应对缴纳情况进行核查，并对未依法缴纳是否构成重大违法行为出具明确意见。

对于未能为少量员工缴纳社会保险和住房公积金的企业，应做到如下几点：（1）核实并说明未能缴纳的原因；（2）取得当地社会保险和住房公积金管理部门出具的无违法违规证明文件；（3）控股股东或实际控制人承诺，如需补缴，由控股股东或实际控制人承担相关补缴的义务和被处以罚款的相关经济责任等；（4）在申报材料中说明应缴未缴金额对报告期净利润等财务指标的影响；（5）在初审会前尽可能为符合条件的全体员工按照规定办理社保和公积金缴存手续。

256. 如何规范劳务派遣用工问题？

（1）劳务派遣单位应取得"劳务派遣经营许可证"。

（2）用人单位或者其所属单位出资或者合伙设立的劳务派遣单位，不得向本单位或者所属单位派遣劳动者。

（3）被派遣劳动者享有与用工单位的劳动者同工同酬的权利。用工单位应当按照同工同酬原则，对被派遣劳动者与本单位同类岗位的劳动者实行相同的劳动报酬分配办法。用工单位无同类岗位劳动者的，参照用工单位所在地相同或者相近岗位劳动者的劳动报酬确定。

（4）劳务派遣单位应为劳务派遣工依法缴纳社会保险。劳务派遣单位跨地区派遣劳动者的，应当在用工单位所在地为被派遣劳动者参加社会保险，按照用工单位所在地的规定缴纳社会保险费，被派遣劳动者按照国家规定享受社会保险待遇。

（5）劳动合同用工是我国的企业基本用工形式。劳务派遣用工

第四部分　股票发行审核——规范性审核

是补充形式，只能在临时性、辅助性或者替代性的工作岗位上实施。临时性工作岗位是指存续时间不超过 6 个月的岗位；辅助性工作岗位是指为主营业务岗位提供服务的非主营业务岗位；替代性工作岗位是指用工单位的劳动者因脱产学习、休假等原因无法工作的一定期间内，可以由其他劳动者替代工作的岗位。

（6）被派遣劳动者数量不得超过用工单位用工总量的 10%。

257. 对拟 IPO 企业的劳务外包需要关注哪些方面的内容？

部分拟 IPO 企业存在将较多的劳务活动交由专门劳务外包公司实施的情况，对于劳务外包，应当充分关注以下方面：

（1）劳务公司的经营合法合规性，比如其是否具备必要的专业资质，是否遵循国家环保、税务、劳动保障等法律法规的相关规定。

（2）劳务公司是否专门或主要为发行人服务，如存在主要为发行人服务的情形，应关注其合理性、必要性、关联关系的认定及披露是否真实、准确、完整。中介机构对于该类情形应当从实质重于形式角度按关联方的相关要求进行核查，并特别考虑其按规范运行的经营成果对发行人财务数据的影响，以及对发行人是否符合发行条件的影响。

（3）劳务公司的构成及变动情况，劳务外包合同的主要内容，劳务数量及费用变动是否与发行人经营业绩相匹配，劳务费用定价是否公允，是否存在跨期核算情形。

中介机构应当就上述方面进行充分论证，并发表专项核查意见。

第三章
内部控制

258. 有关财务内控有效性方面应如何掌握?

部分首发企业在提交申报材料的审计截止日前存在财务内控不规范情形,如为满足贷款银行受托支付要求,在无真实业务支持情况下,通过供应商等取得银行贷款或为客户提供银行贷款资金走账通道(简称"转贷"行为);向关联方或供应商开具无真实交易背景的商业票据,进行票据贴现后获得银行融资;与关联方或第三方直接进行资金拆借;通过关联方或第三方代收货款;利用个人账户对外收付款项;出借公司账户为他人收付款项等。保荐机构在上市辅导期间,应会同申报会计师、律师,要求发行人严格按照现行法规、规则、制度要求对涉及问题进行整改或纠正,在提交申报材料前强化发行人内部控制制度建设及执行有效性检查。

首发企业申请上市成为公众公司,需要建立、完善并严格实施相关财务内部控制制度,保护中小投资者合法权益。拟上市公司在报告期内作为非公众公司,在财务内控方面存在上述不规范情形的,要在申报前,通过中介机构上市辅导完成整改(如收回资金等措施)和相关内控制度建设,达到与上市公司要求一致的财务内控水平。

对首次申报审计截止日前报告期内存在的财务内控不规范情形,中介机构应根据有关情形发生的原因及性质、时间及频率、金额及比例等因素,综合判断是否构成对内控制度有效性的重大不利影响,是否属于主观故意或恶意行为并构成重大违法违规。

发行人已按照程序完成相关问题整改或纠正的,中介机构应结合此前不规范情形的轻重或影响程度的判断,全面核查、测试并确认发行人整改后的内控制度是否已合理、正常运行并持续有效,出具明确意见。

首次申报审计截止日后,发行人原则上不能再出现上述内控不规范和不能有效执行的情形。

发行人的对外销售结算应自主独立,内销业务通常不应通过关联方或第三方代收货款,外销业务如因外部特殊原因确有必要通过关联方或第三方代收货款的,应能够充分提供合理性证据,不存在审计范围受到限制的重要情形。

连续12个月内银行贷款受托支付累计金额与相关采购或销售(同一交易对手、同一业务)累计金额基本一致或匹配的,不视为上述"转贷"行为。

259. 发行人申报前的报告期内存在内控不规范情形,中介机构一般需核查哪些方面?

如发行人申报前的报告期内存在转贷、不规范票据融资及银行借款受托支付、非经营性资金往来、关联方或第三方代收货款等情形,中介机构一般需核查以下方面:

(1) 发行人前述行为信息披露充分性,如对相关交易形成原因、资金流向和使用用途、利息、违反有关法律法规具体情况及后果、后续可能影响的承担机制、整改措施、相关内控建立及运行情况等。

(2) 关注前述行为的合法合规性,由中介机构对公司前述行为违反法律法规(如《票据法》《贷款通则》《外汇管理条例》《支付结算办法》等)的事实情况进行说明认定,是否属于主观故意或恶意行为并构成重大违法违规,是否存在被处罚情形或风险,是否满足相关发行条件的要求。

(3) 关注发行人对前述行为财务核算是否真实、准确,与相关资金往来的实际流向和使用情况,是否通过体外资金循环粉饰业绩。

(4) 不规范行为的整改措施,发行人是否已通过回收资金、改进制度、加强内控等方式积极整改,是否已针对性建立内控制度并有效执行,且申报后未发生新的不合规非经营性资金往来等行为。

（5）前述行为不存在后续影响，已排除或不存在重大风险隐患。同时，中介机构能够对前述行为进行完整核查，能够验证相关资金来源或去向，能够确认发行人不存在业绩虚构情形，并发表明确意见，确保发行人的财务内控在提交申报材料的审计截止日后能够持续符合规范性要求，能够合理保证公司运行效率、合法合规和财务报告的可靠性，不存在影响发行条件的情形。

审计截止日为经审计的最近一期资产负债表日。

260. 如何理解财务报告内部控制和非财务报告内部控制？

企业的财务报告是企业信息流的终点，企业所有经营管理的信息通过一系列载体，例如订单和出入库单等单据、信息系统、凭证等，经过一系列部门及员工之手，经过一系列的转载、登记、审阅、审批等业务活动和控制活动，最终流向财务部门，登记为一条条会计分录，并在月底、年底过账生成财务报表，于是特定信息最终成为财务报表中特定科目的一个数字组成。为了保障此最终数字的准确性、完整性、存在与发生、计价与分摊、表达与披露的财务报告认定目标，在之前所有参与数字形成的流程中的所有控制活动，均为财务报告相关的内部控制。

《企业内部控制基本规范》所描述的内部控制整合框架中，内部控制的目标分为战略、运营、财报、合规和资产安全五个方面。除了上述与财务报告相关的内部控制之外，流程层面的所有为了符合其他类别目标的内部控制，均属于非财务报告内部控制。例如，如果一个企业发生了仓库的火灾，使其存货烧毁殆尽，企业蒙受了重大损失，则企业的非财务报告内部控制（资产安全）存在重大缺陷。如果企业正确、公允地在财务报告中的营业外支出反映了该损失金额，并在报表附注中披露了相关情况，那么我们认为，该财务报告相关的内部控制应当是有效的。

公司层面控制是不能够清晰分为财务报告内部控制或是非财务报告内部控制的因为公司层面的控制活动对企业的所有管理方面均具有广泛的影响。如果公司层面控制存在重大缺陷，一般情况下将直接认定为企业的内部控制无效。

261. 非财务报告内部控制缺陷包括哪些方面？

（1）发行人在公司治理层面是否规范，实际控制人股权是否明晰，发行人是否在资金资产使用、重大投资决策方面存在不合规行为，发行人"三会"运行是否有效。

（2）发行人是否有明确的战略及表述，是否有明确的战略管理流程，是否能表述企业的核心竞争力，发行人的战略是否符合行业周期和特点，产品战略是否符合其生命周期和市场周期。

（3）发行人是否有清晰的绩效管理体系，绩效考核指标与企业战略规划及全面预算是否明确对接，是否涉及核心管理层的股权和绩效激励。

（4）发行人是否有清晰的集团管控策略，是否对下属子公司在全面预算、管控体系、内部审计、绩效考核等方面均有事前、事中、事后的符合管控策略的管控流程。

（5）发行人是否定期开展全面的风险评估，是否对于招股说明书中披露的重大风险领域均在企业内部制订了相应的解决方案，这些解决方案是否均有明确的运营计划和时间表予以支持，是否明确了责任归属及绩效考核方案。

（6）发行人的供应商管理体系是否完善，对于新增供应商选择、关联方供应商管理、供应商评价、供应商数据维护和管理、供应商退出等具体管理流程是否存在内部控制的重大缺陷。

（7）发行人的信用管理体系是否完善，是否存在持续的市场营销计划。

（8）发行人是否存在明确且有效的关联方识别流程，是否存在明确且有效的关联方披露流程。

（9）发行人的商业模式是否发生了重大变化，是否与重要客户的商业条款发生了重大变化，是否有设计并运行有效的合同管理流程。

（10）发行人在安全、健康、环保领域是否合法合规，在劳动关系领域是否合法合规，在业务资质、资产权属及交易方面是否合法合规，是否有违反证券法律法规的事件，是否曾经受过行政处罚。

（11）发行人是否存在有效的独立监督，例如内部审计，是否存在有效的反舞弊程序等。

262. 如何认定非财务报告内部控制缺陷？

企业可以根据自身的实际情况，参照财务报告内部控制缺陷的认定标准，合理确定非财务报告内部控制缺陷的定量和定性认定标准。定量标准既可以根据缺陷造成直接财产损失的绝对金额制定，也可以根据缺陷的直接损失占本企业资产、销售收入或利润等的比率确定。定性标准可以根据缺陷潜在负面影响的性质、范围等因素确定。需要强调的是，为避免企业操纵内部控制评价报告，非财务报告内部控制缺陷认定标准一经确定，必须在不同评价期间保持一致，不得随意变更。

263. 存在董事、监事或高级管理人员舞弊行为是否属于非财务报告内部控制缺陷？

出现以下四种情况之一的，通常将会被判断为内部控制存在重大缺陷：

（1）发现董事、监事和高级管理人员舞弊。

（2）企业更正已经公布的财务报表。

（3）注册会计师发现当期财务报表存在重大错报，而内部控制在运行过程中未能发现该错报。

（4）企业审计委员会和内部审计机构对内部控制的监督无效。

因此，当发行人发现公司董监高存在舞弊行为，或发现公司员工存在舞弊行为，原则上发行人公司层面的内部控制应当被认定为整体无效，并进行相应披露。

264. 存在非财务报告内部控制缺陷是否会影响审计报告的意见类型？

注册会计师认为非财务报告内部控制缺陷为一般缺陷的，应当与企业进行沟通，提醒企业加以改进，但无须在内部控制审计报告中说明。

注册会计师认为非财务报告内部控制缺陷为重要缺陷的，应当以书面形式与企业董事会和经理层沟通，提醒企业加以改进，但无须在内部控制审计报告中说明。

注册会计师认为非财务报告内部控制缺陷为重大缺陷的，应当以书面形式与企业董事会和经理层沟通，提醒企业加以改进，同时应当在内部控制审计报告中增加非财务报告内部控制重大缺陷描述段，对重大缺陷的性质及其对实现相关控制目标的影响程度进行披露，提示内部控制审计报告使用者注意相关风险。

第四章
信息披露

265. 信息披露总体要求是什么？

发行人应当以投资者的决策需要为导向，按照有关规定编制和披露招股说明书，内容简明易懂，语言浅白平实，便于中小投资者阅读。

招股说明书内容与格式准则是信息披露的最低要求。不论准则是否有明确规定，凡是对投资者做出投资决策有重大影响的信息，均应当予以披露。

发行人应当在招股说明书显要位置做出风险提示，完整披露对其持续盈利能力产生重大不利影响的所有因素，充分揭示相关风险，并披露保荐人对发行人是否具备持续盈利能力的核查结论意见。

266. 发行人应披露公司哪些基本情况？

（1）发行人应披露其基本信息，主要包括：注册中、英文名称；注册资本；法定代表人；成立日期；住所和邮政编码；电话、传真号码；互联网网址；电子信箱。

（2）发行人应详细披露改制重组情况，主要包括：设立方式；发起人；在改制设立发行人之前，主要发起人拥有的主要资产和实际从事的主要业务等。

（3）发行人应详细披露设立以来股本的形成及其变化和重大资产重组情况，包括其具体内容、所履行的法定程序以及对发行人业务、管理层、实际控制人及经营业绩的影响。

（4）发行人应简要披露设立时发起人或股东出资及设立后历次股本变化的验资情况，披露设立时发起人投入资产的计量属性。

（5）发行人应采用方框图或其他有效形式，全面披露发起人、持有发行人5%以上股份的主要股东、实际控制人，控股股东、实际控制人所控制的其他企业，发行人的职能部门、分公司、控股子公司、参股子公司，以及其他有重要影响的关联方。

（6）发行人应披露其控股子公司、参股子公司的简要情况，包括成立时间、注册资本、实收资本、注册地和主要生产经营地、股东构成及控制情况、主营业务、最近一年及一期的总资产、净资产、净利润，并标明有关财务数据是否经过审计及审计机构名称。

（7）发行人应披露发起人、持有发行人5%以上股份的主要股东及实际控制人的基本情况，主要包括：发起人、持有发行人5%以上股份的主要股东及实际控制人如为法人，应披露成立时间、注册资本、实收资本、注册地和主要生产经营地、股东构成、主营业务、最近一年及一期的总资产、净资产、净利润，并标明有关财务数据是否经过审计及审计机构名称；如为自然人，则应披露国籍、是否拥有永久境外居留权、身份证号码、住所；控股股东和实际控制人控制的其他企业的成立时间、注册资本、实收资本、注册地和主要生产经营地、主营业务、最近一年及一期的总资产、净资产、净利润，并标明这些数据是否经过审计及审计机构名称；控股股东和实际控制人直接或间接持有发行人的股份是否存在质押或其他有争议的情况。实际控制人应披露到最终的国有控股主体或自然人为止。

（8）发行人应披露有关股本的情况，主要包括：本次发行前的总股本、本次发行的股份，以及本次发行的股份占发行后总股本的比例；前十名股东；前十名自然人股东及其在发行人处担任的职务；若有国有股份或外资股份的，须根据有关主管部门对股份设置的批复文件披露股东名称、持股数量、持股比例。涉及国有股的，应在国家股股东之后标注"SS"（State-own Shareholder 的缩写），在国有法人股股东之后标注"SLS"（State-own Legal-person Shareholder 的缩写），并披露前述标识的依据及标识的含义；股东中的战略投资者持股及其简况；本次发行前各股东间的关联关系及关联股东的各自持股比例；本次发行前股东所持股份的流通限制和自愿锁定股份的承诺。

（9）如发行过内部职工股，或发行人曾存在工会持股、职工持股会持股、信托持股、委托持股或股东数量超过200人的，应详细披露有关股份的形成原因及演变情况；进行过清理的，应当说明是否存在潜在问题和风险隐患，以及有关责任的承担主体等。

（10）发行人应简要披露员工及其社会保障情况，主要包括：员工人数及变化情况；员工专业结构；员工受教育程度；员工年龄分布；发行人执行社会保障制度、住房制度改革、医疗制度改革情况。

（11）发行人应披露持有5%以上股份的主要股东以及作为股东的董事、监事、高级管理人员做出的重要承诺及其履行情况。

267. 如何披露业务与技术？

业务和技术的部分是公司投资价值的体现，是招股说明书的最重要部分之一。要在充分提炼公司的商业模式、核心竞争力的基础上，合规地予以披露。对于这部分的披露，不仅要让投资者充分了解公司行业市场空间、竞争环境，更要让投资者理解公司的业务模式的稳定性、业务发展的持续性以及核心竞争力，以提升投资者对公司价值的理解。发行人业务与技术应披露以下内容：

（1）发行人应披露其主营业务、主要产品或服务及设立以来的变化情况。

（2）发行人应披露其所处行业的基本情况，包括但不限于：行业主管部门、行业监管体制、行业主要法律法规及政策等；行业竞争格局和市场化程度、行业内的主要企业和主要企业的市场份额、进入本行业的主要障碍、市场供求状况及变动原因、行业利润水平的变动趋势及变动原因等；影响行业发展的有利和不利因素等。

（3）发行人应披露其在行业中的竞争地位，包括发行人的市场占有率、近三年的变化情况及未来变化趋势，主要竞争对手的简要情况等。

（4）发行人应根据重要性原则披露主营业务的具体情况，包括：主要产品或服务的用途；主要产品的工艺流程图或服务的流程图；

主要经营模式，包括采购模式、生产模式和销售模式等。

（5）发行人应列表披露与其业务相关的主要固定资产及无形资产。

（6）发行人应披露拥有的特许经营权的情况，主要包括特许经营权的取得情况、特许经营权的期限、费用标准，对发行人持续生产经营的影响。

（7）发行人应披露主要产品生产技术所处的阶段，如处于基础研究、试生产、小批量生产或大批量生产阶段。

（8）发行人若在中华人民共和国境外进行生产经营，应对有关业务活动进行地域性分析。若发行人在境外拥有资产，应详细披露该资产的具体内容、资产规模、所在地、经营管理和盈利情况等。

（9）发行人应披露主要产品和服务的质量控制情况，包括质量控制标准、质量控制措施、出现的质量纠纷等。

（10）发行人名称冠有"高科技"或"科技"字样的，应说明冠以此名的依据。

268. 如何披露董事、监事、高级管理人员与核心技术人员情况？

准确、完整地披露并体现出公司管理层的专业能力、治理结构的稳定，包括以下内容：

（1）董事、监事、高级管理人员及核心技术人员的简要情况。主要包括：姓名、国籍及境外居留权；性别；年龄；学历；职称；主要业务经历；曾经担任的重要职务及任期；现任职务及任期；核心技术人员还应披露其主要成果及获得的奖项。对于董事、监事，应披露其提名人，并披露上述人员的选聘情况。

（2）董事、监事、高级管理人员、核心技术人员及其近亲属以任何方式直接或间接持有发行人股份的情况。应列出持有人姓名，近三年所持股份的增减变动以及所持股份的质押或冻结情况。

（3）董事、监事、高级管理人员及核心技术人员的其他对外投资情况。有关对外投资与发行人存在利益冲突的，应予特别说明，并披露其投资金额、持股比例以及有关承诺和协议；若无该种情形，则应予以声明。对于存在利益冲突情形的，应披露解决情况。

（4）董事、监事、高级管理人员及核心技术人员最近一年从发行人及其关联企业领取收入的情况以及所享受的其他待遇和退休金计划等。

（5）董事、监事、高级管理人员及核心技术人员的兼职情况及所兼职单位与发行人的关联关系，没有兼职的应予以声明。

（6）董事、监事、高级管理人员及核心技术人员相互之间存在的亲属关系。

（7）与董事、监事、高级管理人员及核心技术人员所签订的协议，董事、监事、高级管理人员及核心技术人员做出的重要承诺，以及有关协议或承诺的履行情况。

（8）董事、监事、高级管理人员是否符合法律法规规定的任职资格。

（9）董事、监事、高级管理人员在近三年内曾发生变动的，应披露变动情况和原因。

269. 应披露公司治理哪些情况？

（1）股东大会、董事会、监事会、独立董事、董事会秘书制度的建立健全及运行情况，说明上述机构和人员履行职责的情况。

（2）战略、审计、提名、薪酬与考核等各专门委员会的设置情况。

（3）近三年内是否存在违法违规行为，若存在违法违规行为，应披露违规事实和受到处罚的情况，并说明对发行人的影响；若不存在违法违规行为，应明确声明。

（4）近三年内是否存在资金被控股股东、实际控制人及其控制的其他企业占用的情况，或者为控股股东、实际控制人及其控制的其他企业担保的情况；若不存在资金占用和对外担保，应明确声明。

（5）公司管理层对内部控制完整性、合理性及有效性的自我评估意见以及注册会计师对公司内部控制的鉴证意见。注册会计师指出公司内部控制存在缺陷的，应予披露并说明改进措施。

270. 如何披露管理层讨论与分析？

管理层讨论与分析是招股说明书最重要的部分之一。要在结合公司的行业规律、业务模式的基础上，利用报告期内的财务数据，说明公司是如何赚钱的，且这种赚钱能力是否稳定，最终向投资者展示公司盈利能力的稳定性和可持续性，包括：

（1）发行人应主要依据最近三年及一期的合并财务报表分析披露发行人财务状况、盈利能力及现金流量的报告期内情况及未来趋势。讨论与分析不应仅限于财务因素，还应包括非财务因素；不应仅以引述方式重复财务报表的内容，应选择使用逐年比较、与同行业对比分析等便于理解的形式进行分析。

（2）发行人应结合其在行业、业务经营方面存在的主要优势及困难，谨慎、客观地对公司财务状况和盈利能力的未来趋势进行分析。对报告期内已对公司财务状况和盈利能力有重大影响的因素，应分析这些因素对公司未来财务状况和盈利能力可能产生的影响；如果目前已经存在新的趋势或变化，可能对公司未来财务状况和盈利能力产生重大影响的，应分析影响情况。

（3）发行人应披露本次募集资金到位，当年发行人每股收益相对上年度每股收益的变动趋势。计算每股收益应按照《公开发行证券的公司信息披露编报规则第9号——净资产收益率和每股收益的计算及披露》的规定分别计算基本每股收益和稀释每股收益，同时扣除非经常性损益的影响。

（4）如果预计本次募集资金到位，当年基本每股收益或稀释每股收益低于上年度，导致发行人即期回报被摊薄的，发行人应披露：董事会选择本次融资的必要性和合理性；本次募集资金投资项目与发行人现有业务的关系，发行人从事募集资金项目在人员、技术、市场等方面的储备情况。发行人同时应根据自身经营特点制定并披露填补回报的具体措施，增强发行人持续回报能力。

（5）发行人应披露董事、高级管理人员根据中国证监会相关规定对公司填补回报措施能够得到切实履行做出的承诺，包括但不限于：承诺不无偿或以不公平条件向其他单位或者个人输送利益，也不采用其他方式损害公司利益；承诺对董事和高级管理人员的职务消费行为进行约束；承诺不动用公司资产从事与其履行职责无关的投资、消费活动；承诺由董事会或薪酬委员会制定的薪酬制度与公司填补回报措施的执行情况相挂钩；承诺拟公布的公司股权激励的行权条件与公司填补回报措施的执行情况相挂钩。

271. 什么是申请文件预先披露制度？

发行人申请首次公开发行股票的，在提交申请文件后，应当按照国务院证券监督管理机构的规定预先披露有关申请文件。预披露制度是检验证券发行申请文件是否真实、准确、完整的制度安排，是公开原则的内在要求。

保荐机构应当按照要求提交用于预先披露的材料，包括招股说明书（申报稿）和承诺函等。中国证监会审核部门收到上述材料后，即按程序安排预先披露。保荐机构应在向中国证监会提交首发申请文件的同时，一并提交预先披露材料。发行人及其中介机构按要求回复反馈意见后，审核部门将通知保荐机构提交用于更新的预先披露材料，保荐机构应在收到通知后5个工作日内将更新后的预先披露材料提交至审核部门。遇其他需更新预先披露材料情形的，审核部门可通知保荐机构提交用于更新的预先披露材料，保荐机构应在收到通知后5个工作日内将更新后的预先披露材料提交至审核部门。

已提交首发申请但尚未通过发审会的企业，应向审核部门提交财务资料在有效期内的预先披露材料并相应更新申请文件，其后方可履行后续审核程序。新申请首发企业财务资料的审计基准日参照上述要求执行。

发行人及其控股股东等责任主体应当切实落实其诚信义务等事项，并在相关文件中披露。发行人及保荐机构向中国证监会提交的首发申请文件应符合相关文件要求。在审企业及本通知发布之日前已通过发审会但尚未获核准的企业，应在报送预先披露或会后事项材料时，一并补充提交相关文件。

预先披露的招股说明书（申报稿）不是发行人发行股票的正式文件，不能含有价格信息，发行人不得据此发行股票。发行人应当在预先披露的招股说明书（申报稿）的显要位置声明："本公司的发行申请尚未得到中国证监会核准。本招股说明书（申报稿）不具有据以发行股票的法律效力，仅供预先披露之用。投资者应当以正式公告的招股说明书全文作为做出投资决定的依据。"

272. 招股说明书披露应遵循哪些原则？

（1）凡对投资者做出投资决策有重大影响的信息，均应披露。

（2）《公开发行证券的公司信息披露内容与格式准则第1号——招股说明书》某些具体要求对发行人确实不适用的，发行人可根据实际情况，在不影响披露内容完整性的前提下做适当调整，但应在申报时做书面说明。

（3）发行人有充分依据证明《公开发行证券的公司信息披露内容与格式准则第1号——招股说明书》要求披露的某些信息涉及国家机密、商业秘密及其他因披露可能导致其违反国家有关保密法律法规规定或严重损害公司利益的，发行人可向中国证监会申请豁免按本准则披露。

（4）在不影响信息披露的完整性和不致引起阅读不便的前提下，发行人可采用相互引证的方法，对各相关部分的内容进行适当的技术处理，以避免重复和保持文字简洁。

（5）发行人在招股说明书及其摘要中披露的所有信息应真实、准确、完整。发行人报送申请文件后，在中国证监会核准前，发生应予披露事项的，应向中国证监会书面说明情况，并及时修改招股说明书及其摘要。发行人公开发行股票的申请经中国证监会核准后，发生应予披露事项的，应向中国证监会书面说明情况，并经中国证监会同意后相应修改招股说明书及其摘要。必要时发行人公开发行股票的申请应重新经过中国证监会核准。

（6）发行人在招股说明书及其摘要中披露的财务会计资料应有充分的依据，所引用的发行人的财务报表、盈利预测报告（如有）应由具有证券期货相关业务资格的会计师事务所审计或审核。

（7）发行人应针对实际情况在招股说明书首页做"重大事项提示"，提醒投资者给予特别关注。

（8）招股说明书还应符合以下一般要求：①引用的数据应有充分、客观的依据，并注明资料来源。②引用的数字应采用阿拉伯数字，货币金额除特别说明外，应指人民币金额，并以元、千元或万元为单位。③发行人可根据有关规定或其他需求，编制招股说明书外文译本，但应保证中、外文文本的一致性，并在外文文本上注明："本招股说明书分别以中、英（或日、法等）文编制，在对中外文本的理解上发生歧义时，以中文文本为准"；在境内外同时发行股票的，应按照从严原则编制招股说明书，并保证披露内容的一致性。④招股说明书全文文本应采用质地良好的纸张印刷，幅面为209毫米×295毫米（相当于标准的A4纸规格）。⑤招股说明书应使用事实描述性语言，保证其内容简明扼要、通俗易懂，突出事件实质，不得有祝贺性、广告性、恭维性或诋毁性的词句。

273. 关联交易披露有何要求？

关联交易的披露应在重要性的基础上，遵循充分、准确的原则，且说明关联交易价格的公允性及对公司业绩无重大影响。

根据《公开发行证券的公司信息披露内容与格式准则第1号——招股说明书》，关联交易应披露以下方面的内容：

（1）发行人应根据《公司法》和《企业会计准则》的相关规定披露关联方、关联关系和关联交易。

（2）发行人应披露关联交易的交易内容、交易金额、交易背景以及相关交易与发行人主营业务之间的关系，还应结合可比市场公允价格、第三方市场价格、关联方与其他交易方的价格等，说明并摘要披露关联交易的公允性，是否存在对发行人或关联方的利益输送。

（3）发行人应根据交易的性质和频率，按照经常性和偶发性分类披露关联交易及关联交易对其财务状况和经营成果的影响。

（4）购销商品、提供劳务等经常性的关联交易，应分别披露最近三年及一期关联交易方名称、交易内容、交易金额、交易价格的确定方法、占当期营业收入或营业成本的比重、占当期同类型交易的比重以及关联交易增减变化的趋势，与交易相关应收应付款项的余额及增减变化的原因，以及上述关联交易是否仍将持续进行。

（5）偶发性的关联交易，应披露关联交易方名称、交易时间、交易内容、交易金额、交易价格的确定方法、资金的结算情况、交易产生利润、对发行人当期经营成果的影响以及交易对公司主营业务的影响。

（6）发行人应披露是否在公司章程中对关联交易决策权力与程序做出规定。公司章程是否规定关联股东或利益冲突的董事在关联交易表决中的回避制度或做必要的公允声明。

（7）发行人应披露最近三年及一期发生的关联交易是否履行了公司章程规定的程序，以及独立董事对关联交易履行的审议程序是否合法及交易价格是否公允的意见。

（8）对于控股股东、实际控制人与发行人存在关联交易，且关联交易对应的收入、成本费用或利润总额占发行人相应指标的比例较高（如达到30%）的，发行人应结合相关关联方的财务状况和经营情况、关联交易产生的收入、利润总额合理性等，充分说明并摘要关联交易是否影响了发行人的独立性、是否构成对控股股东或实际控制人的依赖，是否存在通过关联交易调节发行人收入利润或成本费用、对发行人利益输送的情形。

（9）发行人应披露拟采取的减少关联交易的措施。《公开发行证券的公司信息披露内容与格式准则第28号——创业板公司招股说明书》对关联交易披露的要求与《公开发行证券的公司信息披露内容与格式准则第1号——招股说明书》基本相同，区别在于增加了"发行人应披露报告期内所发生的全部关联交易的简要汇总表"，减少了"发行人应披露拟采取减少关联交易的措施"。

（10）保荐机构及发行人律师应对发行人的关联方认定，发行人关联交易信息披露的完整性，关联交易的必要性、合理性和公允性，关联交易是否影响发行人的独立性、是否可能对发行产生重大不利影响，以及是否已履行关联交易决策程序等进行充分核查并发表意见。

274. 同业竞争应披露哪些内容？

（1）是否存在与控股股东、实际控制人及其控制的其他企业从事相同、相似业务的情况。对存在相同、相似业务的，发行人应对是否存在同业竞争做出合理解释。

（2）控股股东、实际控制人做出的避免同业竞争的承诺。

275. 或有事项应披露哪些内容？

（1）发行人应披露对外担保的有关情况。

（2）发行人应披露对财务状况、经营成果、声誉、业务活动、未来前景等可能产生较大影响的诉讼或仲裁事项。

（3）发行人应披露控股股东或实际控制人、控股子公司，发行人董事、监事、高级管理人员和核心技术人员作为一方当事人的重大诉讼或仲裁事项。

（4）发行人应披露董事、监事、高级管理人员和核心技术人员涉及刑事诉讼的情况。

276. 发行人在申报期内存在未决诉讼或仲裁的，应关注哪些方面？

（1）发行人应当在招股说明书披露对股权结构、生产经营、未来发展产生较大影响的诉讼或仲裁事项，包括案件受理情况和基本案情，诉讼或仲裁请求，判决、裁决结果及执行情况，诉讼或仲裁事项对发行人的影响，如发行人及其控股子公司败诉或仲裁不利对发行人的影响等。如诉讼或仲裁事项可能对发行人产生重大影响，应当充分披露发行人涉及诉讼或仲裁的有关风险。

（2）保荐机构、发行人律师应当全面核查报告期内发生或虽在报告期外发生但仍对发行人产生较大影响的诉讼或仲裁的相关情况，包括案件受理情况和基本案情，诉讼或仲裁请求，判决、仲裁结果及执行情况，诉讼或仲裁事项对发行人的影响等。

发行人提交首发申请至上市期间，保荐机构、发行人律师应当持续关注发行人涉及诉讼或仲裁的进展情况、发行人是否存在新发生诉讼或仲裁事项。发行人诉讼或仲裁的重大进展情况，发行人新发生对股权结构、生产经营、未来发展产生较大影响的诉讼或仲裁事项，应当及时补充披露。

（3）发行人控股股东、实际控制人、董事、监事、高级管理人员和核心技术人员涉及的重大诉讼或仲裁事项比照上述标准执行。

（4）涉及主要产品、核心商标、专利、技术等方面的诉讼或仲裁可能对发行人生产经营造成重大影响，或者诉讼或仲裁有可能导致发行人实际控制人变更，或者其他可能导致发行人不符合发行条件的情形，保荐机构和发行人律师应在提出明确依据的基础上，充分论证这些诉讼、仲裁事项是否构成首发的法律障碍并审慎发表意见。

277. 重大事项提示披露应达到什么要求？

重大事项提示的主要内容包括可能对发行人生产经营情况、财务状况和持续盈利能力有严重不利影响的有关风险因素。若发行前的滚存利润归发行前的股东享有，应披露滚存利润的审计和实际派发情况，同时在招股说明书首页对滚存利润中由发行前股东单独享有的金额以及是否派发完毕做"重大事项提示"。另外，为了完善投资者回报机制，中国证监会要求所有拟上市公司在 IPO 的招股说明书中细化股东回报规则、现金分红政策和现金分红计划，并作为重大事项加以提示。

根据《中国证监会关于进一步推进新股发行体制改革的意见》，招股说明书应在重大事项中提示以下承诺事项：

（1）发行人控股股东、持有发行人股份的董事和高级管理人员应在公开募集及上市文件中公开承诺：所持股票在锁定期满后两年内减持的，其减持价格不低于发行价；公司上市后 6 个月内如公司股票连续 20 个交易日的收盘价均低于发行价，或者上市后 6 个月期末收盘价低于发行价，持有公司股票的锁定期限自动延长至少 6 个月。

（2）发行人及其控股股东、公司董事及高级管理人员应在公开募集及上市文件中提出上市后 3 年内公司股价低于每股净资产时稳定公司股价的预案，预案应包括启动股价稳定措施的具体条件、可能采取的具体措施等。具体措施可以包括发行人回购公司股票，控股股东、公司董事、高级管理人员增持公司股票等。上述人员在启动股价稳定措施时应提前公告具体实施方案。

（3）发行人及其控股股东应在公开募集及上市文件中公开承诺，

发行人招股说明书有虚假记载、误导性陈述或者重大遗漏,对判断发行人是否符合法律规定的发行条件构成重大、实质影响的,将依法回购首次公开发行的全部新股,且发行人控股股东将购回已转让的原限售股份。发行人及其控股股东、实际控制人、董事、监事、高级管理人员等相关责任主体应在公开募集及上市文件中公开承诺:发行人招股说明书有虚假记载、误导性陈述或者重大遗漏,致使投资者在证券交易中遭受损失的,将依法赔偿投资者损失。

(4)保荐机构、会计师事务所等证券服务机构应当在公开募集及上市文件中公开承诺:因其为发行人首次公开发行制作、出具的文件有虚假记载、误导性陈述或者重大遗漏,给投资者造成损失的,将依法赔偿投资者损失。

(5)发行人应当在公开募集及上市文件中披露公开发行前持股5%以上股东的持股意向及减持意向。持股5%以上股东减持时,须提前3个交易日予以公告。

278. 投资性房地产账面价值占比很大,应如何披露?

发行人投资性房地产的确认、计量及披露应符合《企业会计准则第3号——投资性房地产》的相关规定。如发行人论证其投资性房地产符合采用公允价值模式进行后续计量条件的,可以按照公允价值模式对投资性房地产进行后续计量。会计师需对发行人是否符合上述条件进行核查并发表明确意见。

由于A股同类上市公司普遍以成本模式对投资性房地产进行计量,计价模式不同导致报表列报存在较大差异,并可能影响投资者价值判断。其差异对经营成果的影响主要表现在两方面:一是公允价值模式下投资性房地产不需计提折旧(或摊销),从而少计成本;二是公允价值模式下投资性房地产应以资产负债表日的公允价值计量,通常会确认公允价值变动收益,该部分收益在相关投资性房地产出售或处置前,相应公允价值变动收益非现实实现(产生现金流入或形成收款权利)。

发行人应在招股说明书中充分披露以下事项:

(1)发行人投资性房地产采用公允价值模式计量与采用成本模

式计量的具体差异，披露按成本模式下模拟测算的财务数据，在招股说明书"重大事项提示"及"风险因素"中就投资性房地产采用公允价值计量而导致的公允价值变动风险及与同行业上市公司财务数据不具可比性的情况进行充分风险揭示。

（2）分析披露近几年国内投资性房地产价格持续上涨趋势的特殊性及可持续性，在招股说明书"重大事项提示"及"风险因素"中就公允价值变动收益占比较大对未来分红的影响进行充分风险提示。

（3）要求发行人承诺上市后后续持续披露选用的会计政策选择对上市公司利润的影响。

（4）要求评估师说明其选用的评估方法、评估值的确定依据等是否符合评估准则等规定。

（5）发行人在对投资性房地产采用收益现值法进行评估时，应合理确定房地产收益口径，不能笼统地以合同收入全额认定为房产租赁类收入，根据《资产评估准则——不动产》第二十六条的规定，评估师运用收益法评估不动产时，应当了解不动产未来收益应当是不动产本身带来的收益，即在预计房地产未来收益时，应合理剔除附加经营管理活动所产生的相关收益，明确将物业本身所直接带来的纯租金收入作为测算的归集标准。发行人若认为难以依据合同直接划分房产租赁类收入和经营管理收入的，应对相关收入进行合理拆分，并详细论证拆分的依据。

保荐机构及申报会计师应对上述事项进行核查并发表明确意见。

279. 涉及商业机密的信息是否可以豁免披露？

如发行人有充分依据证明《公开发行证券的公司信息披露内容与格式准则第1号——招股说明书》及《公开发行证券的公司信息披露内容与格式准则第28号——创业板公司招股说明书》要求披露的某些信息涉及国家机密、商业秘密及其他因披露可能导致其违反国家有关保密法律法规规定或严重损害公司利益的，发行人可向中国证监会申请豁免按上述准则披露。

280. 涉及第三方数据有何要求？

第三方数据主要指涉及发行人及其交易对手之外的第三方相关交易信息，例如发行人的交易对手与其客户或供应商之间的交易单价及数量、可比公司或可比业务财务数据等。考虑到第三方数据一般较难获取并具有一定隐私性，发行人及中介机构在公开披露的文件中引用的第三方数据可以限于公开信息，并注明资料来源，一般不要求披露未公开的第三方数据。中介机构应当核查第三方数据来源的真实性及权威性、引用数据的必要性及完整性、与其他披露信息是否存在不一致，确保直接或间接引用的第三方数据有充分、客观、独立的依据。

281. 如何处理发行申请文件及相关法律文书涉嫌虚假记载、误导性陈述或重大遗漏？

发行人、中介机构报送的发行申请文件及相关法律文书涉嫌虚假记载、误导性陈述或重大遗漏的，移交稽查部门查处，被稽查立案的，暂停受理相关中介机构推荐的发行申请，对相关中介机构的在审项目中止审核；查证属实的，自确认之日起 36 个月内不再受理该发行人的股票发行申请，并依法追究中介机构及相关当事人责任。

发行人及其控股股东应在公开募集及上市文件中公开承诺，发行人招股说明书有虚假记载、误导性陈述或者重大遗漏，对判断发行人是否符合法律规定的发行条件构成重大、实质影响的，将依法回购首次公开发行的全部新股，且发行人控股股东将购回已转让的原限售股份。

发行人及其控股股东、实际控制人、董事、监事、高级管理人员等相关责任主体应在公开募集及上市文件中公开承诺：发行人招股说明书有虚假记载、误导性陈述或者重大遗漏，致使投资者在证券交易中遭受损失的，将依法赔偿投资者损失。

保荐机构、会计师事务所等证券服务机构应当在公开募集及上市文件中公开承诺：因其为发行人首次公开发行制作、出具的文件有虚假记载、误导性陈述或者重大遗漏，给投资者造成损失的，将依法赔偿投资者损失。

282. 发行过程中信息披露各方责任如何划分？

发行人作为信息披露第一责任人，应当及时向中介机构提供真实、完整、准确的财务会计资料和其他资料，全面配合中介机构开展尽职调查。

保荐机构应当严格履行法定职责，遵守业务规则和行业规范，对发行人的申请文件和信息披露资料进行审慎核查，督导发行人规范运行，对其他中介机构出具的专业意见进行核查，对发行人是否具备持续盈利能力、是否符合法定发行条件做出专业判断，并确保发行人的申请文件和招股说明书等信息披露资料真实、准确、完整、及时。

会计师事务所、律师事务所、资产评估机构等证券服务机构及人员，必须严格履行法定职责，遵照本行业的业务标准和执业规范，对发行人的相关业务资料进行核查验证，确保所出具的相关专业文件真实、准确、完整、及时。

中国证监会发行监管部门和股票发行审核委员会依法对发行申请文件和信息披露内容的合法合规性进行审核，不对发行人的盈利能力和投资价值做出判断。发现申请文件和信息披露内容存在违法违规情形的，严格追究相关当事人的责任。

投资者应当认真阅读发行人公开披露的信息，自主判断企业的投资价值，自主做出投资决策，自行承担股票依法发行后因发行人经营与收益变化导致的风险。

283. 封卷稿招股说明书一般有哪些变动修改或补充披露事项？

（1）落实《关于请做好相关项目发审委会议准备工作的函》的相关要求，涉及修改招股说明书的事项。

（2）根据发审会意见，修改招股说明书的相关信息。

（3）补充披露审计截止日后有关财务信息及经营状况（如经审阅的季度报告相关财务信息、下一报告期业绩预告等），并做相应重大事项提示。

（4）招股说明书上会稿中引用的财务数据过期，更新最近一期经审计的财务数据及相关信息。

（5）发行人发审会后新增需要披露的事项，如新增重大合同、专利、业务资质、董监高任（兼）职等信息变动等。

（6）根据发行方案，调整募集资金数额及投向、补充本次发行情况。

（7）其他情形。

发行人封卷材料应包括《招股说明书封卷稿与上会稿差异比较说明》，主要内容包括：招股说明书封卷稿与上会稿相比存在变动或修改的章节、内容、原因等；确认除上述差异外，不存在擅自修改招股说明书的情况。保荐机构应对涉及修改招股说明书的事项进行核查并发表意见。

284. 核准发行到发行期间信息披露有何要求？

发行人通过发审会并履行会后事项程序后，中国证监会即核准发行，新股发行时点由发行人自主选择。主板和中小企业板首次公开发行股票核准文件的有效期为6个月，创业板为12个月。发行人自取得核准文件之日起至公开发行前，应参照上市公司定期报告的信息披露要求，及时修改信息披露文件内容，补充财务会计报告相关数据，更新预先披露的招股说明书。期间发生重大会后事项的，发行人应及时向中国证监会报告并提供说明。保荐机构及相关中介机构应持续履行尽职调查义务。发行人发生重大会后事项的，由中国证监会按审核程序决定是否需要重新提交发审会审议。

发行人和主承销商应制作定价过程及结果的信息披露文件并公开披露。在网上申购前，发行人和主承销商应当披露每位网下投资者的详细报价情况，包括投资者名称、申购价格及对应的申购数量，所有网下投资者报价的中位数、加权平均数，以公开募集方式设立的证券投资基金报价的中位数和加权平均数，确定的发行价及对应的市盈率等。

如拟定的发行价格（或发行价格区间上限）对应的市盈率高于同行业上市公司二级市场平均市盈率，发行人和主承销商应在网上申购前三周内连续发布投资风险特别公告（以下简称"风险公告"），每周至少发布一次。风险公告内容至少包括：一是比较分析发行人与同行业上市公司的差异及该差异对估值的影响，提请投资者关注发行价格与网下投资者报价之间存在的差异。二是提请投资者关注投资风险，审慎研判发行定价的合理性，理性做出投资决策。

发行人应依据《上市公司行业分类指引》确定所属行业，并选取中证指数有限公司发布的最近一个月静态平均市盈率为参考依据。

第五部分
股票发行审核
——独立性及业务审核

第一章
独立性

285. 什么是发行人的独立性？

发行人的独立性，是指发行人应具有完整的业务体系和直接面向市场独立经营的能力，主要包括资产完整、人员独立、财务独立、机构独立和业务独立五个方面。发行人与控股股东、实际控制人及其控制的其他企业间不存在同业竞争，以及严重影响公司独立性或者显失公平的关联交易。发行人应当与控股股东、实际控制人及其控制的其他企业的人员、资产、财务分开，机构、业务独立，各自独立核算、独立承担责任。

286. 什么是资产完整？

资产完整，是指发行人的资产应独立完整，权属清晰。生产型企业应当具备与生产经营有关的生产系统、辅助生产系统和配套设施，合法拥有与生产经营有关的土地、厂房、机器设备以及商标、专利、非专利技术的所有权或者使用权，具有独立的原料采购和产品销售系统；非生产型企业应当具备与经营有关的业务体系及相关资产。

关注重点包括：实际控制人是否未将土地、厂房等资产整合到上市主体，造成上市公司享受不到资产增值的收益；是否存在重要生产环节依赖第三方或主要生产链条依赖外协方式的情形；是否存在商标、主要生产经营场所共用的情形等。

涉及发行人租赁控股股东、实际控制人房产或者商标、专利来

自于控股股东、实际控制人的授权使用的,应关注以下方面:

如发行人存在从控股股东、实际控制人租赁或授权使用资产的情形,保荐机构和发行人律师通常应关注并核查以下方面:相关资产的具体用途、对发行人的重要程度、未投入发行人的原因、租赁或授权使用费用的公允性、是否能确保长期使用、今后的处置方案等,并就这些情况是否对发行人资产完整和独立性构成重大不利影响发表明确意见。

如发行人存在以下情形之一的,保荐机构及发行人律师应当充分核查论证,并就是否符合发行条件审慎发表意见:一是生产型企业的发行人,其生产经营所必需的主要厂房及其设备等固定资产是向控股股东、实际控制人租赁使用。二是发行人的核心商标、专利、主要技术等无形资产是由控股股东、实际控制人授权使用。

287. 什么是业务独立?

业务独立,是指发行人的业务应当独立于控股股东、实际控制人及其控制的其他企业,与控股股东、实际控制人及其控制的其他企业间不得有同业竞争或者显失公平的关联交易,公司业务不依赖于控股股东或者实际控制人。公司对单一客户或单一供应商不存在重大依赖。

发行人报告期内涉及业务整合的,应关注发行人是否具有独立运营的组织架构、是否有独立运营的基本能力等问题。

业务独立的实质在于公司是否能够独立进行生产经营,产品能否"自产自销"而不依附于任何人或任何企业。其中,如何规避同业竞争与规范关联交易,是中国证监会特别关注的问题。

288. 什么是财务独立?

财务独立,是指发行人应当建立独立的会计部门和独立的财务核算体系,能够独立做出财务决策,具有规范的财务会计制度和对分公司、子公司的财务管理制度;发行人不得与控股股东、实际控制人及其控制的其他企业共用银行账户。公司依法独立纳税。发行人的财务决策和资金使用不受控股股东及实际控制人干预。

第五部分 股票发行审核——独立性及业务审核

289. 什么是人员独立？

人员独立，是指发行人的总经理、副总经理、财务负责人和董事会秘书等高级管理人员不得在控股股东、实际控制人及其控制的其他企业中担任除董事以外的其他职务，不得在控股股东、实际控制人及其控制的其他企业领薪；发行人的财务人员不得在控股股东、实际控制人及其控制的其他企业中兼职；控股股东、实际控制人推荐董事和高级管理人员人选应当通过合法程序进行，不得干预公司董事会和股东大会已经做出的人事任免决定；公司的生产经营和行政管理（包括劳动、人事、工资管理以及相应的社会保障）完全独立于控股股东、实际控制人，办公机构和生产经营场所与控股股东、实际控制人分开，不存在"两块牌子，一套人马"、混合经营、合署办公的情况。

290. 什么是机构独立？

机构独立，是指发行人应当建立健全内部经营管理机构，独立行使经营管理职权，与控股股东、实际控制人及其控制的其他企业间不得有机构混同的情形。

发行人的生产经营机构与控股股东、实际控制人及其控制的其他企业以及其他单位完全分离，不存在混合经营、合署办公或者交叉管理的情形。发行人的各个内部组织机构和各经营管理部门的设立应符合法律、法规、规范性文件、公司章程的规定，能够独立地履行职能，负责公司的生产经营活动，不受控股股东、实际控制人和其他有关部门、单位或者个人的干预和控制，并且与控股股东、实际控制人及其控制的其他企业之间不存在上下级隶属关系。

控股股东、实际控制人应当保证上市公司机构独立，不得与上市公司共用原材料采购和产品销售系统、机构和人员，不得通过行使股东表决权以外的其他方式对上市公司董事会、监事会和其他机构依法行使职权的行为进行限制或施加其他不正当影响等方式影响上市公司的机构独立性。

291. 发行人独立性方面有何规定？

发行人应当在招股说明书中披露已达到发行监管对公司独立性

的基本要求，发行人应当做到资产完整、人员独立、财务独立、机构独立和业务独立。上市公司应当与控股股东、实际控制人及其关联人的人员、资产、财务分开，机构、业务独立，各自独立核算、独立承担责任和风险。应在招股说明书中列举控股股东、实际控制人可能影响上市公司独立性的情形，并要求控股股东、实际控制人采取切实措施保证上市公司资产完整、人员独立、财务独立、机构独立和业务独立，不得通过任何方式影响公司的独立性。

292. 公司控股股东的资产质量很差是否影响公司上市？

公司控股股东的资产质量状况并不必然影响公司上市，但是控股股东资产质量太差会引起监管部门的关注，包括：控股股东是否通过显失公平的关联交易转移上市公司的经济利益，如控股股东在上市前粉饰拟上市公司业绩，上市后侵占上市公司利益；上市公司是否为控股股东提供违规担保；上市公司的资金是否被控股股东占用；控股股东因资产质量差导致其持续经营能力存在重大不确定性的，是否会导致实际控制人发生变更的风险，如控股股东、实际控制人将上市公司的股权质押或控股股东破产清算等情形。

293. 为什么公司整体上市有助于解决独立性问题？

公司整体上市，是指实际控制人将其主要资产和主营业务整合到拟上市公司进行上市的做法。由于公司内部业务往往有较多联系，分拆上市容易导致上市公司和控股股东、实际控制人及其控制的其他企业之间产生关联交易以及同业竞争问题，随着中国证监会对上市公司业务独立性的要求越来越高，整体上市越来越成为公司首次公开发行股票并上市的主要模式。

从发行人的角度出发，整体上市将有利于发挥企业集团的整体资源和管理优势，通过完善公司产品结构，提高盈利水平来使上市公司获得业绩增长和估值溢价等方面的好处。同时，整体上市有利于避免同业竞争，减少关联交易，优化公司治理，确保规范运作，对于提高上市公司质量，发挥资本市场优化资源配置功能，保护投资者特别是中小投资者的合法权益，促进资本市场健康稳定发展，具有积极作用。

第二章

同业竞争

294. 什么是同业竞争?

同业竞争,是指发行人与其控股股东、实际控制人及其所控制的企业从事相同或相似的业务,双方构成或可能构成直接或间接的竞争关系。认定是否存在同业竞争时,通常会考虑发行人在历史沿革、资产、人员、业务(包括但不限于产品服务的具体特点、技术、商标商号、工艺、供应商、客户)等方面与控股股东、实际控制人及其控制的其他企业之间的关系,以及业务是否有替代性、竞争性、是否有利益冲突等。

发行人不能简单以产品销售地域不同、产品的档次不同等认定不构成"同业竞争"。

295. 如何界定同业?

根据《公开发行证券的公司信息披露内容与格式准则第1号——招股说明书》和《公开发行证券的公司信息披露内容与格式准则第28号——创业板公司招股说明书》,发行人存在与控股股东、实际控制人及其控制的其他企业从事相同或相似业务的情况的,构成同业。

发行人通常从专业的角度来界定是否构成同业,审核实践中一般采取较为严格的标准。例如,发行人生产普通圆珠笔,控股股东所控制的企业生产高端签字笔,虽然产品不同,但仍构成同业。具体的分类标准可参照《2017年国民经济行业分类》(GB/T4754 -

2017）和中国证监会发布的《上市公司行业分类指引》，但需注意不得仅以细分行业、产品的不同，认定不构成同业。

界定是否构成同业应基于企业的实际经营情况进行实质判断。经营范围有所重合的，基于审慎角度出发，界定为构成同业的可能性较大。如果经营范围未有重合的，不得简单依据经营范围对是否构成同业做出判断。

296. 发行人存在同业竞争能申请上市吗？

发行人存在同业竞争不可以申请上市。主要基于两个方面的考虑：（1）发行人的业务应当独立于控股股东、实际控制人及其控制的其他企业，避免造成利益冲突。（2）存在同业竞争，容易出现发行人利益被转移，发行人及其股东的利益受损的情形。

297. 避免与发行人构成同业竞争的主体范围包括哪些？

中介机构应当针对发行人控股股东（或实际控制人）及其近亲属全资或控股的企业进行核查。

如果发行人控股股东或实际控制人是自然人，其夫妻双方直系亲属（包括配偶、父母、子女）控制的企业与发行人存在竞争关系的，应认定为构成同业竞争。发行人控股股东、实际控制人的其他近亲属（即兄弟姐妹、祖父母、外祖父母、孙子女、外孙子女）及其控制的企业与发行人存在竞争关系的，原则上认定为构成同业竞争，但发行人能够充分证明与前述相关企业在历史沿革、资产、人员、业务、技术、财务等方面基本独立，且报告期内较少交易或资金往来，销售渠道、主要客户及供应商较少重叠的除外。

发行人控股股东、实际控制人的其他亲属及其控制的企业与发行人存在竞争关系的，一般不认定为构成同业竞争。但对于利用其他亲属关系，或通过解除婚姻关系规避同业竞争认定的，以及在资产、人员、业务、技术、财务等方面有较强的关联，且报告期内有较多交易或资金往来，或者销售渠道、主要客户及供应商有较多重叠的，中介机构在核查时应审慎判断。

298. 发行人是否存在同业不竞争的情形？

关于同业不竞争的问题，实务中不应仅仅考虑业务的替代性，还要考虑对发行人独立性的影响。在经营相同业务的情况下，发行人与控股股东、实际控制人及其控制的其他企业在供应商、客户、技术、工艺、市场等方面可能存在相关性或相似性，难以避免利益冲突，很难得出发行人具有独立性的结论。如需论证"同业不竞争"，应从发行人和控股股东、实际控制人及其控制的其他企业的实际情况出发，基于中国证监会对于同业竞争的审核关注要点进行详尽披露和解释。从目前的实践来看，除非有强有力的反证，否则一般认为同业就存在竞争。因此，如无确凿证据，同业不竞争的理由或情形一般是不成立的。

299. 如何判断是否构成同业竞争？

在论证是否构成同业竞争时，应当基于实质重于形式的原则，对是否构成现实的或潜在的利益冲突进行综合判断。为了解释和说明不存在同业竞争关系，发行人通常以经营区域、细分行业、细分产品、细分客户、细分市场等角度论述，因经营区域、行业、产品、客户、市场等存在差异，故不构成同业竞争。但该论述并不满足中国证监会的审核要求。中国证监会要求发行人综合历史渊源、资产、人员、生产、研发、技术、设备、销售渠道、采购渠道、客户、供应商、行业特点和业务运作模式等因素进行具体分析，对是否存在同业竞争进行审慎判断，论证是否存在直接或间接的实质性竞争关系。

根据近年来相关的反馈意见和审核要求，发行人可以基于下述标准对是否构成同业竞争进行综合判断：

（1）是否存在替代关系。

（2）是否存在现实或潜在的利益冲突，是否可能争夺发行人的商业机会。

（3）是否使用与发行人相同的商号、商标、原料、销售渠道、经销商、供应商等，并结合业务来源、设备、技术、工艺的通用性等因素进行具体分析。

300. 解决同业竞争的途径和措施有哪些？

（1）发行人收购竞争方的全部股权或控股权，将其纳入合并报表范围。此种方式的操作程序相对更加简便快捷，是解决同业竞争问题的主要方式，但需注意，将竞争方纳入合并报表范围后，中国证监会对于被收购的竞争方会视同发行人进行审核。

（2）发行人收购竞争方拥有的竞争性业务、资产和/或承接相关人员。如采取此种方式，涉及资产转让、业务转移和人员安置等多方面工作，耗时较长，且税负成本可能较高。

（3）竞争方的股东将竞争方的股权作为出资投入发行人，或者竞争方将竞争性资产作为出资投入发行人，获得发行人的股份。如采取此种方式，出资应当根据评估价格确认出资价格后投入发行人，并办理股权或资产转让手续。

（4）发行人对竞争方进行吸收合并，吸收合并后注销竞争方。竞争方的注销涉及企业清算、债权债务处理、人员安置、税务清算等问题，耗时较长，且税务清算可能涉及税款补缴。

无论采取上述四种中哪一种方式，都会涉及同一控制下的并购重组，根据发行人和竞争方的规模大小不同（具体指标为资产总额、营业收入和利润总额），可能会对发行人申报时点构成影响。更为重要的是，中国证监会会在诸多方面对被收购的竞争方予以关注并进行审核，如竞争方在某些方面存在较多不规范事项，对于发行人的发行上市可能产生不利影响。

（5）发行人将竞争性的业务转让给竞争方，涉及资产转让、业务转移和人员安置等多方面工作，耗时较长，且税负成本可能较高。竞争方的股东将竞争方的股权转让给无关联的第三方，或竞争方将竞争性的业务转让给无关联的第三方，或发行人将竞争性的业务转让给无关联的第三方。无论采取上述三种方式的任一种方式，必须确保转让是真实、合法有效的。中国证监会主要从以下方面予以关注：向第三方转让的，受让方为是否为与发行人无任何关联关系的第三方；转让价格是否公允；转让款是否真实、足额支付。如果采取向无关联的第三方转让的方式，必须有充分证据打消中国证监会的疑虑，否则很可能对发行人的发行上市产生不利影响。

（6）发行人不再从事与竞争方存在同业竞争的业务。采取此种方式的前提是：发行人与竞争方存在竞争的并非主营业务，且发行人的规模和盈利能力不会受到重大影响。

（7）竞争方不再从事与发行人存在同业竞争的业务，或者注销竞争方。采取此种方式通常是因为竞争方规模较小或已无实际业务经营，否则很难取得竞争方的充分理解和配合，不具有可操作性。

（8）如果竞争业务规模较小，且解决同业竞争因法律、政策等因素存在障碍，可不要求解决，但应采取有效措施和制度解决与发行人之间的利益冲突和保护发行人的合法利益，提出未来的具体解决方案，明确发行人未来有无收购等安排，并在招股说明书中披露。在实践中，此种方式通常不会被中国证监会所接受，可操作性非常有限。

控股股东及实际控制人做出今后不再进行同业竞争的有法律约束力的书面承诺。该方式一般是作为上述八种方式的补充以及解决同业竞争问题的过渡性措施。

对于存在同业竞争问题的发行人来说，具体采取上述哪一种措施，应当根据发行人和竞争方的实际情况，选择适合的。

301. 仅对解决同业竞争做出承诺对发行人上市有无影响？

发行人应披露控股股东、实际控制人做出的避免同业竞争的承诺。实践中，一般要求发行人在申报材料前清理各种形式的同业竞争，并在招股说明书中设专节详细披露与竞争方业务竞争情况以及对同业竞争的解决措施。发行人对于实质不属于同业竞争的行为可以依照中国证监会的审核关注要点进行解释，但"只做承诺，实质未清理"的方式原则上不会被接受。如果存在这种情况，本着实质重于形式的原则将判断构成同业竞争，这仍将构成发行人上市的实质性障碍。

302. 什么叫竞业禁止？如何解决？

竞业禁止是《公司法》对董事和高级管理人员规定的法律义务。《公司法》第一百四十七条规定：董事、监事、高级管理人员应当遵守法律、行政法规和公司章程,对公司负有忠实义务和勤勉义务。《公司法》第一百四十八条规定:董事、高级管理人员不得未经股东会或者股东大会同意,利用职务便利为自己或者他人谋取属于公司的商业机会,自营或者为他人经营与任职公司同类的业务。违反该规定从事竞业禁止业务所得的收入应当归公司所有。《公司法》第二百一十六条规定:高级管理人员,是指公司的经理、副经理、财务负责人,上市公司董事会秘书和公司章程规定的其他人员。董事、高级管理人员的竞业禁止义务来源于其对公司负有的忠实义务。

实践中,并非公司董事或高级管理人员存在自营或者为他人经营与任职公司同类的业务的情况均涉及违反竞业禁止义务。董事或高级管理人员履行法定程序,经由股东会或股东大会同意后从事上述经营活动,或者当其经营企业与公司不具有竞争关系,不会引起利益冲突时,则可能被认定为不构成对竞业义务的违反。但是,根据中国证监会的要求,拟上市公司的董事、高级管理人员不应从事与发行人相竞争的业务,无论其是否履行相关法定程序。

303. 如发行人董事、高级管理人员为发行人股东,其拥有与发行人相同或相似业务如何处理?

(1) 发行人的控股股东、实际控制人担任发行人董事、高级管理人员的,如果拥有与发行人相同或相似业务,在未经由发行人股东大会同意的情况下,既违反竞业禁止的规定,又构成同业竞争,必须在上市申报前彻底解决。

(2) 发行人除控股股东外的其他股东担任发行人董事、高级管理人员的,如果拥有与发行人相同或相似业务,即使根据竞业禁止的规定经由发行人股东大会同意,还需基于中国证监会对于同业竞争的审核关注要点进行详尽披露和解释,论证不构成同业竞争。除非确有充分证据能够证明其拥有的业务与发行人相互独立,且不存在现实的或潜在的利益冲突或利益输送,才有可能得到中国证监会的认可,否则仍必须在上市申报前进行整改。

第三章
关联交易

304. 什么是关联关系？

关联关系，是指公司控股股东、实际控制人、董事、监事、高级管理人员与其直接或者间接控制的企业之间的关系，以及可能导致公司利益转移的其他关系。但是，国家控股的企业之间不因为同受国家控股而具有关联关系。

305. 什么是关联方？

一方控制、共同控制另一方或对另一方施加重大影响，以及两方或两方以上同受一方控制、共同控制或重大影响的，构成关联方。控制，是指有权决定一个企业的财务和经营政策，并能据以从该企业的经营活动中获取利益。共同控制，是指按照合同约定对某项经济活动共有的控制，仅在与该项经济活动相关的重要财务和经营决策需要分享控制权的投资方一致同意时存在。重大影响是指对一个企业的财务和经营政策有参与决策的权力，但并不能够控制或者与其他方一起共同控制这些政策的制定。

下列各方构成企业的关联方：
(1) 该企业的母公司。
(2) 该企业的子公司。
(3) 与该企业受同一母公司控制的其他企业。
(4) 对该企业实施共同控制的投资方。
(5) 对该企业施加重大影响的投资方。

（6）该企业的合营企业。

（7）该企业的联营企业。

（8）该企业的主要投资者个人及与其关系密切的家庭成员。主要投资者个人是指能够控制、共同控制一个企业或者对一个企业施加重大影响的个人投资者。

（9）该企业或其母公司的关键管理人员及与其关系密切的家庭成员。关键管理人员，是指有权力并负责计划、指挥和控制企业活动的人员；与主要投资者个人或关键管理人员关系密切的家庭成员，是指在处理与企业的交易时可能影响该个人或受该个人影响的家庭成员。

（10）该企业主要投资者个人、关键管理人员或与其关系密切的家庭成员控制、共同控制或施加重大影响的其他企业。

306. 什么是上市公司关联法人和关联自然人？

（1）具有下列情形之一的法人或其他组织，为上市公司的关联法人：①直接或者间接控制上市公司的法人或其他组织。②由前项所述直接或者间接控制的除上市公司及其控股子公司以外的法人或其他组织。③由上市公司的关联自然人直接或者间接控制的，或者担任董事、高级管理人员的，除上市公司及其控股子公司以外的法人或其他组织。④持有上市公司5%以上股份的法人或其他组织及其一致行动人。⑤中国证监会、证券交易所或者上市公司根据实质重于形式原则认定的其他与上市公司有特殊关系，可能导致上市公司对其利益倾斜的法人或其他组织。

（2）具有下列情形之一的自然人，为上市公司的关联自然人：①直接或间接持有上市公司5%以上股份的自然人。②上市公司董事、监事和高级管理人员。③直接或者间接控制上市公司的法人或者其他组织的董事、监事和高级管理人员。④本条第①项和第②项所述人士的关系密切的家庭成员，包括配偶、父母及配偶的父母、兄弟姐妹及其配偶、年满18周岁的子女及其配偶、配偶的兄弟姐妹、子女配偶的父母。⑤中国证监会、证券交易所或者上市公司根据实质重于形式原则认定的其他与上市公司有特殊关系，可能导致上市公司对其利益倾斜的自然人。

307. 什么是关联交易？关联交易主要有哪些形式？

关联交易，是指关联方之间转移资源、劳务或义务的行为，而不论是否收取价款。

关联交易的主要类型包括：

(1) 购买或者出售资产。
(2) 对外投资（含委托理财、委托贷款、对子公司投资等）。
(3) 提供财务资助。
(4) 提供担保。
(5) 租入或者租出资产。
(6) 委托或者受托管理资产和业务。
(7) 赠予或者受赠资产。
(8) 债权、债务重组。
(9) 签订许可协议。
(10) 研究与开发项目的转移。
(11) 购买原材料、燃料、动力。
(12) 销售产品、商品。
(13) 提供或者接受劳务。
(14) 委托或者受托销售。
(15) 在关联人的财务公司存贷款。
(16) 关联双方共同投资。
(17) 其他通过约定可能引致资源或者义务转移的事项。

308. 为什么 IPO 审核时要关注关联方和关联交易？

根据关联方及关联交易的基本含义，关联方虽然在法律上具有独立的法律人格，但相互之间存在直接或者间接控制、重大影响，有可能造成利益转移。

关联交易并不必然是不正当或虚假的交易。关联交易作为市场经济中存在的普遍现象，对交易主体具有节约交易成本、降低交易风险、优化资源分配、发挥规模效益等提高企业的运营效益和盈利能力的正面意义。关联方滥用其对公司的控制权或重要影响，进行利益输送或损害公司、少数股东、债权人合法权益的行为是违法的。因此，我国相关法律法规及规范性文件并未完全禁止关联交易。

关联交易与公司治理、内部控制机制、业绩的真实性、拟上市公司独立性等发行条件密切相关，加上由于通过关联交易来进行业绩调节具有一定的隐蔽性，利用关联交易来粉饰业绩乃至进行财务造假的情况时有发生。因此，在实际发行审核过程中，对拟上市企业的关联方及关联交易的审核一直是中国证监会审核关注的重点。

309. 关联方核查有何要求？需要关注哪些事项？

发行人应根据《公司法》和《企业会计准则》的相关规定披露关联方、关联关系和关联交易，发行人应完整披露关联方关系并按重要性原则恰当披露关联交易。依照上述要求，拟上市公司应当聘请中介机构全面核查，依照《公司法》《企业会计准则》及《深圳证券交易所股票上市规则》《深圳证券交易所创业板股票上市规则》等相关规定认定关联方，并于上市申报文件中披露报告期内存在的关联方与关联交易，不得存在隐瞒或重大遗漏，具体如下：

（1）关于关联方的认定。发行人应当按照《公司法》《企业会计准则》和相应的上市规则认定并完整披露关联方。

（2）关于关联交易的必要性、合理性和公允性。发行人应披露关联交易的交易内容、交易金额、交易背景以及相关交易与发行人主营业务之间的关系；还应结合可比市场公允性价格、第三方市场价格、关联方与其他交易方的价格等，说明并摘要披露关联交易的公允性，是否存在对发行人或关联方的利益输送。

（3）对于控股股东、实际控制人与发行人存在关联交易，且关联交易对应的收入、成本费用或利润总额占发行人相应指标的比例较高（如达30%）的，发行人应结合相关关联方的财务状况和经营情况、关联交易产生的收入、利润总额合理性等，充分说明并摘要披露关联交易是否影响发行人的经营独立性，是否构成对控股股东或实际控制人的依赖，是否存在通过关联交易调节发行人利润或成本费用、对发行人利益输送的情形。此外，发行人还应披露未来减少与控股股东、实际控制人发生关联交易的具体措施。

（4）关于关联交易的决策程序。发行人应当披露公司章程对关联交易决策程序的规定，已发生关联交易的决策过程是否与公司章程相符，关联股东或董事在审查相关交易时是否回避，以及独立董事和监事会成员是否发表不同意见等。

（5）中介机构应对发行人关联交易信息披露的完整性，关联交易的必要性、合理性和公允性，关联交易是否影响发行人的独立性、是否可能对发行人产生重大不利影响，以及是否已履行关联交易决策程序等进行充分核查并发表意见。

在遵循真实、准确、完整披露关联方的原则上，拟上市公司及相关中介机构还应当关注包括但不限于下列特殊关联关系事项：

（1）调查拟上市公司董事、监事、高级管理人员及核心技术人员是否在控股股东、实际控制人及其控制的其他企业及其他关联方中任职，是否领取薪酬。

（2）调查拟上市公司与发行上市的中介机构及其负责人、经办人员之间是否存在关联关系、委托持股、信托持股或其他利益关系。

（3）调查拟上市公司的实际控制人、控股股东、董事、监事、高级管理人员及核心技术人员和拟上市公司的其他关联方，是否在拟上市公司主要供应商、客户中拥有权益、任职或存在关联关系。

（4）对于报告期内终止关联关系的，核查终止关联关系的原因、交易价格是否公允、与拟上市公司是否仍存在或可能存在潜在的关联关系、终止关联关系后与拟上市公司在人员、资产、业务、销售等方面是否仍存在相关性，充分说明相关安排是否真实、合法、有效，是否存在关联交易非关联化或损害拟上市公司利益的情形。具体而言，若采取清算注销的方式终止关联关系的，应当重点核查并说明其存续期间的关联交易情况、注销后资产及人员的后续情况、历史上是否存在重大违法违规行为的情形；若采取股权转让、企业合并的方式终止关联关系的，应当重点核查并说明转让或合并后与拟上市公司的往来情况、受让方或交易对方与拟上市公司是否存在关联关系或其他利益安排、交易价格和条件是否公允、交易是否合法有效、是否已经履行完毕、是否存在纠纷或者潜在纠纷的情形。

310. 关联交易的审核关注要点是什么?

(1) 关联交易的真实性。由于关联方之间存在特殊的利害关系,决定着关联交易存在易于受操控的特性,容易发生利用虚假的关联交易、偏离市场价格或条件进行调节业绩或利益输送等不正当行为。因此,关联交易的真实性成为发行审核最基本的要点。此外,根据《首次公开发行股票并上市管理办法》第四条的规定:"发行人依法披露的信息,必须真实、准确、完整,不得有虚假记载、误导性陈述或者重大遗漏"。因此,除了关联交易行为的真实性以外,发行审核过程中也充分关注关联交易披露的真实性、准确性及完整性。

(2) 关联交易的公允性。关联交易价格公允,不存在通过关联交易操纵利润的情形,发行人控股股东和实际控制人出具"不通过非公允性关联交易、利润分配、资产重组、对外投资等任何方式损害上市公司和其他股东的合法权益"的承诺。在发行审核过程中,对于关联交易的公允性主要关注以下两个方面:

①关联交易定价是否公允,即拟上市公司存在的关联交易定价应当符合商业逻辑及合理性,一般情况下公允的关联交易价格可以参照以下定价原则进行:除实行政府定价或政府指导价外,交易事项有可比的独立第三方的市场价格或收费标准的,可以优先参考该价格或标准确定交易价格;交易事项无可比的独立第三方市场价格的,交易定价可以参考关联人与独立于关联人的第三方发生非关联交易的价格确定;交易事项既无独立第三方的市场价格,也无独立的非关联交易价格可供参考的,可以按照合理成本费用加合理利润、资产评估结果等作为定价依据。

②关联交易涉及的其他商业条件是否公允,即与其他非关联客户或供应商的同类交易相比,是否存在显失公平或与非关联交易存在较大差异的情形。如交易结算期限、质量保证、保证金、退换货政策、运输仓储或交易方式等合同中常见的条款若存在无法说明合理性的较大差异,也可能被认定为非公允关联交易。

(3) 关联交易程序规范性。程序正义是实质正义的重要保障措施,为保证关联交易的公允性,关联交易程序的规范性亦是审核关注的重要问题。《首次公开发行股票并上市管理办法(2018)》第17

条规定:"发行人的内部控制制度健全且被有效执行,能够合理保证财务报告的可靠性、生产经营的合法性、营运的效率与效果。"《公开发行证券的公司信息披露编报规则第 12 号——公开发行证券的法律意见书和律师工作报告》中对发行人的关联交易程序规范性提出细化要求。发行人应在公司章程及其他内部规定中明确关联交易公允决策的程序,如关联交易的一方为发行人股东,需采取必要措施对其他股东的利益进行保护。因此,在发行审核过程中,对于关联交易程序的规范性主要关注关联交易制度等规范程序的完备性及其执行的有效性。

拟上市公司应当建立健全关联交易内部控制制度,遵循诚实、信用、平等、自愿、公平、公开、公允的原则,不得损害公司和股东的利益,不得隐瞒关联关系或者将关联交易非关联化。拟上市公司应按照有关法律、行政法规、部门规章、规范性文件、股票上市规则以及交易所其他相关规定的规定,在公司章程中明确划分公司股东大会、董事会对关联交易事项的审批权限,规定关联交易事项的审议程序和回避表决要求。因此,拟上市公司应当按照相关规定健全关联交易管理制度,其内容除了必须符合《公司法》《证券法》以及中国证监会的有关规范性文件外,还应当符合交易所股票上市规则和规范运作指引相应板块的具体要求。

此外,拟上市公司在建立完善的关联交易内部控制制度的基础上,应当有效执行关联交易决策程序和表决程序的相关规定,具体包括:做出关联交易决策的机构(例如公司董事会、股东大会)应当具备符合法律、法规或其内部规范的相应决策权限。在设置独立董事的情况下,独立董事应按照内部控制制度对关联交易发表独立意见。应确保关联交易决策会议的召开程序及议事程序符合相关法律、法规和公司内部控制制度的规定,所涉及的关联董事和关联股东应当依照相关规定进行回避表决。从法律效力角度而言,拟上市公司应避免发生越权决策、决策程序或内容违反法律、法规或公司章程而造成关联交易决策效力瑕疵的情形。

(4) 对发行人独立性的影响。发行人不得有下列影响持续盈利能力的情形:发行人最近一个会计年度的营业收入或净利润不得对关联方存在重大依赖，发行人应当在招股说明书中披露已达到发行监管对公司独立性的基本要求。鉴于拟上市公司与关联方之间具有相互控制及重大影响等特殊利益关系，容易利用关联关系及关联交易影响拟上市公司经营的独立性，因此，发行审核过程中将重点关注关联交易对拟上市公司的独立性影响，具体包括但不限于如下方面：

①关联交易的必要性及合理性。拟上市公司应重点关注关联交易是否为关联交易各方主营业务或正常经营所需，是否具备合理的商业逻辑。由于关联交易的可操纵性且易存在发生不正当的资源、义务转移或虚假交易的风险，与关联方之间主营业务或正常经营无关、不符合商业逻辑的关联交易将受到重点关注。对于偶发性关联交易，应当确保其对拟上市公司经营成果影响的真实性，不得存在为拟上市公司虚增业绩的情形；对于购销商品、提供劳务等经常性关联交易，应当确保其增减变化的必要性及合理性，不得使拟上市公司的独立性及持续盈利能力存在重大不利影响。

②关联交易的重要性及可替代性。拟上市公司应重点关注关联交易对于其生产、供应、销售等业务体系的独立性，以及对于拟上市公司生产经营密切相关的生产系统、辅助生产系统和配套设施、主要土地、厂房、机器设备以及商标、专利、非专利技术等资产的完整性是否具有重大影响，是否存在对关联方或关联交易的重大依赖，从而影响独立面向市场经营的能力。

③关联交易对经营业绩的影响。拟上市公司应重点关注报告期内向关联方销售产生的收入占发行人主营业务收入的比例、向关联方采购的数额占发行人采购总额的比例、关联方应收应付金额的比例以及关联交易产生的利润占发行人利润总额的比例，及其是否对拟上市公司业绩的稳定性产生重大影响。

④《首发业务若干问题解答（一）》对于控股股东、实际控制人与发行人之间关联交易对应的收入、成本费用或利润总额占发行人相应指标的比例如达到30%，认定为关联交易占比较高的情形。虽然在近年成功发行上市的公司中存在少部分于发行审核报告期内的关联交易占比超过30%的情形，但实际上在发行审核过程中监管

部门从未放松拟上市公司经营独立性的标准，而更加重视从实质上进行审查，综合考虑拟上市公司的营业收入、业务结构、客户分布等各方面，核查关联交易的比例是否对拟上市公司的独立性构成重大不利影响。

⑤关联交易对拟上市公司独立性影响的趋势。拟上市公司应重点关注报告期内关联交易的增减及重要性占比等对拟上市公司独立性影响的趋势。根据发行审核的相关要求，拟上市公司应尽可能地减少发生不必要关联交易、降低关联交易对经营成果的影响，在报告期内呈现关联交易金额及占比降低的趋势。

311. 规范关联交易的基本原则、方式是什么？

（1）规范关联交易的基本原则：

①避免不必要的关联交易，尽量降低、减少关联交易对拟上市公司独立性的影响。

②对于必要的关联交易要保证交易的真实性、合理性及交易价格的公允性。

③确保相关股东大会和董事会程序的规范性及有效性。

④履行必要的信息披露义务。

规范关联交易的首要原则，即避免不必要的关联交易，但实践中仍存在部分无法避免关联交易的情形。鉴于发行审核对于拟上市主体的独立性要求，在无法避免关联交易的情况下，拟上市公司仍应尽量降低或减少关联交易。

（2）规范关联交易主要包括但不限于如下方式：

①降低或减少因利用关联方资产发生的关联交易。根据发行审核对于拟上市主体的资产独立性的要求，生产型企业应当具备与生产经营有关的生产系统、辅助生产系统和配套设施，合法拥有与生产经营有关的土地、厂房、机器设备以及商标、专利、非专利技术的所有权或者使用权，具有独立的原料采购和产品销售系统；非生产型企业应当具备与经营有关的相关资产。因此，拟上市公司可采取收购资产、并购持有相关资产的企业或由关联方以有关资产向拟上市公司出资等方式，增强拟上市公司资产的完整性与独立性。

②降低或减少与关联方因业务合作发生的关联交易。根据发行审核对于拟上市主体的业务独立性的要求,拟上市公司的业务应当独立于控股股东、实际控制人及其控制的其他企业,与控股股东、实际控制人及其控制的其他企业间不得有显失公平的关联交易。因此,拟上市公司可采取股权收购、并购关联企业或加强与无关联第三方生产、供应、销售的合作等方式,确保拟上市公司业务体系的完整性与独立性。

③转让相关资产或业务。若关联交易所涉相关资产或业务并非拟上市公司生产经营所必需,则拟上市公司可采取出售相关资产、业务或以所涉资产向关联方出资等方式,减少或避免持续发生经常性关联交易。

④转让所持关联企业股权。若因拟上市公司持有关联企业股权而存在关联关系的,则拟上市公司可采取将该关联企业股权转让给第三方的方式,从实质上终止关联关系。

⑤回购或转让拟上市公司股份。若因持有拟上市公司股份而构成拟上市公司关联方的,则可采取由该关联方转让所持拟上市公司股份或由拟上市公司进行股份回购等方式,从实质上终止关联关系。

⑥注销关联企业,即依照法律程序对关联企业进行清算并最终注销该企业,从实质上终止关联关系。

⑦解除任职或终止施加重大影响,即拟上市公司的关联自然人通过解除与所涉关联方担任的董事、高级管理人员职务或其他对关联方施加重大影响的协议等方式,从实质上终止关联关系。

需要注意的是,拟采取终止关联关系的方式来降低或减少关联交易的,由于存在关联交易非关联化的可能性,发行审核过程中仍将受到重点关注。拟上市公司应做好真实、准确、完整披露的相关工作,重点核查并说明终止关联关系的原因、交易价格是否公允、终止关联关系后与拟上市公司在人员、资产、业务、销售等方面是否仍存在相关性、其与拟上市公司是否仍存在或可能存在潜在的关联关系,并充分说明相关安排是否真实、合法、有效,是否存在关联交易非关联化或损害拟上市公司利益等情形。

312. 什么是关联交易非关联化？

关联交易非关联化，是指通过各种交易安排或改变表面上的控制或影响关系，将实质上的关联交易表面上转化为非关联方之间的交易，借以规避相关法律、法规及规范性文件的约束的行为。例如，通过非关联方将关联交易分解为两个以上的非关联交易、解除关联关系、隐匿的关联交易、与潜在关联方进行交易、利用非关联交易进行互换式的利益输送等行为。

分解交易，是指为了规避关联交易，拟上市公司将与关联方之间的交易通过若干非关联方转换为两笔以上的非关联的业务。如公司将资产高价卖给非关联方，再由关联方用同样的高价向非关联方赎回或给予非关联方补偿。

潜在关联方进行交易，是指通过将交易时机选择在潜在关联方成为关联方之前，与潜在关联方进行交易，利用潜在关联方为公司创造利润或承担费用的情形。

形式上解除关联关系，是指关联方通过调整股权结构、任职关系等方式，从名义上解除关联关系，使得实质上的关联方从形式上看不是关联方，相应的交易从形式上看不再属于关联交易。

隐匿的关联交易，是指通过隐蔽的、灰色的非关联方交易以规避披露义务，进而实现操纵利润的情形。例如，由非关联方进行互换式收购、为员工减薪、供应商减价供应、经销商加价提货或增加交易数量，并向相关对象通过隐匿的安排或承诺进行利益补偿。

关联交易非关联化是以合法形式掩盖非法目的的不正当行为，其行为特征在于掩盖关联交易的实质，并通常伴随着利用实质上的关联交易达到利益输送、调节业绩、逃避监管等非法目的。根据《首次公开发行股票并上市管理办法》的相关规定，关联交易与公司治理、发行人内控机制建设、业绩的真实性、发行人独立性的影响等发行条件密切相关，并且发行人及其全体董事、监事和高级管理人员应当保证招股说明书等上市申报文件的内容真实、准确、完整，不得有虚假记载、误导性陈述或者重大遗漏。因此，若拟上市公司存在关联交易非关联化的情形，将对发行上市构成实质性障碍。对于关联交易非关联化的行为，在申报前，必须从实质上予以消除、终止,并完整披露消除过程。

313. 为股东、关联公司提供担保有何要求?

拟上市公司可以为股东、关联公司提供担保。《公司法》第16条规定:"公司向其他企业投资或者为他人提供担保,依照公司章程的规定,由董事会或者股东会、股东大会决议;公司章程对投资或者担保的总额及单项投资或者担保的数额有限额规定的,不得超过规定的限额。公司为公司股东或者实际控制人提供担保的,必须经股东会或者股东大会决议。前款规定的股东或者受前款规定的实际控制人支配的股东,不得参加前款规定事项的表决。该项表决由出席会议的其他股东所持表决权的过半数通过"。上市公司的对外担保存在以下要求:

(1)上市公司对外担保必须经董事会或股东大会审议。

(2)上市公司的公司章程应当明确股东大会、董事会审批对外担保的权限及违反审批权限、审议程序的责任追究制度。

(3)应由股东大会审批的对外担保,必须经董事会审议通过后,方可提交股东大会审批。须经股东大会审批的对外担保,包括但不限于下列情形:一是上市公司及其控股子公司的对外担保总额,超过最近一期经审计净资产50%以后提供的任何担保;二是为资产负债率超过70%的担保对象提供的担保;三是单笔担保额超过最近一期经审计净资产10%的担保;四是连续12个月内担保金额超过公司最近一期经审计总资产的30%;五是连续12个月内担保金额超过公司最近一期经审计净资产的50%且绝对金额超过5000万元(创业板为3000万元);六是对股东、实际控制人及其关联方提供的担保;七是交易所业务规则或者上市公司章程规定的其他担保情形。股东大会在审议为股东、实际控制人及其关联方提供的担保议案时,该股东或受该实际控制人支配的股东,不得参与该项表决,该项表决由出席股东大会的其他股东所持表决权的半数以上通过。

(4)应由董事会审批的对外担保,必须经出席董事会的2/3以上董事审议同意并做出决议。

(5)上市公司董事会或股东大会审议批准的对外担保,必须在中国证监会指定信息披露媒体上及时披露，披露的内容包括董事会或股东大会决议、截止信息披露日上市公司及其控股子公司对外担保总额、上市公司对控股子公司提供担保的总额。

（6）上市公司在办理贷款担保业务时，应向银行业金融机构提交公司章程、有关该担保事项董事会决议或股东大会决议原件、刊登该担保事项信息的指定报刊等材料。

（7）上市公司控股子公司的对外担保，比照上述规定执行。上市公司控股子公司应在其董事会或股东大会做出决议后及时通知上市公司履行有关信息披露义务。

在实际发行审核过程中，拟上市公司的对外担保除应当遵循《公司法》的规定外，还应参照上述规定制定相应内部控制制度并确保相关制度有效执行，不得存在违规担保的情形。

314. 发行人与其控股股东、实际控制人或董事、监事、高级管理人员的关于共同投资的，应关注什么？

发行人如存在与其控股股东、实际控制人、董事、监事、高级管理人员及其亲属直接或者间接共同设立公司的情形，发行人及中介机构应主要披露及核查以下事项：

（1）发行人应当披露相关公司的基本情况，包括但不限于公司名称、成立时间、注册资本、住所、经营范围、股权结构、最近一年又一期主要财务数据及简要历史沿革。

（2）中介机构应当核查发行人与上述主体共同设立公司的背景、原因和必要性，说明发行人出资是否合法合规、出资价格是否公允。

（3）如发行人与共同设立的公司存在业务或资金往来的，还应当披露相关交易的交易内容、交易金额、交易背景以及相关交易与发行人主营业务之间的关系。中介机构应当核查相关交易的真实性、合法性、必要性、合理性及公允性，是否存在损害发行人利益的行为。

（4）如公司共同投资方为董事、高级管理人员及其近亲属，中介机构应核查说明公司是否符合《公司法》第148条规定，即董事、高级管理人员未经股东会或者股东大会同意，不得利用职务便利为自己或者他人谋取属于公司的商业机会，自营或者为他人经营与所任职公司同类的业务。

315. 拟上市公司与关联方资金往来应该遵循哪些规定？

（1）控股股东及其他关联方与上市公司发生的经营性资金往来中，应当严格限制占用上市公司资金。控股股东及其他关联方不得要求上市公司为其垫支工资、福利、保险、广告等期间费用，也不得互相代为承担成本和其他支出。

（2）上市公司不得以下列方式将资金直接或间接地提供给控股股东及其他关联方使用：有偿或无偿地拆借公司的资金给控股股东及其他关联方使用；通过银行或非银行金融机构向关联方提供委托贷款；委托控股股东及其他关联方进行投资活动；为控股股东及其他关联方开具没有真实交易背景的商业承兑汇票；代控股股东及其他关联方偿还债务；中国证监会认定的其他方式。

（3）上市公司为其关联方提供资金等财务资助时应该遵循以下规则：上市公司不得为董事、监事、高级管理人员、控股股东、实际控制人及其控股子公司等关联人提供资金等财务资助。上市公司为其控股子公司、参股公司提供资金等财务资助的，该控股子公司、参股公司的其他股东原则上应当按出资比例提供同等条件的财务资助。其他股东中一个或者多个为公司的控股股东、实际控制人及其关联人的，该关联股东应当按出资比例提供同等条件的财务资助。如该关联股东未能以同等条件或者出资比例向公司控股子公司或者参股公司提供财务资助的，公司应当将上述对外财务资助事项提交股东大会审议，与该事项有关联关系的股东应当回避表决。上市公司与关联方经营资金往来应当明确结算期限，严格履行相关审批程序及信息披露义务，不得以经营性资金往来的形式变相为其提供资金等财务资助。

（4）上市公司在拟购买或参与竞买控股股东、实际控制人或其关联人的项目或资产时，应当核查其是否存在占用公司资金、要求公司违法违规提供担保等情形。在上述违法违规情形未有效解决之前，公司不得向其购买有关项目或者资产。

综上，上市公司与关联方发生资金往来，应当严格履行相关审批程序及信息披露义务，上市公司与关联方的非经营性资金往来必须坚持"自上而下"单向流动原则，即允许上市公司实际控制人及其关联方以低息或者无偿向上市公司提供资金，但绝对不允许上市公司以任何形式将资金直接或间接地提供给实际控制人及其关联方。

此外，虽然上述规定适用于上市公司，但是在发行审核过程中拟上市公司应参照执行。若拟上市公司存在关联方资金占用问题的，建议在提交上市申请前尽早清理完毕，或于整体变更为股份公司前进行规范并于整体变更后规范运作一段时间，以确保规范措施的有效性。

第四章
募集资金使用

316. 中小企业板对 IPO 募集资金使用有哪些规定？

（1）募集资金原则上应当用于主营业务，发行人应列表简要披露募集资金使用的具体用途、预计募集资金数额、预计投资规模、预计投入的时间进度情况。

（2）发行人应披露董事会对募集资金投资项目可行性的分析意见，并说明募集资金数额和投资项目与企业现有生产经营规模、财务状况、技术水平和管理能力等相适应的依据。

（3）保荐人及发行人律师对募集资金投资项目是否符合国家产业政策、环境保护、土地管理以及其他法律、法规和规章规定出具的结论性意见。

（4）募集资金投资项目实施后，不产生同业竞争或者对发行人的独立性不产生不利影响。

（5）披露募集资金专项存储制度的建立及执行情况。

（6）规范上市公司募集资金专户存储、使用、用途变更、管理与监督。

317. 创业板对 IPO 募集资金使用有哪些规定？

（1）募集资金应当围绕主营业务进行投资安排，发行人应列表简要披露募集资金使用的具体用途、预计募集资金数额、预计投资规模、预计投入的时间进度情况。

（2）发行人应披露董事会对募集资金投资项目可行性的分析意

见，并说明募集资金数额和投资项目与企业现有生产经营规模、财务状况、技术水平和管理能力等相适应的依据。

(3) 规范上市公司募集资金专户存储、使用、用途变更、管理与监督。

(4) 原则上，不能用募集资金购买集团公司的资产，以防止集团公司套现行为的发生。

318. 募投项目的核准、备案有什么规定？

按照规定由国务院核准的项目，由发展改革委审核后报国务院核准。按照规定报国务院备案的项目，由发展改革委核准后报国务院备案。核报国务院核准的项目、国务院投资主管部门核准的项目，事前须征求国务院行业管理部门的意见。由地方政府核准的项目，省级政府可以根据本地实际情况具体划分地方各级政府的核准权限。由省级政府核准的项目，核准权限不得下放。

法律、行政法规和国家有专门规定的，按照有关规定执行。商务主管部门按国家有关规定对外商投资企业的设立和变更、国内企业在境外投资开办企业（金融企业除外）进行审核或备案管理。

319. IPO 发行审核过程中发行人能否对募集资金运用进行调整？

初审过程中，发行人需调整募集资金用途的，应履行相应的法律程序。已通过发审会的，发行人原则上不得调整募集资金项目，但可根据募投项目实际投资情况、成本变化等因素，合理调整募集资金的需求量，并可以将部分募集资金用于公司一般用途，但需在招股说明书中说明调整的原因。

320. 募集资金能否持有金融资产和财务性投资？

除金融类企业外，募集资金使用项目不得为持有交易性金融资产和可供出售的金融资产、借予他人、委托理财等财务性投资，不得直接或者间接投资于以买卖有价证券为主要业务的公司。

321. 募集资金使用项目与发行人是否需要环保核查？

2014年10月20日，环境保护部发布了《关于改革调整上市环保核查工作制度的通知》，要求自通知发布之日起，各级环保部门不再对各类企业开展任何形式的环保核查，不得再为各类企业出具环保守法证明等任何形式的类似文件，从而取消了运行多年的上市公司环保核查。

环保核查取消后，上市公司应按照有关法律要求及时、完整、真实、准确地公开环境信息，并按《企业环境报告书编制导则》定期发布企业环境报告书。保荐机构和投资人可以依据政府、企业公开的环境信息以及第三方评估等信息，对上市公司环境表现进行评估。

322. 募集资金使用土地应关注什么问题？

募集资金投资项目建设内容需与政府审批的用地性质相符。IPO申报前应取得土地使用权证书，至少要签订土地出让合同，确保募集资金投资项目的顺利实施。

发行人应在招股说明书等发行证券募集文件中详细披露投资项目有关土地使用权的取得方式、相关土地出让金、转让价款或租金的支付情况以及有关产权登记手续的办理情况。保荐机构及发行人律师应根据国家有关土地管理法律、法规及规范性文件，就发行人土地使用、土地使用权取得方式、取得程序、登记手续、募集资金投资项目用地是否合法合规发表明确意见。

323. 募集资金项目为什么要关注项目实施后产生的同业竞争或者影响独立性的因素？

发行人与控股股东、实际控制人及其控制的其他企业不存在同业竞争，以及发行人资产完整、人员独立、财务独立、机构独立和业务独立是审核发行人是否具备上市条件的基本要求。如果募集资金投资项目实施后产生新的同业竞争或其他不符合独立性的情形将会使发行人达不到现行审核标准和要求，难以通过发审委审核。

324. 募集资金的使用是否一定要反映公司的发展战略和竞争优势?

募集资金的使用是一个公司未来发展战略的延伸。募集资金使用的安排,一定要符合产业发展的规律,体现出公司未来的战略需要,进一步提升公司的竞争优势和强化公司的核心竞争力,不能短视地以上市申报为目的。

第六部分
股票发行审核
——财务与会计审核

第一章
总体要求

325. IPO 对企业财务有何要求?

(1) 发行人历史沿革无重大瑕疵,出资规范。
(2) 发行人资产质量良好,产权明晰。
(3) 发行人资产负债结构合理。
(4) 发行人盈利能力较强,现金流正常。
(5) 发行人纳税规范。
(6) 发行人的销售管理、采购管理、投资管理、资金管理、信息系统管理、人员机构管理等内部控制有效。
(7) 发行人会计基础工作规范,财务报表的编制符合企业会计准则和相关会计制度的规定,以实际发生的交易或事实为依据,遵循谨慎性和一致性原则。
(8) 发行人与关联方之间的交易合理、价格公允,不存在通过关联交易操纵利润的情形,并按实质重于形式的原则如实披露关联方关系,按重要性原则恰当披露关联交易。

326. IPO 财务审核有何特点?

IPO 财务审核遵循信息披露为中心,对于披露的财务信息的基本要求为"真实、准确、完整、及时",同时 IPO 审核是一个合规性审核、系统性审核和整体性审核,在审核口径上执行依法监管、从严监管、全面监管,拟发行人需要充分重视 IPO 财务审核是一种"有罪推定"(即以拟发行人披露的财务信息为非真实、准确、完整为前提）的审核，拟发行人必须全面结合历史沿革、股权变动、整体变更、并购重组、关联交易、同业竞争、业务演变、经营模式、行业竞争、治理架构、会计基础工作、同行业可比的合理性等各个角度进行考量，以做出"无罪"的主张。IPO 财务审核的重点通常包括盈利能力、资产质量、关联方交易公允性、经营信息与财务信息的匹配、财务内控制度等方面。

327. IPO 对企业盈利能力有何要求？

（1）中小企业板上市盈利能力要求：①最近三个会计年度净利润均为正数且累计超过人民币 3000 万元，净利润以扣除非经常性损益前后较低者为计算依据；②最近三个会计年度经营活动产生的现金流量净额累计超过人民币 5000 万元；或者最近三个会计年度营业收入累计超过人民币 3 亿元。③最近一期末不存在未弥补亏损。

（2）创业板上市盈利能力要求：①最近两年连续盈利，最近两年净利润累计不少于 1000 万元；或者最近一年盈利，最近一年营业收入不少于 5000 万元。净利润以扣除非经常性损益前后孰低者为计算依据。②最近一期末净资产不少于 2000 万元，且不存在未弥补亏损。

328. IPO 对企业内部控制有何要求？

拟 IPO 企业应根据《企业内部控制基本规范》的要求，从内部环境、风险评估、控制活动、信息与沟通和内部监督五个方面建立内部控制体系。

内部环境包括治理结构、机构设置、以及权责分配、内部审计、人力资源政策和企业文化等。风险评估包括识别与实现控制目标相关的内部风险和外部风险，确定相应的风险承受度，权衡风险与收益，综合运用风险规避、风险降低、风险分担和风险承受等应对策略实现对风险的有效控制。控制活动包括不相容职务分离、授权审批、会计系统、财产保护、预算、运营分析和绩效考评等控制。信息与沟通包括畅通的企业内外沟通渠道、及时的信息传递和问题解决、信息系统的安全运行及有效的反舞弊机制。内部监督包括了常规、持续的日常监督,以及在企业发展战略、组织结构、经营活动、业务流程等发生较大调整或变化的情况下,对内部控制的某一或者某些方面进行有针对性的专项监督。

企业应该建立切实可行的资金管理制度、采购与付款制度、销售与收款制度、资产运营和管理制度、信息系统及网络安全管理制度、对外投资管理制度、关联方交易管理制度以及对外担保制度等。

第二章
申报财务会计资料的一般事项

329. 会计师需出具哪些文件？

（1）申报期间财务报表的审计报告。

（2）对非经常性损益明细表的专业意见。

（3）对主要税种纳税情况说明的专业意见。

（4）历次验资报告。

（5）内部控制鉴证报告。

（6）对原始财务报表与申报财务报表的差异比较表的专业意见。

（7）注册会计师对发行申请文件真实性、准确性和完整性的承诺书。

（8）根据自愿原则，发行人提供具备证券期货相关业务资质的会计师事务所出具的"盈利预测审核报告"。

（9）可能被要求提供发行人实际控制人或者大股东的财务报表以及审计报告。

（10）募集资金投向拟收购资产（或股权）的财务报表以及审计报告。

330. 发行人还应提交哪些与财务会计资料相关的其他文件？

由有限责任公司变更或其他形式的企业整体改制设立的，应提供变更或改制的法律证明文件，包括：

（1）改制基准日的财务报表以及审计报告、评估报告等；发行人关于重大资产变化情况的说明。

第六部分 股票发行审核——财务与会计审核

(2) 发行人关于在业务、资产、人员、财务、机构方面的独立情况的说明。

(3) 主要商标、土地使用权证书。

(4) 发行人关于近三年及最近一期的重大关联交易的说明。

(5) 关联交易决策的记录。

(6) 发行人各年度纳税申报表及完税证明。

(7) 有关发行人税收、财政补贴优惠政策的证明文件。

(8) 发行人的土地使用权、房屋产权权属证书或相关租赁协议。

(9) 发行人的重大商务合同。

(10) 发行人设立时和最近三年及一期的资产评估报告（含土地评估报告）。

331. 什么是原始财务报表？什么是申报财务报表？

拟申请首发上市公司的原始财务报表，是指公司申报期间各年度提供给税务部门的财务报表。如果公司申报期间各年度未编制合并财务报表，无法提供合并原始财务报表的，应说明未编制的原因。

申报财务报表，是指经注册会计师审计的申报期间的财务报表，通常包含三个完整的财务年度以及上一财务年度截止日至申报基准日为一期的财务报表。

332. 什么是原始财务报表与申报财务报表差异？

原始财务报表与申报财务报表之间的差异实质是描述申报发行财务数据与申报纳税财务数据之间的差异。

拟上市公司应检查提供给注册会计师的供审计的财务报表是否与申报期间各年度提供给税务部门的报表一致。若不一致，拟上市公司对此应有合理解释，且要评估是否存在税务风险。

拟上市公司应编制申报财务报表与原始财务报表差异比较表（以下简称"差异比较表"）。差异比较表应包括如下内容：申报期间合并及母公司资产负债表差异比较表；申报期间合并及母公司利润表差异比较表。

拟上市公司未编制合并原始会计报表的，其原始财务报表与申报财务报表的差异说明中，无须就合并申报财务报表与合并原始财务报表的差异项目进行说明，但应说明未编制合并原始会计报表的原因。同时，注册会计师应当按照合并口径，说明原始财务报表与申报财务报表存在的主要差异情况并对合并过程进行说明。

拟上市公司申报财务报表与原始财务报表无差异时，注册会计师出具的专项报告中应注明"公司申报财务报表与原始财务报表不存在差异"。

333. 什么是非经常性损益？包括哪些项目？

非经常性损益，是指与公司正常经营业务无直接关系，以及虽与正常经营业务相关，但由于其性质特殊和偶发性，影响报表使用人对公司经营业绩和盈利能力做出正常判断的各项交易和事项产生的损益。非经常性损益通常包括以下项目：

（1）非流动性资产处置损益，包括已计提资产减值准备的冲销部分。

（2）越权审批，或无正式批准文件，或偶发性的税收返还、减免。

（3）计入当期损益的政府补助，但与公司正常经营业务密切相关，符合国家政策规定、按照一定标准定额或定量持续享受的政府补助除外。

（4）计入当期损益的对非金融企业收取的资金占用费。

（5）企业取得子公司、联营企业及合营企业的投资成本小于取得投资时应享有被投资单位可辨认净资产公允价值产生的收益。

（6）非货币性资产交换损益。

（7）委托他人投资或管理资产的损益。

（8）因不可抗力因素，如遭受自然灾害而计提的各项资产减值准备。

（9）债务重组损益。

（10）企业重组费用，如安置职工的支出、整合费用等。

（11）交易价格显失公允的交易产生的超过公允价值部分的损益。

（12）同一控制下企业合并产生的子公司期初至合并日的当期净损益。

（13）与公司正常经营业务无关的或有事项产生的损益。

（14）除同公司正常经营业务相关的有效套期保值业务外，持有交易性金融资产、交易性金融负债产生的公允价值变动损益，以及处置交易性金融资产、交易性金融负债和可供出售金融资产取得的投资收益。

（15）单独进行减值测试的应收款项减值准备转回。

（16）对外委托贷款取得的损益。

（17）采用公允价值模式进行后续计量的投资性房地产公允价值变动产生的损益。

（18）根据税收、会计等法律、法规的要求对当期损益进行一次性调整对当期损益的影响。

（19）受托经营取得的托管费收入。

（20）除上述各项之外的其他营业外收入和支出。

（21）其他符合非经常性损益定义的损益项目。

公司计算同非经常性损益相关的财务指标时，涉及少数股东损益和所得税影响的，应当予以扣除。

334. 盈利预测的编制有何要求？如何编制？

在申报材料中，如果发行人根据自愿原则递交盈利预测报告，则需要按照《盈利预测报告编制指南》的规定进行，主要规则如下：

发行人应遵循谨慎性原则，合理编制盈利预测报告。发行人在编制盈利预测报告时，应当正确确定盈利预测基准、合理提出盈利预测基本假设，科学运用盈利预测的方法。除政策性因素导致预测期内会计政策发生变化的，预测期间所选用的会计政策应与申报财务报表所采用的会计政策保持一致。

发行人在编制盈利预测报告时，预测期间的确定应遵循：申报财务报表的资产负债表截止日在发行人会计年度的前 6 个月（含会计年度的前 6 个月末）的，预测期间应为编制盈利预测报告时的会计年度；申报财务报表的资产负债表截止日在发行人会计年度的后 6

个月的，预测期间应为编制盈利预测报告时的会计年度及下一个会计年度。

盈利预测报告的内容包括盈利预测基准、盈利预测基本假设、盈利预测表和预测说明四个部分，《盈利预测编制报告指南》第9条至第22条对上述四个方面进行了详细规定。

发行人递交的盈利预测报告还需要注册会计师根据被审核单位提供的盈利预测，对其编制所依据的基本假设、所选用的会计政策和编制基础进行检查、评价、复算和核对等，从而得出审核结论，发表审核意见。

335. 首发企业应该何时提交经审阅的季度报告？

根据《关于首次公开发行股票并上市招股说明书财务报告审计截止日后主要财务信息及经营状况信息披露指引》（中国证监会公告〔2013〕45号）（以下简称"45号文"）的规定，申请首次公开发行股票并上市的公司在刊登招股说明书时，应充分披露财务报告审计截止日后的财务信息及主要经营状况。发行人财务报告审计截止日至招股说明书签署之间超过1个月的，应在招股说明书中披露审计截止日后的主要经营状况。发行人财务报告审计截止日至招股说明书签署之间超过4个月的，应补充提供期间季度的未经审计的财务报表，并在招股说明书披露审计截止日后的主要财务信息。首发企业在刊登招股说明书时，应满足上述及时性指引要求。

审核实践中，对于发行人财务报告审计截止日至招股说明书签署之间超过4个月的，发行人应在提交封卷材料时提供经会计师审阅的季度报告，审阅报告的内容及招股说明书财务报告审计截止日后主要财务信息及经营状况的披露内容，应符合45号文的具体要求，并在重大事项提示中补充披露下一报告期业绩预告信息（主要包括年初至下一报告期末营业收入、扣除非经常性损益前后净利润的预计情况、同比变化趋势及原因等）。在此之前，为有助于了解发行人最新的财务信息及主要经营状况，根据需要，也可要求发行人提供审阅报告。

第三章
拟上市主体设立涉及的会计问题

336. 注册资本缴纳有何要求?

(1) 有限责任公司的注册资本为在公司登记机关登记的全体股东认缴的出资额。法律、行政法规以及国务院决定对有限责任公司注册资本实缴、注册资本最低限额另有规定的,从其规定。

(2) 股东可以用货币出资,也可以用实物、知识产权、土地使用权等可以用货币估价并可以依法转让的非货币财产作价出资,法律、行政法规规定不得作为出资的财产除外。对作为出资的非货币财产应当评估作价,核实财产,不得高估或者低估作价;法律、行政法规对评估作价有规定的,从其规定。

(3) 股东应当按期足额缴纳公司章程中规定的各自所认缴的出资额。股东以货币出资的,应当将货币出资足额存入有限责任公司在银行开设的账户;以非货币财产出资的,应当依法办理其财产权的转移手续。股东不按照前款规定缴纳出资的,除应当向公司足额缴纳外,还应当向已按期足额缴纳出资的股东承担违约责任。

(4) 有限责任公司成立后,发现作为设立公司出资的非货币财产的实际价额显著低于公司章程所定价额的,应当由交付该出资的股东补足其差额,公司设立时的其他股东承担连带责任。

337. 有限责任公司整体变更股份有限公司时,应以什么为依据折股?

有限责任公司整体变更为股份有限公司过程中,企业需要将改制基准日的净资产根据一定的方法折算为股份公司的股本,在变更过程中,折合的实收股本总额不得高于公司净资产额。

公司净资产,是指母公司的净资产,不是公司合并报表的净资产。因为合并报表是指公司编制的反映母公司和其全部子公司形成的企业集团整体财务状况、经营成果和现金流量的财务报表,是一种模拟意义的财务报表,只有母公司才是一个法人实体意义的存在。因此,母公司财务报表净资产的多少,决定了企业股份改制折合的股本数,母公司的净资产是否真实反映公司的实际价值,决定了企业股份改制中企业的利益是否能够实现。同时,折股基准日的净资产的核算是遵循会计准则及相关规定得出的,如果企业对股改基准日的净资产进行了评估,则该项评估只是为母公司的净资产在折股基准日的公允价值作为参考,而非计算折合股本的依据。

对于存在对外投资较多的公司,在考虑母公司的净资产时,还需要考虑长期股权投资中的某些子公司是否会出现较大亏损,母公司需要考虑该子公司未来经营规划和盈利能力来预计投资的可收回性。如果子公司只是暂时出现较大亏损,按照公司经营管理者的计划,未来是有利润增长可以弥补股改基准日以前的亏损,可以不考虑子公司在折股基准日的已有的亏损,但如果子公司未来的亏损预计无法弥补,则母公司需要按照《企业会计准则第2号——长期股权投资》计提减值准备的方法考虑子公司未来可实现的投资收回,否则在净资产折股基准日这个时点就会出现合并净资产小于母公司净资产的情况。由于股改是按照母公司净资产折股的,如果将母公司净资产全部折股了,即母公司净资产折股数大于合并后净资产,股份公司出资的真实性存在疑虑。

338. 合并报表范围确定及变动有何要求?如何披露?

合并财务报表的合并范围以控制为基础予以确定。控制是指公司拥有对被投资单位的权力,通过参与被投资单位的相关活动而享有可变回报,并且有能力运用对被投资单位的权力影响其回报金额。子公司,是指被本公司控制的主体(含企业、被投资单位中可分割的部分、结构化主体等)。

合并财务报表以母公司和子公司的财务报表为基础,根据其他有关资料,由母公司编制。在编制合并财务报表时,母公司和子公司的会计政策和会计期间要求保持一致,公司间的重大交易和往来余额予以抵销。

在报告期内因同一控制下企业合并增加的子公司以及业务,视同该子公司以及业务自同受最终控制方控制之日起纳入公司的合并范围,将其自同受最终控制方控制之日起的经营成果、现金流量分别纳入合并利润表、合并现金流量表中。

在报告期内因非同一控制下企业合并增加的子公司以及业务,将该子公司以及业务自购买日至报告期末的收入、费用、利润纳入合并利润表,将其现金流量纳入合并现金流量表。

子公司的股东权益中不属于公司所拥有的部分,作为少数股东权益在合并资产负债表中股东权益项下单独列示;子公司当期净损益中属于少数股东权益的份额,在合并利润表中净利润项目下以"少数股东损益"项目列示。少数股东分担的子公司的亏损超过了少数股东在该子公司期初所有者权益中所享有的份额,其余额仍冲减少数股东权益。

339. 如何判断是否将结构化主体纳入合并报表范围?

结构化主体,是指在确定其控制方时没有将表决权或类似权利作为决定因素而设计的主体。

对于结构化主体是否纳入合并报表是基于"控制三要素"进行判断的,控制是指投资方拥有对被投资方的权力,通过参与被投资方的相关活动而享有可变回报,有能力运用对被投资方的权力影响其回报金额。

企业应以上述"控制三要素"为基础,着重从结构化主体的目的和设计、投资方是否主导其相关活动、是否拥有获得回报的权利及对回报的影响力等方面分析,在符合上述"控制三要素"的情况下,应该将结构化主体纳入合并财务报表。

340. 前期差错更正或追溯调整有何要求?如何披露?

前期差错是指由于没有运用或错误运用编报前期财务报表时预

期能够取得并加以考虑的可靠信息、前期财务报告批准报出时能够取得的可靠信息,而对前期财务报表造成省略或错报。

前期差错包括计算错误、应用会计政策错误、疏忽或曲解事实以及舞弊产生的影响以及存货、固定资产盘盈等。

企业应当采用追溯重述法更正重要的前期差错,确定前期差错累积影响数不切实可行的除外。追溯重述法是指在发现前期差错时,视同该项前期差错从未发生过,从而对财务报表相关项目进行更正的方法。

企业应当在重要的前期差错发现当期的财务报表中,调整前期比较数据。同时,企业应当在附注中披露与前期差错更正有关的下列信息:前期差错的性质;各个列报前期财务报表中受影响的项目名称和更正金额;无法进行追溯重述的,说明该事实和原因以及对前期差错开始进行更正的时点、具体更正情况。

341. 拟上市主体分离、剥离相关业务含义是什么?

拟上市主体分离、剥离相关业务,是指拟上市主体将一部分与主业无关的经营业务和经营性资产剥离,或者剥离因承担社会职能而形成的大量非经营性资产,同时将原企业中不属于拟建股份制企业的资产、负债从原有的企业账目中分离出去的行为。

342. 拟上市公司资产重组和业务合并含义是什么?

拟上市公司的资产重组,是指企业改组为上市公司时将原企业的资产和负债进行合理划分和结构调整,经过合并、分立等方式,将企业资产和组织重新组合和设置,同时还包括企业机构和人员的设置与重组、业务机构和管理体制的调整。

业务是指企业内部某些生产经营活动或资产负债的组合,该组合具有投入、加工处理过程和产出能力,能够独立计算其成本费用或所产出的收入。拟上市公司业务需要在生产经营和财务核算两方面同时满足上述定义。业务合并即将与业务有关的主要资产、负债、与业务相关的厂房、设备、生产技术、必备的生产经营人员、必备的生产经营保障性的合同等生产经营所必需的要素全部纳入合并范围。

343. 合并中识别并确认无形资产以及对外购买客户资源应注意哪些方面？

无形资产的确认应符合《企业会计准则第6号——无形资产》的相关规定。无形资产的可辨认性应源自合同性权利或其他法定权利，只有在与该无形资产有关的经济利益很可能流入企业，该无形资产的成本能够可靠地计量，才能确认无形资产。企业在判断无形资产产生的经济利益是否很可能流入时，应当对无形资产在预计使用寿命内可能存在的各种经济因素做出合理估计，并且应当有明确证据支持。

对于客户资源或客户关系，只有在合同或其他法定权利支持，确保企业在较长时期内获得稳定收益且能够核算价值的情况下，才能确认为无形资产。如果企业无法控制客户关系、人力资源等带来的未来经济利益，则不符合无形资产的定义，不应将其确认为无形资产。发行人在开拓市场过程中支付的正常营销费用，或仅从出售方购买了相关客户资料，而客户并未与上述出售方签订独家或长期买卖合同，即在没有明确合同或其他法定权利支持情况下，客户资源或客户关系通常理解为发行人为获取客户渠道而发生的费用。若发行人确认为无形资产，应详细说明确认的依据，是否符合无形资产的确认条件，针对上述事项保荐机构及会计师应谨慎发表意见。

对于非同一控制下企业合并中无形资产的识别与确认，根据《企业会计准则解释第5号》的要求，购买方在初始确认企业合并中购入的被购买方资产时，应充分识别被购买方拥有的但在其财务报表中未确认的无形资产，对于满足会计准则规定确认条件的，应当确认为无形资产。

在上述企业合并确认无形资产的过程中，发行人应保持专业谨慎，充分论证是否存在确凿的证据、合理的理由以及可计量、可确认的条件，评估师应能够按照公认可靠的估值方法评估确认其公允价值，不存在其他相反的证据。保荐机构和申报会计师应保持应有的职业谨慎，详细核查发行人确认的无形资产是否符合准则规定的确认条件和计量要求,是否存在虚构无形资产情形,是否存在估值风险和减值风险。

344. 对于合并各方是否在同一控制权下认定需要重点关注的内容有哪些?

发行人企业合并行为应按照《企业会计准则第20号——企业合并》相关规定进行处理。其中,同一控制下的企业合并,参与合并的企业在合并前后均受同一方或相同的多方最终控制且该控制并非暂时性的。"同一方"是指对参与合并的企业在合并前后均实施最终控制的投资者。"相同的多方"通常是指根据投资者之间的协议约定,在对被投资单位的生产经营决策行使表决权时发表一致意见的两个或两个以上的投资者。"控制并非暂时性"是指参与合并的各方在合并前后较长的时间内受同一方或相同的多方最终控制。较长的时间通常指一年以上(含一年)。

根据《企业会计准则实施问题专家工作组意见第1期》解释,通常情况下,同一控制下的企业合并是指发生在同一企业集团内部企业之间的合并。除此之外,一般不作为同一控制下的企业合并。

在对参与合并企业在合并前控制权归属认定中,如存在委托持股、代持股份、协议控制等,发行人、中介机构应提供与控制权实际归属相关的充分事实证据和依据。在审核中,对委托持股、代持股份、协议控制等控制权归属特殊认定相关事项的真实性、证据依据充分性等予以重点关注。

345. 剥离报表如何编制?

拟上市主体需要通过模拟手段按照现有的资产和业务架构,追溯其未设立时相关资产和业务在原有企业中的结构,依照现时采用的会计政策,将相应资产和业务记录从设立前原企业的财务会计记录中分离出来,形成其独立的申报财务报表,对收入及与之配比的成本、费用进行划分,确定重组业务利润表的收入及成本、费用,调整编制这些非独立核算单位的会计报表。

346. 企业改制或者发行前滚存利润应如何处理?

企业改制基准日如果没有新股东的加入且原股东间的投资比例未发生变化,则滚存利润由原股东按原投资比例享有。如果改制基准日有新投资者加入或者原股东间的投资比例有变化,则改制基准日前的滚存利润,由原股东按原投资比例享有,改制基准日至改制完成期间的留存收益或者亏损可以由原股东约定(在投资比例发生变化的情况下),或者原股东与新加入的股东共同约定(在有新投资者加入的情况下),采用原股东按原投资比例全部享有或者由原股东按新投资比例,或者新老股东共同按新投资比例承担的方式。

企业发行前历年滚存的利润(经审计确定的已实现利用)可采用以下方式处理:约定新老股东共享,此方式较为常见;由老股东单独享有,多见于国有企业性质的发行人。

企业在发行前需要做出分配决议,并在发行申请材料中充分披露分配方案,其中,分配方式要在招股说明书中进行重大事项提示。

第四章
会计处理与财务规范

347. 什么是会计政策、会计估计变更？应如何披露？

会计政策变更，是指企业对相同的或者相似的交易或事项由原来采用的会计政策改用另一会计政策的行为。一般情况下，企业采用的会计政策，在每一会计期间和前后各期应当保持一致，不得随意变更。否则，势必削弱会计信息的可比性。但是满足下列条件之一的，可以变更会计政策：法律、行政法规或者国家统一的会计制度等要求变更，或者会计政策变更能提供更可靠、更相关的会计信息。

企业根据法律、行政法规或者国家统一的会计制度等要求变更会计政策的，应当按照国家相关会计规定执行。会计政策变更能提供更可靠、更相关的会计信息的，应当采用追溯调整法处理。

会计估计变更，是指由于资产和负债的当前状况及预期经济利益和义务会发生变化，从而对资产或负债的账面价值或者资产的定期消耗金额进行调整。企业对会计估计变更应当采用未来适用法处理。

企业应在会计报表附注中披露会计政策、会计估计变更的信息。应披露的与会计政策变更有关的信息包括：会计政策变更的性质、内容和原因；当期和各个列报前期财务报表中受影响的项目名称和调整金额；无法进行追溯调整的，说明该事实和原因以及开始应用变更后的会计政策的时点、具体应用情况。

应披露的与会计估计变更有关的信息包括：会计估计变更的内

容和原因；会计估计变更对当期和未来期间的影响数；会计估计变更的影响数不能确定的，披露这一事实和原因。

348. 什么是重大会计差错？重大会计差错更正如何披露？

重大会计差错，是指足以影响财务报表使用者对企业财务状况、经营成果和现金流量做出正确判断的前期差错。

企业应当采用追溯重述法更正重大会计差错，但确定前期差错累计影响数不切实可行的除外。企业应当在会计报表附注中披露与前期会计差错更正有关的以下信息：前期差错的性质；各个列报前期财务报表中受影响的项目名称和更正金额；无法进行追溯重述的，说明该事实和原因以及对前期会计差错开始进行更正的时点、具体更正情况。

349. 会计政策、会计估计变更以及会计差错更正是否影响企业首发上市申请？

发行人在申报前的上市辅导和规范阶段，如发现存在不规范或不谨慎的会计处理事项并进行审计调整的，应当符合《企业会计准则第28号——会计政策、会计估计变更和会计差错更正》和相关审计准则的规定，并保证发行人提交首发申请时的申报财务报表能够公允地反映发行人的财务状况、经营成果和现金流量。申报会计师应按要求对发行人编制的申报财务报表与原始财务报表的差异比较表，出具审核报告并说明差异调整原因，保荐机构应核查差异调整的合理性与合规性。

同时，报告期内发行人会计政策和会计估计应保持一致性，不得随意变更，若有变更应符合企业会计准则的规定。变更时，保荐机构及会计师应关注是否有充分、合理的证据表明变更的合理性，并说明变更会计政策或会计估计后，能够提供更可靠、更相关的会计信息的理由；对会计政策、会计估计的变更，应履行必要的审批程序。如无充分、合理的证据表明会计政策或会计估计变更的合理性，或者未经批准擅自变更会计政策或会计估计的，或者连续、反复地自行变更会计政策或会计估计的，视为滥用会计政策或会计估计。

首发材料申报后,发行人如存在会计政策、会计估计变更事项,应当依据《企业会计准则第28号——会计政策、会计估计变更和会计差错更正》的规定,对首次提交的财务报告进行审计调整或补充披露,相关变更事项应符合专业审慎原则,与同行业上市公司不存在重大差异,不存在影响发行人会计基础工作规范性及内控有效性情形。保荐机构和申报会计师应当充分说明专业判断的依据,对相关调整变更事的合规性发表明确的核查意见。在此基础上,发行人应提交更新后的财务报告。

首发材料申报后,发行人如出现会计差错更正事项,应充分考虑差错更正的原因、性质、重要性与累积影响程度。对此,保荐机构、申报会计师应重点核查以下方面并明确发表意见:会计差错更正的时间和范围,是否反映发行人存在故意遗漏或虚构交易、事项或者其他重要信息,滥用会计政策或者会计估计,操纵、伪造或篡改编制财务报表所依据的会计记录等情形;差错更正对发行人的影响程度,是否符合《企业会计准则第28号——会计政策、会计估计变更和会计差错更正》的规定,发行人是否存在会计基础工作薄弱和内控缺失,相关更正信息是否已恰当披露等问题。

首发材料申报后,如因会计基础薄弱、内控重大缺陷、盈余操纵、前次审计严重疏漏、滥用会计政策或者会计估计以及恶意隐瞒或舞弊行为,导致重大会计差错更正的,应视为发行人在会计基础工作规范及相关内控方面不符合发行条件。发行人应在招股说明书中披露重要会计政策、会计估计变更或会计差错更正情形及其原因。

350. 收入确认应满足什么条件?

根据《企业会计准则》规定,销售商品收入应同时满足下列条件,才能予以确认:

(1)企业已将商品所有权上的主要风险和报酬转移给购货方。

(2)企业既没有保留通常与所有权相联系的继续管理权,也没有对已售出的商品实施有效控制。

(3)收入的金额能够可靠地计量。

(4) 相关的经济利益很可能流入企业。

(5) 相关的已发生或将发生的成本能够可靠地计量。

收入确认通常应考虑其不同销售模式,注意如下问题:

(1) 如果企业采用直销模式,确认收入时应当关注销售协议中收入确认条件、退换货条件、款项支付条件等是否能够证明与商品所有权相关的主要风险和报酬已经发生转移。

(2) 如果企业采用经销商或加盟商模式,应注意经销商或加盟商的布局合理性,定期统计经销商或加盟商存续情况,并充分关注申报期内经销商或加盟商模式收入的最终销售实现情况,特别应关注不稳定经销商或加盟商的收入确认是否适当、退换货损失的处理是否适当。

(3) 如果企业采用完工百分比法确认收入,应当注意完工百分比计算方法的合理性,从内部不同部门获取资料中相关信息的一致性,以及完工百分比是否能够取得外部证据佐证。

(4) 企业存在特殊交易模式或创新交易模式的,应合理分析盈利模式和交易方式创新对经济交易实质和收入确认的影响。

(5) 企业的收入确认会计政策一经确定,不得随意变更。

实务中,非制造业企业都会在收入确认中存在一些争议,企业在实践操作中,大部分采用了"收钱—开票—确认收入"的现实模式,有可能会成为收付实现制,而不是权责发生制确认收入。

财政部于 2017 年 7 月对《企业会计准则第 14 号——收入》进行了修订,新收入准则将现行收入和建造合同两项准则纳入统一的收入确认模型,并由风险报酬转移为基础的模型转变为以控制权转移为基础的模型。

在新收入准则下,当企业与客户之间的合同同时满足下列条件时,企业应当在客户取得相关商品控制权时确认收入:

(1) 合同各方已批准该合同并承诺将履行各自义务。

(2) 该合同明确了合同各方与所转让商品或提供劳务(以下简称"转让商品")相关的权利和义务。

(3) 该合同有明确的与所转让商品相关的支付条款。

(4) 该合同具有商业实质,即履行该合同将改变企业未来现金流量的风险、时间分布或金额。

（5）企业因向客户转让商品而有权取得的对价很可能收回。

满足下列条件之一的，属于在某一时段内履行履约义务；否则，属于在某一时点履行履约义务：

（1）客户在企业履约的同时即取得并消耗企业履约所带来的经济利益。

（2）客户能够控制企业履约过程中在建的商品。

（3）企业履约过程中所产出的商品具有不可替代用途，且该企业在整个合同期内有权就累计至今已完成的履约部分收取款项。

对于在某一时点履行的履约义务，企业应当在客户取得相关商品控制权时点确认收入。在判断客户是否已取得商品控制权时，企业应当考虑下列迹象：

（1）企业就该商品享有现时收款权利，即客户就该商品负有现时付款义务。

（2）企业已将该商品的法定所有权转移给客户，即客户已拥有该商品的法定所有权。

（3）企业已将该商品实物转移给客户，即客户已实物占有该商品。

（4）企业已将该商品所有权上的主要风险和报酬转移给客户，即客户已取得该商品所有权上的主要风险和报酬。

（5）客户已接受该商品。

（6）其他表明客户已取得商品控制权的迹象。

对于在某一时段内履行的履约义务，企业应当在该段时间内按照履约进度确认收入，但是，履约进度不能合理确定的除外。企业应当考虑商品的性质，采用产出法或投入法确定恰当的履约进度。其中，产出法是根据已转移给客户的商品对于客户的价值确定履约进度；投入法是根据企业为履行履约义务的投入确定履约进度。对于类似情况下的类似履约义务，企业应当采用相同的方法确定履约进度。

当履约进度不能合理确定时，企业已经发生的成本预计能够得到补偿的，应当按照已经发生的成本金额确认收入，直到履约进度能够合理确定为止。

新收入准则的实施时间针对不同主体规定如下：在境内外同时上市的企业以及在境外上市并采用国际财务报告准则或企业会计准则编制财务报表的企业，自2018年1月1日起施行；其他境内上市企业，自2020年1月1日起施行；执行企业会计准则的非上市企业，自2021年1月1日起施行。同时，允许企业提前执行。

351. 收入确认应注意哪些问题？

（1）如果企业采用直销模式，确认收入时应当关注销售协议中收入确认条件、退换货条件、款项支付条件等是否能够证明与商品所有权相关的主要风险和报酬已经发生转移。

（2）如果企业采用经销商或加盟商模式，应注意经销商或加盟商的布局合理性，定期统计经销商或加盟商存续情况，并充分关注申报期内经销商或加盟商模式收入的最终销售实现情况；特别应关注不稳定经销商或加盟商的收入确认是否适当、退换货损失的处理是否适当。

（3）如果企业采用完工百分比法或者按履约进度确认收入，应当注意完工百分比或者履约进度计算方法的合理性，从内部不同部门获取资料中相关信息的一致性，以及完工百分比或者履约进度是否能够取得外部证据佐证。

（4）企业存在特殊交易模式或创新交易模式的，应合理分析盈利模式和交易方式创新对经济交易实质和收入确认的影响。

（5）企业的收入确认会计政策一经确定，不得随意变更。

352. 应收款项计提坏账准备基本原则是什么？

（1）若发行人执行《企业会计准则第22号——金融工具确认和计量》（2006年），对于应收款项，应当先将单项金额重大的应收款项区分开来，单独进行减值测试。单独测试未发生减值的应收款项（包括单项金额重大和不重大的应收款项），应当包括在具有类似信用风险特征的应收账款组合中再进行减值测试。

企业应根据谨慎性原则确定单项金额重大标准，标准过高会导致单独减值测试范围较小,不利于坏账准备的充分计提。应充分识别和综合考虑应收款项减值证据,包括客户或债务人经营及财务恶化情况、信用情况以及应收款项逾期情况。关注信用风险组合的划分以及各组合坏账准备计提比例的确定。

(2)若发行人执行《企业会计准则第22号——金融工具确认和计量》(2017年),对应收款项,应按照预期信用损失法计提坏账准备。预期信用损失,是指以发生违约的风险为权重的金融工具信用损失的加权平均值。在预期信用损失法下,应收账款减值准备的计提不以减值的实际发生为前提,而是以未来可能的违约事件造成的损失的期望值来计量当前(资产负债表日)应当确认的减值准备。

传统坏账准备计提方法为已发生损失法,只有当应收账款已经有客观证据表明其发生减值时才需要计提坏账准备;新准则的预期信用损失法下,即使还没有证据表明应收账款发生减值,也要估计其未来发生损失的概率并相应计提坏账准备。

(3)对于应收账款执行预期信用损失法计提坏账准备时,发行人应注意以下三个方面:

①简化处理方式的选择问题。2017年版金融工具确认和计量准则将金融工具发生信用减值的过程分为三个阶段,对于不同阶段的金融工具的减值有不同的会计处理方法。出于简化会计处理、兼顾现行实务的考虑,准则规定发行人对于《企业会计准则第14号——收入》所规定的、不含重大融资成分(包括根据该准则不考虑不超过一年的合同中融资成分的情况)的应收款项和合同资产,应当始终按照整个存续期内预期信用损失的金额计量其损失准备(企业对这种简化处理没有选择权)。

除此之外,本准则还允许企业做出会计政策选择,对包含重大融资成分的应收款项、合同资产和《企业会计准则第21号——租赁》规范的租赁应收款(可分别对应收款项、合同资产和应收租赁款做出不同的会计政策选择),始终按照相当于整个存续期内预期信用损失的金额计量其损失准备。

②单独测试未发生减值的应收款项的处理。2006版金融工具确认和计量准则强调,应当先将单项金额重大的应收款项区分开来,

单独进行减值测试。单独测试未发生减值的应收款项（包括单项金额重大和不重大的应收款项），应当包括在具有类似信用风险特征的应收账款组合中再进行减值测试。

2017年版金融工具确认和计量准则没有再明确提出该要求，但是预期信用损失是指以发生违约风险为权重的金融工具信用损失的加权平均值，即使单独进行减值测试，也同样需要按照发生坏账的概率计提准备，而不论该概率的大小。在预期损失法下，无论进行减值测试还是在应收账款组合中进行减值测试，其结论应保持一致，因此准则没有再明确提出该要求。

③预期信用损失法下还能否适用账龄分析法。在计量应收账款的预期信用损失时可以继续运用账龄分析法，但是由于预期信用损失法要求，即使对还没有客观证据表明其发生减值的应收账款，也要考虑计提坏账准备，因此，短期账龄的应收账款（如账龄未超过3个月）或者尚未逾期的应收账款等，也必须预计预期损失率计提坏账准备。

具体操作层面，发行人可参照历史信用损失经验，编制应收账款逾期天数与违约损失率对照表［例如：若未逾期，为1%；若逾期不到30日，为2%；若逾期天数为30—90（不含）日，为3%；若逾期天数为90—180（不含）日，为20%等］，以此为基础计算预期信用损失。对照表可以应收账款预计存续期的历史违约损失率为基础，并根据前瞻性估计予以调整。在历史损失率的基础上应用前瞻性调整时，发行人应结合历史经验数据以及外部经济数据。例如，企业可以通过观察过去不同经济周期的历史损失率，分析未来所处的经济周期，并由此进行前瞻性调整，避免过于主观。

如果发行人的历史经验表明不同细分客户群体发生损失的情况存在显著差异，那么应当对客户群体进行恰当的分组，在分组基础上运用上述简便方法。发行人可用于进行分组的标准可能包括地理区域、产品类型、客户评级、担保物以及客户类型（如批发和零售客户）。

（4）IPO审核中对应收款项坏账准则计提的关注要点。发行人不应以欠款方为关联方客户、优质客户、政府工程客户等理由而不计提坏账准备。如果对某些单项或某些组合应收款项不计提坏账准备，发行人需充分说明未计提的依据和原因，详细论证是否存在确凿证据，是否存在信用风险，账龄结构是否与收款周期一致，保荐机构和申报会计师应结合业务合作、回款进度、经营环境等因素谨慎评估是否存在坏账风险，是否符合会计准则要求。

对于应收账款保理业务，如有追索权债权转让，发行人应仍根据原有账龄计提坏账准备。

发行人应参考同行业上市公司确定合理的应收账款坏账准备计提政策，对于计提比例明显低于同行业上市公司水平的，应在招股说明书中披露具体原因。

应收票据应当按照《企业会计准则第22号——金融工具确认和计量》关于应收项目的减值计提要求，根据其信用风险特征考虑减值问题。对于在收入确认时对应收账款进行初始确认，后又将该应收账款转为商业承兑汇票结算的，发行人应按照账龄连续计算的原则对应收票据计提坏账准备。

保荐机构及申报会计师应对上述事项进行核查并发表明确意见。

353. 从哪些方面判断应收款项计提坏账准备是否充分？

（1）企业若干历史期间实际坏账损失率。

（2）同行或类似行业可比上市公司信用风险组合的划分及坏账准备的计提比例。

（3）应收款项期后回款情况。

354. "预期信用损失"模型是怎么回事？

根据财政部于2017年发布的《企业会计准则第22号——金融工具确认和计量》，金融资产的减值适用"预期信用损失"模型。企业应基于金融资产的具体事实和情况，按照相当于未来12个月内或整个存续期内预期信用损失的金额计量其损失准备。

企业计量预期信用损失的方法，应当反映在资产负债表日，无须付出不必要的额外成本或努力即可获得的有关过去事项、当前状况以及未来经济状况预测的合理且有依据的信息、无偏概率加权平均金额及货币时间价值。

企业可使用准备矩阵来计算应收账款的预期信用损失，参考历史信用损失经验来估计相当于其未来 12 个月或者整个存续期的预期信用损失。若不同的客户细分导致损失金额存在显著差异，则企业应基于客户的多样性进行恰当的分组，可考虑的因素包括区域分布、产品类型、客户信用评级、担保物类型、贸易信用保险以及客户类型等。

355. 政府补助的会计处理和披露应注意哪些问题？

政府补助，是指企业从政府无偿取得货币性资产或非货币性资产，确认条件为企业能够满足政府补助所附条件且企业能够收到政府补助。

政府补助为货币性资产的，应当按照收到或应收的金额计量。政府补助为非货币性资产的，应当按照公允价值计量；公允价值不能可靠取得的，按照名义金额计量。

与资产相关的政府补助，应当冲减相关资产的账面价值或确认为递延收益。与收益相关的政府补助，用于补偿企业以后期间的相关成本费用或损失的，确认为递延收益，并在确认相关成本费用或损失的期间计入当期损益或冲减相关成本；用于补偿企业已发生的相关成本费用或损失的，直接计入当期损益或冲减相关成本。

企业取得政策性优惠贷款贴息，财政将贴息资金拨付给贷款银行，由贷款银行以政策性优惠利率向企业提供贷款的，企业可以选择下列方法之一进行会计处理：一是以实际收到的借款金额作为借款的入账价值，按照借款本金和该政策性优惠利率计算相关借款费用。二是以借款的公允价值作为借款的入账价值并按照实际利率法计算借款费用，实际收到的金额与借款公允价值之间的差额确认为递延收益，递延收益在借款存续期内采用实际利率法摊销，冲减相关借款费用。企业选择了上述两种方法之一后，应当一致地运用，不得随意变更。

企业取得政策性优惠贷款贴息，财政将贴息资金直接拨付给企业，企业应当将对应的贴息冲减相关借款费用。

关于政府补助的披露，企业应当在利润表中的"营业利润"项目之上单独列报"其他收益"项目，计入其他收益的政府补助在该项目中反映。企业应当在附注中单独披露与政府补助有关的下列信息：政府补助的种类、金额和列报项目；计入当期损益的政府补助金额；本期退回的政府补助金额及原因。

356. 研发费用资本化应注意哪些问题？

（1）应从严把握资本化的条件，审慎处理研发费用资本化。在证据不是十分充分的情况下，应尽量采用费用化。

（2）建立健全研发活动的内部控制。企业可以参照《企业内部控制应用指引第 10 号——研究与开发》，并结合企业自身研发业务的特点，梳理研发活动流程，设置研发活动关键控制点。上述关键控制点将成为判断是否满足研发费用资本化条件的重要依据。

（3）关注并研究同行业或类似行业上市公司研发费用资本化状况。一般来说，软件、生物医药、文化影视和网络游戏等企业，尤其应高度重视研发费用资本化的认定条件与会计处理。

357. 高新技术企业研发费用的核算应注意哪些问题？

科技部、财政部、国家税务总局 2016 年 1 月 29 日发布的《高新技术企业认定管理办法》，对高新技术企业研发费用占销售收入的比例、科技人员占员工总数的比例、高新技术产品（服务）收入占企业当年总收入比例等条件都有明确要求，向相关科技部门申报高新技术企业认定时所报数据如与 IPO 申报数据存在差异，应充分解释其合理性。

研发费用资本化的认定与会计处理，应严格按照《企业会计准则》的规定执行，从严把握研发费用资本化的认定条件。

358. 什么是股份支付？

股份支付，是指企业为获取职工和其他方提供服务而授予权益工具或者承担以权益工具为基础确定的负债的交易。

股份支付不仅包含公司对高级管理人员的股权激励，也可能包含公司与客户、技术团队之间的购买服务行为,如控股股东及其关联股东低价转让股份给高级管理人员,均被认定为股份支付。

通常,解决股份代持导致股份变动,家族内部财产分割、继承、赠予等非交易行为导致股权变动,资产重组、业务并购、持股方式转换、向原股东同比例配售新股等导致股权变动等,在有充分证据支持相关股份获取与发行人获得其服务无关情况下,无须作为股份支付处理。

359. 股份支付如何进行会计处理?

股份支付的会计处理是指将企业因换取服务而给予的对价作为成本费用。对高级管理人员股权激励的对价一般是指高级管理人员获取股份支付的价款与股份的公允价值间的差额。

(1) 在确定公允价值时,可合理考虑入股时间阶段、业绩基础与变动预期、市场环境变化、行业特点及市盈率与市净率等因素的影响。

(2) 可优先参考熟悉情况并按公平原则自愿交易的各方最近达成的入股价格或相似股权价格确定公允价值,如近期合理的 PE 入股价。

(3) 可采用恰当的估值技术确定公允价值,但要避免采取有争议的、结果显失公平的估值技术或公允价值确定方法,如明显增长预期下按照成本法评估的每股净资产价值或账面净资产。

一般股份支付如有长期激励方案,分期确认费用,应作为经常性损益处理,大部分发行人首次公开发行股份前的股份支付没有长期激励方案,一次性计入当期费用,对当期业绩影响很大,可以考虑作为非经常性损益处理。

360. 股份支付关注要点有哪些?

对于报告期内发行人向职工(含持股平台)、客户、供应商等新增股份,以及主要股东及其关联方向职工(含持股平台)、客户、供应商等转让股份,均应考虑是否适用《企业会计准则第 11 号——股份支付》。对于报告期前的股份支付事项,如对期初未分配利润造成重大影响，并导致违反发行条件《首次公开发行股票并上市管理办法》的，也应考虑适用《企业会计准则第11号——股份支付》。

通常情况下，解决股份代持等规范措施导致股份变动的，家族内部财产分割、继承、赠予等非交易行为导致股权变动的，资产重组、业务并购、持股方式转换、向老股东同比例配售新股等导致股权变动的，在有充分证据支持相关股份获取与发行人获得其服务无关的情况下，一般无须作为股份支付处理。

对于为发行人提供服务的实际控制人/老股东以低于股份公允价值的价格增资入股事宜，如果根据增资协议，并非所有股东均有权按各自原持股比例获得新增股份，对于实际控制人/老股东超过其原持股比例而获得的新增股份，应属于股份支付；如果增资协议约定，所有股东均有权按各自原持股比例获得新增股份，但股东之间转让新增股份受让权且构成集团内股份支付，导致实际控制人/老股东超过其原持股比例获得的新增股份，也属于股份支付。对于实际控制人/老股东原持股比例，应按照相关股东直接持有与穿透控股平台后间接持有的股份比例合并计算。

存在股份支付事项的，发行人及申报会计师应按照企业会计准则确定的原则确定权益工具的公允价值。确认股份支付费用时，对增资或受让的股份立即授予或转让完成且没有明确约定服务期等限制条件的，原则上应当一次性计入发生当期，并作为偶发事项计入非经常性损益。对设定服务期等限制条件的股份支付，股份支付费用可采用恰当的方法在服务期内进行分摊，并计入经常性损益。发行人应在招股说明书及报表附注中披露股份支付的形成原因、权益工具的公允价值及确认方法。保荐机构及申报会计师应对首发报告期内发生的股份变动是否适用《企业会计准则第11号——股份支付》进行核查，并对以下问题发表意见：股份支付相关权益工具公允价值的计量方法及结果是否合理，与同期可比公司估值是否存在重大差异及原因；对于存在与股权所有权或收益权等相关的限制性条件的，相关条件是否真实、可行，服务期的判断是否准确，服务期各年/期确认的员工服务成本或费用是否准确；发行人报告期内股份支付相关会计处理是否符合《企业会计准则》相关规定。

361. 拟上市企业财务规范问题主要表现在哪些方面？

企业财务规范问题可以分成两类：一是企业经营活动不规范导致的财务规范问题；二是未按会计准则要求进行会计处理而形成的规范问题。

（1）经营活动不规范导致的财务规范问题：①出资不规范；②采购、生产、销售等主要经营业务不规范；③投资活动不规范；④资金管理不规范；⑤会计主体不清晰，存在完整性问题；⑥产权问题；⑦纳税不规范；⑧违规占用资金；⑨其他违规行为。

（2）不按会计准则及相关解释要求进行会计处理，导致的财务不规范问题：①会计政策、会计估计方法不谨慎或随意变更；②资产减值准备计提不规范、不充分；③收入确认不规范；④随意费用计提和摊销；⑤投资收益确认不规范；⑥关联交易；⑦会计核算随意、会计基础工作不规范。

362. 为解决财务规范问题，拟上市企业应从哪些方面入手？

（1）管理层要下定决心。财务规范工作可能涉及企业税负并造成管理成本增加，如果没有企业管理层的强力支持，财务规范工作将难以推进。企业在上市过程中通过财务规范工作，优化了企业内部管理，化解了企业不规范运作造成的整体风险，可以提高企业在资本市场上的吸引力。

（2）须从规范经营入手。财务信息是企业经营管理活动的写真照，如果将财务信息视作"产品"，财务核算部门则是一个"来料加工"部门，其"原材料"（基础数据）均来自于采购、仓库、生产、销售等经营部门，基础数据的规范性取决于各部门经营活动的规范性，财务规范需要从经营规范入手。

（3）完善公司治理结构和建立健全内部控制制度。

363. 何种情况会被认为会计核算基础薄弱？

（1）重大事项或较多的非重大事项会计处理不符合企业会计准则规定，比如未按规定进行股份支付会计处理；或者会计处理未充分体现谨慎性原则，比如减值准备计提不充分；或者实际会计处理方法与披露的会计政策不一致。

（2）IPO申报材料（包括招股说明书、审计报告及专项报告、反馈意见回复等）中财务数据存在多处前后不一致的情形。

（3）报告期原始财务报表及申报财务报表差异金额大、差异事项多或报告期大部分期间（甚至最近一个会计年度或期间）均存在由不同事项引起的较大金额差异。

（4）报告期内会计核算不明细，比如因成本核算不够明细，导致难以充分披露成本构成及其变动情况和具体原因，或导致难以进行深入的毛利率分析等。

（5）难以对申报材料所列财务指标合理性、财务数据逻辑关系及异常变动的原因做出令人信服的合理解释。

（6）因股份支付会计处理发生的会计差错更正，一般不认定为发行人会计核算基础薄弱。

364. 在审期间，现金分红、分派股票股利或资本公积转增股本的，应如何处理？

从首发在审企业提出现金分红方案的时间上看，可以分为两类：一类是初次申报时就已提出了现金分红方案；另一类是在审期间提出现金分红方案。对于第一类首发企业，原则上要求发行人现金分红实际派发完毕后方可上发审会。对于第二类情形，即发行人初次申报时披露"本次公开发行前的未分配利润由发行完成后的新老股东共享"，但在审核期间又提出向现有老股东现金分红的，按如下原则处理：

（1）发行人如拟现金分红的，应依据公司章程和相关监管要求，充分论证现金分红的必要性和恰当性，以最近一期经审计的财务数据为基础，测算和确定与发行人财务状况相匹配的现金分红方案，并履行相关决策程序。如存在大额分红并可能对财务状况和新老股东利益产生重大影响的，发行人应谨慎决策。

（2）发行人的现金分红应实际派发完毕并相应更新申报材料后再安排发审会。

（3）已通过发审会的企业，基于审核效率考虑，原则上不应提出新的现金分红方案。

(4) 保荐机构应对发行人在审核期间进行现金分红的必要性、合理性、合规性进行专项核查，就实施现金分红对发行人财务状况、生产运营的影响进行分析并发表明确意见。

在新股发行常态化背景下，审核周期已大幅缩短，为保证正常审核进度，发行人在审期间原则上不应提出分派股票股利或资本公积转增股本的方案，避免因股本变动影响发行审核秩序。

365. 如何把握从事院线发行等首发企业存在票房分账收入确认、放映业务成本归集核算方法不一致的问题？

从收入分配来看，目前以票房收入为主要收入来源的盈利模式造成产业链各个环节的主要收入均为票房分账收入。在核心业务环节中，我国电影产业各个环节的业务流程与收入流分配呈现相反的顺序。影院通过放映服务从消费者那里率先取得票房收入，在扣除国家电影事业发展专项资金及与院线约定的适用流转税和附加后，定期或者按照单部影片，由影院作为分账的起始环节，按照产业链各业务环节由下至上进行票房分账。

(1) 发行业务收入确认（包括电影发行及院线发行）。发行方应根据《企业会计准则第 14 号——收入》的规定，确定其收入应按总额法还是净额法核算。发行方采用代理发行的方式从事影视发行业务的，实质上仅作为制片方和影院之间的中介，未承担影片制作的拍摄审核风险，也不承担放映影片票房惨淡而导致的潜在损失，而且发行方提供服务时，影院清楚地知道影视作品质量责任、版权价格（票价）主要取决于制片方，发行方仅提供市场营销、排期供片等服务，尤其是院线发行环节，其只提供"供片渠道"管理服务，因此采用代理发行方式实施发行的，通常采用净额法核算。

(2) 放映业务收入确认。从放映方与发行方签订协议条款和业务模式来看，放映方虽未买断播映权，没有承担对存货（电影）全部的后果和责任，但是基于其在放映服务中承担主要责任人的角色，通常采用总额法确认收入。

(3) 放映业务成本归集范围。将影院租金、放映设备折旧与租入固定资产改良摊销、放映直接人力成本等归集列入"营业成本"还是"管理费用""销售费用",会影响到"毛利""毛利率"指标的可比性。考虑到招股说明书披露规则、年报披露规则中均有要求披露和分析"毛利率"这一重要的财务指标,电影院租金、放映设备折旧与租入固定资产改良摊销、放映直接人力成本,通常确认为"营业成本"。

发行人应当根据上述业务的实质准确披露相关会计处理方法及依据,保荐机构及申报会计师应当审慎核查并发表明确意见。

第五章
税务问题

366. 申报期之前的税务风险如何应对?

针对申报期之前的税务风险,企业需要评估是否存在可能导致的补税金额及滞纳金的重大事项,从而对会计报表期初数及公司后续现金流支付产生重大影响。如果在申报期间受到重大处罚的,将构成IPO的实质性法律障碍。

如果存在主观故意的偷逃税款、骗税等行为或情节严重的违法行为,将构成企业申请IPO的实质性障碍。

申报期前的税务风险不会因为成功上市而消除,上市后如果被追查,对上市公司会有重大负面影响,因此需要尽早评估处理,既减少对上市申报期产生影响,也避免上市后出现被追查的风险。

367. 对税收优惠应如何把握?

发行人依法取得的税收优惠,如高新技术企业、软件企业、文化企业及西部大开发等特定性质或区域性的税收优惠,根据《公开发行证券的公司信息披露解释性公告第1号——非经常性损益》的规定,可以计入经常性损益。

发行人取得的税收优惠到期后,发行人、保荐机构、律师和会计师应对照税收优惠的相关条件和履行程序的相关规定,对拟上市企业税收优惠政策到期后是否能够继续享受优惠进行专业判断并发表明确意见:

(1) 如果很可能获得相关税收优惠批复,按优惠税率预提预缴经税务部门同意,可暂按优惠税率预提并做风险提示,同时说明如果未来被追缴税款,是否有大股东承诺补偿;发行人应在招股说明书中披露税收优惠不确定性风险。(2)如果获得相关税收优惠批复的可能性较小,需按照谨慎性原则按正常税率预提,未来根据实际的税收优惠批复情况进行相应调整。

外商投资企业经营期限未满10年转为内资企业的,按税法规定,需在转为内资企业当期,补缴之前已享受的外商投资企业所得税优惠。补缴所得税费用系因企业由外资企业转为内资企业的行为造成,属于该行为的成本费用,应全额计入补缴当期,不应追溯调整至实际享受优惠期间。

发行人补缴税款,符合会计差错更正要求的,可追溯调整至相应期间;对于缴纳罚款、滞纳金等,原则上应计入缴纳当期。

368. 报告期税款缴纳是否合规需提交什么证明?

企业从税务征管部门取得最近三年及最近一期依法纳税的证明文件。

审计师需要根据有关规则出具原始财务报表和申报财务报表的差异比较表专项说明、主要税种汇总表及纳税情况的专项说明。企业曾用于报送工商和税务年检的报告可能被视为原始财务报表。

律师需要对公司纳税情况的合法合规性、是否受到重大处罚进行核查并发表意见。

保荐机构需要对公司纳税情况的合法合规性、是否受到重大处罚进行核查并出具意见。

369. 发行人报告期内因纳税问题受到税收征管部门处罚应如何处理?

如果金额不大且情节不严重,需税务征管部门出具证明文件,确认不属于重大违法违规行为、相关处罚不构成重大行政处罚。同时,发行人应及时整改,建立并完善有效的内控机制,避免再发生税收违法违规行为。如果存在欠缴较大金额的所得税、增值税或其他税种或补缴较大金额的滞纳金的,应由税务部门出具是否构成重大违法行为的确认性文件；保荐机构和律师应对发行人是否存在重大违法行为发表明确意见。

370. 个人转让股权应如何缴纳个人所得税？

个人转让股权，以股权转让收入减除股权原值和合理费用后的余额为应纳税所得额，按"财产转让所得"项目依 20% 的税率缴纳个人所得税。合理费用是指股权转让时按照规定支付的有关税费。个人股权转让所得个人所得税，以股权转让方为纳税人，以受让方为扣缴义务人。

股权转让收入应当按照公平交易原则确定。符合下列情形之一，视为股权转让收入明显偏低：

（1）申报的股权转让收入低于股权对应的净资产份额的。其中，被投资企业拥有土地使用权、房屋、房地产企业未销售房产、知识产权、探矿权、采矿权、股权等资产的，申报的股权转让收入低于股权对应的净资产公允价值份额的。

（2）申报的股权转让收入低于初始投资成本或低于取得该股权所支付的价款及相关税费的。

（3）申报的股权转让收入低于相同或类似条件下同一企业同一股东或其他股东股权转让收入的。

（4）申报的股权转让收入低于相同或类似条件下同类行业的企业股权转让收入的。

（5）不具合理性的无偿让渡股权或股份。

（6）主管税务机关认定的其他情形。

符合下列条件之一的股权转让收入明显偏低，视为有正当理由：

（1）能出具有效文件，证明被投资企业因国家政策调整，生产经营受到重大影响，导致低价转让股权。

（2）继承或将股权转让给其能提供具有法律效力身份关系证明的配偶、父母、子女、祖父母、外祖父母、孙子女、外孙子女、兄弟姐妹以及对转让人承担直接抚养或者赡养义务的抚养人或者赡养人。

（3）相关法律、政府文件或企业章程规定，并有相关资料充分证明转让价格合理且真实的本企业员工持有的不能对外转让股权的内部转让。

（4）股权转让双方能够提供有效证据证明其合理性的其他合理情形。

对于股权转让收入明显偏低且无正当理由的，主管税务机关可以核定股权转让收入。

371. 企业改制时投入土地及其地面建筑物是否可以减免土地增值税？

（1）非公司制企业整体改制为有限责任公司或者股份公司，有限责任公司整体改制为股份有限公司，对改制前的企业将国有土地使用权、地上的建筑物及其附着物转移、变更到改制后的企业，暂不征土地增值税。整体改制是指不改变原企业的投资主体，并承继原企业权利、义务的行为。

（2）按照法律规定或者合同约定，两个或两个以上企业合并为一个企业，且原企业投资主体存续的，对原企业将房地产转移、变更到合并后的企业，暂不征土地增值税。

（3）按照法律规定或者合同约定，企业分设为两个或两个以上与原企业投资主体相同的企业，对原企业将房地产转移、变更到分立后的企业，暂不征土地增值税。

（4）单位、个人在改制重组时以国有土地、房屋进行投资，对其将国有土地、房屋权属转移、变更到被投资的企业，暂不征土地增值税。

（5）改制重组有关土地增值税政策不适用于房地产转移任意一方为房地产开发企业的情形。

（6）企业改制重组后再转让国有土地使用权并申报缴纳土地增值税时，应以改制前取得该宗国有土地使用权所支付的地价款和按国家统一规定缴纳的有关费用，作为该企业"取得土地使用权所支付的金额"扣除。

（7）不改变原企业投资主体、投资主体相同，是指企业改制重组前后出资人不发生变动，出资人的出资比例可以发生变动；投资主体存续,是指原企业出资人必须存在于改制重组后的企业,出资人的出资比例可以发生变动。

372. 个人以非货币性资产出资时如何缴纳所得税?

(1) 个人以非货币性资产投资,属于个人转让非货币性资产和投资同时发生。对个人转让非货币性资产的所得,应按照"财产转让所得"项目,依法计算缴纳个人所得税。

(2) 个人以非货币性资产投资,应按评估后的公允价值确认非货币性资产转让收入。非货币性资产转让收入减除该资产原值及合理税费后的余额为应纳税所得额。个人以非货币性资产投资,应于非货币性资产转让、取得被投资企业股权时,确认非货币性资产转让收入的实现。

(3) 个人应在发生上述应税行为的次月15日内向主管税务机关申报纳税。纳税人一次性缴税有困难的,可合理确定分期缴纳计划并报主管税务机关备案后,自发生上述应税行为之日起不超过5个公历年度内(含)分期缴纳个人所得税。

(4) 个人以非货币性资产投资交易过程中取得现金补价的,现金部分应优先用于缴税;现金不足以缴纳的部分,可分期缴纳。个人在分期缴税期间转让其持有的上述全部或部分股权,并取得现金收入的,该现金收入应优先用于缴纳尚未缴清的税款。

(5) 非货币性资产,是指现金、银行存款等货币性资产以外的资产,包括股权、不动产、技术发明成果以及其他形式的非货币性资产。

373. 企业以非货币性资产出资时如何缴纳所得税?

(1) 居民企业(以下简称企业)以非货币性资产对外投资确认的非货币性资产转让所得,可在不超过5年期限内,分期均匀计入相应年度的应纳税所得额,按规定计算缴纳企业所得税。

(2) 企业以非货币性资产对外投资,应对非货币性资产进行评估并按评估后的公允价值扣除计税基础后的余额,计算确认非货币性资产转让所得。企业以非货币性资产对外投资,应于投资协议生效并办理股权登记手续时,确认非货币性资产转让收入的实现。

(3)企业以非货币性资产对外投资而取得被投资企业的股权,应以非货币性资产的原计税成本为计税基础,加上每年确认的非货币性资产转让所得,逐年进行调整。被投资企业取得非货币性资产的计税基础,应按非货币性资产的公允价值确定。

(4)企业在对外投资5年内转让上述股权或投资收回的,应停止执行递延纳税政策,并就递延期内尚未确认的非货币性资产转让所得,在转让股权或投资收回当年的企业所得税年度汇算清缴时,一次性计算缴纳企业所得税;企业在对外投资5年内注销的,应停止执行递延纳税政策,并就递延期内尚未确认的非货币性资产转让所得,在注销当年的企业所得税年度汇算清缴时,一次性计算缴纳企业所得税。

(5)企业发生非货币性资产投资,符合《财政部 国家税务总局关于企业重组业务企业所得税处理若干问题的通知》等文件规定的特殊性税务处理条件的,也可选择按特殊性税务处理规定执行。

374. 转增股本个人股东如何缴纳个人所得税?

(1)股份制企业用股票溢价发行形成的资本公积转增股本。股份制企业用资本公积金转增股本不属于股息、红利性质的分配,对个人取得的转增股本数额,不作为个人所得,不征收个人所得税。

(2)股份制企业用盈余公积(包括法定公积金和任意公积金)转增股本。股份制企业用盈余公积金派发红股属于股息、红利性质的分配,对个人取得的红股数额,应作为个人所得征税。

(3)个人收购企业100%股权将原有盈余公积转增股本。一名或多名个人投资者以股权收购方式取得被收购企业100%股权,股权收购前,被收购企业原账面金额中的"资本公积、盈余公积、未分配利润"等盈余积累未转增股本,而在股权交易时将其一并计入股权转让价格并履行了所得税纳税义务。股权收购后,企业将原账面金额中的盈余积累向个人投资者转增股本,有关个人所得税问题区分以下情形处理:新股东以不低于净资产价格收购股权的,企业原盈余积累已全部计入股权交易价格,新股东取得盈余积累转增股本的部分，不征收个人所得税。新股东以低于净资产价格收购股权的，企业原盈余积累中，对于股权收购价格减去原股本的差额部分已经计入股权交易价格，新股东取得盈余积累转增股本的部分，不征收个人所得税；对于股权收购价格低于原所有者权益的差额部分未计入股权交易价格，新股东取得盈余积累转增股本的部分，应按照"利息、股息、红利所得"项目征收个人所得税。新股东以低于净资产价格收购企业股权后转增股本，应按照下列顺序进行，即先转增应税的盈余积累部分，然后再转增免税的盈余积累部分。

（4）中小高新企业转增股本分期纳税。中小高新技术企业以未分配利润、盈余公积、资本公积向个人股东转增股本时，个人股东一次缴纳个人所得税确有困难的，可根据实际情况自行制订分期缴税计划，在不超过5个公历年度内（含）分期缴纳，并将有关资料报主管税务机关备案。个人股东获得转增的股本，应按照"利息、股息、红利所得"项目，适用20%税率征收个人所得税。股东转让股权并取得现金收入的，该现金收入应优先用于缴纳尚未缴清的税款。在股东转让该部分股权之前，企业依法宣告破产，股东进行相关权益处置后没有取得收益或收益小于初始投资额的，主管税务机关对其尚未缴纳的个人所得税可不予追征。

375. 如何确保税收优惠政策的合法性？

纳税人依照法律、行政法规的规定办理减税、免税。地方各级人民政府、各级人民政府主管部门、单位和个人违反法律、行政法规规定，擅自做出的减税、免税决定无效，税务机关不得执行，并向上级税务机关报告。与国家税收法律、行政法规相抵触，或未经过国家法律法规明确授权由地方政府自行制定的地方性税收法规和地方政府规章，不能作为公司享受税收优惠的依据。

目前，绝大部分税收优惠政策都采用备案制，即企业如果认为自身符合条件，只需向税务机关递交备案资料而无须通过事先审批即可享受，其中一些优惠政策更是采用"季度预缴享受、年度备案"的方式。在备案制下，税务机关有权对企业报送的资料进行事后审查，必要时，可以要求企业进行解释说明或提供补充材料，如经事后审查企业不符合享受税收优惠的条件,企业应当补缴相应税款和滞纳金。企业在向税务机关申请优惠政策备案时,应当对自身是否符合税收优惠条件进行充分评估,必要时委托第三方专业机构协助。

376. 税收优惠政策不合法会产生哪些问题?

越权审批或无正式批准文件的税收返还、减免应该计入非经常性损益。如果拟上市企业规模较小,利润额不大,扣除这部分非经常性损益后可能无法达到 IPO 财务指标。

对于不符合国家税法规定的或者违反国家税法的地方性税收优惠政策存在可能被追缴(包括滞纳金)风险的,发行人除提供省级税务部门的确认文件并由律师出具法律意见外,应在招股说明书等文件中做可能被追缴税款的风险提示,并由实际控制人或发行前的全体老股东承担这种税收追缴风险。

377. 对于发行人实际控制人尚未缴纳整体变更涉及的个人所得税的,如何掌握?

纳税人一次性缴纳有困难的,可合理确定分期缴纳计划并报主管税务机关备案后,自发生上述应税行为之日起不超过 5 个公历年度内(含)分期缴纳个人所得税。审核中,对于发行人实际控制人尚未缴纳整体变更涉及的个人所得税的,按照以下原则处理:

(1)发行人应当在招股说明书中披露实际控制人欠缴税款的具体情况及原因,可能导致的被追缴风险,并由控股股东、实际控制人承诺承担补缴义务及处罚责任。

(2)对于符合分期缴纳情形的,发行人应当披露分期缴纳事项是否在主管税务机关备案;对于不符合前述分期缴纳情形的,实际控制人应当补缴税款,或者取得主管税务机关出具的同意缓缴的确认意见。

(3)保荐机构、发行人律师应当就发行人实际控制人尚未缴纳整体变更涉及的个人所得税是否符合当地的税收政策、分期缴纳是否符合相关规定并办理备案、是否构成控股股东、实际控制人的重大违法行为及本次发行上市的法律障碍发表明确意见。

378. 上市后个人股东转让 IPO 前持有的股份应缴纳哪些税费？

公司原股东在限售期后，转让其原有股份及解禁日前获得股票股利，按照"财产转让所得"，适用20%的比例税率征收个人所得税，由个人股东开户的证券机构代扣代缴。在计算转让老股的应纳税所得额时，可以扣除原获得老股的成本和转让过程中发生的与交易相关的费用，如印花税、佣金、过户费等。如果个人无法提供真实准确的凭证来计算老股的成本，主管税务机关一律按限售股转让收入的15%核定限售股原值及合理税费。转让股份，按千分之一的税率缴纳证券（股票）交易印花税。

379. 上市后企业法人股东转让 IPO 前持有的股份应缴纳哪些税费？

原股东转让老股获得的投资收益，应纳入其企业所得税应纳税所得额中。如果企业在限售股解禁前将其持有的限售股对外转让，应按减持在证券登记结算机构登记的限售股取得的全部收入，计入企业当年度应税收入计算纳税。限售股转让收入扣除限售股原值和合理税费后的余额为该限售股转让所得。企业未能提供完整、真实的限售股原值凭证，不能准确计算该限售股原值的，主管税务机关一律按该限售股转让收入的15%，核定为该限售股原值和合理税费。创业投资企业采取股权投资方式投资于未上市的中小高新技术企业24个月以上，凡符合一定条件的，可以按照其对中小高新技术企业投资额的70%，在股权持有满2年的当年抵扣该创业投资企业的应纳税所得额；当年不足抵扣的，可以在以后纳税年度结转抵扣。

金融商品转让，应征收6%的增值税，按照卖出价扣除买入价后的余额为销售额。单位将其持有的限售股在解禁流通后对外转让的，按照以下规定确定买入价：上市公司实施股权分置改革时，在股票复牌之前形成的原非流通股股份，以及股票复牌首日至解禁日期间由上述股份孳生的送股、转股，以该上市公司完成股权分置改革后股票复牌首日的开盘价为买入价。公司首次公开发行股票并上市形成的限售股，以及上市首日至解禁日期间由上述股份孳生的送股、转股，以该上市公司股票首次公开发行（IPO）的发行价为买入价。

因上市公司实施重大资产重组形成的限售股,以及股票复牌首日至解禁日期间由上述股份孳生的送股、转股,以该上市公司因重大资产重组股票停牌前一交易日的收盘价为买入价。

转让股份,按千分之一的税率缴纳证券(股票)交易印花税。

380. 关于外商投资企业如何补缴以前年度减免所得税?

对生产性外商投资企业,经营期在 10 年以上的,从开始获利的年度起,第 1 年和第 2 年免征企业所得税,第 3 年至第 5 年减半征收企业所得税,但是属于石油、天然气、稀有金属、贵重金属等资源开采项目的,由国务院另行规定。外商投资企业实际经营期不满 10 年的,应当补缴已免征、减征的企业所得税税款。如果企业设立之初是外商投资企业,并依据上述规定享受了企业所得税"两免三减半"的税收优惠,而后续变更为内资企业,以外商投资企业的身份经营期不满 10 年,需要补缴已免征和减征的企业所得税税款。

381.《刑法》对于纳税方面的违法犯罪有什么规定?

纳税人采取欺骗、隐瞒手段进行虚假纳税申报或者不申报,逃避缴纳税款数额较大并且占应纳税额 10% 以上的,处 3 年以下有期徒刑或者拘役,并处罚金;数额巨大并且占应纳税额 30% 以上的,处 3 年以上 7 年以下有期徒刑,并处罚金。扣缴义务人采取前款所列手段,不缴或者少缴已扣、已收税款,数额较大的,依照前款的规定处罚。对多次实施前两款行为,未经处理的,按照累计数额计算。有第一款行为,经税务机关依法下达追缴通知后,补缴应纳税款,缴纳滞纳金,已受行政处罚的,不予追究刑事责任,但是,5 年内因逃避缴纳税款受过刑事处罚或者被税务机关给予两次以上行政处罚的除外。

以暴力、威胁方法拒不缴纳税款的,处 3 年以下有期徒刑或者拘役,并处拒缴税款 1 倍以上 5 倍以下罚金;情节严重的,处 3 年以上 7 年以下有期徒刑,并处拒缴税款 1 倍以上 5 倍以下罚金。

纳税人欠缴应纳税款,采取转移或者隐匿财产的手段,致使税务机关无法追缴欠缴的税款,数额在 1 万元以上不满 10 万元的,处 3 年以下有期徒刑或者拘役,并处或者单处欠缴税款1倍以上5倍以下罚金;数额在10万元以上的,处3年以上7年以下有期徒刑,并处欠缴税款1倍以上5倍以下罚金。

以假报出口或者其他欺骗手段,骗取国家出口退税款,数额较大的,处5年以下有期徒刑或者拘役,并处骗取税款1倍以上5倍以下罚金;数额巨大或者有其他严重情节的,处5年以上10年以下有期徒刑,并处骗取税款1倍以上5倍以下罚金;数额特别巨大或者有其他特别严重情节的,处10年以上有期徒刑或者无期徒刑,并处骗取税款1倍以上5倍以下罚金或者没收财产。纳税人缴纳税款后,采取前款规定的欺骗方法,骗取所缴纳的税款的,依照第201条的规定定罪处罚;骗取税款超过所缴纳的税款部分,依照前款的规定处罚。

382. 企业改制时投入土地及其地面建筑物是否可以减免契税?

(1)企业改制。企业按照《公司法》有关规定整体改制,包括非公司制企业改制为有限责任公司或股份有限公司,有限责任公司变更为股份有限公司,股份有限公司变更为有限责任公司,原企业投资主体存续并在改制(变更)后的公司中所持股权(股份)比例超过75%,且改制(变更)后公司承继原企业权利、义务的,对改制(变更)后公司承受原企业土地、房屋权属,免征契税。

(2)事业单位改制。事业单位按照国家有关规定改制为企业,原投资主体存续并在改制后企业中出资(股权、股份)比例超过50%的,对改制后企业承受原事业单位土地、房屋权属,免征契税。

(3)公司合并。两个或两个以上的公司,依照法律规定、合同约定,合并为一个公司,且原投资主体存续的,对合并后公司承受原合并各方土地、房屋权属,免征契税。

(4)公司分立。公司依照法律规定、合同约定分立为两个或两个以上与原公司投资主体相同的公司,对分立后公司承受原公司土地、房屋权属,免征契税。

(5)企业破产。企业依照有关法律法规规定实施破产,债权人(包括破产企业职工)承受破产企业抵偿债务的土地、房屋权属,免征契税；对非债权人承受破产企业土地、房屋权属，凡按照《中华人民共和国劳动法》等国家有关法律法规政策妥善安置原企业全部职工，与原企业全部职工签订服务年限不少于3年的劳动用工合同的，对其承受所购企业土地、房屋权属，免征契税；与原企业超过30%的职工签订服务年限不少于3年的劳动用工合同的，减半征收契税。

（6）资产划转。对承受县级以上人民政府或国有资产管理部门按规定进行行政性调整、划转国有土地、房屋权属的单位，免征契税。同一投资主体内部所属企业之间土地、房屋权属的划转，包括母公司与其全资子公司之间，同一公司所属全资子公司之间，同一自然人与其设立的个人独资企业、一人有限公司之间土地、房屋权属的划转，免征契税。

（7）债权转股权。经国务院批准实施债权转股权的企业，对债权转股权后新设立的公司承受原企业的土地、房屋权属，免征契税。

（8）划拨用地出让或作价出资。以出让方式或国家作价出资（入股）方式承受原改制重组企业、事业单位划拨用地的，不属上述规定的免税范围，对承受方应按规定征收契税。

（9）公司股权（股份）转让。在股权（股份）转让中，单位、个人承受公司股权（股份），公司土地、房屋权属不发生转移，不征收契税。

383. 个人股东将所持拟上市公司股权转让给自己的控股子公司，是否需要缴纳个人所得税？

个人股东以拟上市公司股权，作价投资于控股子公司，可以被认为是以非货币性资产对外投资，属于个人转让非货币性资产和投资同时发生。对个人转让非货币性资产的所得，应按照"财产转让所得"项目，依法计算缴纳个人所得税。个人以非货币性资产投资，应按评估后的公允价值确认非货币性资产转让收入。非货币性资产转让收入减除该资产原值及合理税费后的余额为应纳税所得额。个人以非货币性资产投资，应于非货币性资产转让、取得被投资企业股权时，确认非货币性资产转让收入的实现。个人应在发生上述应税行为的次月15日内向主管税务机关申报纳税。但纳税人一次性缴税有困难的,可合理确定分期缴纳计划并报主管税务机关备案后,自发生上述应税行为之日起不超过 5 个公历年度内(含)分期缴纳个人所得税。个人以非货币性资产投资交易过程中取得现金补价的,现金部分应优先用于缴税;现金不足以缴纳的部分,可分期缴纳。

个人在分期缴税期间转让其持有的上述全部或部分股权,并取得现金收入的,该现金收入应优先用于缴纳尚未缴清的税款。如果该交易被认定为投资,则个人股东应按"财产转让所得"20% 税率缴纳个人所得税,但最多可分 5 年缴纳。

384. 报告期内有哪些发票合规问题需要注意?

企业应当遵循《发票管理办法》《增值税专用发票使用规定》等与发票相关的法律法规的规定,依法取得、使用、开具、保管、缴销发票,包括但不限于:禁止私自印制、伪造、变造发票;禁止非法制造发票防伪专用品;禁止伪造发票专用章;禁止非法代开发票;不得虚开发票,包括为他人、为自己开具与实际经营业务情况不符的发票,不得让他人为自己开具与实际经营业务情况不符的发票、介绍他人开具与实际经营业务情况不符的发票;不得转借、转让、介绍他人转让发票、发票专用章和发票防伪专用品;不得受让、开具、存放、携带、邮寄、运输知道或应当知道是私自印制、伪造、变造、非法取得或者废止的发票;不得拆本使用发票;不得扩大发票使用范围;不得以其他凭证代替发票使用;不得跨规定使用区域携带、邮寄、运输发票;按规定开具、作废、冲红发票;按规定办理发票的验旧、缴销手续;妥善保管发票,不得擅自损毁。

385. 报告期内重要子公司的纳税问题是否需要注意?

在中国证监会对企业发行上市前税收合法性的审核过程中,重要子公司的合法纳税问题也是审核重点,尤其是对拟上市公司利润产生重大影响的子公司。因此,企业在发行上市前,应该就重要子公司的纳税问题进行自查或者委托第三方专业机构进行审查,就重要的纳税问题与税务机关进行沟通,取得税务机关出具的关于合法纳税的各项证明文件。

第六章

财务内控

386. 拟 IPO 公司的内部控制应满足哪些要求?

《企业内部控制基本规范》是内部控制建设与实施应该遵循的基本原则和总体要求,具有强制性,纳入实施范围的企业应当遵照执行。《企业内部控制配套指引》是对《企业内部控制基本规范》相关规定的进一步补充和说明,具有指导性和示范性,纳入实施范围的企业可以结合所在行业要求和企业自身特点,参照配套指引的规定开展内部控制建设与实施工作。

财政部颁布的《企业内部控制规范体系实施中相关问题解释第 2 号》对"企业应如何正确把握内部控制的组织实施工作?不同企业应如何把握好内部控制实施工作的进度和重点?集团性企业应如何确定内部控制评价的范围?企业应如何对待内部控制评价中发现的缺陷?"等,给出了指导性意见。

《公开发行证券的公司信息披露编报规则第 21 号——年度内部控制评价报告的一般规定》要求,凡在中华人民共和国境内公开发行证券并在证券交易所上市的股份有限公司,按照有关规定需要披露年度内部控制评价报告或需要参照年度内部控制评价报告披露有关内部控制信息时,均应遵循本规则,并指出这一规定是对年度内部控制评价报告披露的最低要求。不论这一规定是否有明确要求,凡对投资者投资决策有重大影响的内部控制信息,公司均应充分披露。

对于在信息披露、规范运作、公司治理、内部控制的各方面存在重大缺陷或违规行为，或者实际控制人、董事会、管理层发生重大变化等监管风险较大的公司，在法定持续督导期结束后，深圳证券交易所可以视情况要求保荐机构延长持续督导期，直至相关问题解决或风险消除。

上市公司应当完善公司内部控制制度，确保董事会、监事会和股东大会等机构合法运作和科学决策，建立有效的激励约束机制，树立风险防范意识，培育良好的企业精神和内部控制文化，创造全体职工充分了解并履行职责的环境。公司董事会应当对公司内部控制制度的制定和有效执行负责。

拟上市公司应当参照上述要求建立健全内部控制机制。

387. 常见财务内控不规范情形有哪些？

（1）满足贷款银行受托支付要求，通过供应商等取得银行贷款或为客户提供银行贷款资金走账通道。

（2）为获得银行融资，向关联方或供应商开具无真实交易背景的商业票据，进行票据贴现后获得银行融资。

（3）与关联方或第三方直接进行资金拆借。

（4）因外销业务结算需要，通过关联方或第三方代收货款等（内销业务应自主独立结算）。

388. 如何保证财务内控的有效性？

（1）企业申请上市成为公众公司，需要建立、完善并严格实施相关财务内部控制制度，保护中小投资者合法权益。拟上市公司在报告期内作为非公众公司，在财务内控方面存在不规范情形的，要在申报前，通过中介机构上市辅导完成整改和相关内控制度建设，达到与上市公司要求一致的财务内控水平。整改完毕且按规定运行一定时间并确认内控执行持续有效后，发行人方可向中国证监会递交首发申请。首次申报审计截止日后，发行人原则上不能再出现上述内控不规范和不能有效执行情形。

（2）对首次申报审计截止日前报告期内存在的上述内控不规范情形，应根据有关情形发生的原因及性质、发生的频率、金额大小等因素综合判断是否对发行条件构成影响。若发生下列情形之一，则认定为对发行条件构成影响：①发行人主观故意或恶意违规行为导致的，或该情形被相关主管机构认定为属于重大违法行为；②不规范情形涉及金额较大，首次申报审计基准日前12个月该情形仍在持续；③不规范情形不构成金额较大，但报告各期内，该不规范情形发生较为频繁且缺乏合理性，首次申报审计基准日前6个月该情形仍在持续。

（3）发行人申报前的报告期内存在前述转贷、不规范票据融资及银行借款受托支付、非经营性资金往来、关联方或第三方代收货款等情形，中介机构一般需核查以下方面：一是发行人前述行为信息披露充分性，如对相关交易形成原因、资金流向和使用用途、利息、违反有关法律法规具体情况及后果、后续可能影响的承担机制、整改措施、相关内控建立及运行情况等；二是关注前述行为的合法合规性，由中介机构对公司前述行为违反法律法规的事实情况进行说明认定，是否存在被处罚情形或风险，是否满足相关发行条件的要求，如存在违反法律法规情形，需由相关主管机构出具是否属于重大违法行为说明等；三是关注发行人对前述行为财务核算是否真实、准确，与相关方资金往来的实际流向和使用情况，是否通过体外资金循环粉饰业绩；四是不规范行为的整改措施，发行人是否已通过收回资金、改进制度、加强内控等方式积极整改，是否已针对性建立内控制度并有效执行，且申报后未发生新的不合规非经营性资金往来等行为；五是前述行为不存在后续影响，已排除或不存在重大风险隐患。中介机构应根据上述核查要求明确发表结论性意见，确保发行人的财务内控在申报后能够持续符合规范性要求，不存在影响发行条件的情形。

389. 公司设立内部审计部门有何要求？

（1）机构设置方面。①公司应当依据公司规模、生产经营特点及有关规定，配置专职人员从事内部审计工作，任命部门负责人。例如：中小企业板上市公司应当在股票上市后6个月内建立内部审计制度，并设立内部审计部门，且专职人员应当不少于两人；内部审计部门的负责人应当为专职,由董事会或者其专门委员会提名,董事会任免。公司应当披露内部审计部门负责人的学历、职称、工作经历、与实际控制人的关系等情况。②内部审计部门直接对董事会负责,向董事会报告工作。③内部审计部门应当保持独立性,不得置于财务部门的领导之下,或者与财务部门合署办公。④公司内部各机构或者职能部门、控股子公司以及具有重大影响的参股公司应当配合内部审计部门依法履行职责,不得妨碍内部审计部门的工作。

(2)部门职责方面。①对本公司各内部机构、控股子公司以及具有重大影响的参股公司的内部控制制度的完整性、合理性及其实施的有效性进行检查和评估。②对本公司各内部机构、控股子公司以及具有重大影响的参股公司的会计资料及其他有关经济资料,以及所反映的财务收支及有关的经济活动的合法性、合规性、真实性和完整性进行审计,包括但不限于财务报告、业绩快报、自愿披露的预测性财务信息等。③协助建立健全反舞弊机制,确定反舞弊的重点领域、关键环节和主要内容,并在内部审计过程中合理关注和检查可能存在的舞弊行为。④至少每季度向董事会或者专门委员会报告一次,内容包括但不限于内部审计计划的执行情况以及内部审计工作中发现的问题。⑤按照有关规定实施适当的审查程序,评价公司内部控制的有效性,并至少每年向董事会提交一次内部控制评价报告。

(3)工作要求方面。①内部审计工作开展应当涵盖公司经营活动中与财务报告和信息披露事务相关的所有业务环节。②内部审计人员获取的审计证据应当具备充分性、相关性和可靠性。内部审计人员应当将获取审计证据的名称、来源、内容、时间等信息清晰、完整地记录在工作底稿中。③内部审计部门应当建立工作底稿制度,并依据有关法律、法规的规定,建立相应的档案管理制度,明确内部审计工作报告、工作底稿及相关资料的保存时间。

390. 内部控制的基本要素有哪些?

(1)内部环境。内部环境是企业实施内部控制的基础,一般包括治理结构、机构设置及权责分配、内部审计、人力资源政策、企业文化等。内控环境影响着企业内部控制的方方面面,是内部控制其他四个构成要素的基础,在企业内部控制建立与实施中发挥着基础性作用。企业如果没有良好的内部环境,内部控制就会形同虚设。

(2) 风险评估。风险评估是企业及时识别、系统分析经营活动中与实现内部控制目标相关的风险,合理确定风险应对策略。企业在开展风险评估时,应当准确识别与实现控制目标相关的内部风险和外部风险,确定相应的风险承受度,包括整体风险承受能力和业务层面的可接受风险水平。

(3) 控制活动。企业应当结合风险评估结果,通过手工控制与自动控制、预防性控制与发现性控制相结合的方法,运用相应的控制措施,自觉将风险控制在可承受的范围之内,才能实现企业的可持续发展。

(4) 信息与沟通。信息与沟通是企业及时、准确、完整地收集、整理与企业经营管理相关的各种内外部信息,并借助信息技术,促使这些信息以恰当的方式在企业各个层级之间进行及时传递、有效沟通和正确使用的过程。信息与沟通贯穿于内部控制体系的内部环境、风险评估、控制活动、内部监督四个基本要素,同时又是四个基本要素的重要工具,为企业内部控制的有效运行提供信息保证,从而有助于提高企业内部控制的效率和效果。

(5) 内部监督。内部监督是企业内部控制得以有效实施的机制保障,与内部控制的其他要素相互联系、互为补充,共同促进企业实现控制目标。

内部控制作为由企业各层级员工共同参与实施的完整系统,是一个不断调整、逐步完善、持续优化的动态过程。在此过程中,不论是内部控制制度的建立与实施,还是内部控制系统的设计与运行,均离不开恰当的监督,监督可以帮助董事会及经理层预防、发现和整改内部控制设计与运行中存在的问题和薄弱环节,及时加以改进,确保内部控制体系有效运行。

391. 内部控制措施包括哪些?

(1) 不相容职务分离控制。要求企业全面系统地分析、梳理业务流程中所涉及的不相容职务，实施相应的分离措施，形成各司其职、各负其责、相互制约的工作机制。

（2）授权审批控制。要求企业根据常规授权和特别授权的规定，明确各岗位办理业务和事项的权限范围、审批程序和相应责任。

（3）对于重大的业务和事项。企业应当实行集体决策审批或者联签制度，任何个人不得单独进行决策或者擅自改变集体决策。

（4）会计系统控制。要求企业严格执行国家统一的会计准则制度，加强会计基础工作，明确会计凭证、会计账簿和财务会计报告的处理程序，保证会计资料真实完整。

（5）财产保护控制。要求企业建立财产日常管理制度和定期清查制度，采取财产记录、实物保管、定期盘点、账实核对等措施，确保财产安全。严格限制未经授权的人员接触和处置财产。

（6）预算控制。要求企业实施全面预算管理制度，明确各责任单位在预算管理中的职责权限，规范预算的编制、审定、下达和执行程序，强化预算约束。

（7）运营分析控制。要求企业建立运营情况分析制度，经理层应当综合运用生产、购销、投资、筹资、财务等方面的信息，通过因素分析、对比分析、趋势分析等方法，定期开展运营情况分析，发现存在的问题，及时查明原因并加以改进。

（8）绩效考评控制。要求企业建立和实施绩效考评制度，科学设置考核指标体系，对企业内部各责任单位和全体员工的业绩进行定期考核和客观评价，将考评结果作为确定员工薪酬以及职务晋升、评优、降级、调岗、辞退等的依据。

392. 建立内部控制应遵循哪些基本原则？

（1）全面性原则。内部控制应当贯穿决策、执行和监督全过程，覆盖公司及其所属单位的各种业务和事项。从范围上而言，需要涵盖公司所有下属单位、所有员工、所有过程；从流程上而言，需要将内部控制思想和控制措施，融入、嵌入到公司决策、执行和监督等各个环节。避免内部控制存在盲区、空白和漏洞。

（2）重要性原则。内部控制应当在全面控制的基础上，关注重要业务事项和高风险领域。这一原则强调公司建立与实施内部控制应当突出重点、兼顾一般，着力防范可能对公司产生影响的重大风险。比如，公司开展并购重组尤其是跨国并购重组过程中，就应当根据重要性原则，重点防范并购中的评估论证、定价机制、文化融合等重大风险。

（3）制衡性原则。内部控制应当在治理结构、机构设置及权责分配、业务流程等方面形成相互制约、相互监督，同时兼顾运营效率，这是内部控制的核心内容。主要体现为机构、岗位或人员的相互分离和制约。通过将制衡理念嵌入公司决策、执行和监督环节，会使内部控制体系更有针对性和可操作性。

（4）适应性原则。内部控制应当与公司经营规模、业务范围、竞争状况和风险水平等相适应，并随着情况的变化及时加以调整。建立和实施内部控制是一项个性化的持续工作，一方面，在建立阶段，需要依据公司实际情况，结合相关法规，针对单位性质、业务特点、风险水平以及所处环境等建立内部控制体系；另一方面，在实施阶段，需要按照新的变化和要求及时完善体系、改进措施和调整流程，不断修订与完善。

（5）成本效益原则。内部控制应当权衡实施成本与预期效益，以适当的成本实现有效控制。内部控制建立与实施，无论是聘请外部咨询机构设计和评价工作，还是公司内部安排人员实施内部控制活动都会产生成本，但是从公司长远发展的角度考虑，一套科学合理的内部控制体系能使公司在激烈的市场竞争中立于不败之地。

393. 对控股子公司的管理控制包括哪些内容？

公司应制定对控股子公司的控制政策及程序，通过合法有效的形式履行出资人职责，维护出资人权益，特别关注异地、境外子公司发展战略、重大投融资、重大担保、重要人事任免、大额资金使用、年度财务预决算等重要风险领域，并在充分考虑控股子公司业务特征等的基础上，督促其建立内部控制制度。特别是控股子公司的业务与事项关系公司整体利益时，作为子公司的出资人必须对子公司实施控制。上市公司对其控股子公司的管理控制，至少应当包括下列控制活动：

（1）建立对各控股子公司的控制制度，确定控股子公司公司章程的主要条款，明确向控股子公司委派的董事、监事及重要高级管理人员的选任方式和职责权限等。

（2）按照公司的战略规划，依据上市公司的经营策略和风险管理政策，督导各控股子公司建立起相应的经营计划、风险管理程序。

（3）要求各控股子公司建立重大事项报告制度，明确审议程序，及时向上市公司分管负责人报告重大业务事项、重大财务事项以及其他可能对上市公司股票及其衍生品种交易价格产生较大影响的信息，并严格按照授权规定将重大事项报公司董事会审议或者股东大会审议。重大事项包括但不限于经营计划及预算、重大投资、收购出售资产、提供财务资助、为他人提供担保、从事证券及金融衍生品投资、签订重大合同、海外控股子公司的外汇风险管理等。

（4）要求控股子公司及时向上市公司董事会秘书报送其董事会决议、股东大会决议等重要文件，通报可能对上市公司股票及其衍生品种交易价格产生较大影响的事项。

（5）定期取得并分析各控股子公司的季度或者月度财务报告和管理报告报告，包括营运报告、产销量报表、资产负债表、利润表、现金流量表、向他人提供资金及对外担保报表等，并根据相关规定，委托会计师事务所审计控股子公司的财务报告。

（6）建立对各控股子公司的绩效考核制度，实施分层管理。公司直接对子公司高层管理人员实施综合考评，依据目标完成的情况兑现奖惩，有效调动子公司高层管理人员的积极性；对于子公司中层及以下员工的激励考核和奖惩方案，须报公司相关部门备案。

（7）建立对控股子公司内部控制体系的检查监督工作机制，持续关注子公司内部控制建设情况，定期进行全面评价，发现问题及时反馈，监督整改。

（8）控股子公司同时控股其他公司的，公司应督促其控股子公司参照以上要求，逐层建立对其下属子公司的管理控制制度。

（9）拟上市公司应当参照上市公司的相关要求建立对其控股子公司的管理控制机制。

394. 企业正常经营中发生的现金销售或现金采购应符合哪些条件？

（1）现金交易情形符合行业经营特点或经营模式（如线下商业零售、向农户采购、日常零散产品销售或采购支出等）。

（2）现金交易的客户或供应商不是关联方。

（3）现金交易具有可验证性，且不影响发行人内部控制有效性，申报会计师已对现金交易相关内部控制有效性发表明确核查意见。

（4）现金交易比例及其变动情况整体处于合理范围内，最近三年一期一般不超过同行业平均水平或与类似公司不存在重大差异（如能获取可比数据）。

（5）现金管理制度与业务模式匹配且执行有效，其中，企业与个人消费者发生的商业零售、门票服务等现金收入通常能够在当日或次日缴存公司开户银行，企业与单位机构发生的现金交易仅限于必要的零星小额收支，现金收支业务应账账一致、账款一致。

395. 如何有效防范现金交易可能带来的风险？

（1）制度设计。制度是公司现金交易顺利开展的基础性保障，公司应当根据内部控制规范等法律法规及公司自身的管理需要，完善现金管理制度与业务管理制度，强化公司现金管理内部控制。根据相关法律法规，结合公司实际情况，明确公司各项业务款收款方式、现金支付标准、现金使用范围，严禁业务人员直接接触现金，要求业务合同都需在财务部门归档，保证现金交易入账的及时性、完整性。

（2）岗位设置。按照实际业务情况，分别设置现金收支的决策、执行、监督、核算等岗位，避免一人办理现金业务全过程，必须保证现金收付经办人与会计核算等不相容职务分离形成有效的制衡机制，从而防范现金交易的相关风险。

（3）归口管理。公司现金交易类型和渠道可能比较多，分散在各业务部门，存在多头管理，极易发生收入金额不实、应收未收甚至私设"小金库"的情形。所以，应由财务部门统一归口管理现金交易，具体操作方法包括：现金收支由财务部门出纳统一现场处理；

财务部门安排出纳人员在业务部门驻点处理相关事务；在权责对等前提下，由财务部门作为牵头部门对收支业务进行统一管理和监督，制定相关制度、掌握收支项目、归档业务资料、统一核算等。

（4）对账检查。公司财务部门作为资金管理的归口管理部门，负责对公司各类往来款项的分析对账职责。根据掌握的业务数据、合同执行情况、预算执行等资料对公司业务交易会计记录进行合理性分析。比如，现金交易的金额是否符合规范、是否必要、欠款数额与周期是否合理等。此外，定期按分析结果与业务部门对账，核实差异，判断是否存在异常情况等。另一方面，企业应定期检查现金是否足额缴存银行，现金收支存在问题的，是否明确责任主体，落实催收责任。

（5）收支方式。企业需积极提倡以银行转账为主的交易结算方式。银行转账收支一方面有利于企业追踪资金流向，安全快捷，可以有效控制不合理支出，避免使用现金带来的一系列风险。另一方面，随着信息科技的不断发展，企业可以开发更多的安全、便捷的支付方式，比如目前零售业常用的扫描二维码支付等。

（6）宣传教育。现金交易风险除了考虑公司的资产安全，最主要的是合法合规方向，所以加强财务人员的业务素质和法律意识是否必要。最直接的方式就是加大对相关岗位人员法律知识的培训，以及经常对公司负责人、会计及相关业务人员进行现金管理、预防现金舞弊方面的教育，让大家自觉遵守现金管理有关法规与管理制度。

396. 报告期存在现金交易，保荐机构及申报会计师通常应关注并核查哪些方面？

（1）现金交易的必要性和合理性，是否与发行人业务情况或行业惯例相符，与同行业或类似公司的比较情况。

（2）现金交易的客户或供应商的情况，是否为发行人的关联方。

（3）相关收入确认及成本核算的原则与依据，是否存在体外循环或虚构业务情形。

（4）与现金交易相关的内部控制制度的完备性、合理性与执行有效性。

（5）现金交易流水的发生与相关业务发生是否真实一致。是否存在异常分布。

（6）实际控制人及发行人董事、监事、高级管理人员等关联方是否与客户或供应商存在资金往来。

（7）发行人为减少现金交易所采取的改进措施及进展情况。

（8）发行人是否已在招股说明书中充分披露上述情况及风险。

397. 发行人可能存在部分销售回款由第三方代客户支付的情形有哪些？

第三方回款通常是指发行人收到的销售回款的支付方（如银行汇款的汇款方、银行承兑汇票或商业承兑汇票的出票方式或背书转让方）与签订经济合同的往来客户不一致的情况。如客户为个体工商户或自然人，其通过家庭约定由直系亲属代为支付货款，经中介机构核查无异常的，可不作为第三方回款统计。企业在正常经营活动中存在的第三方回款，通常情况下应考虑是否符合以下条件：

（1）与自身经营模式相关，符合行业经营特点，具有必要性和合理性，例如集团统一付款或境外客户指定付款等。

（2）第三方回款的付款方不是关联方。

（3）第三方回款具有可验证性，且不影响内部控制有效性，申报会计师已对第三方回款相关内部控制有效性发表明确核查意见。

（4）第三方回款比例报告期整体呈下降趋势，且最近一期通常不高于当期收入的5%。

符合上述要求的第三方回款通常不影响相关发行条件。

398. 发行人报告期存在第三方回款，保荐机构及会计师应重点核查哪些方面？

（1）第三方回款的真实性，是否存在虚构交易或调节账龄情形。

（2）第三方回款形成收入占营业收入的比例。

（3）第三方回款的原因、必要性及商业合理性。

（4）发行人及其实际控制人、董事、监事、高级管理人员或其他关联方与第三方回款的支付方是否存在关联关系或其他利益安排。

（5）境外销售涉及境外第三方的，其代付行为的商业合理性或合法合规性。

（6）报告期内是否存在因第三方回款导致的货款归属纠纷。

（7）如签订合同时已明确约定由其他第三方代购买方付款，该交易安排是否具有合理原因。

（8）资金流、实物流与合同约定及商业实质是否一致。

同时，保荐机构及会计师还应当针对营业收入实际付款人和合同签订方不一致的情形开展进一步核查工作，包括但不限于：从上述不一致的明细中选取样本，及从发行人银行对账单中抽样选取相关回款记录，追查至相关业务合同、银行对账单及资金流水凭证，取得报告期存在第三方代付款行为的客户名单及代付款确认依据，以核实委托付款的真实性、代付金额的准确性及付款方和委托方之间的关系，合同签约方和付款方存在不一致情形的原因及第三方回款统计明细记录的完整性，并对第三方回款所对应营业收入的真实性发表明确核查意见。

第七章
持续盈利能力

399. 中介机构应从哪些方面判断持续盈利能力？

（1）发行人所处行业受国家政策限制或国际贸易条件影响存在重大不利变化风险。

（2）发行人所处行业出现周期性衰退、产能过剩、市场容量骤减、增长停滞等情况。

（3）发行人所处行业准入门槛低、竞争激烈，相比竞争者，发行人在技术、资金、规模效应方面等不具有明显优势。

（4）发行人所处行业上下游供求关系发生重大变化，导致原材料采购价格或产品售价出现重大不利变化。

（5）发行人因业务转型的负面影响导致营业收入、毛利率、成本费用及盈利水平出现重大不利变化，且最近一期经营业绩尚未出现明显好转趋势。

（6）发行人重要客户本身发生重大不利变化，进而对发行人业务的稳定性和持续性产生重大不利影响。

（7）发行人由于工艺过时或产品落后等原因导致市场占有率持续下降、重要资产或主要生产线出现重大减值风险。

（8）发行人多项业务数据和财务指标呈现恶化趋势，短期内没有好转迹象。

（9）对发行人业务经营或收入实现有重大影响的商标、专利、专有技术以及特许经营权等重要资产或技术存在重大纠纷或诉讼，已经或者未来将对发行人财务状况或经营成果产生重大影响。

（10）其他明显影响或丧失持续经营能力的情形。

400. 报告期经营业绩下滑的，如何把握持续盈利能力？

发行人在报告期内出现营业收入、净利润等经营业绩指标大幅下滑的情形，中介机构应重点关注是否存在可能对企业持续盈利能力和投资者利益有重大不利影响的事项，充分核查经营业绩下滑的程度、性质、持续时间等方面，发行人应按经营业绩下滑专项信息披露要求做好披露工作。

（1）发行人存在最近一年（期）经营业绩较报告期最高值下滑幅度超过50%情形的，发行人及中介机构应全面分析经营业绩下滑幅度超过50%的具体原因，审慎说明该情形及相关原因对持续盈利能力是否构成重大不利影响。如无充分相反证据或其他特殊原因能够说明发行人仍能保持持续盈利能力外，一般应重点关注并考虑该情形的影响程度。

（2）发行人存在最近一年（期）经营业绩较报告期最高值下滑幅度未超过50%情形的，发行人及中介机构应区分以下不同情况予以论证核查：

①对于发行人因经营能力或经营环境发生变化导致经营业绩出现下滑的情形，发行人应充分说明经营能力或经营环境发生变化的具体原因，变化的时间节点、趋势方向及具体影响程度；正在采取或拟采取的改善措施及预计效果，结合前瞻性信息或经审核的盈利预测（如有）情况，说明经营业绩下滑趋势是否已扭转，是否仍存在对持续盈利能力产生重大不利影响的事项；保荐机构应对上述情况予以充分核查，获取明确的证据，并发表明确意见。在论证、核查和充分证据基础上，合理判断该情形的影响程度。

②对于发行人认为自身属于强周期行业的情形，发行人应结合所处行业过去若干年内出现的波动情况，分析披露该行业是否具备强周期特征；比较说明发行人收入、利润变动情况与行业可比上市公司情况是否基本一致；说明行业景气指数在未来能够改善，行业不存在严重产能过剩或整体持续衰退。结合上述要求，保荐机构应对发行人属于强周期行业的依据是否充分发表专项核查意见。满足

以上条件的,其业绩下滑可不认定为对持续盈利能力构成重大不利影响的情形。

③对于发行人报告期因不可抗力或偶发性特殊业务事项导致经营业绩下滑的情形(如自然灾害造成的一次性损失、大额研发费用支出、并购标的经营未达预期导致巨额商誉减值、个别生产线停产或开工不足导致大额固定资产减值、个别产品销售不畅导致大额存货减值、债务人出现危机导致大额债权类资产减值或发生巨额坏账损失、仲裁或诉讼事项导致大额赔偿支出或计提大额预计负债、长期股权投资大幅减值等),发行人应说明不可抗力或偶发性特殊业务事项产生的具体原因及影响程度,最近一期末相关事项对经营业绩的不利影响是否已完全消化或基本消除;结合前瞻性信息或经审核的盈利预测(如有)情况,说明特殊业务事项是否仍对报告期后经营业绩产生影响进而影响持续盈利能力。保荐机构应对特殊业务事项是否影响发行人持续盈利能力发表专项核查意见。若特殊业务事项的不利影响在报告期内已完全消化或基本消除,披露的前瞻性信息或经审核的盈利预测(如有)未出现重大不利变化,其业绩下滑可不认定为对持续盈利能力构成重大不利影响的情形。

(3)针对经营业绩下滑,发行人应做专项信息披露,中介机构应做专项核查。具体要求包括:

①发行人应充分说明核心业务、经营环境、主要指标是否发生重大不利变化,业绩下滑程度与行业变化趋势是否一致或背离,发行人的经营业务和业绩水准是否仍处于正常状态,并在重大事项提示中披露主要经营状况与财务信息,以及下一报告期业绩预告情况,同时充分揭示业绩变动或下滑的风险及其对持续盈利能力的影响。

②保荐机构、申报会计师需要就经营业绩下滑是否对持续盈利能力构成重大不利影响发表专项核查意见,详细分析发行人业绩变动的原因及合理性,明确说明业绩预计的基础及依据,核查发行人的经营与财务状况是否正常,报表项目有无异常变化,是否存在影响发行条件的重大不利影响因素,出具明确意见。

第六部分 股票发行审核——财务与会计审核

401. 通过发审会后经营业绩出现下滑的,是否推进其核准发行?

部分已通过发审会的发行人最近一期经营业绩或预计下一报告期经营业绩与上年同期相比,出现不同程度的下滑,考虑到企业业绩波动受经济周期、行业周期以及自身经营等多种因素的影响,本着实事求是、分类处理、充分信息披露及风险揭示的原则,根据业绩下滑的幅度与性质应予以分类处理。

(1) 下滑幅度不超过30%的。过会后的最近一期经营业绩与上年同期相比下滑幅度不超过30%,且预计下一报告期业绩数据下滑幅度也不超过30%的,发行人需提供最近一期至下一报告期乃至全年主要经营状况及财务数据的专项分析报告,充分说明发行人的核心业务、经营环境、主要指标是否发生重大不利变化,业绩下滑程度与行业变化趋势是否一致或背离,发行人的经营业务和业绩水准是否仍处于正常状态,并按照及时性指引的要求在重大事项提示中披露主要经营状况与财务信息,以及下一报告期(指经审计或审阅财务报表截止日后)业绩预告情况,同时充分揭示业绩变动或下滑风险;保荐机构需对上述情况及发行人经营业绩变化趋势、持续盈利能力出具专项核查意见,详细分析发行人业绩变动的原因及合理性,明确说明业绩预计的基础及依据,核查发行人的经营与财务状况是否正常,报表项目有无异常变化,是否存在影响发行条件的重大不利影响因素,出具明确的结论性意见。

在过会企业提交上述补充材料后,在招股说明书充分信息披露、保荐机构核查无重大不利变化且发行人仍符合发行条件的基础上,将按照相关程序安排后续核准发行工作。该类企业发行上市后,如发现发行人关于上述业绩变动的信息披露及保荐机构核查意见存在虚假记载、误导性陈述或重大遗漏的,中国证监会将视情节轻重,依据相关法律、法规、规章予以严肃查处。

(2) 下滑幅度超过30%但不超过50%的过会企业。过会企业最近一期或预计下一报告期经营业绩与上年同期相比下滑幅度超过30%但不超过50%的,发行人如能提供经审核的下一年度盈利预测报告,同时,提供最近一期至下一年度主要经营状况及财务数据的专项分析报告,以及保荐机构对上述情况及发行人经营业绩变化趋势、持续盈利能力出具专项核查意见；说明经营业绩下滑趋势已扭转，不存在对持续盈利或持续经营能力以及发行条件产生重大不利影响的事项，保荐机构应对上述情况予以充分核查，获取明确的证据，并发表明确意见；符合上述要求，将按照相关程序安排后续核准发行工作。

（3）下滑幅度超过50%以上的过会企业。过会后的最近一期经营业绩与上年同期相比下滑幅度超过50%，或预计下一报告期业绩数据下滑幅度将超过50%的，基于谨慎稳妥原则，暂不予安排核准发行事项，待其业绩恢复并趋稳后再行处理或安排重新上发审会。

过会后的"最近一期"可以是中期（一季度、半年度、三季度），也可以是新增补的会计年度；"经营业绩"以扣除非经常性损益合计数前后孰低的净利润为财务数据的计算依据；"财务数据"应为已审计报告期财务数据、按照及时性指引要求经审阅的季度财务数据。

402. 如何界定经营模式、产品或服务的品种结构发生重大变化？

经营模式、产品或服务的品种结构发生重大变化，主要表现为主营业务占比逐年升高、降低或者产品结构出现重大变化，可能会对公司的持续盈利能力构成重大不利影响。发审委通过多种途径进行审核，包括通过比较公司主营业务和销售费用等关键财务数据的变动幅度的差异，以及公司购销渠道、经营模式等重要运营信息的披露是否充分等。公司需要证明经营模式、产品或服务结构的改变不会对公司的持续盈利能力产生影响，可以从改变后的业务和财务预算出发，与模式或产品、服务变更前的盈利水平进行比对分析，证明盈利的持续性。如果变化源自公司内部研发技术、生产能力的提升，产品服务实现升级，需关注经营模式和产品服务的改变是否被客户和市场所接受。如果变化源自外部环境的变化，如竞争对手或客户需求发生重大变化，需关注公司的市场占有率是否下降、下降幅度如何、产品服务能满足多大需求等。

403. 如何说明收入构成及变化情况符合行业和市场趋势？

作为拟上市公司，需要分析月度、季度、年度收入变动趋势和变动结构，并与行业进行比对，分析是否存在显著偏离。公司收入按产品或服务种类、按区域、按季度等不同标准进行披露，通过对比公司的收入增长率和竞争对手或市场平均水平，如有较大偏差，需分析原因，确认是否存在虚增销量、提高收入的可能性。

拟上市公司需要定期对自己的产品、销量、价格等要素进行统计，分析总结同行业内竞争对手以及产业链上相关单位的定价及发展趋势，并进行对比，分析是否存在异常。对比产品服务的价格及变动趋势，若与市场情况有显著异常，需要了解公司的产品定价策略；如果价格偏高，是否存在通过关联方交易来虚增收入的可能性，或与客户签订有未知的补充协议或其他补偿性的交易；如果价格偏低，是否为公司的合理营销策略，并关注该策略的可持续性，及收入能否覆盖成本的情况。

拟上市公司需对公司近几年的业务收入进行年度分析，找出周期性变化规律。处于强周期行业的公司，可通过对比行业平均指数、行业内其他竞争对手的数据了解是否有较大偏差。季节性波动显著的，可将公司历史收入数据按月、按季度进行拆分分析，通过月度收入变动、同期平均法、移动平均法等方式，了解公司的收入变动规律，对比公司生产环节的特性，是否符合生产周期、自然环境变化等因素影响的规律，对比同行业内其他公司的收入变动趋势是否大体一致。

404. 如何针对不同销售模式进行收入核算？

针对直销模式，通过核实公司的产品原始清单、出库单、运输单据、月度销售清单、发票等凭证，与客户直接对账、盘点库存等形式核算收入的真实性、准确性、完整性。

针对代理经销模式，需要关注收入最终实现情况，个别行业（如医药业）需对经销商销售金额累计70%进行核查。通过核查代销清单及金额变动，对有大额异常变动的情况进行抽查，核实收入的真实性。在核实收入真实性的同时还要核实代理商是否与公司存在关联方关系等敏感信息。

针对特许加盟模式，应对新增加盟店进行走访，核实加盟店数量的真实性,并关注公司对加盟店质量的管理情况。

405. 如何分析主要原材料和能源的价格及其变动趋势是否异常?

通过对比公司原材料和能源的采购价及变动趋势和 PPIRM 指数(原材料、燃料和动力购进价格指数)、国家统计局公布的工业生产者价格统计指数,或其他市场上可获得的原材料能源价格。若变动趋势有显著差异,需核实公司采购价的真实性,是否可能存在人为压低成本、虚增利润的情况。拟上市公司需要定期自行调查和统计主要原材料、相近原材料以及能源市场的存量和价格等要素数据,并分析比对主要原材料和能源的价格变动趋势是否存在异常;若出现异常,企业应提前设计安排应对方案,调动资金做好准备工作,以确保企业在原材料市场价格出现异常后不会对持续盈利能力产生影响。

406. 如何核查和判断发行人是否存在影响持续经营能力的重要情形?

如发行人存在以下情形,中介机构应重点关注该情形是否影响发行人持续经营能力:

(1)发行人所处行业受国家政策限制或国际贸易条件影响存在重大不利变化风险。

(2)发行人所处行业出现周期性衰退、产能过剩、市场容量骤减、增长停滞等情况。

(3)发行人所处行业准入门槛低、竞争激烈,相比竞争者,发行人在技术、资金、规模效应方面等不具有明显优势。

(4)发行人所处行业上下游供求关系发生重大变化,导致原材料采购价格或产品售价出现重大不利变化。

(5)发行人因业务转型的负面影响导致营业收入、毛利率、成本费用及盈利水平出现重大不利变化,且最近一期经营业绩尚未出现明显好转趋势。

(6)发行人重要客户本身发生重大不利变化,进而对发行人业务的稳定性和持续性产生重大不利影响。

（7）发行人由于工艺过时、产品落后、技术更迭、研发失败等原因导致市场占有率持续下降，重要资产或主要生产线出现重大减值风险，主要业务停滞或萎缩。

（8）发行人多项业务数据和财务指标呈现恶化趋势，短期内没有好转迹象。

（9）对发行人业务经营或收入实现有重大影响的商标、专利、专有技术以及特许经营权等重要资产或技术存在重大纠纷或诉讼，已经或者未来将对发行人财务状况或经营成果产生重大影响。

（10）其他明显影响或丧失持续经营能力的情形。

中介机构应详细分析和评估上述情形的具体表现、影响程度和预期结果，综合判断上述情形是否对发行人持续经营能力构成重大不利影响，审慎发表明确意见，并督促发行人充分披露可能存在的持续经营风险。

407. 如何分析行业地位或发行人所处行业整体、经营环境发生重大变化？

（1）国家法律法规或行业政策发生重大变化。

（2）因经济周期或行业周期带来的系统性风险。

（3）因技术重大变革带来的成本大幅下降，行业结构发生变化。

（4）消费者消费类型的升级转型，原有产品、服务已无法满足消费者需求。

（5）其他的发生不可预见、无法避免的情形，如地震、台风、水灾、战争等。

（6）行业内因规模效应出现寡头效应等。

408. 如何判断在行业内竞争地位是否出现不利变化？

（1）相对竞争地位：公司产品在市场中占有率不断下降，竞争对手占有率提高。

（2）财务情况：公司销售增长率在本行业中幅度的下降。

（3）产品更新：公司的生产、研发技术市场中不再具有领先性，市场产品同质化严重。

(4）财务资源：融资成本不断增加，超过行业平均水平。

(5）营销网络：公司营销网络萎缩，分销能力差等。

(6）客户服务能力：客户投诉率增加，满意度不断降低。

409. 如何判断整体竞争力弱、抗风险能力有限？

企业竞争力包括品牌力（企业品牌在市场上的认可度）、研发力（企业在研发活动的投入包括资金、人员、技术等）、营销力（企业营销体系、人员等）、制造力（企业所具备的制造产品的技术、设备、厂房、人员等）、产品力（产品的市场占有率、消费者满意度、客户忠诚度等）。如上述五力发展不均衡或竞争力较弱，则企业的利润和销量增长较难维持。如果外部环境，比如市场环境、宏观经济政策、产业发展周期等恶化，或者市场中竞争对手的突起，都可能使企业自身对风险难以迅速调整、持续发展。拟上市公司需定期对其行业环境、公司特征、财务情况、公司治理、外部监督和风险经历等方面进行考察和分析，收集与测量抗风险能力指标相关的关键数据（如资产总额、负债总额、现金流量、资产净利率等），通过运用确定的企业风险承受能力指标体系，测量判断企业抗风险能力是否有限。

410. 如何分析主要客户变化与新增及异常客户交易的合理性？

（1）关注主要客户的交易金额变动趋势，如交易额逐年递减，客户是否业务萎缩、经营出现了问题，或者因为对方客户业务模式发生转变。

（2）主要客户的回款能力是否稳定，若回款周期大幅增加，应关注客户是否出现现金流问题，是否存在持续经营问题。对于新增客户和异常客户，做好客户资信调查，了解客户基本信息、财务状况，对方业务范围是否和公司提供产品及服务一致，是否因原有供应商临时缺失而与公司发生业务，未来是否能长期合作。

（3）拟上市公司需对公司近几年的客户及其相关业务往来信息进行定期收集分析，从规律和规则的角度判断变化的合理性，从对持续增长收入和外部发展趋势的分析，确定新增和异常客户交易的持续性。

411. 如何分析主要供应商变动的原因及合理性？

（1）本企业因自身业务转型、产品服务实现升级，导致采购活动的种类发生变更、主要采购商变动，此类原因导致的变动需关注新型业务的风险，及经营的可持续性和稳定性。

（2）若企业业务类型稳定、未发生较大变动，需进一步了解与原有主要供应商交易额发生变动的原因，包括：供应商提供的价格失去了竞争力，材料或产品出现质量问题不符合本企业规定，供应商自身倒闭等，则需关注新增供应商提供产品或服务的质量。

（3）若因为本企业业务量萎缩导致对应采购活动减少，或因本企业原因如付款不及时导致对方不愿进一步合作等，需关注企业自身经营的可持续性。

（4）拟上市公司需对公司的采购和销售信息登记入账，当主要供应商变动时，可比对台账上的关键信息做出合理解释。对于主要供应商交易额大幅减少或合作关系取消的情况，企业需要对新增供应商的背景进行调查并在采购和销售台账上与其他供应商进行对比分析，判断是否存在合理性。

412. 如何判断对关联方或者存在重大不确定性的客户存在重大依赖？

与关联方之间交易金额达到企业主营业务收入30%以上，一般就认定为对关联方存在重大依赖。拟上市公司需证明与关联方或存在重大不确定性客户之间不存在重大依赖关系，可以通过分析关联方和客户的交易在公司净利润中的占比和利润占比的集中程度，判断是否存在与关联方或重大不确定性客户之间的重大依赖关系。

413. 对于非关联的大客户依赖需把握什么标准？

一般看公司的前五大客户的集中程度。前五大客户销售收入合计占销售总额比例不超过50%。但需结合发行人向单一客户销售占比的商业合理性考虑，需要了解行业特性的限制（如中国移动、国家电网等垄断性企业），并结合行业内其他企业的客户集中度综合考虑。拟上市公司需证明与非关联方大客户不存在依赖关系，可以通过分析比对非关联方在企业年利润中的交易占比和业务集中程度,判断是否存在依赖关系。

414. 是否利用与关联方或其他利益相关方的交易实现报告期收入的增长?

需判断关联交易的商业实质,例如:对关联方交易的定价是否严重偏离市场价;交易标的是否和关联方的营业范围一致;关联交易的毛利率是否远高于与非关联交易的毛利率。拟上市公司需按国家规定记录与关联方资金往来的记录,通过公允性分析,比对报告期间关联方资产价格与市场价格的差异,或通过估值技术确定公允价值,判断企业是否利用与关联方或其他利益相关方的交易实现了报告期收入的增长。

415. 如何分析报告期关联销售金额及占比大幅下降的原因及合理性?

如关联交易金额和占比均大幅下降,需进一步了解是否存在尚未识别的关联方及关联交易,是否存在通过其他第三方公司实现关联交易的情况,重点关注新增客户和前五大客户名单中新出现客户的交易实质。拟上市公司需对在报告期间对关联销售金额及占比大幅下降的原因及合理性做出合理解释,并证明不存在隐匿关联交易或非关联化的关联交易,可以通过收集分析在报告期间新增的供应商和客户的背景信息,如成立时间、业务范围、交易记录等,进行判断交易是否为隐匿关联交易或非关联化关联交易。

416. 企业客户集中度较高是否影响发行条件?

发行人来自单一大客户主营业务收入或毛利贡献占比超过50%以上的,原则上应认定为对该单一大客户存在重大依赖,但是否构成重大不利影响,应重点关注客户的稳定性和业务持续性;是否存在重大不确定性风险,也要在此基础上进行合理判断。

对于非因行业特殊性、行业普遍性导致客户集中度偏高的,保荐机构在执业过程中,应充分考虑该单一大客户是否为关联方或者存在重大不确定性客户。该集中是否可能招致对企业未来持续盈利能力存在重大不确定性的重大疑虑,进而影响是否符合发行条件的判断,特别是在扣除这些客户集中的经营业绩后发行人是否仍然符合发行条件。

对于发行人由于下游客户的行业分布集中而导致的客户集中具备合理性的特殊行业,如电力、电网、电信、石油、银行、军工等行业,发行人应与同行业可比上市公司进行比较,充分说明客户集中是否符合行业特性,发行人与客户的合作关系是否具有一定的历史基础,有充分的证据表明发行人采用公开、公平的手段或方式独立获取业务,相关的业务具有稳定性以及可持续性,并予以充分的信息披露。

对因上述特殊行业分布或行业产业链关系导致发行人客户集中的情况,中介机构应当综合分析考量以下因素的影响:一是发行人客户集中的原因,与行业经营特点是否一致,是否存在下游行业较为分散而发行人自身客户较为集中的情况及其合理性。二是发行人客户在其行业中的地位、透明度与经营状况,是否存在重大不确定性风险。三是发行人与客户合作的历史、业务稳定性及可持续性,相关交易的定价原则及公允性。四是发行人与重大客户是否存在关联关系,发行人的业务获取方式是否影响独立性,发行人是否具备独立面向市场获取业务的能力。

保荐机构应当提供充分的依据说明上述客户本身不存在重大不确定性,发行人已与其建立长期稳定的合作关系,客户集中具有行业普遍性,发行人在客户稳定性与业务持续性方面没有重大风险。发行人应在招股说明书中披露上述情况,充分揭示客户集中度较高可能带来的风险。符合上述要求,一般不认为对发行条件构成重大不利影响。

417. 按照受托加工或委托加工业务,还是按照独立购销业务处理?

委托加工,是指由委托方提供原材料和主要材料,受托方按照委托方的要求制造货物并收取加工费和代垫部分辅助材料加工的业务。从形式上看，双方一般签订委托加工合同，合同价款表现为加工费，且加工费与受托方持有的主要材料价格变动无关。

发行人由客户提供或指定原材料供应，或向加工商提供原材料，加工后予以购回，应根据其交易业务实质区别于受托/委托加工业务进行会计处理。两者区别主要体现在以下方面：

（1）双方签订合同的属性类别，合同中主要条款，如价款确定基础和定价方式、物料转移风险归属的具体规定。

（2）生产加工方是否完全或主要承担了原材料生产加工中的保管和灭失、价格波动等风险。

（3）生产加工方是否具备对最终产品的完整销售定价权。

（4）生产加工方是否承担了最终产品销售对应账款的信用风险。

（5）生产加工方对原材料加工的复杂程度，加工物料在形态、功能等方面变化程度等。

对于由发行人将原材料提供给加工商之后，加工商仅进行简单的加工工序，物料的形态和功用方面并没有发生本质性的变化，并且发行人向加工商提供的原材料的销售价格由发行人确定，加工商不承担原材料价格波动的风险。对于此类交易，通常按照委托加工业务处理，发行人按照原材料销售和回购的差额确认加工费，对于提供给加工商的原材料不应确认销售收入。

由客户提供或指定供应商的原材料采购价格由双方协商确定且与市场价格基本一致，购买和销售业务相对独立，双方约定所有权转移条款，公司对存货进行后续管理和核算。该客户没有保留原材料的继续管理权，产品销售时，公司与客户签订销售合同，销售价格包括主要材料、辅料、加工费、利润在内的全额销售价格。对于此类交易，通常应当按照实质重于形式原则认定其是否为购销业务，从而确定是以全额法确认加工后成品的销售收入，还是仅将加工费确认为销售收入。

第八章
财务披露信息

418. 应披露哪些对收入有重大影响的信息？

（1）发行人应列表披露最近三年及一期营业收入的构成及比例，并按产品（或服务）类别及业务、地区分部列示，分析营业收入增减变化的情况及原因；披露主要产品或服务的销售价格、销售量的变化情况及原因；营业收入存在季节性波动的，应分析季节性因素对各季度经营成果的影响。

（2）发行人采用的销售模式及销售政策。按业务类别披露发行人所采用的收入确认的具体标准、收入确认时点。发行人应根据会计准则的要求，结合自身业务特点、操作流程等因素详细说明其收入确认标准的合理性。

（3）报告期各期发行人对主要客户的销售金额、占比及变化情况；主要客户中新增客户的销售金额及占比情况；报告期各期末发行人应收账款中主要客户的应收账款金额、占比及变化情况；新增主要客户的应收账款金额及占比情况。

419. 保荐机构和会计师事务所应如何核查发行人收入的真实性、完整性和准确性？

（1）发行人收入构成及变化情况是否符合行业和市场同期的变化情况。发行人产品或服务价格、销量及变动趋势与市场上相同或相近产品或服务的信息及其走势相比是否存在显著异常。

（2）发行人属于强周期性行业的，发行人收入变化情况与该行业是否保持一致。发行人营业收入季节性波动显著的,季节性因素对发行人各季度收入的影响是否合理。

(3) 不同销售模式对发行人收入核算的影响。经销商或加盟商销售占比较高的,经销或加盟商最终销售的大致去向。发行人收入确认标准是否符合《企业会计准则》的规定,是否与行业惯例存在显著差异及原因。发行人合同收入确认时点的恰当性,是否存在提前或延迟确认收入的情况。

(4) 发行人主要客户及变化情况,与新增和异常客户交易的合理性及持续性,会计期末是否存在突击确认销售以及期后是否存在大量销售退回的情况。发行人主要合同的签订及履行情况,发行人各期主要客户的销售金额与销售合同金额之间是否匹配。报告期发行人应收账款主要客户与发行人主要客户是否匹配,新增客户的应收账款金额与其营业收入是否匹配。大额应收款项是否能够按期收回以及期末收到的销售款项是否存在期后不正常流出的情况。

(5) 发行人是否利用与关联方或其他利益相关方的交易实现报告期收入的增长。报告期关联销售金额及占比大幅下降的原因及合理性,是否存在隐匿关联交易或关联交易非关联化的情形。

420. 应披露哪些对成本有重大影响的信息?

(1) 结合报告期各期营业成本的主要构成情况、主要原材料和能源的采购数量及采购价格等,披露报告期各期发行人营业成本增减变化情况及原因。

(2) 报告期各期发行人对主要供应商的采购金额、占比及变化情况,对主要供应商中新增供应商的采购金额及占比情况。

(3) 报告期各期发行人存货的主要构成及变化情况。如发行人期末存货余额较大,周转率较低,应结合其业务模式、市场竞争情况和行业发展趋势等因素披露原因,同时分析并披露发行人的存货减值风险。

421. 保荐机构和会计师事务所应如何核查发行人成本的准确性和完整性?

(1) 发行人主要原材料和能源的价格及其变动趋势与市场上相

同或相近原材料和能源的价格及其走势相比是否存在显著异常。报告期各期发行人主要原材料及单位能源耗用与产能、产量、销量之间是否匹配。报告期发行人料、工、费的波动情况及其合理性。

（2）发行人成本核算方法是否符合实际经营情况和《企业会计准则》的要求，报告期成本核算的方法是否保持一贯性。

（3）发行人主要供应商变动的原因及合理性，是否存在与原有主要供应商交易额大幅减少或合作关系取消的情况。发行人主要采购合同的签订及实际履行情况。是否存在主要供应商中的外协或外包方占比较高的情况，外协或外包生产方式对发行人营业成本的影响。

（4）发行人存货的真实性，是否存在将本应计入当期成本费用的支出混入存货项目以达到少计当期成本费用的情况。发行人存货盘点制度的建立和报告期内实际执行情况，异地存放、盘点过程存在特殊困难或者由第三方保管或控制的存货的盘存方法以及履行的替代盘点程序。

422. 已竣工未结转导致存货账面余额较大，发行人及中介机构对上述事项应关注哪些方面？

首发企业作为建造承包商，存在工程施工业务的，应按照《企业会计准则第15号——建造合同》的相关规定，采用完工百分比法进行会计核算。部分工程施工企业，特别是园林、绿化、市政等建筑施工企业各报告期末存货主要为已完工未结算的工程施工，其中，部分项目已竣工并实际交付，仅以未办理决算或审计等原因而长期挂账。

针对上述事项，保荐机构及申报会计师应进一步核实合同规定的结算条件与结算时点、施工记录与竣工交付资料、按工程进度确认的收入、成本与毛利情况、存货风险与收款信用风险的区别与转移情况、收款权利与计量依据等事项。如发现存货中存在以未决算或未审计等名义长期挂账的已竣工并实际交付的工程项目施工余额，因该部分存货已不在发行人控制范围，发行人已按工程完工进度确认收入，发行人与业主之间存在实质的收款权利或信用关系,应考虑是否应将其转入应收款项并计提坏账准备,保荐机构和申报会计师应对相关减值准备计提是否充分进行核查并发表核查意见。

发行人应在招股说明书"管理层讨论与分析"中披露上述已竣工并实际交付的工程项目施工余额未办理决算或审计等原因,是否与业主方存在纠纷,并在招股说明书中适当章节充分揭示相关风险。

423. 应披露哪些对期间费用有重大影响的信息?

(1) 报告期各期发行人销售费用、管理费用和财务费用的构成及变化情况。

(2) 报告期各期发行人的销售费用率,如果与同行业上市公司的销售费用率存在显著差异,应披露差异情况,并结合发行人的销售模式和业务特点,披露存在差异的原因。

(3) 报告期各期发行人管理费用、财务费用占销售收入的比重,如报告期内存在异常波动,应披露原因。

424. 保荐机构和会计师事务所应如何核查发行人期间费用的准确性和完整性?

(1) 发行人销售费用、管理费用和财务费用构成项目是否存在异常或变动幅度较大的情况及其合理性。

(2) 发行人销售费用率与同行业上市公司销售费用率相比,是否合理。发行人销售费用变动趋势与营业收入变动趋势是否具有一致性,销售费用的项目和金额与当期发行人与销售相关的行为是否匹配,是否存在相关支出由其他利益相关方支付的情况。

(3) 发行人报告期内管理人员薪酬是否合理,研发费用的规模与列支与发行人当期的研发行为及工艺进展是否匹配。

(4) 发行人报告期内是否足额计提各项贷款利息支出,是否根据贷款实际使用情况恰当地进行了利息资本化。发行人占用相关方资金或资金被相关方占用的,是否支付或收取资金占用费,费用是否合理。

(5) 报告期各期发行人员工工资总额、平均工资及变动趋势与发行人所在地区平均水平或同行业上市公司平均水平之间是否存在显著差异及差异的合理性。

425. 应披露哪些对净利润有重大影响的信息?

(1) 报告期各期发行人的营业利润、利润总额和净利润金额,分析发行人净利润的主要来源以及净利润增减变化情况及原因。

(2) 报告期各期发行人的综合毛利率、分产品或服务的毛利率,同行业上市公司中与发行人相同或相近产品或服务的毛利率对比情况。如存在显著差异,应结合发行人经营模式、产品销售价格和产品成本等,披露原因及对发行人净利润的影响。

(3) 报告期内发行人的各项会计估计,如坏账准备计提比例、固定资产折旧年限等与同行业上市公司同类资产相比存在显著差异的,应披露原因及对发行人净利润的累计影响。

(4) 根据《公开发行证券的公司信息披露解释性公告第2号——财务报表附注中政府补助相关信息的披露》的相关规定,应在报表附注中做完整披露;政府补助金额较大的项目,应在招股说明书中披露主要信息。

(5) 报告期内税收政策的变化及对发行人的影响,是否面临即将实施的重大税收政策调整及对发行人可能存在的影响。

426. 保荐机构和会计师事务所应如何核查影响发行人净利润的项目?

(1) 发行人政府补助项目会计处理的合规性。其中,按应收金额确认的政府补助,是否满足确认标准,以及确认标准的一致性;与资产相关和与收益相关的政府补助的划分标准是否恰当,政府补助相关递延收益分配期限确定方式是否合理等。

(2) 发行人是否符合所享受的税收优惠的条件,相关会计处理是否合规,如果存在补缴或退回的可能,是否已充分提示相关风险。

427. 如何认定重大会计政策或会计估计与同行业公司存在较大差异？

一般而言，重大会计政策与会计估计具有行业特性，同行业上市公司在会计政策与会计估计具有较大可比性。如果报告期内发行人的各项会计估计，如坏账准备计提比例、固定资产折旧年限等与同行业上市公司同类资产相比存在显著差异的，应披露原因及对发行人净利润的累计影响。如果发行人通过明显违背其既有的会计政策和估计手段以达到虚增或虚减资产、利润的目的，或者采用的会计政策与会计准则的规定不符，会计估计与同行业上市公司存在明显差异且无合理解释，影响到对公司财务状况、经营成果及现金流量的公允反映的，将被中止审核。

428. 收入确认标准有什么变化？

2017年7月，财政部对《企业会计准则第14号——收入》进行了修订，改变了收入确认的理念。新准则的变化主要体现在六个方面：

（1）不再区分业务类型，采用统一的收入确认模式。

（2）以"控制权转移"为判断依据。

（3）将交易价格分摊到多个"履约义务"。

（4）按履约进度确认收入。

（5）为取得合同发生的增量成本预期能收回的，应确认为一项资产，摊销计入当期损益。

（6）根据企业在交易中的角色是主要责任人或是代理人来确定收入确认的金额是总金额或净额。

收入确认的核心原则是"企业应当在履行了合同中的履约义务，即在客户取得相关商品或服务的控制权时确认收入"。同时，企业应当根据履行履约义务与客户付款之间的关系在资产负债表中列示合同资产或合同负债。信息披露方面也有了更多更具体的要求，例如，会计政策、有重大影响的判断、与客户合同相关的信息（包括本期收入确认、合同余额、履约义务等）、与合同成本有关的资产信息等。

429. 突击确认销售收入有什么关注要点？

一般而言，发行人的销售收入随季节变化而合理波动，其趋势应当符合行业特性及同行业惯例。如果发行人在年度末销售收入的增量较其他月份有显著增长，应当解释其合理性，并相应披露期后销售退回的情况。发行人不应当利用在产业链处于强势地位，或与下游经销商或客户串通，在年末突击销售并于期后销售退回的方式，虚增当期销售收入及净利润。

430. 应收账款金额与营业收入匹配有什么关注要点？

发行人应当披露关于应收账款客户与主要客户的信息，包括但不限于：发行人披露的报告期内应收账款主要客户原则上应当与发行人主要客户匹配，如果存在大额应收账款余额，但报告期内没有大额销售收入的客户的情形，应当说明该客户回款较慢的理由及合理性；报告期内各应收账款主要客户的应收账款周转率是否符合该客户的信用政策，或存在可解释的异常波动；报告期内新增客户的背景及市场拓展情况；报告期内新增客户的应收账款余额及其销售收入排名的合理性，其周转率的合理性等。

431. 大额应收款项有什么关注要点？

对于应收款项，应当先将单项金额重大的应收款项区分开来，单独进行减值测试。单独测试未发生减值的应收款项，应当包括在具有类似信用风险特征的应收账款组合中再进行减值测试。

当发行人有大额应收款项余额时，应当披露该等款项是否能够按期收回的理由，解释理由时一般需要考虑的因素包括但不限于：

（1）行业规律，应收账款在本行业中一般的回款周期、收款方式、回款规律。

（2）发行人所处行业在产业链中的地位、话语权情况；同行业上市公司应收账款的周转天数，以及该等数据可作为参照或不可作为参照的理由。

（3）大额应收账款所对应的客户的信用政策，该信用政策是否在发行期内有变化，信用政策的历史执行情况。

（4）主要客户或经销商是否为关联方，以及与该关联方业务往来的合理性和必要性。

（5）发行人对客户信用管理的内控设计情况及执行有效性。

（6）发行人的供应商中是否有与发行人客户或经销商存在关联关系的情况，若有，需要解释与双方资金往来的合理性。

（7）发行人大额应收账款的期后收款情况，以及是否存在期后不正常流出的情况。

432. 投入与产出之间的关系及合理关注要点有哪些？

应披露主要原材料及单位能源耗用与产能、产量、销量之间的匹配关系及各期波动情况。

发行人各期各项投入产出比率的变化情况及合理性分析，若投入产出比率逐年升高，需解释可能涉及的领域包括但不限于：

（1）是否存在机器设备等固定资产实质性升级改造，有效提升产能，同时在固定资产明细及附注披露中应当有关于升级改造的详细情况说明。

（2）是否通过研发或改善生产工艺，降低主要原材料成本占比。

（3）是否改善供应链价值流程，通过提高工人班次轮换来提升机器工时利用率，或通过改善工厂生产布局来提升实物流效率和生产节拍，或通过调快生产节拍，更高效地利用机器设备的设计产能，从而提升产能利用率。

（4）主要原材料采购成本是否逐年下降，其年度下降的趋势是否符合行业规律及同行业上市公司披露的信息。

（5）其下降趋势是否与采购量的上升存在相关趋势。

（6）当主要原材料单价成本逐年下降时，也需要说明原材料的领用和耗用情况，是否存在原材料周转下降的情况，并解释原因。

发行人的产能利用效率、生产过程中的料工费耗用情况，应当与产能、产量和销量之间存在较为稳定的比例和趋势，除非发行人于报告期内在采购单价、生产配方和工艺、机器设备升级改造、精益生产改善、价值流程优化等方面有实质性的提升和优化，并且能在信息披露的前后逻辑、财务报表的前后数据上得到合理的支持和解释，否则异常而不能合理解释的产能效率提升，结合主要原材料的单价下降，容易让人产生虚减生产成本、虚减产成品单价、虚减主营业务成本，从而实现虚增毛利的联想。

433. 成本核算有什么关注要点？

发行人通过成本结转生成产成品，成本核算的方法及具体计算过程是直接影响产成品单价，进而影响主营业务成本和利润的直接因素。发行人的成本核算方法是会计政策的组成部分，在招股说明书中应当对这些会计政策有详尽的描述和说明，需要与收入确认形成合理的匹配关系。一般而言，发行人在报告期内应当保持成本核算方法等重大会计政策的一致性，特别是对于会计政策的变更会影响当期利润或所有者权益的情况，不得利用会计政策变更和会计估计变更操纵利润、所有者权益等财务指标。

存货的信息披露是发行人财务信息整体披露中非常重要的环节，存货科目不仅涉及会计认定的准确性、完整性、表达与披露等，还因为涉及实物资产从而涉及"存在与发生"的会计认定。因此，存货的真实性是需要发行人在招股说明书中予以披露说明的内容，包括存货的盘点方法和盘点程序，以及关于为了确保存货"存在与发生"财务认定目标而设立的内部控制设计和执行的有效性。因为在财务造假的实际案例和手法中，通过虚增存货来消耗虚增销售得来的虚增利润，以及通过将费用成本混入存货科目以虚减成本从而虚增利润是常见的手段，所以，发行人应当充分说明，企业关于存货的信息流与实物流严格保持一致，以及为此而设立的保障措施。

434. 毛利率分析应注意哪些问题？

利润表中，毛利及毛利以上的部分是展示企业产品盈利能力的关键数据，毛利以下的部分展示的更多的是管理能力。一般而言，在招股说明书中对发行人毛利率的分析是用以说明其盈利能力的重要维度。需要注意的问题：

（1）发行人在报告期毛利率的变动情况，是否符合行业规律。

（2）是否符合同行业上市公司变动趋势。

（3）是否符合国际或中国特定产业发展规律和目前实际情况。

（4）发行人毛利率在报告期内是否呈现稳定的趋势，或解释异常波动的原因及合理性。

（5）发行人毛利率的绝对值是否符合行业规律，是否与同行业上市公司披露信息具有可比合理性，或解释毛利率异常高或异常低的原因及合理性。

（6）发行人的主营业务成本结构，以及结构发生变化的原因及合理性。

（7）包括材料、物流、人工、费用等成本结构是否变化。

（8）材料成本结构是否变化。

（9）材料、物流、人工、费用等绝对值金额发生变化的原因，例如结合生产实际情况，分析固定资产效率是否显著提升，是否通过智能化降低人工成本和管理成本，资产折旧是否发生显著变化，是否通过优化包装效率提升物流效率等。

毛利率分析是发行审核中结合持续盈利能力以及防范财务造假的重点内容，因此通常毛利率的分析需要结合其他财务指标的变动，以及企业经营管理的实际情况一同分析，而不能单独割裂地考虑毛利率指标的稳定性及合理性。例如，通过分析供应商和客户是否属于关联方、供应商变动情况、采购量和采购单价趋势分析、原材料周转率、产成品周转率、固定资产周转率、产成品单价趋势、成本结构变化以及毛利率，可以比较综合地分析并确定发行人的可持续盈利能力。

435. 费用构成关注要点有哪些？

（1）各类费用中的具体组成内容，是否存在并不属于对应科目性质的内容，是否存在需要重新分类的错误。

（2）各类费用及其费用明细的金额占比是否符合国家相关规定的要求，例如业务招待费、研发费用等。

（3）各类费用的费用化与资本化标准，是否在发行人会计政策中有明确描述，发行人是否建立判断和正确处理资本化费用的相关内部控制，这些内部控制的设计和执行是否有效。

（4）发行人各期间各类费用是否存在异常波动，是否有合理的波动理由，是否能结合企业的实际经营情况，解释费用的季节性波动或异常波动。

（5）费用中需要与资产负债表相匹配的内容和金额是否匹配一致，例如坏账准备、资产减值、费用计提等。

436. 销售费用率关注要点有哪些？

发行人业务的合规性也是发行审核的重点，除了发行人在报告期内是否受过行政处罚等合规内容的检查外，销售费用的比率也是分析是否存在潜在商业贿赂风险的切入点。同时，销售费用的规模和占比也是企业持续盈利能力的反映。因此，应当特别关注以下内容：

（1）销售费用占销售收入比率的期间波动情况及合理性解释。

（2）销售费用是否与营业收入变动趋势一致。

（3）销售费用占销售收入比率，与同行业上市公司比较的合理性分析。

（4）通过行业和产业特性，分析销售费用的组成，重点关注：是否均属于与销售行为相关的费用性质；是否存在较高比例的业务招待性质的费用；是否存在难以解释具体目的和原因的会议费、咨询费、礼品费等内容；销售费用的主要支付对象是哪些；发行人关于销售费用相关的制度、报销流程、审批权限、账务处理等内部控制设计和执行的有效性；是否存在大量的客户资源获取推广费用，单个客户获取成本是否具有行业竞争力，通过营销手段推广获取的客户，发行人的产品是否具有黏性，是否具有较高的转换成本。

437. 管理人员薪酬有什么关注要点？

（1）发行人报告期内高级管理层是否有重大人事变动，是否有重大薪酬调整。

（2）管理层薪酬是否通过董事会和薪酬委员会的审议和决议。

（3）管理层及员工团队薪酬是否符合行业规律，是否与同行业上市公司具有可比性。

（4）财务团队薪酬是否符合市场规律，是否在同行业具有竞争力和可比性。

（5）发行人人工成本在整体成本中的比率是否合理，与同行业相比是否具有竞争优势，其竞争力体现在人力资源的哪个方面，例如团队整体素质、学历、专业能力。

（6）人工成本中的组成结构，其中，工人、管理人员、财务人员、高级管理层等的人数、薪酬金额结构比例、知识结构等。

（7）发行人与员工之间是否存在劳务纠纷，是否存在薪酬或福利方面的合规性问题。

438. 如何判断对税收优惠不存在严重依赖？

（1）发行人现有税收优惠是否符合国家税法规定的可享受优惠的范畴，还是仅是发行人所在地的阶段性或区域性优惠政策，对于符合国家法律法规的，发行人享受的税收优惠下一年度应不存在被终止情形。

（2）发行人现有税收优惠政策是否符合地方特定区域的优惠政策，是否有明确的官方文件予以支持，是否获得当地税务局的书面支持。

（3）对于越权审批，或无正式批准文件，或偶发性的税收返还、减免等，必须计入非经常性损益，且作为非经常性损益扣除后必须仍符合发行条件的。

（4）未来税收优惠的稳定性和持续性。应关注发行人享受的税收优惠在未来持续经营期内是否会延续，国家政策变化是否对税收优惠造成潜在的不利影响，报告期内对税收优惠的依赖最好能呈现出越来越轻的趋势。

（5）外商投资企业经营期限未满10年转为内资企业的，按照税法规定，需在转为内资企业当期，补缴之前已享受的外商投资企业所得税优惠。补缴所得税费用系因企业由外资企业转为内资企业的行为造成，属于该行为的成本费用，应全额计入补缴当期，不应追溯调整至实际享受优惠期间。

439. 对外投资收益占比高是否对发行人持续经营能力构成影响？

一般满足以下条件，可认为发行人的持续经营能力并非完全依赖于对外投资的收益，扣除对外投资收益后，财务指标仍符合发行条件；对外投资业务与发行人高度相关；此外，发行人需要在招股说明书中对这类事项进行充分披露。

440. 最近一个会计年度投资收益占净利润的比例较高是否影响发行条件？

《首次公开发行股票并上市管理办法》对发行人持续盈利能力的要求——发行人不得有"最近一个会计年度的净利润主要来自合并报表范围以外的投资收益"的情形，通常是指发行人最近一个会计年度的投资收益不超过当期合并报表净利润的50%。

对该款限制性要求的把握，不仅关注发行人来自合并财务报表范围以外的投资收益对盈利贡献程度，还关注发行人纳入合并报表范围以内主体状况、合并财务报表范围以外投资对象业务内容以及招股说明书相关信息披露等情况。

如发行人能够同时满足以下三个条件，则最近一个会计年度投资收益占净利润比例较高情况不构成影响发行人持续盈利能力条件的情形：

（1）发行人如减除合并财务报表范围以外的对外投资及投资收益，仍须符合发行条件要求，包括具有完整产供销体系，资产完整并独立运营，具有持续盈利能力，如不含相关投资收益仍符合首发财务指标条件。

（2）被投资企业主营业务与发行人主营业务须具有高度相关性，如同一行业、类似技术产品、上下游关联产业等，不存在大规模非主业投资情况。

（3）需充分披露相关投资的基本情况及对发行人的影响。

发行人如存在合并报表范围以外的投资收益占比较高情况，应在招股说明书风险因素中充分披露相关风险特征，同时，在管理层讨论和分析中披露以下内容：①被投资企业的业务内容、经营状况，发行人与被投资企业所处行业的关系，发行人对被投资企业生产经营状况的可控性和判断力等相关信息；②发行人对被投资企业投资过程、与被投资企业控股股东合作历史、未来合作预期、合作模式是否属于行业惯例、被投资企业分红政策等；③被投资企业非经常性损益情况及对发行人投资收益构成的影响，该影响数是否已作为发行人的非经常性损益计算；④其他重要信息。

441. 发行人利润主要来源于子公司的审核关注点是什么？

（1）发行人对子公司在治理层面的管控是怎样的，是否能够在治理层面保持在战略和重大决策上的管控力度和话语权。

（2）发行人对子公司的经营管控方式是怎样的，母公司是否仅仅是财务型管控，还是在哪些领域可以深入具体的业务操作管控。

（3）该子公司纳入发行人合并范围的时间、历史、估值、管理层变动等信息。

（4）子公司的商业模式与集团整体的战略和商业模式上是否存在协同，在哪些领域存在协同；是否在采购或营销渠道资源领域存在协同；是否在技术研发领域、生产工艺标准化方面、精益生产管理方面或是供应链管理方面存在管理上的输入与输出协同；是否在财务、法务及风控领域保持共享并存在成本上的合作优势。

（5）子公司的管理层团队的稳定性、薪酬情况、绩效激励情况，包括股权激励情况是怎样的，如何保持核心团队的稳定性。

（6）子公司在并入发行人后，至今，其整合是否顺利，是否存在管理层大规模离职的情况，是否存在供应商或客户大量流失的情况，是否存在财务、法务团队大规模变更的情况，是否存在管理标准完全不统一的情况，是否存在研发专利归属不清的情况。

（7）子公司在以后年度的发展规划、进一步深度整合规划是否清晰，是否符合发行人的整体战略方向。

（8）发行人利润主要来源于子公司，意味着发行人的现金分红能力取决于子公司的分红，发行人需要补充披露报告期内子公司分红情况、子公司财务管理制度和公司章程中分红条款，以说明是否能保证发行人未来具备分红能力，保荐机构、会计师对上述问题进行核查，并就能否保证发行人未来具备分红能力发表意见。

442. 什么是财务操纵的会计方法和非会计方法？主要包括哪些手段？

财务操纵的会计方法主要是指为了达成利润的目标，滥用会计政策和会计估计变更，从而操纵收入的确认或成本费用处理；非会计方法主要是指通过虚构经济业务或交易的方式，达到虚增收入、调节利润的目的。

（1）财务操纵的会计方法常见的手段包括：①随意变更固定资产折旧的会计政策方法、变更存货发出的计价方法等。②少提或不提资产减值准备，将不符合条件的研发费用资本化，将应确认为当期的费用计入"存货""在建工程""待摊费用"等。

（2）财务操纵的非会计方法常见的手段包括：①通过伪造销售合同、发票、发货单、运输单据、海关报关单、银行收款单据等资料虚构销售收入。②利用经销商或关联方等特殊业务关系，通过加价销售或压货的方式虚增或提前确认销售收入。③体外设立空壳公司承担公司的成本、员工工资等。

443. 经销商模式下的收入确认，发行人及中介机构应关注哪些方面？

发行人采取经销商销售模式的，中介机构应重点关注其收入实现的真实性，详细核查经销商具体业务模式及采取经销商模式的必要性，经销商模式下收入确认是否符合企业会计准则的规定，经销商选取标准、日常管理、定价机制（包括营销、运输费用承担和补贴等）、物流（是否直接发货给终端客户）、退换货机制、销售存货信息系统等方面的内控是否健全并有效执行，经销商是否与发行人存在关联关系，对经销商的信用政策是否合理等。

发行人应就经销商模式的相关情况进行充分披露，主要包括：经销商和发行人是否存在实质和潜在关联关系；发行人同行业可比上市公司采用经销商模式的情况；发行人通过经销商模式实现的销售比例和毛利是否显著大于同行业可比上市公司；经销商是否专门销售发行人产品；经销商的终端销售及期末存货情况；报告期内经销商是否存在较多新增与退出情况；经销商是否存在大量个人等非法人实体;经销商回款是否存在大量现金和第三方回款。

出现下述情况时,发行人应充分披露相关情况:发行人通过经销商模式实现的销售毛利率和其他销售模式实现的毛利率的差异较大;给予经销商的信用政策显著宽松于其他销售方式,对经销商的应收账款显著增大;海外经销商毛利率与国内经销商毛利率差异较大。

保荐机构、律师和申报会计师应对经销商业务进行充分核查,并说明发行人经销商销售模式、占比等情况与同行业上市公司是否存在显著差异及原因,对经销商业务的核查比例、核查证据应足以支持核查结论。

保荐机构、律师及会计师应当综合利用电话访谈、实地走访、发询证函等多种核查方法,核查发行人报告期内经销商模式下的收入确认原则、费用承担原则及给经销商的补贴或返利情况、经销商的主体资格及资信能力,核查关联关系,结合经销商模式检查与发行人的交易记录及银行流水记录、经销商存货进销存情况、经销商退换货情况。保荐人、律师和申报会计师应对经销商模式下收入的真实性发表明确核查意见。

444. 非流动资产可变现净值低于账面价值,资产减值准备计提应当如何考虑?

发行人应根据《企业会计准则第8号——资产减值》从外部信息来源和内部信息来源两方面判断资产负债表日资产是否存在可能发生减值的迹象。

资产存在减值迹象的,应当估计其可收回金额。根据《企业会计准则第8号——资产减值》,可收回金额应当根据资产的公允价值减去处置费用后的净额与资产预计未来现金流量的现值两者之间较高者确定。资产的公允价值减去处置费用后的净额与资产预计未来现金流量的现值,只要有一项超过了资产的账面价值,就表明资产没有发生减值,不需再估计另一项金额。

由于行业前景、监管政策等发生重大变化,导致生产线停产或资产闲置,且无预期恢复时间,相关中介机构应结合该资产未来处置方案或处理计划，合理估计其可收回金额，核查发行人资产减值相关会计处理是否恰当。

因企业合并所形成的商誉和使用寿命不确定的无形资产，无论是否存在减值迹象，每年都应当进行减值测试。

发行人应在招股说明书中披露重要资产减值测试情况、可收回金额的确定方法。相关中介机构应结合资产持有目的、用途、使用状况等，核查发行人可收回金额确定方法是否恰当、资产减值相关会计处理是否谨慎。

445. 中国证监会针对IPO企业现场检查工作的开展情况如何？

2013年初，中国证监会首次开展IPO财务专项大检查，并对部分IPO企业进行了现场检查，2014年中国证监会发布《关于组织对首发企业信息披露质量进行抽查的通知》（发行监管函〔2014〕147号），由此IPO现场检查开始常态化、制度化，至2019年7月，由中国证券业协会组织了24次首发企业信息披露质量抽签，并由中国证监会、证监局及交易所对抽签确定的IPO企业进行了现场检查，需要说明的是，除抽签方式外，中国证监会还以问题导向方式确定了部分IPO企业现场检查名单。从近期中国证监会披露的对IPO企业出具的警示函监管措施决定来看，现场检查中发现IPO企业主要存在少计相关成本费用、相关资产减值准备计提不充分、内控基础工作存在缺陷、未如实披露关联方资金往来等问题。

446. 保荐人与会计师对发行人进行财务专项检查应重点关注哪些事项？

保荐人与会计师进行财务专项检查的重点包括：自我交易方式产生的虚假收入、通过利益交换方式虚增收入和降低成本、不规范的关联方交易和披露、体外资金循环、虚假的互联网交易、少计当期成本费用、阶段性降低人工成本、延后费用及成本支出虚增利润、低估资产减值准备、推迟固定资产折旧，以及其他导致公司财务信息披露失真、粉饰业绩或财务造假事项。

第七部分
发行上市相关专题

第一章
优先股

447. 什么是优先股？

依照《公司法》，在一般规定的普通种类股份之外，另行规定的其他种类股份，其股份持有人优先于普通股股东分配公司利润和剩余财产，但参与公司决策管理等权利受到限制。试点期间不允许发行在股息分配和剩余财产分配上具有不同优先顺序的优先股，但允许发行在其他条款上具有不同设置的优先股。

448. 优先体现在哪些方面？

（1）优先分配利润。优先股股东按照约定的票面股息率，优先于普通股股东分配公司利润。公司应当以现金的形式向优先股股东支付股息，在完全支付约定的股息之前，不得向普通股股东分配利润。公司应当在公司章程中明确以下事项：①优先股股息率是采用固定股息率还是浮动股息率，并相应明确固定股息率水平或浮动股息率计算方法。②公司在有可分配税后利润的情况下是否必须分配利润。③如果公司因本会计年度可分配利润不足而未向优先股股东足额派发股息，差额部分是否累积到下一会计年度。④优先股股东按照约定的股息率分配股息后，是否有权同普通股股东一起参加剩余利润分配。⑤优先股利润分配涉及的其他事项。

（2）优先分配剩余财产。公司因解散、破产等原因进行清算时，公司财产在按照《公司法》和《破产法》有关规定进行清偿后的剩余财产，应当优先向优先股股东支付未派发的股息和公司章程约定的清算金额，不足以支付的按照优先股股东持股比例分配。

（3）优先股转换和回购。公司可以在公司章程中规定优先股转换为普通股、发行人回购优先股的条件、价格和比例。转换选择权或回购选择权可规定由发行人或优先股股东行使。发行人要求回购优先股的，必须完全支付所欠股息，但商业银行发行优先股补充资本的除外。优先股回购后相应减记发行在外的优先股股份总数。

449. 优先股股东有无表决权？

除以下情况外，优先股股东不出席股东大会会议，所持股份没有表决权：

（1）修改公司章程中与优先股相关的内容；
（2）一次或累计减少公司注册资本超过10%；
（3）公司合并、分立、解散或变更公司形式；
（4）发行优先股；
（5）公司章程规定的其他情形。

上述事项的决议，除须经出席会议的普通股股东（含表决权恢复的优先股股东）所持表决权的2/3以上通过之外，还须经出席会议的优先股股东（不含表决权恢复的优先股股东）所持表决权的2/3以上通过。

公司累计三个会计年度或连续两个会计年度未按约定支付优先股股息的，优先股股东有权出席股东大会，每股优先股股份享有公司章程规定的表决权。对于股息可累积到下一会计年度的优先股，表决权恢复直至公司全额支付所欠股息。对于股息不可累积的优先股，表决权恢复直至公司全额支付当年股息。公司章程可规定优先股表决权恢复的其他情形。

450. 优先股发行与交易有何要求？

（1）发行人范围。公开发行优先股的发行人限于中国证监会规定的上市公司，非公开发行优先股的发行人限于上市公司（含注册地在境内的境外上市公司）和非上市公众公司。

（2）发行条件。公司已发行的优先股不得超过公司普通股股份总数的50%，且筹资金额不得超过发行前净资产的50%，已回购、转换的优先股不纳入计算。公司公开发行优先股以及上市公司非公开发行优先股的其他条件适用《证券法》的规定。非上市公众公司非公开发行优先股的条件由中国证监会另行规定。

（3）公开发行。公司公开发行优先股的，应当在公司章程中规定以下事项：①采取固定股息率；②在有可分配税后利润的情况下必须向优先股股东分配股息；③未向优先股股东足额派发股息的差额部分应当累积到下一会计年度；④优先股股东按照约定的股息率分配股息后，不再同普通股股东一起参加剩余利润分配。

（4）交易转让及登记存管。优先股应当在证券交易所、全国中小企业股份转让系统或者在国务院批准的其他证券交易场所交易或转让。优先股应当在中国证券登记结算公司集中登记存管。优先股交易或转让环节的投资者适当性标准应当与发行环节一致。

（5）信息披露。公司应当在发行文件中详尽说明优先股股东的权利义务，充分揭示风险。同时，应按规定真实、准确、完整、及时、公平地披露或者提供信息，不得有虚假记载、误导性陈述或重大遗漏。

（6）公司收购。优先股可以作为并购重组支付手段。上市公司收购要约适用于被收购公司的所有股东，但可以针对优先股股东和普通股股东提出不同的收购条件。表决权未恢复的优先股不计入持股数额和股本总额。

（7）与持股数额相关的计算。以下事项计算持股数额时，仅计算普通股和表决权恢复的优先股：①根据《证券法》第五十四条和第六十六条，认定持有公司股份最多的前十名股东的名单和持股数额；②根据《证券法》第四十七条、第六十七条和第七十四条，认定持有公司5%以上股份的股东。

451. 上市公司存在哪些情形不得发行优先股？

（1）本次发行申请文件有虚假记载、误导性陈述或重大遗漏。

（2）最近12个月内受到过中国证监会的行政处罚。

（3）因涉嫌犯罪正被司法机关立案侦查或涉嫌违法违规正被中国证监会立案调查。

（4）上市公司的权益被控股股东或实际控制人严重损害且尚未消除。

（5）上市公司及其附属公司违规对外提供担保且尚未解除。

（6）存在可能严重影响公司持续经营的担保、诉讼、仲裁、市场重大质疑或其他重大事项。

（7）其董事和高级管理人员不符合法律、行政法规和规章规定的任职资格。

（8）严重损害投资者合法权益和社会公共利益的其他情形。

452. 优先股与普通股有哪些区别？

（1）普通股股东可以全面参与公司的经营管理，享有资产收益、参与重大决策和选择管理者等权利；优先股股东一般不参与公司的日常经营管理和股东大会表决，仅在股东大会审议公司特定的重大事项或与优先股股东自身利益直接相关的特定事项时，优先股股东才有表决权。

（2）相对于普通股股东，优先股股东在公司利润和剩余资产的分配上享有优先权。

（3）普通股股东的股息收益并不固定，既取决于公司当年盈利状况，还要看当年具体的分配政策，很有可能公司决定当年不分配；而优先股的股息收益一般是固定的，尤其对于具有强制分红条款的优先股而言，只要公司有利润可以分配，就应当按照约定的股息率向优先股股东支付股息。

（4）普通股股东除了获取股息收益外，二级市场价格上涨带来的收益也很重要；而优先股的二级市场股价波动相对较小，依靠买卖价差获利的空间也较小。

（5）普通股股东不能要求退股，只能在二级市场上变现退出；如有约定，优先股股东可依约将股票回售给公司。

453. 优先股如何优先分配股息？

优先股股东按照约定的票面股息率，优先于普通股股东分配公司利润。公司应当以现金的形式向优先股股东支付股息。在完全支付约定的优先股股息之前,公司不得向普通股股东分配利润。根据不同的股息分配方式,优先股可以分为多个种类。

(1) 固定股息率优先股和浮动股息率优先股。股息率在存续期内不作调整的,称为固定股息率优先股;根据约定的计算方法进行调整的,称为浮动股息率优先股。

(2) 强制分红优先股和非强制分红优先股。公司可以在章程中规定,在有可分配税后利润时必须向优先股股东分配利润的,是强制分红优先股,否则即为非强制分红优先股。

(3) 可累积优先股和非累积优先股。根据公司因当年可分配利润不足而未向优先股股东足额派发股息,差额部分是否累积到下一会计年度,优先股可分为累积优先股和非累积优先股。累积优先股是指公司在某一时期所获盈利不足,导致当年可分配利润不足以支付优先股股息时,则将应付股息累积到次年或以后某一年盈利时,在普通股的股息发放之前,连同本年优先股股息一并发放。非累积优先股则是指公司不足以支付优先股的全部股息时,对所欠股息部分,优先股股东不能要求公司在以后年度补发。

(4) 参与优先股和非参与优先股。根据优先股股东按照确定的股息率分配股息后,是否有权同普通股股东一起参加剩余税后利润分配,优先股可分为参与优先股和非参与优先股。持有人只能获取一定股息但不能参加公司额外分红的优先股,称为非参与优先股。持有人除可按规定的股息率优先获得股息外,还可与普通股股东分享公司的剩余收益的优先股,称为参与优先股。

(5) 可转换优先股和不可转换优先股。根据是否可以转换成普通股,优先股可分为可转换优先股和不可转换优先股。可转换优先股的股东或发行人在规定的时间内,可以按照一定的转换比率把优先股换成该公司普通股,否则是不可转换优先股。

(6) 可回购优先股和不可回购优先股。根据发行人或优先股股东是否享有要求公司回购优先股的权利,可分为可回购优先股和不可回购优先股。可回购优先股是指允许发行公司按发行价加上一定比例的补偿收益回购优先股。公司通常在认为可以用较低股息率发行新的优先股时,可用此方法回购已发行的优先股股票。不附有回购条款的优先股则被称为不可回购优先股。

454. 申请发行优先股的审核与普通股有区别吗?

上市公司发行优先股的,发审委会议按照《中国证券监督管理委员会发行审核委员会办法》规定的特别程序,审核发行申请。该特别程序比公开发行普通股审核的普通程序更为简便。非上市公众公司发行优先股的,中国证监会将按照简化程序、提高效率的原则,根据《非上市公众公司监督管理办法》规定的程序进行审核。

455. 上市公司发行优先股的总体流程是什么?

(1) 聘请保荐人、律师等中介机构进行尽职调查,协助公司制订优先股发行预案,召开董事会和股东大会审议相关事项并披露。

(2) 上市公司及各中介机构根据《公开发行证券的公司信息披露内容与格式准则第32号——发行优先股申请文件》的要求制作申请文件,向中国证监会提交申请材料。

(3) 中国证监会受理申请材料后,根据《上市公司证券发行管理办法》《创业板上市公司证券发行管理暂行办法》《优先股试点管理办法》等规则的要求进行审核,历经反馈会、初审会、发审会、封卷、会后事项等环节后,下发核准批文。

(4) 上市公司在核准批文的有效期内发行优先股。

456. 优先股在承销环节有哪些特别要求?

非公开发行优先股的发行程序应参照《上市公司非公开发行股票实施细则》的相应规定。公开发行优先股的具体发行程序应参照《上市公司证券发行管理办法》和《证券发行与承销管理办法》中关于上市公司公开增发股票的相应规定执行。主要程序如下:

(1) 上市公司申请发行优先股,董事会应当按照中国证监会有关信息披露规定,公开披露本次优先股发行预案,并依法对相关事项作出决议,提请股东大会批准。

(2) 上市公司独立董事应当就上市公司本次发行对公司各类股东权益的影响发表专项意见,并与董事会决议一同披露。

(3) 上市公司股东大会就发行优先股进行审议。上市公司就发行优先股事项召开股东大会，应当提供网络投票，还可以通过中国证监会认可的其他方式为股东参加股东大会提供便利。

(4) 上市公司申请发行优先股应当由保荐人保荐并向中国证监会申报，其申请、审核、发行等相关程序参照《上市公司证券发行管理办法》和《证券发行与承销管理办法》的规定。发审委会议按照《中国证券监督管理委员会发行审核委员会办法》规定的特别程序，审核发行申请。

457. 优先股的每股票面金额和发行价怎么确定？

优先股每股票面金额为一百元。优先股发行价格和票面股息率应当公允、合理，不得损害股东或其他利益相关方的合法利益；发行价格不得低于优先股票面金额，即不可以折价发行。公开发行的优先股以市场询价或其他公开方式确定价格。

458. 优先股的票面股息率有哪些特殊要求？

票面股息率是股息相对于票面金额的比率，需要在发行时提前约定。票面股息率与实际股息率不同，实际股息率是股息相对于投资金额的比率，两者参照对象不同。公开发行优先股的价格或票面股息率以市场询价或中国证监会认可的其他公开方式确定。非公开发行优先股的票面股息率不得高于最近两个会计年度的年均加权平均净资产收益率。

459. 非公开发行优先股的合格投资者包括哪些？

非公开发行的优先股仅向合格投资者发行。合格投资者包括：

(1) 经有关金融监管部门批准设立的金融机构，包括商业银行、证券公司、基金管理公司、信托公司和保险公司等。

(2) 上述金融机构面向投资者发行的理财产品，包括但不限于银行理财产品、信托产品、投连险产品、基金产品、证券公司资产管理产品等。

(3) 实收资本或实收股本总额不低于人民币500万元的企业

法人。

（4）实缴出资总额不低于人民币 500 万元的合伙企业。

（5）合格境外机构投资者（QFII）、人民币合格境外机构投资者（RQFII）、符合国务院相关部门规定的境外战略投资者。

（6）除发行人董事、高级管理人员及其配偶以外的，名下各类证券账户、资金账户、资产管理账户的资产总额不低于人民币 500 万元的个人投资者。

经中国证监会认可的其他合格投资者。

 460. 优先股制度对保护中小投资者合法权益有哪些安排？

（1）对优先股发行规模做出适当限制。公司已发行的优先股不得超过公司普通股股份总数的 50%，且筹资金额不得超过发行前净资产的 50%，已回购、转换的优先股不纳入计算。

（2）建立股东大会分类表决机制。公司股东会对涉及优先股的重大事项进行决议时，除须经出席会议的普通股股东所持表决权的 2/3 以上通过，还须经出席会议的优先股股东所持表决权的 2/3 以上通过。

（3）明确公开发行优先股的必备条款，突出其固定收益产品特征。要求公开发行优先股的公司，其公司章程应当规定：采取固定股息率；在有可分配税后利润的情况下必须向优先股股东分配股息；未向优先股股东足额派发股息的差额部分应当累积到下一会计年度；优先股股东按照约定的股息率分配股息后，不再同普通股股东一起参加剩余利润分配。

（4）限制公司非公开发行优先股的票面股息率水平，要求其"不得高于最近两个会计年度的加权平均净资产收益率"。

（5）将发行公司的董事、高级管理人员及其配偶排除在非公开发行的合格投资者范围之外，避免利益输送，进一步保护了中小股东利益。

（6）规定上市公司向关联股东发行优先股的，关联股东需回避表决。

（7）要求独立董事对发行优先股发表专项意见。

（8）上市公司公开发行优先股的，可以向原股东优先配售。

第二章
股权激励

461. 什么是股权激励？

股权激励，是指公司以本公司的股权（股份）为标的，对其董事、高级管理人员及其他员工进行的长期性激励。股权激励的主要目的是保持上述人员与公司利益的一致性，约束经管者短视行为，留住人才、吸引人才，进而提高企业的经营业绩和核心竞争能力。

股权激励方式具体包括限制性股票、股票期权、员工持股计划、虚拟股票、股票增值权、账面价值增值权、业绩股票等。拟上市公司可以根据自身的需求和实际情况，选择一种或几种股权激励方式。

462. 拟上市公司为什么要实施股权激励？

对一家公司来说，无论是想提升研发实力加快新产品开发，还是想稳定拓展业务，抑或优化公司内控降低管理成本，都离不开优秀的人才和团队。

拟上市公司或处于初创阶段，或尚需进一步发展壮大，自身规模体量不占优势，公司内控治理尚需完善，往往也无法开出诱人的薪酬，通常并非核心人才的理想选择。如何吸引并留住核心人才，是众多公司持续面临的考验。因此，拟上市公司选择实施股权激励，以薪资、股票、现金等多种方式共享自己的部分利益，最根本的目的是留住和引进核心人才。激励对象在拥有公司股权或是有权分享公司的收益后，将自己的利益与公司的利益紧密联系在一起，从而也会更努力地实现公司和股东利益的最大化。

在共享利益的同时，公司也希望控制风险。因此，约束机制也是股权激励题中之意。一方面，激励对象与公司和公司股东利益一致化后，将共同承担公司的经营风险，分担公司的损失；另一方面，公司通过股权激励的制度安排与设计，以收回共享的利益为砝码，督促激励对象完成公司和个人的业绩指标，约束激励对象不得危害公司利益。此外，公司也会与重要的激励对象签署保密协议、竞业限制协议。

激励与约束机制设计得当的股权激励，在达成吸引人才、稳定团队的基本目标之外，也有利于公司吸引外部投资者，在一定程度上改善公司治理结构。拟上市公司在申报上市前，通常会根据自身情况进行若干轮融资。而外部投资者在评估投资标的时，亦会重点关注公司核心人员和团队的稳定度，一套得当的股权激励体系即是很好的加分项。

463. 什么是限制性股票？

限制性股票，是指公司按预先确定的条件授予激励对象一定数量的股权，但激励对象持有的这部分股权权利受到一定的限制并存在丧失的风险。

激励对象只有在完成预定的业绩目标、满足工作年限或其他股权激励计划规定的条件时，才可出售限制性股票并从中受益。如果未满足预定条件，公司有权将限制性股票收回或者回购已授予的限制性股票。限制性股票的权利义务是对称的，激励对象在满足授予条件的情况下获授股权后，股权价格的涨跌会直接影响激励对象的利益。

该种激励方式是拟上市公司股权激励方式中最为常见的一种，在服务期限和业绩上对激励对象能起到较强的约束作用，一定程度上有利于留住员工。

464. 什么是股票期权？

股票期权，是指公司授予激励对象在未来一定期限内，以预先确定的价格（行权价格）和条件，购买本公司一定数量股权的权利。

激励对象在达到相应条件时，可以根据届时预先确定的价格与届时或今后的市场价格（公允价格）的差价情况，选择行权，即按照预先约定的价格和数量购买公司股权，也可以选择全部或部分放弃该权利，不购买公司股权。

股票期权与限制性股票最本质的区别在于股票期权是一种未来收益的权利，而限制性股票则是已现实持有，权利受到一定限制的权利。不同于限制性股票，股票期权的权利义务并不对称。激励对象有行权的权利，而无必须行权的义务。即使达成预计的考核目标，在股权价格不理想时，激励对象只需放弃行权，不用承担股权价格波动造成的投资风险。

在减轻激励对象的资金压力、有利于吸引和激励员工的同时，对于扩张期的拟上市公司来说，通过发行股票期权，以股权未来的升值收益作为激励成本，能有效地将员工的未来收益与公司的发展绑定。

465. 什么是虚拟股票？

虚拟股票，通常也称为影子股票，是指公司授予激励对象一定数量虚拟的股权，激励对象在实现预定的业绩目标后，可以根据被授予虚拟股票的数量，参与公司的股票分红并享受股价升值收益。

虚拟股票与股票期权有类似特征，区别在于虚拟股票并非实际认购或持有公司股权，更像是一种激励对象获取公司分红的凭证或权利。因此，虚拟股票不能转让和出售，多数公司亦会规定虚拟股票在被激励对象离职时自动失效。

对于拟上市公司，股权价格并没有公允市场价格可供参考，股权价格涨跌也并非全然由于公司业绩变化造成，与以股权为激励成本的限制性股票、股票期权相比，不与股权价格直接挂钩的虚拟股票有其客观性。虚拟股票的持有者，通常无须筹措资金，同时因为其只能享受股权对应的收益权，不享有股权对应的表决权或其他权利，所以激励对象会更多关注公司业绩和经营状况。

对于公司来说，虚拟股票不涉及公司股权结构变化，只需完善考核制度，将公司经营业绩与股权激励挂钩，并准备相关协议，操作上相对便捷。但同时，由于虚拟股权行权时公司需支付一定数量的现金，虚拟股票更适合现金流较为充裕、未来有分红计划的拟上市公司。

466. 什么是股票增值权？

股票增值权，是指公司授予激励对象在未来一定时期和约定条件下，获得规定数量的公司股权价格上升所带来的增值收益的权利。

股票增值权与虚拟股票的区别在于收益范围不同，虚拟股票的收益来源于公司分红或股权升值，而股票增值权的收益通常仅来源于股权升值。激励对象在达到预定的行权条件时，公司按照授予日与二级市场股权价格差额与授权股数计算，向激励对象发放现金。因此，股票增值权也更适合现金流充裕的公司。

由于股票增值权收益仅与股权增值相关，很大程度上受市场影响，实践中，股票增值权这种激励方式在公司股票有公允市场价格的公众公司（上市公司、新三板公司）中更为常用。

467. 拟上市公司实施股权激励计划是否可以授予外籍人士？

股权激励计划的激励范围可以包括公司外籍员工。对于拟上市公司股权激励，如激励对象是外籍员工，需特别注意：拟上市公司如拟将股权直接授予符合条件的外籍员工，无论外籍员工的持股比例高低，公司的性质会从内资企业变更为中外合资经营企业，因此公司需符合《外商投资准入特别管理措施（负面清单）》中有关外商投资限制和外商投资禁止的规定。另外，公司在办理工商变更登记（外籍员工直接持股）或是设立持股平台（外籍员工间接持股）的过程中，还需要按照当地商务部门的要求履行相应程序。

468. 拟上市公司实施股权激励计划是否有人数限制？

拟上市公司股权激励计划原则上并无人数限制，但考虑到股权激励的效果、管理成本和上市安排，建议拟上市公司将股权激励集中在公司董事、监事、高级管理人员和核心技术（业务）人员，控制在合理范围内，不宜做全员持股。对于拟上市公司采取股权方式

（如限制性股票、股票期权等）实施的股权激励，在确定激励对象人数时，需注意：如果采用直接持股的方式实施股权激励计划，有限责任公司的股东不应超过 50 人，股份公司的股东不应超过 200 人；如果采用间接持股的方式，根据《非上市公众公司监管指引第 4 号——股东人数超过 200 人的未上市股份有限公司申请行政许可有关问题的审核指引》的规定，"股份公司股权结构中存在工会代持、职工持股会代持、委托持股或信托持股等股份代持关系，或者存在通过持股平台间接持股的安排以致实际股东超过 200 人的，在依据本指引申请行政许可时，应当已经将代持股份还原至实际股东、将间接持股转为直接持股，并依法履行了相应的法律程序"。

激励对象如果通过有限责任公司、合伙企业等平台来间接持有公司股份，如人数较多，涉及穿透后实际股东人数超过 200 人的，需按照《非上市公众公司监督管理办法（2013 年修订）》相关规定履行法定程序。公司如有上市计划，建议控制穿透后的股东人数，尽量避免持股人数过多而需要按照非上市公众公司规则申请中国证监会核准的情形。

469. 拟上市公司激励对象通常可以采取哪些持股方式？不同的持股方式主要有什么差异？

拟上市公司激励对象的持股方式主要有直接持股、间接持股和混合持股三种。不同持股方式在权益分配、人数限制、股权分散性和管理上均有所差异。

直接持股，指激励对象以本人的名义直接持有拟上市公司的股权。

直接持股有利于将员工与公司利益绑定，将激励效果直观化。但同时，对于拟上市公司来说，直接持股容易导致股东人数较多，管理成本较高，且激励对象离职后如果要收回股权则必须办理工商变更登记手续。因此，在公司初创阶段，为了留住核心人才，采取直接持股的方式实施股权激励的效果较好。但随着公司的发展壮大，激励对象数量增加、需求各异，考虑到管理成本和股权结构的稳定，间接持股可能是更为合适的方式。

间接持股指激励对象以本人的名义,通过持股平台,间接持有拟上市公司的股权。通常采用的持股平台,分为有限责任公司、有限合伙企业和金融产品(信托、资产管理计划等)三类。

作为最常用的持股平台形式,有限责任公司和有限合伙企业对人数的限制均为 50 人以下。相较于有限合伙企业,有限责任公司因涉及需要缴纳企业所得税,税负成本相对更高。如果综合考量持股平台的控制成本、成员管理、规则的制定、修改和事务管理等因素,有限合伙企业在近年来拟上市公司股权激励中更受青睐。公司通常以实际控制人或信赖的高管人员作为持股平台的普通合伙人,通过小额出资掌握有限合伙企业的控制权。同时,由于有限合伙企业管理机制足够灵活,公司可以通过量身订制的合伙协议,便捷管理激励对象的入伙、退伙和权益分配。

除有限责任公司、有限合伙企业外,考虑到保密和便捷管理,部分公司会通过信托或资产管理计划来让激励对象间接持股。对于拟上市公司来说,采用信托或资产管理计划间接持股,除需考虑财务管理成本外,更需注意,如信托或资产管理计划并无实体(以契约型基金、资产管理计划或信托计划的形式实施,不存在类似公司或合伙企业形式的法律实体),则在上市过程中会触及"三类股东"问题。根据中国证监会目前的监管政策,在新三板挂牌期间形成"三类股东"的,在满足一定条件的情况下,"三类股东"不会成为该等公司申报上市的实质性障碍。而对于非在新三板挂牌期间形成"三类股东"的这类公司目前申报上市或将存在实质性障碍。

此外,相较于直接持股,间接持股虽然在方式和管理上更灵活便捷,但对于员工的激励效果会有所削弱。因此,实践中部分拟上市公司采取了混合持股的方式:更为重要的激励对象直接持有公司股份,其他激励对象通过持股平台间接持有公司股份,以求达到管理与激励的平衡。

 470. 拟上市公司股权激励如何确定额度和比例规模?

由于公司的行业特点、规模、发展阶段和实际控制人的个人考量的差异明显,拟上市公司如何确定股权激励的额度和比例,如何保证公司股权结构稳定,必须根据公司具体情况确定,股权激励的规模并无一定之规。

股权激励的额度和比例包括两方面,一是股权激励的总体规模,二是股权激励授予个体被激励对象的份额。

在确定股权激励总体规模时,需重点考虑公司现有的股权结构、激励对象的重要性和数量、公司未来的融资和上市计划。同时,也需要考虑股权激励成本和长期规划。一方面,如果近期有资本运作的计划,在激励比例较大的情况下,涉及股份支付对于公司利润的影响可能会很大;另一方面,在设定用于激励的股权比例时,亦需预留用于未来授予的股权比例。

在确定个体被激励对象份额时,需要综合考量任职年限、薪酬水平、岗位职级、同行业可比薪酬和对公司历史及未来贡献的大小等因素。此外,也建议根据激励对象的重要性不同,对其获授额度建立调整机制,以稳定团队。

471. 股权激励如何通过权利限制和持股架构的设置,确保公司控制权的集中?

(1) 控制股权激励规模。控制股权激励规模,应充分考虑公司上市前融资、大股东持股比例被稀释等情况。

(2) 优先间接持股。优先选择有限合伙企业作为持股平台,间接持有公司股权。在有限合伙企业普通合伙人的选择上,优先考虑公司实际控制人。虽然普通合伙人需对合伙企业承担无限连带责任,但在持股平台不对外投资和经营的条件下,无限连带责任的风险实际可控,不影响公司申报上市。同时,普通合伙人掌握持股平台控制权,该部分对于拟上市公司的间接持股可以作为实际控制人施加影响的股份,合并计算。

(3) 建立一致行动关系或委托投票等安排。对于确需授予股权的激励对象,谨慎授予投票权。可以将激励对象获授股权的投票权委托给公司实际控制人,或与公司实际控制人签订一致行动协议,以此来集中公司控制权。

472. 国有控股拟上市公司如何实施股权激励？

（1）国有科技型企业。国有科技型企业，是指中国境内具有公司法人资格的国有及国有控股未上市科技企业（含全国中小企业股份转让系统挂牌的国有企业、国有控股上市公司所出资的各级未上市科技子企业），具体包括：①国家认定的高新技术企业；②转制院所企业及所投资的科技企业；③高等院校和科研院所投资的科技企业；④纳入科技部"全国科技型中小企业信息库"的企业；⑤国家和省级认定的科技服务机构。尚未实施公司制改革的全民所有制企业可参照执行。

实施股权和分红激励的国有科技型企业应当产权明晰、发展战略明确、管理规范、内部治理结构健全并有效运转，同时具备以下条件：企业建立了规范的内部财务管理制度和员工绩效考核评价制度。年度财务会计报告经过中介机构依法审计，且激励方案制定近三年没有因财务、税收等违法违规行为受到行政、刑事处罚；对于前述第②至④类类企业，近三年研发费用占当年企业营业收入均在3%以上，制订激励方案的上一年度企业研发人员占职工总数10%以上；对于前述第⑤类企业，近三年科技服务性收入不低于当年企业营业收入的60%。

激励方式包括以本企业股权为标的，采取股权出售、股权奖励、股权期权等一种或多种方式，大、中型企业不得采取股权期权的激励方式。

激励对象包括与本企业签订劳动合同的重要技术人员和经营管理人员，企业不得面向全体员工实施股权或者分红激励，企业监事、独立董事不得参与企业股权或者分红激励。

大型企业的股权激励总额不超过企业总股本的5%；中型企业的股权激励总额不超过企业总股本的10%；小、微型企业的股权激励总额不超过企业总股本的30%，且单个激励对象获得的激励股权不得超过企业总股本的3%。企业不能因实施股权激励而改变国有控股地位。

（2）国有控股混合所有制试点企业。试点企业需符合：①主业处于充分竞争行业和领域的商业类企业；②股权结构合理，非公有资本股东所持股份应达到一定比例,公司董事会中有非公有资本股东推荐的董事;③公司治理结构健全,建立市场化的劳动人事分配制度和业绩考核评价体系,形成管理人员能上能下、员工能进能出、收入能增能减的市场化机制;④营业收入和利润90%以上来源于所在企业集团外部市场。优先支持人才资本和技术要素贡献占比较高的转制科研院所、高新技术企业、科技服务型企业开展员工持股试点。其中,中央企业二级(含)以上企业以及各省、自治区、直辖市及计划单列市和新疆生产建设兵团所属一级企业原则上暂不开展员工持股试点,违反国有企业职工持股有关规定且未按要求完成整改的企业不开展员工持股试点。

参与持股人员应为在关键岗位工作并对公司经营业绩和持续发展有直接或较大影响的科研人员、经营管理人员和业务骨干,且与本公司签订了劳动合同。党中央、国务院和地方党委、政府及其部门、机构任命的国有企业领导人员不得持股。外部董事、监事(含职工代表监事)不参与员工持股。如直系亲属多人在同一企业时,只能一人持股。

试点企业主要采取增资扩股、出资新设方式开展员工持股,并保证国有资本处于控股地位。

员工入股应主要以货币出资,以科技成果出资入股的,应提供所有权属证明并依法评估作价,及时办理财产权转移手续。

员工持股总量原则上不高于公司总股本的30%,单一员工持股比例原则上不高于公司总股本的1%,同时,实施员工持股后,应保证国有股东控股地位,国有股东持股比例不得低于公司总股本的34%。

持股员工可以个人名义直接持股,也可通过公司制企业、合伙制企业、资产管理计划等持股平台持有股权。

实施员工持股,应设定不少于36个月的锁定期。在公司公开发行股份前已持股的员工,不得在公司首次公开发行时转让股份,并应承诺自上市之日起不少于36个月的锁定期。

(3)其他国有控股企业。对于其他国有控股企业如何实施股权激励,我国暂无针对性的法律规定,相关要求散见于国有企业职工持股、国有产权管理等规定。

实践中，一般通过股权转让或者增资扩股的方式实施股权激励。根据《企业国有资产交易监督管理办法》的规定，企业国有资产交易应当遵守国家法律法规和政策规定，有利于国有经济布局和结构调整优化，充分发挥市场配置资源作用，遵循等价有偿和公开、公平、公正的原则，在依法设立的产权交易机构中公开进行，国家法律法规另有规定的从其规定。企业国有资产交易包括履行出资人职责的机构、国有及国有控股企业、国有实际控制企业转让其对企业各种形式出资所形成权益的行为，国有及国有控股企业、国有实际控制企业增加资本的行为（政府以增加资本金方式对国家出资企业的投入除外），因此，通过股权转让或者增资扩股的方式实施股权激励原则上应通过产权市场公开进行。

职工入股原则限于持有本企业股权。国有企业集团公司及其各级子企业改制，经国资监管机构或集团公司批准，职工可投资参与本企业改制，确有必要的，也可持有上一级改制企业股权，但不得直接或间接持有本企业所出资各级子企业、参股企业及本集团公司所出资其他企业股权。科研、设计、高新技术企业科技人员确因特殊情况需要持有子企业股权的，须经同级国资监管机构批准，且不得作为该子企业的国有股东代表。

国有企业不得为职工投资持股提供借款或垫付款项，不得以国有产权或资产作标的物为职工融资提供保证、抵押、质押、贴现等；不得要求与本企业有业务往来的其他企业为职工投资提供借款或帮助融资。

第三章
引入创业投资

473. 什么是创业投资?

创业投资,是指向处于创建或重建过程中的未上市成长性创业企业进行股权投资,以期所投资创业企业发育成熟或相对成熟后,主要通过股权转让获取资本增值收益的投资方式。天使投资,是指除被投资企业职员及其家庭成员和直系亲属以外的个人以其自有资金直接开展的创业投资活动。

创业投资基金及天使投资个人均为创业投资活动中重要的投资主体。创业投资的主要特点是"委托他人运作、追求财务回报",而天使投资兼顾商业回报和情怀体验。如果天使投资人通过成立基金的方式进行投资,投资活动的本质将转变为创业投资。

474. 为什么要引进创业投资?

(1)帮助企业规范、稳健发展。对于高速发展的中小企业来说,业务是核心,但完善的治理和管理结构则是适应业务发展的重要保障。企业越规范,发展就越持续,引入创投机构,能够促使企业(特别是早期和成长期企业)将公司治理前置,尽早、尽快规范治理结构,实现稳健持续发展。对于创投机构而言,因为不参与日常的经营和管理,所以需要从建立董事会、战略委员会、审计委员会开始,帮助企业完善各项治理结构,包括规范关联交易、改善管理层激励制度、建立授权制度和分层级的决策制度等。

(2)帮助企业加强内控、补齐短板。经营从管理做起,管理从内控做起。内控是管理学中著名的"木桶理论"中木桶的底,如果底漏了,所有的管理长板都会变成短板。中小企业如果不重视内控,往往会遭受损失。在改善企业内控制度方面,业内一些优秀创投机构与专业管理咨询机构合作,利用自身的经验对企业业务流程进行梳理,识别关键风险,建立相应控制机制,进而发现并整改内部管理问题。创业投资团队通过帮助企业规范治理结构、完善内控制度,不仅为公司提供了更广阔的发展空间,也为企业未来走向资本市场提前扫清了障碍。

(3)帮助企业进行后续融资。引入创业投资基金之后,在企业后续融资中,创投机构可以继续参与融资,或者为企业推荐、筛选优秀的投资者,从而为企业的持续发展提供相应的资金支持。部分综合服务能力强的创投机构,还能直接为有需要的企业提供短期资金融通,优化企业的融资结构。在业内,一些知名的创投机构与大型商业银行建立了长期合作关系,企业在引入创业投资的同时,往往能够获得银行的信用增级,获得原本难以取得的银行贷款,进而利用财务杠杆优化资本结构,避免单一使用股权融资而造成股权被过度稀释。

(4)帮助企业整合行业资源、拓宽视野。创投机构接触的企业多、人多、信息多,可以利用自身积累的资源为企业提供帮助。比如,投资团队可以利用行业资源帮助企业对接供应商、客户和战略合作伙伴,通过产业链的整合帮助企业拓展业务;通过行业内的人脉,针对企业团队的薄弱面,向企业推荐行业内的优秀人才;基于对行业的理解及行业特点的把握,投资团队可与创业团队探讨企业未来的发展战略,完善企业的业务流程。创投机构的已投企业和投资人也是一笔珍贵的资源,将其与企业对接,能为企业创造更多的业务合作机会。此外,对于小型品牌企业而言,引入知名创投机构还能在一定程度上提升企业的品牌价值。

(5)帮助企业利用资本市场,顺利进行IPO。创投机构一般对资本市场理解更深,拥有比较丰富的资本运作经验。根据企业发展的情况以及他们对资本市场的理解,可以适时帮助企业跟资本市场对接,比如指导企业做IPO的方案和规划,帮助企业选择IPO的时点和地点等,帮助企业寻找 IPO 中介机构。另外,创投机构也可以帮助企业制订并购计划,帮助企业通过并购方式做大做强,更快发展。

475. 引进创业投资有什么风险?

(1)控制权被稀释的风险。企业从初创到登陆资本市场,是一个股权不断被稀释的长期进程,企业早期难以获得债权融资,往往把股权当作主要融资手段,因此企业早期是股权易被稀释的阶段。但如果将过高的比例用于吸引风险投资,也引起企业股权结构上的严重先天不足。主要解决方案是采用多轮、多家的方式吸引风险投资。

(2)企业估值不合理风险。企业在与创投机构的谈判过程中,由于存在信息不对称,双方对企业的估值结果可能存在一定差异。在企业估值上,可参考同行业、同规模上市公司的市盈率、市销率和市净率等指标。

(3)业绩对赌风险。一般来说,企业家更愿意相信企业的正面因素,往往会夸大企业发展的前景,忽视市场风险。而投资机构在激励企业家的同时为了锁定可能的损失,会与实际控制人、管理层或企业签署对赌条款。一旦触发对赌条款,对企业和创投机构而言都可能是一种损耗。

(4)引入时机不当的风险。一般情况下,消费品、服务业和传统制造业企业在创业早期并不适合引进风险投资,而且往往也不具备吸引风险资本的条件,企业引进风险投资的最佳时机是在顺利度过初创期、进入加速发展阶段的时候,也是企业成长过程中最需要资金的时候。这时候企业前景良好,会获得更高的估值。而高新技术产业的企业,可以在种子期或者起步期引进具有孵化器性质的风投资本,解决企业初期研发和生产所需的资金。

(5)创投机构与企业管理层经营理念不一致的风险。一般而言,创投机构作为财务投资人不参与企业的具体经营管理,但若创投机构对企业的发展战略与管理层存在不同看法,且创投机构持股比例较高或享有一票否决权时,可能导致企业陷入僵局,难以做出有效决策。

476. 企业应该如何选择创业投资？

（1）创投机构自身规范程度。股权合作对企业而言是最为关键和严肃的，一旦合作伙伴选不好，后患很多。对于双方而言，规范是合作的基础，可以避免未来产生矛盾或者纠纷。因此，企业需要对创投机构做一个了解，确信合作对象是正规的、内部运作非常规范的创投机构。

（2）创投机构的历史和口碑。对于创投机构而言，历史和口碑往往是自身能力的一个很好的说明。如果创投机构管理的资金规模大、口碑好、业内知名度高，说明其得到投资人信任和行业认可。如果其投资案例多，成功案例多，也能说明其在投资上非常有经验。企业获得品牌创投机构的投资，可以借助创投机构带来的品牌效应，增强对团队人才以及后续创投机构的吸引力，并有助于其在开展业务时获得一定的信用背书。

（3）创投机构的过往业绩。创投机构的最终价值还是体现在业绩上，即能为投资者带来多少回报。良好的业绩需要创投机构和被投资企业共同打造，通过发现价值、增值服务、通力协作，实现投资者、管理人、被投企业各方的共赢。因此，具有良好业绩的机构不仅会被投资者认可，与被投资企业的合作也会更为融洽。

（4）创投机构在企业所处行业内提供增值服务的能力。创投机构提供的增值服务，包括为企业引进专家、人才和技术团队，提供优质的供应商和客户的资源，提供会计、法律或者运营等方面的专业服务，帮助企业完善治理结构、建立内控机制等。这些增值服务往往比注入资金更能够解决企业的实际问题，并帮助企业更好发展。

（5）创投机构在资本市场的专业能力。创投机构在资本市场的专业能力决定了其能够帮助企业在资本市场走多远。一个专业的创投机构，可以帮助企业顺利 IPO，也可以帮助企业进行下一轮融资，或者帮助企业在行业内进行并购整合。

（6）创投机构的投资策略。企业可以根据投资机构的投资策略及投资布局结合自身的发展阶段选择创投机构。目前，国内的创投机构较多，有的创投机构是综合性投资机构，有的创投机构是专业性投资机构。对于综合性投资机构而言，其业务涵盖不同阶段、不同行业。而专业性的投资机构则重点投资于某特定领域或者特定阶段。此外，有的投资机构是全国性布局，而有的投资机构则重点在某些区域布局。通常而言，企业在选择投资机构时应重点考察创投机构在该企业所处行业上的投资布局。在同一个大行业中布局深厚的投资机构往往对企业的理解更为深刻，同时具有更多的行业资源，这样在未来能够对企业发展有很好的帮助。

477. 准备商业计划书有哪些关注要点？

商业计划书是对公司现状和发展战略进行全面描述的书面文件，集中描述公司的基本情况、股权结构、股东背景、历史融资情况、管理团队及人力资源、行业与市场、产品与服务、商业模式、竞争地位、财务状况、发展规划、盈利预测，以及融资计划等。

当企业有融资需求时，需要撰写商业计划书提交给潜在的创投机构。对创投机构而言，收到商业计划书，对企业有个初步的了解，这是进行投资的第一步。商业计划书通常决定投资人对企业的第一印象，非常关键，一定要用自身的商业模式、管理团队和行业前景吸引创投机构的目光。商业计划书不是公司介绍，也不是项目可行性报告。好的商业计划书应当语言简洁清晰，团队介绍全面明了，商业模式清楚易懂，很好地展示出自身的优势和特色，同时也描绘合理的成长路线图，既要告诉投资人自身的优势，也要坦诚地说明目前的不足和问题。一份好的商业计划书也是一份好的执行计划，企业通过编写商业计划书能更清晰地认识自己，并能更好地指导后面的工作和行动。

478. 配合创业投资基金进行尽职调查有哪些关注要点？

创投机构与企业达成初步的合作意向后，创投机构会对企业进行全面的尽职调查。企业在配合创投机构进行尽职调查的同时，应当注意与创投机构签署保密协议。

尽职调查包括业务尽职调查、法律尽职调查、财务尽职调查等。

尽职调查的目的包括价值发现和风险发现两个方面，从而判断企业是否值得投资，以及应用什么样的条款进行投资。尽职调查的范围包括：公司的股权沿革、管理团队背景、公司治理结构和管理状况、产品和技术、业务流程和业务资源、行业及市场、财务报表的核实、资产负债状况、经营状况及变动、盈利预测的核查、潜在的法律纠纷、发展规划及可行性等内容。通过完整全面的尽职调查，创投机构可以看清楚企业的真实情况，有效防范并降低风险，也为投资后对企业进行规范管理、提供增值服务打下基础。

479. 投资协议核心条款有哪些？

（1）估值调整条款。估值调整机制，是指在创业投资过程中，为消除创业投资基金和被投资企业之间在估值上的分歧，促成投资事项，创投机构和企业要在事前约定按照既定规则对投资估值进行调整的条款，俗称"对赌条款"。

投资估值无疑是创业投资基金和被投资企业关注焦点之一，能否就估值达成一致意见对投资顺利进行具有非常重要甚至决定性的作用。但是，在全世界范围内，对未上市企业的估值一直都是一个难题。一般来说，以某些参数为核心而构建的估值模型是国内创业投资常用估值工具之一。而且，这些参数一般是被投资企业未来预期将实现的一些事项，其能否实现及实现程度均具有一定不确定性。例如，以被投资企业扣除非经常性损益之后预期净利润的一定倍数作为企业估值基础。如果被投资企业未能实现预期利润，被投资企业的估值就应当进行相应调整。从这个意义上来说，估值调整条款是一种风险分配工具，即由部分交易参与方来承担特定预期事项不能按照约定实现的后果。因为被投资企业一般由创业团队管理，且创投机构支付的高溢价中已包括对这些高风险的对价，这些风险一般由被投资企业或者控股股东承担。

需要提醒创业团队的是，在设定参数时需要慎重考虑企业实际能力及长期的可持续发展，切勿脱离实际情况，以免揠苗助长，影响企业的长期健康发展。

（2）股权回购条款。股权回购条款，是指如果被投资企业在一个约定期限内未达到事先约定的条件,那么创业投资基金有权要求被投资企业控股股东或被投资企业以事先约定的价格买回投资方所持有被投资企业股权的约定。其中,以未能在一定时间内上市回购为典型。股权回购条款出现的主要原因是创业投资基金一般都有明确的存续期限,需要在期限内完成投资的收回,而未上市企业股权流动性比较差,需要通过股权回购条款保证创业投资基金投资的退出。被投资企业在引进创业投资基金时需要根据自身情况,设定合适的股权回购条款的条件。

(3) 反稀释条款。反稀释条款也称反股权摊薄条款,是创业投资基金为了保证其持有股权的价值在被投资企业的后续融资中不被摊薄而在投资协议中约定的条款。该条款的主要表现形式是要求被投资企业后续将以更高估值/价格进行融资。该条款主要有以下两个作用:

①防范创业投资基金持有被投企业的股权价值被恶意稀释的道德风险。一般来说,创业投资基金的投资多为高溢价投资。如果不对被投资企业的后续融资估值/价格提出基本要求,一旦被投资企业以远低于创业投资基金的投资估值/价格引进后续投资,创业投资基金持有被投企业的股权价值/股权比例将被严重稀释,甚至还有诱发道德风险的可能。

②约束和激励创业团队。一般来说,只有企业有了更好的发展,后续融资才能获得更高的估值。因此要求被投资企业的后续融资有更高的估值/价格,本质上是对企业发展提出了要求,从而激励创业团队促进企业发展。同时,将更高的估值/价格作为被投资企业的后续融资的前提条件,也是对创业团队的一种约束。

(4) 优先清算条款。优先清算条款一般是指创业投资基金在被投资企业清算时优先于其他股东获得清算财产的条款。在美国等发达国家,创业投资基金一般通过优先股进行投资,优先清算权是优先股的题中之意。但是,在我国,受限于相关法律法规,创业投资基金通常只能使用普通股进行投资。创业投资基金一般为高溢价投资,即高额投资对应比较低的股权比例。相比之下,创始股东一般是平价或者以比较低的价格获得的股权,即低投资高股权比例。如果所有股东按照同等股权比例进行分配,将有违公平原则。

480. 创投机构评判企业的主要标准有哪些？

（1）好的团队。在任何时候，好团队都是创投机构评判企业的第一标准。良好的创业团队应符合几个特点：创业团队稳定，实际控制人具有远大的理想和强大的凝聚力；团队成员之间理念高度一致，利益目标一致，激励机制到位；团队成员能力互补，在管理、技术、营销等关键领域都有经验丰富、业务能力强的人才；个别关键人士离职对企业的影响有限。同时，团队在行业内拥有丰富资源，对行业发展趋势的高度敏感及持续感知能力也是为企业加分的重要因素。

（2）好的行业。好行业一般具有这些特征：持续双位数增长；市场前景广阔，天花板高；符合国家产业政策扶持方向。进行行业判断时，需要判断行业增长是否真实，属于持续增长行业还是周期性行业，增长的动力来自市场的驱动还是政策的扶持等。

（3）好的商业模式。商业模式的核心是企业如何创造价值，如何把价值传递给客户，如何从用户获得价值。进行商业模式判断时，需要判断商业模式是否稳定，是否拥有定价权，是否依靠行业政策，以及商业模式成功的关键节点和资源是否容易达到等。一般意义上，能满足客户真实需求的商业模式是具有价值的商业模式，而能创造出新需求的商业模式则是更具有发展空间的商业模式。

（4）核心竞争力。一个企业要在激烈的市场竞争中取得一席之地并持续发展，就必须在某些方面具有独到的、难以被竞争对手取代的优势。创投机构在对拟投资企业进行考察时，通常会把企业是否具备核心竞争力作为重点考察因素。企业的核心竞争力包括多个方面，比如产品创新能力、品牌竞争力、商业模式竞争力、产业链资源整合能力、组织管理能力等。核心竞争力可以是多方面的体现，也可以是某一个方面的体现。对于企业来说，不同发展阶段的核心竞争力可能会发生变化。比如有的企业在发展初期，核心竞争力主要体现在商业模式或者技术优势，到了成熟阶段，会转化为规模优势、品牌优势或者产业链优势等。完美的企业并不存在，关注企业的持续盈利能力，把握核心风险点，是创业投资的关键。未来创业投资是否能盈利，很大程度上将取决于所投资企业的业绩情况。创业投资也将日益回归基本面，投资真正有成长价值的企业。

第四章

重组上市

481. 监管机构如何判定重组上市？

重组上市，通常也称为借壳上市，是指与上市公司相关的一类特殊形式的并购交易。这类并购的形式为：收购方从标的资产原所有人处收购所有权或股权（视标的资产的不同类型，绝大多数情形下为股权），但通过在交易前或交易同时进行的安排，使得该并购交易完成后，标的资产的原所有人控股或者控制了收购方，这类交易也被称为"反向收购（Reverse Takeover）"。

并非所有的反向收购都构成监管层面上的重组上市，根据中国证监会于2016年9月修订的《上市公司重大资产重组管理办法》，只有在同时满足以下三个条件时，才构成监管意义上的重组上市：一是该并购交易在上市公司控制权变更之日起60个月内（包括该交易完成的同时，会造成控制权变更的情形）；二是上市公司购买资产的对象特定，为向收购人或其关联方购买资产；三是购买资产的任何一项指标达到中国证监会设定的标准或者使上市公司发生了根本性的变化。

具体的指标包括：

（1）购买的资产总额占上市公司控制权发生变更的前一个会计年度经审计的合并财务会计报告期末资产总额的比例达到100%以上。

（2）购买的资产在最近一个会计年度所产生的营业收入占上市公司控制权发生变更的前一个会计年度经审计的合并财务会计报告营业收入的比例达到100%以上。

（3）购买的资产在最近一个会计年度所产生的净利润占上市公司控制权发生变更的前一个会计年度经审计的合并财务会计报告净利润的比例达到100%以上。

（4）购买的资产净额占上市公司控制权发生变更的前一个会计年度经审计的合并财务会计报告期末净资产额的比例达到100%以上。

（5）为购买资产发行的股份占上市公司首次向收购人及其关联人购买资产的董事会决议前一个交易日的股份的比例达到100%以上。

（6）上市公司向收购人及其关联人购买资产虽未达到本款第（1）至第（5）项标准，但可能导致上市公司主营业务发生根本变化。

（7）中国证监会认定的可能导致上市公司发生根本变化的其他情形。

482. 什么是壳公司？

我国重组上市的"壳"指的是上市壳公司。上市壳公司，也被称为上市壳资源，是指已经上市，但一般经营状况不佳，从而导致公司整体市值不高、容易成为其他收购方收购对象的上市公司。因为种种原因，上市壳公司已经没有业务或者业务经营状况不理想，但仍保持着上市公司的身份及资格。

壳公司一般有以下特点：

（1）所处行业大多为夕阳行业，经营业绩较差，财务状况一般，盈利水平微薄甚至亏损。

（2）壳公司的业务规模及整体市值一般较小。

（3）股权结构分散，有利于收购方对其进行控股收购。

483. 重组方为何要求原上市公司"清壳"？

在重组上市过程中，借壳方一般会要求上市公司置出原经营性资产、业务及人员（俗称"清壳"），以便注入重组方拟置入的优良资产，这主要出于以下几个方面的考虑。

（1）被重组的上市公司一般原资产质量较差，盈利状况堪忧，甚至亏损。将这部分资产质量较差、盈利状况欠佳的资产、业务和人员置出原上市公司，更有利于提升借壳后上市公司的经营业绩，增强上市公司的持续盈利能力。

（2）上市公司原有的资产、业务和人员与重组资产一般分属于不同的行业，重组成功后，上市公司的实际控制人发生变更，变更后的实际控制人一般不具备管理上市公司原有资产、业务和人员的能力，继而要求上市公司置出原全部资产、业务及人员。

（3）将原有的资产、业务及人员置出上市公司，使之不构成业务，可以避免对重组后上市公司的利润冲击。非上市公司以所持有的对子公司投资等资产为对价取得上市公司的控制权，构成反向购买的，上市公司编制合并财务报表时应当区别以下情况处理：交易发生时，上市公司未持有任何资产负债或仅持有现金、交易性金融资产等不构成业务的资产或负债的，上市公司在编制合并财务报表时，应按照权益性交易的原则进行处理，不得确认商誉或确认计入当期损益；上市公司保留的资产、负债构成业务的，企业合并成本与取得的上市公司可辨认净资产公允价值份额的差额应当确认为商誉或计入当期损益。如果保留的资产负债构成业务，则可能涉及可辨认净资产按公允价值重新计量及商誉的确认，随后的折旧摊销及可能发生的商誉减值会降低重组后上市公司的会计利润。

484. 重组主体应满足什么条件？

（1）应当是股份有限公司或者有限责任公司，且符合《首次公开发行股票并上市管理办法》规定的其他发行条件。

（2）不属于金融、创业投资等特定行业。《上市公司重大资产重组管理办法》规定，上市公司购买的资产属于金融、创业投资等特定行业的，由中国证监会另行规定，但是因为中国证监会尚未对金融、创业投资等特定行业企业的重组上市做出具体规定，所以上述行业企业暂时无法重组上市。若借壳主体为涉军资产（企业），根据国家国防科技工业局《涉军企事业单位改制重组上市及上市后资本运作军工事项审查工作管理暂行办法》（科工计〔2016〕209号），上市公司收购涉军资产（企业）的，须根据《军企事业单位改制重组上市及上市后资本运作军工事项审查指南（2018年版）》（科工计〔2018〕15号）履行军工事项审查程序。

485. 规避重组上市的做法是否可行？

对于规避重组上市的做法，中国证监会目前已经形成了从严监管。为防止化零为整、规避监管的做法，中国证监会在认定重组上市时，实行了以下两项原则：

（1）执行累计首次原则，即上市公司控制权发生变更之日起60个月内（含上市公司控制权发生变更的同时），向收购人及其关联人购买的资产所对应的资产总额、资产净额、营业收入或净利润，占上市公司控制权发生变更的前一个会计年度经审计的合并财务会计报告的相应指标的比例累计首次达到100%以上的，或者所对应的发行股份的数量，占上市公司首次向收购人及其关联人购买资产的董事会决议前一个交易日的股份比例累计首次达到100%以上的，合并视为一次重大资产重组，应当按规定申报核准；前述60个月内分次购买资产的，每次所购买资产对应的资产总额、资产净额、营业收入、净利润，以该购买事项首次公告日的前一个会计年度经审计的相应指标为准。

（2）执行预期合并原则，即上市公司按累计首次原则申报重大资产重组方案时，如存在同业竞争或非正常关联交易等问题，则对于收购人及其关联人为解决这些问题所制定的承诺方案，涉及未来向上市公司注入资产的，也将合并计算。

对于其他一些规避做法，包括突击打散标的资产股权、刻意把大量表决权委托给他人、通过认购配套融资等方式来规避实际控制人变更的认定，进而逃避重组上市监管。对于此类情形，中国证监会在实践中也认定其构成重组上市。此外，对于第三方交易这类做法，即向一方转让上市公司控制权，同时或随即向非关联的其他方"跨界"购买大体量资产，新购买的资产与原主业明显不属于同行业或上下游，中国证监会也会进行严格监管，从严把握。

486. 重组上市的主要程序是什么？

（1）确定收购计划。①根据企业的发展情况，制订切实可行的收购计划。计划需谨慎、周密。②由于收购过程中可能会调动大量资金，还需筹集好收购所需要的资金，以免因资金不到位而影响收购计划实施。

（2）选择壳公司。结合企业情况选择适合的壳公司，在选择时要注意以下几点：①资产质量上，选择资产质量一般、专化业程度不高、其资产变现相对方便的上市公司。②股本结构和股本规模上，选择较为容易掌握控制权的上市公司，以及股票价格较低、股本规模较小的上市公司，以降低收购成本，使收购方在收购完成后可以获得尽可能高的持股比例。③财务状况上，选择负债比率、负债总额、每股净资产以及净资产收益率适中的上市公司。需评估消化上市公司原有不良资产的难度与代价。④法律合规上，避免选择诉讼、纠纷以及行政处罚较多的上市公司。

（3）谈判签约。谈判签约对于买方是关键的环节。在不违背国家监管政策的前提下，作为买方，应尽量控制收购成本。同时要对收购后的董事会、管理层、经营层的改选以及今后发展规划等一系列问题进行审慎的磋商，要把每个问题落实到具体，为下一步工作打下良好的基础。

（4）取得壳公司实际控制权。收购方通过股份转让方式（如协议收购壳公司原股东的股份、在二级市场收购股份），或者通过上市公司增发新股方式合法取得壳公司的实际控制权。

（5）企业整合。企业整合即资产置换，将壳公司原有的不良资产剥离出来，再将收购方或其关联方拥有的优质资产注入壳公司，可通过上市公司发行股份购买资产的形式置入。

（6）上市公司发行股份购买借壳方资产后，借壳方可以通过资产换股成为壳公司的控股股东。取得壳公司控制权的同时，也完成了借壳方原有资产注入壳公司，后续再逐渐剥离壳公司原有的不良资产。

487. 重组上市有哪些基本模式？

（1）分步借壳（即先拿控制权，后注入资产）。该类做法的前后安排及主要变化如下图：

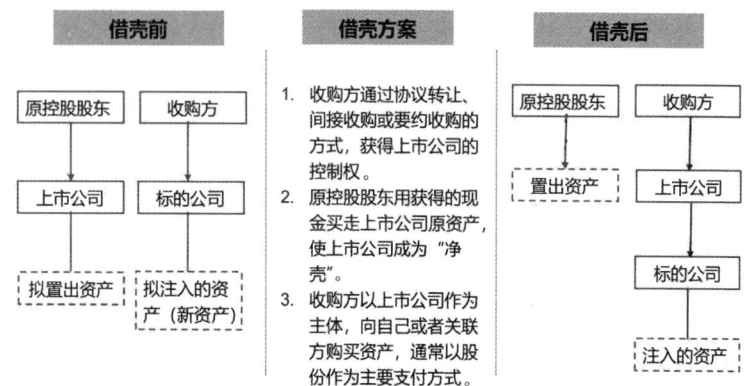

该模式的优势和劣势均较为明显。就优势而言，拟借壳方通常是先与原实际控制人进行协商取得控股权，成本和时间的可预期性均较强。该模式的劣势是：收购方获得控制权通常需支付较高的成本，资金压力大；收购人承担的风险高。收购控股权之后再注入资产借壳的，需要中国证监会审核，收购人一方承担了审核的风险。

（2）资产置换加发行股份购买资产。该类做法的主要安排和步骤如下图：

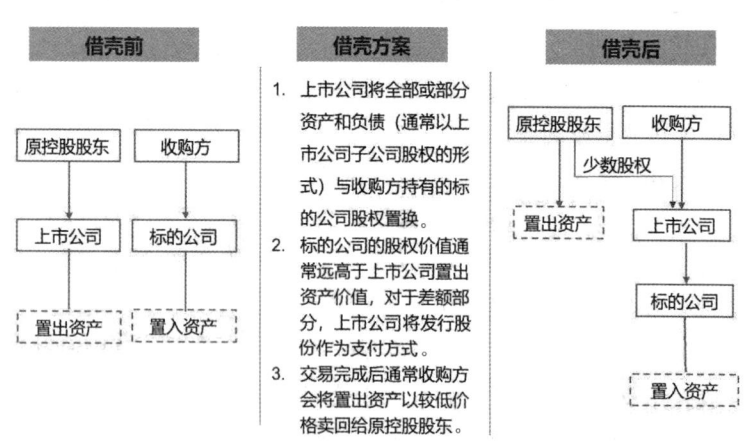

该模式能够在一定程度上克服第一个模式的劣势，包括：该模式只涉及资产的腾挪和股份的发行，对收购方现金资金压力比较小；上市公司原控股股东和新控股股东可以共同分享资产增值和股价上

升的收益，属于双赢；借壳方和被借壳方共同承担审核风险，对借壳方而言降低了风险。多数知名的借壳案例采用了这种模式，包括360借壳江南嘉捷、顺丰控股借壳金丰人防等。

（3）换股吸收合并。这种借壳上市模式的通常做法如下图：

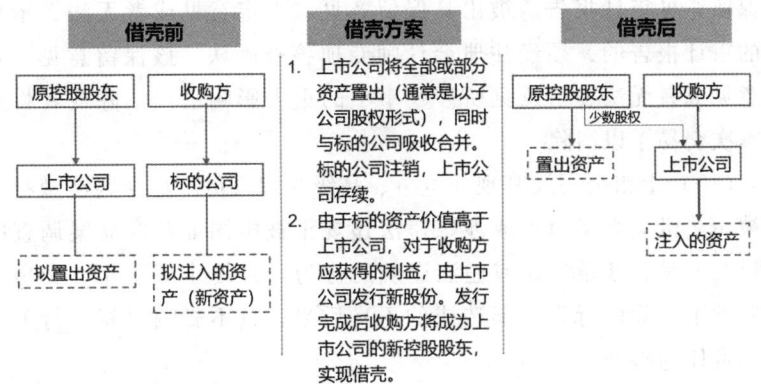

部分证券公司的借壳上市采用了这种模式，包括2007年都市股份吸收合并海通证券、2008年成都建投吸收合并国金证券。

488. 重组上市审核有哪些规定？

（1）符合国家产业政策和有关环境保护、土地管理、反垄断等法律和行政法规的规定。

（2）不会导致上市公司不符合股票上市条件。

（3）重大资产重组所涉及的资产定价公允，不存在损害上市公司和股东合法权益的情形。

（4）重大资产重组所涉及的资产权属清晰，资产过户或者转移不存在法律障碍，相关债权债务处理合法。

（5）有利于上市公司增强持续经营能力，不存在可能导致上市公司重组后主要资产为现金或者无具体经营业务的情形。

（6）有利于上市公司在业务、资产、财务、人员、机构等方面与实际控制人及其关联人保持独立，符合中国证监会关于上市公司独立性的相关规定。

（7）有利于上市公司形成或者保持健全有效的法人治理结构。

（8）充分说明并披露本次交易有利于提高上市公司资产质量、改善财务状况和增强持续盈利能力，有利于上市公司减少关联交易、避免同业竞争、增强独立性。

（9）上市公司最近一年及一期财务会计报告被注册会计师出具无保留意见审计报告。被出具保留意见、否定意见或者无法表示意见的审计报告的，须经注册会计师专项核查确认，该保留意见、否定意见或者无法表示意见所涉及事项的重大影响已经消除或者将通过本次交易予以消除。

（10）上市公司及其现任董事、高级管理人员不存在因涉嫌犯罪正被司法机关立案侦查或涉嫌违法违规正被中国证监会立案调查的情形，但是，涉嫌犯罪或违法违规的行为已经终止满 3 年，交易方案有助于消除该行为可能造成的不良后果，且不影响对相关行为人追究责任的除外。

（11）充分说明并披露上市公司发行股份所购买的资产为权属清晰的经营性资产，并能在约定期限内办理完毕权属转移手续。

（12）上市公司购买的资产对应的经营实体应当是股份有限公司或者有限责任公司，且符合《首次公开发行股票并上市管理办法》规定的其他发行条件。

（13）上市公司及其最近三年内的控股股东、实际控制人不存在因涉嫌犯罪正被司法机关立案侦查或涉嫌违法违规正被中国证监会立案调查的情形，但是，涉嫌犯罪或违法违规的行为已经终止满 3 年，交易方案能够消除该行为可能造成的不良后果，且不影响对相关行为人追究责任的除外。

（14）上市公司及其控股股东、实际控制人最近 12 个月内未受到证券交易所公开谴责，不存在其他重大失信行为。

（15）本次重大资产重组不存在中国证监会认定的可能损害投资者合法权益，或者违背公开、公平、公正原则的其他情形。

（16）创业板上市公司不得成为重组上市的壳公司。

（17）上市公司向收购人及其关联人购买的资产不属于金融、创业投资等特定行业。

（18）中国证监会规定的其他条件。

第五章 外商投资

489. 外商投资企业发行上市需要什么条件？

外商投资股份有限公司公开发行上市，除需符合《公司法》《证券法》的要求外，还需满足如下要求：

（1）应符合外商投资产业政策，公司经营范围符合《指导外商投资方向规定》《外商投资产业指导目录》和《中西部地区外商投资优势产业目录》等的要求。

（2）申请上市前三年均已通过外商投资企业年度经营状况联合申报。

（3）按规定需由中方控股（包括相对控股）或对中方持股比例有特殊规定的外商投资股份有限公司，上市后应按有关规定的要求继续保持中方控股地位或持股比例。

（4）上市发行股票后，其外资股占总股本的比例不低于10%。

（5）符合股票发行上市有关法规要求的其他条件。

490. 外商投资企业改制要符合什么特殊条件？

（1）以发起方式设立外商投资股份有限公司，除法律、行政法规以及国务院决定对特定行业注册资本最低限额另有规定外，取消外商投资的公司最低注册资本的限制；外商投资（含台、港、澳投资）的公司的认缴出资额、出资方式、出资期限由公司投资者（股东、发起人）自主约定，并在合营（合作）合同、公司章程中载明，首次出资比例、货币出资比例和出资期限不再受限制。

（2）中外合资经营企业、中外合作经营企业、外资企业等外商投资企业申请变更为外商投资股份有限公司的，不再要求"应有最近连续三年的盈利记录"。

（3）国有企业、集体所有制企业申请转变为外商投资股份有限公司的，不再要求"应有最近连续三年的盈利记录"。

（4）股份有限公司，可通过增资扩股、转股、发行境内上市外资股或境外上市外资股等方式，变更为外商投资股份有限公司。

（5）原境内公司中国自然人在原公司作为股东一年以上的，经批准，可继续作为变更后所设立外商投资企业的中方投资者。暂不允许境内中国自然人以新设或被外资并购等方式成为外商投资企业的股东（除上述情况之外），但目前已有部分地区通过地方立法的方式已经取消或放宽自然人成为外商投资企业投资者的限制。

（6）举办外资企业不涉及国家规定实施准入特别管理措施的，采用备案管理。2020年1月1日起实施的《中华人民共和国外商投资法》规定，国家对外商投资实行准入前国民待遇加负面清单管理制度。前国民待遇是指在投资准入阶段给予外国投资者及其投资不低于本国投资者及其投资的待遇，负面清单是指国家规定在特定领域对外商投资实施的准入特别管理措施。

（7）应符合国家有关外商投资企业产业政策的规定。

（8）境外投资者的出资比例低于25%的，除法律、行政法规另有规定外，均应按照同样的审批登记程序进行审批和登记。通过审批的，颁发加注"外资比例低于25%"字样的外商投资企业批准证书；取得登记的，颁发在"企业类型"后加注"外资比例低于25%"字样的外商投资企业营业执照。除法律、行政法规另有规定外，其投资总额项下进口自用设备、物品不享受税收减免待遇，其他税收不享受外商投资企业待遇。

491. 外商投资企业改制上市需要经过什么特殊程序？

外商投资股份有限公司首次公开发行股票并上市，除向中国证监会提交规定的材料外，还应提供通过联合年检的外商投资股份有限公司的批准证书和营业执照；发行完成后，应到省级商务部门

（限额以下）或国家商务部（限额以上）办理法律文件变更手续。

前述有关外商投资股份有限公司设立的规定发布时间跨度大，且存在与《公司法》不一致的地方，具体适用标准以有关部门实际执行为准。

492. 外商投资股份有限公司的设立应经哪些部门审批？

外商投资企业的设立及变更，不涉及国家规定实施准入特别管理措施的，采用备案管理。各省、自治区、直辖市、计划单列市、新疆生产建设兵团、副省级城市的商务主管部门，以及自由贸易试验区、国家级经济技术开发区的相关机构是外商投资企业设立及变更的备案机构，负责本区域内外商投资企业设立及变更的备案管理工作。

493. 外商投资股份有限公司的发起人和股东有什么限制？

（1）以发起方式设立外商投资股份有限公司，除应符合《公司法》规定的发起人的条件外，其中至少有一个发起人应当为境外股东，一个发起人为境内股东，且需有半数以上的发起人在境内有住所。

一般情况下，外商投资股份有限公司的中方发起人不得为自然人，但如果中方自然人原属于境内内资公司的股东，因境外投资者并购境内公司的原因导致中方自然人成为中外合资企业的中方投资者的，该中方自然人的股东身份可以保留，需要注意的是，部分地区已经取消或放宽发起人为自然人的限制。

（2）外商投资股份有限公司中的境外股东可以是"外国的公司、企业和其他经济组织或个人"，包括境外有限合伙制企业以及其他非公司性质的组织。

（3）外商投资股份有限公司发起人的股份转让，须在外商投资股份有限公司设立登记1年后进行。

494. 外商投资企业如何缴纳股权转让所得税？

外方股东向中国境内机构或个人转让股权所需缴纳的企业所得

税分为一般性税务处理以及特殊性税务处理两种情形。一般性税务处理通常情况下适用于以现金或其他非货币性资产（除股权外）作为股权转让对价的股权转让行为。如果股权受让方企业以本企业或其控股企业的股权作为对价支付股权转让价款，则该股权转让将可能适用特殊性的税务处理。

（1）一般性税务处理。外方机构股东向境内企业或个人转让股权而取得的股权转让所得，通常需要按照《企业所得税法》及其实施条例的规定，缴纳10%的企业所得税。而外方自然人股东股权转让所得，依据《个人所得税法》的规定，应缴纳20%的个人所得税。当《税收协定》中规定的税务处理条件比《企业所得税法》更加优惠时，可优先适用《税收协定》的规定。例如，内地与中国香港特别行政区之间签署的《关于对所得避免双重征税和防止偷漏税的安排》规定，如果中国香港投资者在转让行为发生前12个月均未直接或间接持有内地被转让企业25%或以上股权，则中国香港投资者转让内地被投资企业股权的所得不应在内地征税。外方股东需向中国主管税务机关提出申请，经审核批准后，才能享受《税收协定》的优惠税务处理。

（2）特殊性税务处理。特殊性税务处理实质上是准许交易方延迟纳税，而非免税。如果股权受让方企业以本企业或其控股企业的股权作为对价支付股权转让价款，则该股权转让将可能适用特殊性税务处理，即在股权转让交易发生时暂不确认收入（或损失）、股权转让方不产生纳税义务。纳税义务通常将延迟到相关重组资产再次处置时再予确认。另外，特殊性税务处理目前只适用于企业，而不适用于自然人股东的股权转让。

外国投资者转让外商投资企业股权给境内企业，需要同时满足下述条件，方可适用特殊性税务处理：①需要具有合理的商业目的，且不以减少、免除或者推迟缴纳税款为主要目的。②被收购股权不低于被收购企业原股权的75%。③企业重组后的连续12个月内不改变重组资产原来的实质性经营活动。④股权转让对价中的股权支付金额不低于交易支付总额的85%。⑤企业重组中取得股权支付的原主要股东，在重组后连续12个月内，不得转让所取得的股权。

因企业发生涉及中国境内与境外之间的股权和资产收购交易，除应符合上述规定的条件外，还应同时符合下列条件，才可选择适用特殊性税务处理规定：①非居民企业向其100%直接控股的另一非居民企业转让其拥有的居民企业股权，没有因此造成以后该项股权转让所得预提税负担变化，且转让方非居民企业向主管税务机关书面承诺在3年（含3年）内不转让其拥有受让方非居民企业的股权。②非居民企业向与其具有100%直接控股关系的居民企业转让其拥有的另一居民企业股权。③居民企业以其拥有的资产或股权向其100%直接控股的非居民企业进行投资。④财政部、国家税务总局核准的其他情形。

依据《商务部关于涉及外商投资企业股权出资的暂行规定》和《股权出资登记管理办法》，外国投资者可以用其在中国境内企业的股权作为出资（包括新设或增资），设立外商投资企业或认缴外商投资企业的增资。从交易的审批和登记层面讲，上述模式下的跨境换股亦有据可循。

495. 外商投资企业发行上市招股说明书的编制有何特别规定？

外商投资股份有限公司为公开发行股票而编制招股说明书时，除应遵循中国证监会有关招股说明书内容与格式准则的一般规定外，还应遵循《公开发行证券的公司信息披露编报规则第17号——外商投资股份有限公司招股说明书内容与格式特别规定》的要求。

第六章

红筹回归

496. 什么是红筹模式上市？红筹模式包括几种类型？

红筹上市，是指境内居民（境内自然人或境内公司）设立离岸公司，然后通过外资并购将境内公司的资产、股权或其他权益转移到离岸公司名下，境内公司变更为外商独资企业、中外合资企业或者受离岸公司间接全面控股，然后以离岸公司的名义在境外公开发行股票并上市的方式。在我国，所谓的"红筹模式"一般包括"大红筹"和"小红筹"两种模式，具体情况如下：

"大红筹模式"，即当事人按照1997年6月20日发布实施的《关于进一步加强在境外发行股票和上市管理的通知》，履行行政审批或备案程序，采取收购、换股或行政划拨等方式，将境内企业权益注入境外资本运作实体之中，以实现境外资本运作实体在境外进行私募股权融资或公开发行上市的目的。此种模式中的主体一般是我国内地大型国有企业，或是具有国务院各部委或地方政府背景的企业，如中国移动、中海油、北京控股、深圳控股、上海实业控股等。

"小红筹模式"，即拟在境外上市的公司设计各种模式规避或绕开《关于外国投资者并购境内企业的规定》等法律法规中关于应经中国证监会批准的规定，采取股权并购或资产并购等方式，将境内企业权益注入境外资本运作实体之中，以实现境外资本运作实体在境外进行私募股权融资并公开发行上市的目的。此种模式中的主体一般是民营企业，如腾讯、如家、百度、蒙牛、分众传媒等。

目前，一般所说的"红筹模式"均指"小红筹模式"，或称为"返程投资""境外注资""反向收购"等。这些定义均不是精确的法律概念，只是对这一类境内权益的境外融资操作模式的概括性称谓。

随着我国各种法律法规和规范性文件对"红筹模式"控制和监管的日益加深，"红筹模式"也不断变换着具体的操作形态。但是，整体而言，绝大部分"红筹模式"都采取了在境外设立特殊目的公司（Special Purpose Vehicle，SPV），然后采取返程投资方式与境内企业权益建立控制关系，最终实现境外主体私募或公募融资的目的。

497. 什么是 VIE 架构？为何中国企业以 VIE 架构在境外上市？

在红筹架构下，根据控制境内权益的方式不同，演绎出多种不同的模式，其中以"协议控制"模式最为著名。"协议控制"又称为"VIE 架构"（Variable Interest Entities，可变利益实体）。

VIE 架构，在 2006 年以前主要应用于境内互联网公司的境外私募与境外发行上市。在我国，外商直接投资增值电信企业受到严格限制（法律要求投资的外商必须是产业投资者，基金这种财务投资者不属于合格投资人），而互联网业务在我国法律上正是归属于"增值电信业务"，所以在引入外商直接投资方面受到限制。为了绕开这些限制，境内互联网公司联合境外 PE/VC 基金公司，研究发明了协议控制这种交易架构。该架构后来得到了美国通用会计准则（GAPP）的认可，专门为此创设了"VIE 会计准则"，即可变利益实体准则，允许该架构下将中国境内被控制的企业报表与境外上市公司的报表进行合并，从而解决了境外上市的报表问题，故该架构又称为"VIE 架构"。

简而言之，"VIE 架构"是通过把企业分拆为两个实体，以避开中国对外国人投资限制性产业的限制。其中一个实体位于中国，掌控着在中国开展业务所需的牌照和其他资产。外国投资人则能够购买第二个实体（为离岸公司）在境外上市的母公司股票，即 VIE 通常基于如开曼群岛这样的避税天堂，通过一套复杂的法律合同将外国投资者与中国的公司联系在一起。"VIE 架构"保证了中国公司的经济利益流向外国投资者，与此同时，公司的控制权和运营仍然由位于中国国内的实体公司掌握。

几乎所有在美国上市的中国互联网公司，都利用了"VIE 架构"作为绕过中国限制以获得外国资本的方法。据不完全统计，目前已有近 300 家中国企业利用 VIE 在境外上市（包括已经退市的），数千家企业以"VIE 架构"接受 PE/VC 投资。

值得注意的是，根据最高人民法院对香港华懋金融服务公司与中国中小企业投资有限公司之间的民生银行股权纠纷案的判决，"VIE 架构"避开了国内针对特定行业的外商投资限制政策，不能排除被法院认定为规避了特定行业准入的强制性规定而构成"以合法形式掩盖非法目的"的法律风险。

498. 什么是红筹回归？红筹回归的核心问题是什么？

红筹回归，是指原先以境外上市为目的的红筹结构调整为以境内上市为目的的上市主体及控制架构，并最终以该主体通过 IPO 或并购重组等方式实现在境内上市。

红筹回归的核心问题是拆除红筹架构，将发行人的实际控制权由境外转回境内，即实际控制人由原通过境外公司控制发行人，调整为直接持有发行人股权或通过境内持股主体控制发行人。从企业类型上看，发行人由外商独资企业变更为内资企业或中外合资企业，为后续整体变更为股份公司提供了条件。

499. 以红筹模式在境外上市的中国企业如何进行私有化退市？

私有化退市，指通过收购公众持有的流通股份，从而将上市公司由公众公司变为私人公司，并最终实现退市的行为。

以红筹模式在境外上市的中国企业私有化退市的过程大致如下：

（1）收购方提出要约。收购方（也称要约方）寻找投资人，搭建买方团队（根据进展设立并购公司），向目标公司董事会提交私有化提议，公开宣布私有化要约。

（2）境外上市公司内部决策及达成协议。境外上市公司董事会成立特别委员会，特别委员会委任财务顾问、法律顾问进行公平性、合规性考察,出具专业意见;特别委员会及主要股东就并购价格、具体条款等与收购方进行谈判,达成协议。

(3) 履行交易流程。公告披露及提交有关私有化交易的各种重要信息,同时向股东发放收购文件,召开临时股东大会,审议要约收购议案。

(4) 完成私有化。私有化完成,股票停止交易及退市。

500. 拆除红筹架构的重组方式有哪些?

(1) 股权转让方式。采用股权转让方式拆除红筹架构,是指实际控制人控制的外资股东,参照境外 SPV(Special Purpose Vehicle,特殊目的公司)的股权架构及各股东通过境外 SPV 间接持有发行人的股权比例,将所持发行人股权分别转让给实际控制人或其设立的境内持股主体、境外投资者或其设立的境外持股主体。

以股权转让方式拆除红筹架构,优点在于:①能够清晰地看到及对比重组前后各股东的持股情况,易于解释股权演变,论证实际控制人是否发生变化。②股权转让款支付至境外,有利于解决境外股权回购、境外投资者退出等资金需求。缺点在于:①股权转让涉及非居民企业所得税,如税务机关以较高的公允值调整征税,将加重税收负担。②为支付股权转让款,境内购股方需筹集一定资金。

(2) 增资方式。采用增资方式拆除红筹架构,是指原通过境外 SPV 间接持有发行人股权的实际控制人,在境内设立境内持股公司。该境内持股公司对发行人增资取得股权,并摊薄境外 SPV 持有的发行人的外资股权。同时,实际控制人通过股权回购、转让等方式相应放弃通过境外 SPV 持有的发行人部分股权,实现控制权转回境内。

以增资方式拆除红筹架构,优点在于:①避免发行人层面发生股权转让,以现金增资,不会产生所得税。②不涉及向境外付款,节省资金流动成本及税负。缺点在于:①需筹集一笔增资款,虽然中方增资可全部计入发行人注册资本,但如发行人原注册资本过高的话,增资款金额会相应增高。②境外 SPV 可能需回购实际控制人部分或全部股权(或实际控制人转让所持 SPV 股权),增加重组步骤。

501. 红筹架构拆除过程中通常会涉及哪些问题?

(1) 外商投资企业性质发生变更可能涉及的税收优惠问题。根据《外商投资企业和国外企业所得税法》第8条规定,生产性外商投资企业,经营期在10年以上的,从开始获利的年度起,实行"两免三减半"的税收优惠政策,即第1年和第2年免征企业所得税,第3年至第5年减半征收企业所得税。外商投资企业实际经营期不满10年的,应当补缴已免征、减征的企业所得税税款。虽然《外商投资企业和外国企业所得税法》已经失效,但是根据《关于外商投资企业和外国企业原有若干税收优惠政策取消后有关事项处理的通知》第3条的规定,外商投资企业按照《外商投资企业和外国企业所得税法》规定享受定期减免税优惠,2008年后,企业生产经营业务性质或经营期发生变化,导致其不符合《外商投资企业和外国企业所得税法》规定条件的,仍应补缴其此前(包括在优惠过渡期内)已经享受的定期减免税税款。拆除红筹架构可能导致境内拟上市主体的外商投资企业性质发生变更,实际经营期不满10年,需补缴原享受的税收优惠。

(2) 拆除红筹架构时,原境外主体通常采用股权转让的方式将所持有的境内拟上市主体的股权转让给受让方,股权转让涉及企业所得税问题。根据《企业所得税法》及其实施条例,以及《国家税务总局关于加强非居民企业股权转让所得企业所得税管理的通知》(国税函〔2009〕698号),境外主体作为非居民企业,取得源自中国境内的股权转让所得,应当就其股权转让所得缴纳企业所得税。同时,境内受让方作为股权转让款的支付人,应当作为扣缴义务人,实行源泉扣缴,税率为10%。

(3) 拆除红筹架构时,股权转让定价存在是否公允的问题。根据《国家税务总局关于加强非居民企业股权转让所得企业所得税管理的通知》,非居民企业向其关联方转让中国居民企业股权,其转让价格不符合独立交易原则而减少应纳税所得额的,税务机关有权按照合理方法进行调整。

(4) 境外主体清算可能涉及个人所得税问题。在拆除红筹架构后,为增强公司股东的监管透明度,通常会对原红筹架构中的境外主体进行清算。境内自然人所持股的境外主体在清算注销时，若发生股权溢价回购或清算后存在剩余财产并分配至境内自然人，则境内自然人还可能产生个人所得税的纳税义务。

（5）拆除红筹架构时，涉及外汇登记及注销问题。2014年7月14日，国家外汇管理局发布《关于境内居民通过特殊目的公司境外投融资及返程投资外汇管理有关问题的通知》，对境外特殊目的公司的设立、变更及注销等进行了规定。红筹架构在拆除过程中涉及股权转让及境外主体清算等事宜，需要按规定办理外汇登记、变更及注销等手续。此外，若原来搭建红筹架构时存在未办理外汇登记或虚假承诺等情形，将面临补登记及行政处罚的问题。

502. 历史上曾拆除 VIE 协议控制架构的拟上市公司有哪些特别注意事项？

历史上曾拆除 VIE 协议控制架构的公司申请 IPO 时，需要对股权是否清晰、实际控制人是否发生变更、外汇和税务是否合规等方面进行充分的尽职调查。

（1）股权是否清晰。尽职调查时应关注原境外上市主体、WFOE（Wholly Foreign Owned Enterprise，外商独资企业）及境内拟上市主体历次股权的变化、变化原因、定价依据、股权转让价格是否存在较大差异，海外投资者情况及其入股、股权转让及股权回购过程，是否存在股份代持或其他利益安排等。

（2）实际控制人是否发生变更。尽职调查时应关注控制协议的履行情况，VIE 协议控制架构拆除是否导致境内拟上市主体近三年或近两年主营业务和董事、高级管理人员发生重大变化、实际控制人发生变更。

（3）外汇管理是否合规。尽职调查时应关注原境外上市主体历次融资是否办理外汇登记，原境外上市主体在控制协议框架下对 WFOE 或境内运营实体提供资金支持的形式和途径，是否经过外汇审批。

（4）税务是否合规。尽职调查时应关注 VIE 协议控制架构拆除阶段，股权转让方是否按规定纳税，涉及外商投资企业税收优惠的，是否需补缴历史上已享受的税收优惠。

拟上市公司曾拆除VIE协议控制架构的,应披露以下信息(包括不限于):①VIE协议控制架构搭建和拆除过程中,VIE协议的执行情况,以及拆除前后的控制关系结构图。②是否曾筹划境外资本市场上市,如是,应当披露筹划上市进展、未上市原因等情况。③VIE协议控制架构的搭建和拆除过程是否符合外资、外汇、税收等有关规定,是否存在行政处罚风险。④VIE协议控制架构是否会被彻底拆除,拆除后股权权属是否清晰,是否存在诉讼等法律风险。⑤VIE协议控制架构拆除后,生产经营是否符合国家产业政策相关法律法规等规定。⑥VIE协议控制架构拆除是否导致近三年(主板、中小企业板)或近两年(创业板)主营业务和董事、高级管理人员发生重大变化、实际控制人发生变更。

503. 红筹回归后的主体发行上市应满足的主要要求有哪些?

(1)主体资格。发行人应当是在中国境内依法设立且有效存续的股份有限公司。

(2)股权结构。发行人应当股权清晰,控股股东和受控股股东、实际控制人支配的股东所持发行人的股份不存在重大权属纠纷。

(3)持续经营。红筹回归后的发行上市主体需持续经营满三年,法律规定的特别情形除外。

(4)业绩规定。拟在主板和中小企业板上市的主体需最近三个会计年度持续盈利;拟在创业板上市的主体需最近两年连续盈利,最近两年净利润累计不少于1000万元;或者最近一年盈利,最近一年营业收入不少于5000万元。

(5)控制结构。拟在主板和中小企业板上市的主体最近三年内实际控制人没有发生变更;拟在创业板上市的主体最近两年内实际控制人没有发生变更。

(6)主营业务。拟在主板和中小企业板上市的主体最近三年内主营业务没有发生重大变化;拟在创业板上市的主体最近两年内主营业务没有发生重大变化。

(7)产业政策。发行人的生产经营符合法律、行政法规和公司章程的规定，符合国家的产业政策。

（8）合规性。发行人最近36个月内不得有违反市场监管、税收、土地、环保、海关以及其他法律、行政法规，受到行政处罚，且情节严重的情形。

504. 红筹回归后对企业业绩连续计算有影响吗？

境内上市主体对业绩有连续盈利的要求，确定上市主体时需将此要求考虑在内。对于VIE类红筹架构，生产经营实际上放在境内运营公司，其营业利润已通过VIE协议项下的付费安排实际输送至WOFE（Wholly Owned Foreign Enterprise，外商独资企业），若将境内运营公司视为上市主体，则将面对其在红筹架构持续期间利润和业绩不具备参考性的问题。如没有上述付费安排或者上述付费安排尚未实施，则境内运营公司的业绩有可能连续计算。

505. 红筹回归涉及股权回购时如何定价？

红筹回归涉及股权回购时如何定价，在实务中主要有如下方式：以评估的净资产为依据协商定价、账面值或经审计的净资产值、以注册资本为依据定价、零对价或特别低的象征性价格。

一般而言，红筹回归过程中如果不涉及国有资产及第三方权益，股东最终权益未发生变更，其股权转让以注册资本为依据定价、零对价或特别低的象征性价格不会成为上市的障碍。但是根据《关于加强非居民企业股权转让所得企业所得税管理的通知》，非居民企业向其关联方转让中国居民企业股权，其转让价格不符合独立交易原则而减少应纳税所得额的，税务机关有权按照合理方法进行调整。为避免不必要的税务风险，企业以何种方式定价仍需与当地税务机关进行沟通。

506. 红筹回归会给企业增加哪些税务负担？

（1）补缴以往年度税收优惠款。一般情况下，红筹结构下的境内企业都会根据外商投资者企业享受"两免三减半"的税收优惠政策，但对于外资企业实际经营期未满10年、因重组等导致了外资比例低于 25% 的情形将会被要求补缴已减免的所得税款，但在实际操作中企业是否补缴税款取决于税务部门的处理。为保持税收优惠待遇，也有企业做出保留部分境外股权的安排。

（2）重组所涉所得税。去红筹架构涉及股权重组，最主要的形式是外资企业股权的转让，一般情况下，按照公允价值交易都会涉及所得税问题，这就涉及外资企业作为非居民企业的纳税义务。对于非居民企业转让居民企业股权所得，可按 10% 的减半所得税税率缴纳。

根据《关于加强非居民企业股权转让所得企业所得税管理的通知》，非居民企业向其关联方转让中国居民企业股权，其转让价格不符合独立交易原则而减少应纳税所得额的，税务机关有权按照合理方法进行调整。为避免不必要的税务风险，建议企业在拆除红筹架构过程中与当地税务主管部门进行沟通，对股权转让价的确定予以解释和说明，以免出现后续被税务部门按照独立交易原则调整计税基础，被要求补税，进而影响上市。

股权转让若符合《财政部、国家税务总局关于企业重组业务企业所得税处理若干问题的通知》以及《财政部、国家税务总局关于促进企业重组有关企业所得税处理问题的通知》规定的特殊税务处理条件的，可申请特殊税务处理。

由于去红筹架构可能需要动用大笔的资金在境内外流转，缺乏资金的企业可能需要短期的大额融资，还要考虑资金如何从境外转回，这将增加重组的财务成本。

507. 境外投融资及返程投资外汇管理有何新规定？

2014 年 7 月 4 日，国家外汇管理局发布《关于境内居民通过特殊目的公司境外投融资及返程投资外汇管理有关问题的通知》，相关规定如下：

（1）对于"境内居民（含境内机构和境内居民个人）以投融资为目的，以其合法持有的境内企业资产或权益，或者以其合法持有的境外资产或权益，在境外直接设立或间接控制的境外企业"必须进行外汇管理登记。同时，明确规定了对于"通过新设、并购等方式在境内设立外商投资企业或项目,并取得所有权、控制权、经营管理权等权益的行为"等需要办理特殊目的公司外汇登记事项。明确境外投资外汇登记手续的时间由"设立或控制境外特殊目的公司之前"改为"向特殊目的公司出资前"。

(2)明确非上市特殊目的公司实施的针对境内企业董事、监事、高级管理人员与员工的股权激励计划(以下简称"ESOP")可以办理外汇登记,并出台了细则,体现了监管机构对于境外融资及境外资本市场发展的密切关注。此项规定将可能有效解决非上市 VIE 架构公司的 ESOP 的登记与行权困惑,使得这些公司在上市之前,其推行的 ESOP 对于大多数员工而言不再是不确定状态。

(3)境内居民以境内外合法资产或权益已向特殊目的公司出资但未按规定办理境外投资外汇登记的,境内居民应向外汇管理局出具说明函说明理由,外汇管理局根据合法性、合理性等原则办理补登记。此项规定有助于解决之前已经设立特殊目的公司但不能在 75 号文下补登记的问题。

(4)允许境内居民个人向特殊目的公司提供资金支持,取消境内企业对特殊目的公司境外放款的限制,有效地简化了境内居民个人进行境外投资的程序。

2014 年 12 月 26 日,国家外汇管理局发布《国家外汇管理局关于境外上市外汇管理有关问题的通知》,对境内企业在境外上市涉及的业务登记、账户开立与使用、跨境收支、资金汇兑以及退市等事宜的外汇管理事项进行明确,具体要求如下:

①境内公司(银行类金融机构除外)应当凭境外上市业务登记凭证,针对其首发(或增发)、回购业务,在境内银行开立"境内公司境外上市专用外汇账户"(以下简称"境内公司境外上市专户"),办理相关业务的资金汇兑与划转。

②境外上市公司的境内股东应当凭境外持股业务登记凭证,针对其增持、减持或转让境外上市公司股份等业务,在境内银行开立"境内股东境外持股专用账户"(以下简称"境内股东境外持股专户"),办理相关业务的资金汇兑与划转。

③境内公司回购其境外股份,可以使用符合有关规定的境外资

金和境内资金。境内公司需使用并汇出境内资金的,应凭在所在地外汇局登记回购相关信息(含变更)后取得的境外上市业务登记凭证(回购相关信息未登记的,需在拟回购前20个工作日内办理登记,取得相应业务登记凭证)及回购相关情况说明或证明性材料,到开户银行通过境外上市专户(外汇)或待支付账户(人民币)办理相关资金汇划手续。

④境内公司从境外证券市场退市的,应在退市之日起15个工作日内持主管部门相关批复复印件、退市公告等真实性证明材料及境外上市业务登记凭证、相关账户和资金处理情况说明到所在地外汇局办理境外上市登记注销。所在地外汇局同时收回该境内公司境外上市业务登记凭证。

508. 红筹架构与假外资的主要区别有哪些?

红筹架构与假外资的结构基本相同,均是境内主体设立境外主体,再通过境外主体对境内企业进行投资与控制,其主要区别有:

(1)设立境外主体目的不同。红筹架构设立境外主体的目的为以其持有的境内企业资产或权益在境外进行股权融资(包括可转换债融资);而假外资设立境外主体的主要目的为政策寻租(我国外商投资企业在诸多方面享有超国民待遇)、财产保护与非法转移(获得国外更好的财产保护或进行跨境洗钱)和金融投机(利用境外更多的投资避险工具)等。

(2)返程投资资金来源不同。红筹架构以境外融资为目的,融资完成后存在增量资本入境。而假外资一般不涉及增量资本入境,只是纯粹的境内资金存量的往复运动。

509. 对红筹回归上市的路径选择如何设计?

红筹企业完成私有化退市及拆除红筹架构后,在满足境内上市条件的情况下,可以选择自身IPO或借壳的方式上市。自身IPO与借壳两种方式在操作难度、所需时间、募集资金、发行估值水平、业绩承诺等方面各有优劣势。

(1)操作难度。IPO方式涉及的审批工作较为复杂,相比借壳需要增加上市辅导环节。

（2）所需时间。IPO方式在目前中国证监会的审核进度下所需的时间较长。而重组上市所需的审批时间相对较短，但寻找合适的壳资源的时间不可控，购买壳公司的成本较高。

（3）募集资金。IPO时直接发行新股融资，可以直接将大量新募集现金投入新项目。根据《上市公司重大资产重组管理办法》的规定，借壳不能同时募集配套资金。

（4）发行估值水平。IPO时发行市盈率一般不高于23倍，借壳时市盈率一般不高于15倍。

（5）业绩承诺。IPO时控股股东及实际控制人无须进行业绩承诺。重组上市时控股股东及实际控制人需承诺未来3年业绩。

510. 对于发行人控股股东位于境外且持股层次复杂的，应如何进行核查和信息披露？

对于控股股东设立在境外且持股层次复杂的，保荐机构和发行人律师应当对发行人设置此类架构的原因、合法性及合理性，持股的真实性，是否存在委托持股、信托持股，是否有各种影响控股权的约定，股东的出资来源等问题进行核查，说明发行人控股股东和受控股股东、实际控制人支配的股东所持发行人的股份权属是否清晰，以及发行人如何确保其公司治理和内控的有效性，并发表明确意见。

第七章
媒体关系、投资者关系管理及路演

511. 为什么招股说明书预披露是拟上市公司的媒体关系第一课?

信息披露制度,是上市公司为保障投资者利益、接受社会公众的监督而依照法律规定必须将其自身的财务变化、经营状况等信息和资料向证券监管部门和证券交易所报告,并向社会公开或公告,以便使投资者充分了解情况的制度。它既包括发行前的披露,也包括上市后的持续信息公开,主要由招股说明书制度、定期报告制度和临时报告制度组成。

对于拟上市公司而言,向中国证监会递交招股说明书是迈向公众公司进程中的重要一环。从招股说明书预披露那一刻开始,许多从未披露的内部信息就转化为公开信息,公司也因而更容易成为媒体的报道对象。媒体会出于各种动机分析公司的不足之处,进而发表质疑报道。尽管并不是每篇质疑报道都会影响到公司的 IPO 进程,但依然有大量因媒体报道而折戟 IPO 的案例。因此,拟上市公司在招股说明书预披露之前必须要进行一系列的相关准备,以应对可能出现的媒体关系问题。

一般而言,消费品行业的拟上市公司更容易被公众和媒体关注,制造业企业,特别是主营业务处于产业链中上游的企业受关注程度较低,但消费品行业公司往往已经具备一定的品牌和媒体关系管理经验,而制造业企业往往缺乏品牌和媒体关系管理经验。

512. 股票发行上市期间，拟上市公司怎样制定舆情应对机制？

发行上市期间，企业任何公开信息的行为都应以配合发行上市为中心。

企业在上市前，应设立新闻发言人，一般由董事会秘书担任。新闻发言人作为企业对外信息的统一出口，负责对外信息的发布。其他高级管理人员、企业工作人员，未经许可不得私自传播和发布企业信息。企业必须遵循公开信息一致性原则，即公开的信息必须与招股书等已公开披露材料保持内容一致。

对于媒体来访，可制定相关应对机制，主要包括：

（1）梳理公司内部的危机风险点，对于媒体的潜在质疑点进行模拟问答。

（2）建立对外信息窗口和制度，组建媒体应对工作小组，指定对接人，统一对外口径。

（3）做好媒体采访预案工作，可要求媒体提供书面采访提纲，公司书面答复更有助于完整准确地传递信息。

（4）做好舆情监控，把握信息传播主动权，及时获取相关报道信息。

发行上市期间，企业可能发生的舆情危机事件主要涉及：财务造假、股权纠纷、历史沿革、安全生产事故、产品质量问题、重大劳资纠纷、竞争对手举报等方面。从近年的IPO案例看，拟上市公司可能遇到的质疑报道大致可分为两类：一类是涉及招股说明书信息本身的质疑报道，此类报道对IPO进程的影响有限；另一类是源于举报、媒体独立调查、公司自身"黑天鹅事件"的质疑报道，后者更有可能影响企业的上市进程。

舆情危机发生时，企业应系统地、有节奏地应对危机。首先要和各中介机构一起，理性判断报道对于发行上市进程的影响程度，做到沉着冷静；其次要根据事件的性质采取应对措施，对于前述第一类报道，可尝试与发稿媒体沟通、澄清；对于前述第二类报道，应尽快与各类中介机构商定处理方案，向发行审核部门提供有说服力的反馈材料，最大可能减轻对发行上市的影响。

股票发行上市期间，如遇虚假或恶意报道，企业可以本着有理有利有节的原则，采取以下方式应对：及时向媒体主管单位通报有关情况，并将实际情况如实向监管部门反馈；对违反法律规定的媒体及记者追究法律责任，维护企业形象。

513. 什么是法定信息披露媒体？

依法必须披露的信息，应当在国务院证券监督管理机构指定的媒体发布，同时将其置备于公司住所、证券交易所，供社会公众查阅。根据中国证监会信息披露制度规定，上市公司必须指定一家报纸（期刊）、一家网站作为法定信息披露媒体。

上市公司信息披露应当刊登在中国证监会指定的报刊和网站上，投资者可以通过中国证监会指定报刊和网站获取上市公司的有关信息。法定信息披露媒体指的是中国证监会指定的，具有上市公司法定信息披露权限的媒体。

上市公司法定信息披露媒体由报刊和网站组成：

（1）报纸类包括《中国证券报》《证券时报》《上海证券报》《证券日报》《金融时报》《中国改革报》《中国日报》等。

（2）期刊类包括《证券市场周刊》等。

（3）网站类包括巨潮资讯网（www.cninfo.com.cn）、上海证券交易所网站（www.sse.com.cn）等。创业板信息披露指定网站有5家：深圳证券交易所下属巨潮资讯网（www.cninfo.com.cn）；中国证券报下属中证网（www.cs.com.cn）；上海证券报下属中国证券网（www.cnstock.com）；《证券时报》下属证券时报网（http://www.stcn.com）；《证券日报》下属中国资本证券网（www.ccstock.cn）。

514. 在企业发行上市过程中财经公关公司扮演着什么角色？

财经公关是一种以投资者关系管理为核心的财经整合营销传播手段。在某些情况下，企业在IPO过程中会聘请财经公关公司进行设计、展示、推介、解释和沟通等公关推广活动，一方面负责媒体关系及危机公关；另一方面负责路演活动的协调和安排。

企业聘请财经公关公司的目的是促进公司与投资者之间的良性沟通，保证信息交流的充分性和有效性，寻求和维护企业在资本市场中的特定形象和价值定位,建立和维护良好的投资者关系。企业在选择财经公关公司时,应做好充分的前期调研,选择适合的财经公关公司。在达成合作关系后,企业还应配合财经公关公司深入了解企业文化,充分挖掘企业价值。

515. 股票核准发行后企业与投资者沟通的主要途径有哪些?

股票核准发行后,企业应构建多层次沟通渠道,保持与投资者顺畅地沟通,使投资者对公司投资价值及未来发展前景有充分的理解和认知,进而为公司股票的顺利发行提供支持。同时,股票核准发行后,企业要做到公平对待全体投资者,及时、有效地披露上市相关材料,引导理性投资,为上市后与投资者保持顺畅沟通建立桥梁。

企业要与投资者尤其是中小投资者建立互动沟通机制,积极主动利用网下发行路演、网上发行路演、一对一路演、反向路演、电话热线、企业网站投资者关系专栏等多种渠道,主动进行企业推介。同时,对投资者的诉求、咨询等应进行及时、负责地沟通反馈。

516. 股票核准发行后企业路演推介应注意哪些问题?

股票核准发行后,企业推介团队将通过路演直接与众多投资者尤其是机构投资者进行交流,以确定股票发行价格。企业路演推介的效果将影响股票发行价格,因此,企业须重视路演推介活动,并在路演推介时注意以下几个方面:

(1)推介团队要熟悉推介材料的关键内容和重要数据,充分掌握公司的投资亮点和投资者关注的主要问题,对公司优势和亮点的推介充满自信。

(2)熟悉招股说明书的内容,对超出招股说明书范围的问题及敏感问题要有充分准备。

(3)路演沟通中需注意倾听投资者提问并适当记录,明确投资者问题后进行回答,并注重沟通技巧。

(4)充分了解不同路演方式的特点及期望达成的目标,掌握不同路演推介对象的投资偏好及特点。

(5)路演推介时,不得披露企业未公开披露的任何信息,切忌披露与招股说明书不符的内容。

(6)体现团队精神,展现出企业良好的精神面貌与优秀的企业文化。

第八章
行业特殊问题

第一节 互联网

517. 为何互联网企业热衷海外上市？

（1）中国早期的互联网公司都是由美元风投基金投资的，境外资本在互联网企业发展早期起到了关键作用。这些境外风投资本要从互联网企业退出时，在国外退出更加方便，所以，他们大多要求互联网企业选择在境外上市。

（2）境外资本市场有很多同类的互联网公司。如在纳斯达克上市，与其他许多科技型的好公司在一起，不仅可以提升自身形象，而且方便投资者比价，以形成更为合适的价格。

（3）A股上市的门槛比较高，并且要求互联网企业是境内注册企业，有盈利或者市值、营业收入等要求。很多互联网公司上市的时候，其盈利、市值、营业收入等水平达不到境内上市要求，公司注册地或历史沿革不符合国内的上市要求，或不能按国内的要求有相应的募集资金投向。虽然境外上市的总体费用不菲，但国内上市的盈利、市值、营业收入等门槛更高，而且受审核理念和政策的影响较大，很多互联网创业公司更愿意选择上市确定性较高的境外市场。

518. 互联网企业境内上市发行审核的重点和难点是什么？

（1）对商业模式的理解和对发展前景的判断。在审核中企业盈利模式的改变或创新是作为风险点被高度关注的,而互联网企业如果不能保持盈利模式的不断创新,无疑是致命的。互联网商业模式的创新驱动明显,通过挖掘新的收入来源并创新技术应用,塑造独特的商业模式,企业更易更快地获得市场认同;相反,如果缺乏服务内容和商业模式的创新,新进入者将难以与具有先发优势并占得相当市场份额的业内主要竞争者展开竞争。互联网企业需及时把握行业发展态势、市场前景和投资机会,适时创新盈利模式,抢占市场先机。此外,网络企业具有新型而独特的商业模式,或许行之有"利",从"烧钱"到"赚钱"的拐点可能随时出现。

(2)收入确认问题。互联网企业的收入确认问题体现在以下几个方面:一是企业的商业模式是否简单、易懂,从而判断收入确认的风险是否可控;二是互联网企业的收费往往是小而散,每笔业务合同是否保存完整,是否能提供收入真实性的形式证据是难点;三是现金流量是否正常,是收入真实性的实质证据;四是收入确认方法是否科学合理涉及收入确认金额的准确性。比如,互联网基础服务一般是完成时一次性确认收入,互联网信息推广服务则是根据合同规定的服务期限分期确认,而广告发布服务又是根据广告发布期限分期确认收入等,要考察收入确认是否与业务模式相匹配。

(3)企业价值的评估。互联网企业的资产包括有形资产和无形资产两部分,其中企业价值更多地体现在无形资产中,因此对企业价值的评估主要集中在无形资产评估。针对互联网的估值,不宜单纯使用市盈率(PE)的方法,应使用 PE/AEG/PEG 等多种估值方法相结合,更多地考虑公司的成长性,将定价权部分交给市场。所有的网络硬件设施,如服务器、电脑,以及软件系统,都应当归类为有形资产部分,可以按照传统资产评估体系的原则进行评估,并不存在任何障碍。难点在于如何评估其无形资产的部分,除了商标、软件著作权等通常的无形资产外,虚拟资产和 E-Branding(电子品牌)是互联网企业独特的价值。虚拟资产,指的是网站内容、网站域名、网站用户、用户排名、访问量、搜索引擎收录等部分,E-Branding 包括网络品牌形象、网络客户价值、网站行业地位、网络潜在价值等部分。

第七部分　发行上市相关专题

（4）特殊的财务结构。互联网企业财务结构呈现如下特点：提供的产品是服务，并且是根据客户的需要提供，不存在存货问题；无传统意义上的"生产线"，固定资产以电脑设备和房产为主，占比较小；收费模式有别于传统行业，绝大多数业务收入都以现金的形式及时或提前收进，应收账款少，经营活动现金流充沛；主营业务成本较低，支出主要是期间费用，毛利率较高；迫于生存的压力和快速发展的需要，有强烈的高现金储备要求等。互联网企业特殊的财务结构带来了一系列的审核问题，比如：流动资产比重较大、固定资产比重较小，企业如何提供持续发展的保证；资产负债率过低，货币资金的比重较大，是否有融资的必要；毛利率指标"失真"会增加对企业盈利能力判断的难度。

（5）募集资金投向。国内股票发行审核理念强调募集资金投资项目的确定性，并且主要针对资本性项目，投资主要用于固定资产投资，要求拟发行企业要提出非常明确的投资项目和效益预测，通俗地说就是要投到"看得见摸得着"的"硬"项目上。然而，互联网企业募投项目在微观层面较难获得确定性。互联网企业一般为轻资产运营，主要成本为人力资源成本或运营成本，其募集资金用途无法像传统经济企业那样用于购置有形的固定资产，而是用于无形的东西，如网络的建设、服务平台的建设和升级、内部管理系统的完善、人力资源的投入、流动资金的补充等，属于"看得见摸不着"的东西，募集资金投向的预期效益一般较难预测。互联网行业发展瞬息万变，新的盈利机会不断涌现，投资项目具有较大的不确定性。互联网企业做大的主要途径是并购，而并购竞争对手目前来说还很难成为国内发行审核中募集资金项目的主要使用途径。

519. 互联网企业IPO被否决的主要原因有哪些？

（1）持续盈利能力问题。由于互联网商业模式的创新驱动明显，如果不能保持盈利模式的不断创新，无疑会对企业造成致命影响。对于互联网企业而言，持续盈利能力问题最受监管机构关注，主要包括盈利来源是否集中、盈利指标是否具有合理性、经营模式是否会发生重大变化等问题。

（2）业务资质问题。根据《互联网信息服务管理办法》《互联网视听节目服务管理规定》等相关法律法规的规定，从事相关互联网经营可能需要取得电信与信息服务业务经营许可证、增值电信业务经营许可证、信息网络传播视听节目许可证、广播电视节目制作经营许可证、网络文化经营许可证、互联网出版许可证等一系列资质证照。上述资质证照均需要满足法律法规规定的一系列条件且必须经相应主管部门审核后方能取得。相关经营资质的取得及年度检查对互联网企业上市至关重要。

（3）收入确认问题。无论是国内目前使用的企业会计准则还是国际会计准则，关于产品销售收入的判断标准，基本都是针对传统行业制定的。对于目前涌现出来的新型产业，特别是互联网行业，现存判定标准就显得过于抽象，无法涵盖互联网行业的销售特征。因此，收入确认问题也是中国证监会考核重点之一，中国证监会还会特别关注核查发行人收入的真实性以及相关的核查措施是否到位。

（4）信息披露问题。对于互联网企业而言，部分企业没有实体商品，核查工作量较大，很有可能导致披露不够充分。因此，中国证监会会关注信息披露的信息内容是否准确、信息披露是否完整充分等问题。

520. 网络视频企业在境内上市需要关注的问题和审核重点有哪些？

（1）经营资质的稳定性及持续性。从事网络视频经营需要取得电信与信息服务业务经营许可证、增值电信业务经营许可证、信息网络传播视听节目许可证、广播电视节目制作经营许可证、网络文化经营许可证、互联网出版许可证等一系列资质证照，上述资质证照均需要满足法律法规规定的一系列条件且必须经相应主管部门审核后方能取得，相关经营资质的取得及年度检查对网络视频企业至关重要。

（2）视频内容竞争激烈，版权采购成本高。新媒体时代"内容为王"，各大视频网站主要阵营已经形成，并进入了从同质化走向差异化的竞争。为吸引用户，需要更优质以及覆盖面更广的内容资源，内容资源的价值将会不断提升。长视频内容由于其有助于保持网站用户黏性及提高用户平均浏览时长,已经成为视频网站争夺用户的核心因素,各家视频网站均相应加大独播剧力度,以求网站用户的增量并增强已有用户的黏性及活跃度,热映的优质影视剧从而成为各家视频网站争夺的热门资源,并且需求将持续扩大;投资拍摄原创视频节目也成为当下各大视频网站实现其差异化竞争战略的新趋势。主流视频服务商均已逐步形成自身的影视剧版权库,以保证为用户提供全面的视频产品,对优质影视剧版权竞争日趋激烈。因此,版权内容的储备成为视频网站竞争的焦点,版权价格持续保持在较高水平,给视频网站的资金运营管理带来较大压力。

(3)版权诉讼风险。随着网络视频行业的不断规范发展以及网络版权方对网络版权保护意识的日益加强,网络视频服务商和视频版权方开始较多地采取法律手段对自身的合法版权进行保护,使版权方和视频服务商之间、视频服务商相互间发生大量的诉讼和纠纷,版权诉讼和维权行为已成为网络视频行业的一种常态。网络视频企业为其注册用户提供网络存储空间,允许注册用户上传各种类型视频(包括但不限于影视剧、原创MV、搞笑短片、影视片花等)至其网站。网络视频企业通常宣称其不对用户上传的视频进行任何非技术性的编辑或篡改,但在实践中较多情况下无法适用避风港条款,因此若用户上传的视频涉嫌侵权的,则存在潜在的版权诉讼风险。版权市场分散,权利人众多且分销机制复杂,网络视频企业多数从版权方以及版权代理机构等权利人处采购版权,如果许可方不具有相应权利,网络视频企业使用其从不具有合法权利的许可方采购的影视剧,则存在侵害他人合法版权的风险,从而引发版权诉讼风险。

(4)境外影视剧互联网传播风险。近年来,网络视频企业为了增加其所提供视频内容的丰富性及多样性,向境外影视作品版权人采购了大量的境外影视剧作品,网络视频企业在其网站发布或用户在互联网上分享的多数境外影视剧未取得我国广播电影电视主管部门颁发的电影公映许可证、电视剧发行许可证或电视动画片发行许可证。我国广播电影电视主管部门可以采取措施整顿规范上述未取得许可证的境外影视剧在互联网传播的行为,从而影响网络视频企业的经营。

（5）网络自制剧被要求下线的风险。随着网络视频行业产品和服务日趋成熟，各大视频网站对行业领先地位的争夺更加激烈，战略、内容、技术、业务创新所建立的领先优势能够持续的周期不断缩短。因此，网络自制剧和自制栏目成为内容差异化和应对版权采购成本上升的重要手段，各大视频网站纷纷积极投入资源，展开激烈竞争，对自制内容的质量和运作提出了更高的要求。网络自制剧实行内容备案制度，存在被主管部门要求下线的风险。这些自制剧被主管部门要求下线后，部分剧目经过网络视频企业重新剪辑制作后可以重新上线播出，个别剧目可能会面临重新上线时间不确定的问题。

（6）我国网络视频行业商业模式成熟度风险。我国网络视频行业具有发展速度快、模式创新及融合频繁、用户需求多样化的特点。目前，该行业处于从发展期向成熟期过渡阶段。在这个过渡阶段，我国网络视频行业呈现出如下发展特征和趋势：一是大型媒体单位纷纷推出视频门户，行业吸引力和服务水平得到提升；二是大型网络视频服务商整合进程加速，资本力量助推行业洗牌；三是视频服务商版权意识提升，有利于行业规范健康发展；四是传统免费服务商纷纷推出付费服务，付费点播模式获得广泛认可。在网络视频行业从发展期向成熟期过渡阶段，各服务商都形成了相对成熟和稳定的商业模式及盈利模式，但是网络视频行业具有模式不断创新及相互融合频繁的特征，因此，随着产业政策、行业技术、网络环境和用户需求的不断变化，商业模式及盈利模式的成熟度和稳定性会呈现出波动特征。

（7）盈利模式的稳定性和持续性风险。我国网络视频企业主要形成了付费和免费两类服务模式，而互联网行业发展迅速，用户需求可能不断发生变化，一旦网络视频企业建立的业务模式和盈利模式所依赖的客观条件发生不利变化或者不能继续通过业务及模式创新持续开发出符合用户需求的服务，网络视频企业的盈利将出现波动，影响其经营的稳定性和持续性。

（8）用户资源争夺尤为激烈。针对用户的竞争主要体现在注册用户量和付费用户量的争夺上。一方面通过为用户提供免费观看、上传和下载服务吸引用户；另一方面通过版权购买增强内容丰富性、新颖性以吸引用户。同时，网络视频企业竞相通过提升清晰度、流畅度等用户体验效果来争夺用户资源。

（9）用户黏性。中国独特的影视剧生产播出方式给视频网站保障用户黏性带来考验。中国的电视剧基本是以项目制制作方式，针对某个故事剧本集中拍摄一段时间后，卖给电视台或其他播出渠道进行每天两集不等的放送，这种生产和播出方式使得单个热播剧内容无法成为保障用户长期停留在视频网站的黏性工具，需要视频网站不断投入购买内容。

521. 网络游戏在国内上市需要关注的问题和审核重点有哪些？

（1）经营资质相关问题。网络游戏行业属于互联网信息服务业的子行业之一，其行业行政主管单位包括工业和信息化部、国家广播电视总局、文化和旅游部、国家版权局等部门，以上相关部门在各自职责范围内依法对涉及特定领域或内容的互联网信息服务实施监督管理。网游企业业务合法经营须取得相关的批准、许可及相关备案登记手续，包括电信与信息服务业务经营许可、增值电信业务经营许可、网络文化经营许可、电子出版物制作业务备案、互联网出版许可证、互联网电子公告服务（BBS）备案以及游戏产品内容备案。若网游企业未能维持目前已取得的相关批准和许可，或者未能取得相关主管部门未来要求的新的经营资质，则可能面临罚款甚至限制或终止运营的处罚，对企业的业务产生不利影响。

（2）青少年沉迷网络游戏导致的严格监管。网络游戏行业在快速发展的同时也带来了一定的社会问题，部分学生沉迷网络而影响学习成绩的报道也见诸报端，网络游戏被质疑影响缺乏自制能力的未成年人的身心健康。因此，政府不断加强对网络游戏行业的监管和立法，对网络游戏运营的资质、游戏内容、游戏时间和游戏经营场所等多方面进行了更严格的限制，从而给网络游戏行业的外部经营环境带来一定的不确定性。由原新闻出版总署、中央文明办、教育部、公安部等八部委联合发布并于2007年7月15日开始实施的

《关于保护未成年人身心健康实施网络游戏防沉迷系统的通知》对未成年人游戏在线时间、实名认证等做出了一系列规定。随着国家对网络游戏企业监管的不断加强,这类企业的运营成本还有继续攀升的趋势。

(3)人才流失风险。目前,中国网络游戏产业的人才储备呈"金字塔形",底层是运营、支持、服务等人才;中段是游戏设计与开发人才;塔尖是主程序员、美术总监、策划总监等。随着网络游戏市场的增长和行业竞争的加剧,对游戏开发及运营人员管理的问题也渐渐浮出水面。行业迅速发展下膨胀的游戏人才需求,以及行业本身的多变性所造成的人才流动过快,在某种程度上又加剧了业内的人才缺乏。游戏开发人才的培养是中国网络游戏持续发展必须解决的问题,而目前网络游戏的培训和教育市场仍不成熟,虽然社会上也有一些培训机构,但教育内容的不统一、师资的不专业、设施的不规范,还有学员原有基础的差异等各方面问题,都使得培养出的人员很难在一开始就在开发、运营中承担重任。游戏人才依然短缺,游戏厂商之间的人才争夺激烈,核心团队的动荡会导致游戏竞争对手间此消彼长。

(4)成功经验难以复制。单款成功游戏的可复制性不强,无法保障游戏厂商收益的长期稳定性。目前,市场上排名靠前的网络游戏厂商主要收入来源都是依靠一至两款成功的游戏,企业经营者对后续推出的游戏能否成功都没有十足的把握,而大型网络游戏无论是自主研发还是授权运营成本都很高,"试验"的代价很大。

(5)行业内存在不正当竞争,游戏同质化比较严重。基于网络游戏行业是一个智力密集型行业,游戏专才对企业的发展起决定性作用。而我国目前网络游戏行业中存在的恶意"人才挖角"现象,不仅损害了原创企业的利益,也影响了部分研发中的游戏的质量和进度,最终损害的是整个行业的发展。在激烈的行业竞争中,部分网络游戏企业在内容上有急功近利的倾向,部分网络游戏显现出明显的同质化趋势,即使是新出现的游戏模式也会在不久以后就被各方厂商以各种形式变相模仿。网络游戏的这种低水平竞争将直接导致玩家的游戏兴趣的缩减,在一定程度上阻碍了游戏市场的发展。

（6）产业瓶颈及知识产权纠纷风险。对于中国网络游戏厂商来说，延长游戏生命周期仍然是一个需要深入探索的课题。一些原本表现出色的优秀网络游戏，已经渐渐地进入了生命周期的衰退期。在一些老牌游戏中，除了少数游戏依然保持增长之外，其他游戏增长均不同程度地出现了停滞或衰退，部分网游企业的发展出现了瓶颈。另外，虽然行业中的国产原创产品已经初具规模，但是部分市场核心产品仍然受制于海外，游戏收入中的大部分都支付给拥有版权的国外游戏厂商。在一段时间内，这一问题也是中国部分网络游戏代理厂商面临的主要瓶颈。还有，引进海外授权游戏容易产生知识产权纠纷、后续技术支持不能及时到位等问题。

522. 跨境电子商务企业在国内上市需要关注的问题及审核重点有哪些？

（1）经营资质相关问题。电子商务企业在实践中一般分为平台类电子商务（为第三方交易提供撮合服务，买卖双方均为第三方）和自营类电子商务（平台为卖方）两类。平台类电子商务属于《电信业务分类目录》中的 B21 项，即第二类增值电信业务——在线数据处理与交易处理业务，需要办理增值电信业务经营许可证，实践中通常将该类增值电信业务许可证简称为"EDI（Electronic Data Interchange）"许可证。自营类电子商务（平台为卖方）或者传统企业通过互联网平台销售产品的，则无须办理增值电信业务经营许可证，而是按照各地通信管理局的规定办理备案。作为跨境电子商务企业还需要取得与经营相关的对外贸易经营者备案登记表、中国海关进出口货物收发货人报关注册登记证书等资质证书。上述资质证照均需要满足法律法规规定的一系列条件且必须经相应主管部门审核后方能取得，相关经营资质的取得及年度检查对电子商务企业至关重要。

（2）汇率波动对盈利企业的影响。跨境电子商务企业包括跨境进口电子商务企业及跨境出口电子商务企业，跨境电子商务主要从事的是货物进出口业务，深受汇率的影响。审核中对此也应予以重点关注。若人民币贬值，则有利于跨境出口电子商务企业的发展；

反之，人民币升值则有利于跨境进口电子商务的发展。

（3）企业销售的相关情况。跨境电子商务就其本质来说是一种进出口贸易，对跨境电子商务企业海外销售情况，通常要关注行业政策、海外政策等对销售可能产生的影响，销售结算时点、结算方式及其回款情况等问题。

（4）以第三方主体名义开店的问题普遍受到关注。跨境电子商务企业出于满足业务发展及行业竞争等原因，往往需要开设大量店铺。其中，一部分为使用员工或第三方主体名义开设，并通过签订协议的形式取得店铺的所有权及相关其他权益。监管部门在审核中对于相关合法合规性、是否符合会计准则等予以关注。

（5）境外销售的合法合规性。跨境电子商务企业的主要客户位于海外，往往要依据当地的法律法规和政策制度进行销售，因此，境外销售过程中是否违反当地法律法规和政策、是否符合国内外的税收规定会受到监管部门的关注。

523. 移动互联网企业境内上市存在哪些特殊问题？

（1）多样化类型服务影响企业经营独立性。移动互联网企业基于其自身的移动平台系统，根据用户需要提供多样化服务，这些服务可能与关联方部分传统业务产生潜在的同业竞争。例如，企业主要依靠信息平台提供新闻资讯、视频等服务，同时也提供一些个性化的旅游信息服务，其实际控制人另外控股某旅游公司，做部分线下的旅游服务，可能被认为同业竞争。有的移动互联网公司的实际控制人也是风险投资家，在移动互联网行业控股或参股多家不同服务领域的公司，由于用户具有交叉性，也可能被认为存在同业竞争。部分移动互联网企业对电信及移动运营商有较大的依赖性，业务发展主要依靠一家大型的电信运营商，其业绩与该电信运营商的投资计划息息相关，电信运营商的投资计划或合作模式的调整可能导致该类企业的业绩较大波动。

（2）短周期产品服务减缓主营业务持久性。移动互联网企业的核心资源是用户，基于同一用户群开发出来的产品或服务可能差别很大，其产品或服务的生产周期非常短，业务模式调整速度快，从而导致业务内容不够稳定。移动互联网企业产品和服务的变化都是基于其庞大用户群的流量变现能力,是有较强竞争力和市场应变能力的表现。但是,境内上市规则要求报告期内发行人主营业务突出,不能发生重大变化,创业板同时要求发行人主要经营一种业务。移动互联网企业这些产品和服务的变化可能被认为不符合要求。

(3)实名制注册要求增加了移动互联网企业的合规性难度。2016年6月28日,国信办发布《移动互联网应用程序信息服务管理规定》,对通过移动智能终端提供应用程序的相关主体及行为进行规范。根据前述规定,互联网应用程序提供者除应依法取得相关业务资质、履行业务上线互联网信息备案手续及规范发布、传播信息内容外,尚需依照规定条款规范应用程序的经营、管理,其中,对移动互联网企业影响较大的规定为针对APP用户注册的实名认证规定"按照'后台实名、前台自愿'的原则,对注册用户进行基于移动电话号码等真实身份信息认证"。鉴于用户的使用习惯,移动互联网企业需要采取各种措施以促使用户完成实名认证,以满足监管的要求。在此基础上,进一步对移动互联网企业建立健全用户信息安全保护机制提出了更高的要求,以防泄露或买卖用户信息而引发的纠纷和信任危机。移动互联网企业在收集、使用用户个人信息应当遵循合法、正当、必要的原则,明示收集使用信息的目的、方式和范围,并经用户同意。

524. 互联网企业拆除红筹结构在境内上市需要关注哪些问题?对其审核有什么特别要求?

(1)互联网企业在拆除红筹结构在境内上市时,被关注的主要问题包括:①红筹结构搭建和拆除过程,包括红筹结构搭建过程是否合法合规,是否存在未履行的审批、备案或登记手续,回归过程需遵守外商/境外投资审批、外汇管理、税务、产业政策、反垄断等方面的规定及多次股权结构变化过程中有无违反外汇、海外投资监管的相关法律法规的情形,是否存在行政处罚风险;②Variable Interest Entities(可变利益实体,以下简称"VIE")协议执行情况,以及拆除前后的控制关系结构图;③VIE协议控制架构是否彻底拆除,拆除后标的资产股权权属是否清晰,是否存在诉讼等法律风险;④VIE协议控制架构拆除后,标的资产的生产经营是否符合国家产业政策相关法律法规的规定;⑤VIE协议控制架构拆除是否导致上市主体报告期内主营业务和董事、高级管理人员发生重大变化,实际控制人发生变更。

(2)对于控股股东设立在境外且持股层次复杂的,保荐机构和发行人律师应当对发行人设置此类架构的原因、合法性及合理性、持股的真实性、是否存在委托持股、信托持股、是否有各种影响控股权的约定、股东的出资来源等问题进行核查,说明发行人控股股东和受控股股东、实际控制人支配的股东所持发行人的股份权属是否清晰,以及发行人如何确保其公司治理和内控的有效性,并发表明确意见。

525. 互联网企业私有化后在国内再上市需要关注哪些特殊性问题?

(1)私有化时间考量。私有化及境内外重组均需要一定时间,所涉及的法律与财务等问题纷繁复杂,这些时间因素对互联网企业未来回归国内资本市场时的估值可能产生影响。

(2)私有化成本考量。私有化的收购方必须向拟私有化公司的中小股东提供基于一段时间内股价的溢价,这样才可能达到回购股权的目的。这意味着收购方的财务压力将倍增。

(3)境内上市审核关注重点。互联网企业私有化后在国内再上市通常需要拆除红筹结构,对境内外股权进行调整,相应的,应当进行适当的业务、架构等的调整。

第二节 农林牧渔

526. 涉农企业发行审核要关注的重点是什么?

(1)经营发展方面。

①盈利的稳定性问题。农业产业化、市场化落后于经济整体发

展水平，农产品价格受到较为严格的政策管制甚至面临地方保护的壁垒，这些非市场化因素，使得农业企业发展空间受到限制。气候、自然灾害、环境污染、病虫害、疫病等对农产品产量的影响很大，农业生产经营波动较大，盈利稳定性差。

②经营模式引发的问题。当前，农业企业普遍采用"公司＋农户"的经营模式，这种模式容易在公司对农户的合同控制、农产品的品质、公司与农户之间的应收及预付结算等方面出现问题。

③销售模式问题。农产品需要销售到千家万户，其销售渠道直接影响公司的经营业绩。农业企业一般采用批发商、经销商、大型商超直供、专卖店、加盟商等方式销售产品，其中，相当一部分渠道商为个体户或商贸公司。从企业销售出去的农产品大部分未直接到达终端消费者，而中间渠道商与发行人是否存在关联关系、是否存在关联交易的非关联化、渠道商是否存在积压商品、终端市场对产品需求是否发生变化、是否存在会计期末突击销售都是审核关注的重点问题。

④食品安全问题。食品安全是农业生产企业面临最大的风险之一。由于农业企业多采取"公司＋农户"的模式，或者由于生产周期长、地域分散等原因，导致经营管理制度不健全，对生产过程未能有效控制，使得农产品在生产、收集、加工、运输等过程均可能出现污染，甚至出现恶意掺杂掺假事件。

⑤募集资金投向问题。农业是一个资金投入量大、回收期长的行业，很难确定短期的募集资金投向。

（2）财务规范方面。

①财务报表所反映资产及业务的真实性问题。农业行业有其特殊性，主要表现在以下四点：A. 农业企业存货主要是大量的农产品（如种植业和养殖业），其生产能力不像一般的制造型企业那么容易测算，农产品数量也不容易盘点（尤其是水产养殖业），导致农产品资产的真实性难以确定。B. 由于农产品的特殊性，部分农业企业采购和销售不需要出具正式发票，且大部分为现金交易，农业经营活动轨迹的记录缺乏有力的证据，导致农业业务活动的真实性难以确定。C. 农产品生产具有较强的季节性，会计年度与生产周期未必相

吻合，年底报表常常出现大额应收、应付或存货，使得财务报表不能全面反映生产情况。D. 国家大力扶持农业发展，给予较大的税收优惠，从而使财务造假成本低廉。另外还有生物资产计价的难题。与工业企业的固定资产不同，生物资产计价有两方面的问题，一是计量的准确性问题；二是计价的公允性问题。

②内部控制较为薄弱的问题。一方面，制造型企业一般具有严格的作业规范和管理制度，而农业企业往往在内部控制建设方面较为薄弱。尤其是采用"公司+农户"形式经营的，公司和农户之间的竞争地位在丰年、歉年之间转换，同时也容易受其他竞争者的影响，使得合作关系难以长期稳定。另一方面，农业经营活动受气候、自然灾害、农户合作不确定性等因素的影响更大，更需要强有力的内部控制来保证财务报告的真实可靠。

③存货的计量问题。农产品一般具有季节性，且保质期较短，如何有效盘点、确认存货的价值，以及是否需要计提减值准备，都是农业企业面临的特殊性问题。

④农业企业特殊会计处理问题主要包括生物资产的公允价值计量、种植业（养殖业）的成本核算及收入确认问题等。

（3）法律方面。

①社保问题。由于农村乡镇的社保制度还没有完全建立，这构成了农业企业上市的一个障碍或成本难题，而且农业企业普遍是农民工、季节工，流动性较大，社保缴纳比例较低，难以符合中国证监会关于员工社保必须规范缴纳的发行审核要求（商业保险并不能取代社保）。

②产权问题。拟上市农业企业的前身为集体企业的情形较普遍，集体资产到个人资产的转让以及资产变化后对实际控制人的界定、控制权等问题受到监管层的高度关注。

③高新技术企业问题。一些农业企业取得高新技术企业认证的，需要中介机构进一步核查。但由于农业企业一般为劳动密集型产业，高学历人才占比相对较低，且缺乏针对性的研发支出，这两项指标难以符合《高新技术企业认定管理办法》的要求，企业存在失去高新技术企业资质的风险。

④公司所使用的土地的性质和问题。从中国证监会反馈意见来看，审核的重点包括土地承包、租赁关系的合法性、有效性，包括但不限于主体是否适合，是否涉及改变土地用途，是否需要并已经履行相关村民决策，以及政府部门的审批、登记手续；是否存在承包、租赁事项无效的风险，是否存在无法转为国有土地和取得新的使用权证的风险，是否存在公司集体土地被收回的风险，对公司持续经营是否会产生重大不利影响，以及公司针对风险的具体应对措施。

此外，税收优惠政策、国税、地税交纳情况，土地问题，地理标志认证，食品安全问题等也是发审部门关注的焦点问题。

527."公司+农户"模式在企业上市过程中需要重点关注哪些问题？

农业企业采用"公司+农户"经营模式的情况较为普遍。"公司+农户"模式的基本含义是从事农副产品加工和流通的企业（公司）与农户之间建立一定的经济契约关系，开展一体化经营。其核心是通过契约建立企业与农户之间的利益分配机制，来规范公司与农户的交易关系。该种经营模式在上市过程中应重点关注以下问题：

（1）"公司+农户"经营模式需要企业对农户生产（种植或养殖）全过程的管理和服务。比如养殖，一般模式是公司集中加工，农户分散养殖，公司对农户有几个统一：统一提供种苗，统一采购饲料，统一防疫等。由于饲养者是千家万户，素质参差不齐，加之饲养地非常分散，管理难度大，控制成本高，公司对农户控制力的强弱是关注的重点。

（2）"三鹿奶粉事件"使人们更加关注"公司+农户"经营模式可能产生的食品安全问题和经营风险。相对于农产品由农户自产自销，"公司+农户"模式也许对提高食品和农产品安全起到了积极的推动作用，但对农业企业而言，如何进一步控制"公司+农户"模式可能引起的农产品安全风险，是上市过程中关注的重点问题之一。

528. 农业企业上市涉及使用农村集体土地时应注意哪些问题？应如何规范？

在使用农村集体土地方面，中国证监会主要关注以下三种违规行为：基本农田被用作其他耕地用途；耕地被用作建设用地用途；农业建设用地被用作工业用地用途。

（1）针对上述情况，农业上市企业应从如下方面规范使用农村集体土地：农村集体土地使用权的合法取得。通过家庭承包取得的土地承包经营权可以依法采取转包、出租、互换、转让或者其他方式流转。承包方流转农村土地承包经营权，应当与受让方在协商一致的基础上签订书面流转合同。农村土地承包经营权流转合同一式四份，流转双方各执一份，发包方和乡（镇）人民政府农村土地承包管理部门各备案一份。因此，发行人就其使用的农村集体土地，应与权利人签署书面土地承包经营权流转合同，并履行相关备案手续。另外，实践中还存在发行人租赁由农村集体经济组织所有但尚未发包给个人的土地的情形。发行人租赁未发包土地的，应由相关村民会议讨论通过，再由发行人作为承租方与村民委员会签署土地租赁协议，并履行备案手续。

（2）农村集体土地使用权的依法使用。农村土地承包经营权流转不得改变承包土地的农业用途，流转期限不得超过承包期的剩余期限。《国土资源部关于印发试行〈土地分类〉的通知》规定，农用地分为耕地、园地、林地、牧草地和其他农用地共五类。发行人在使用农村集体土地时，应确保其使用未改变土地的农业用途，并确保其使用在土地承包期限内。

（3）实践中存在发行人将农用地转为建设用地的情形，对此应当依法办理农用地转用审批手续。农用地转用的，必须符合土地利用总体规划、城市建设总体规划和土地利用年度计划，并依法报经国务院、省级人民政府或市县人民政府审批，否则将面临"由县级以上人民政府土地行政主管部门责令限期改正，没收违法所得，并处罚款"的行政处罚的风险。

529. 农业企业上市涉及劳动用工时应注意的法律问题有哪些？应如何规范？

农业企业往往属于劳动密集型企业，用工量大。一方面，不少农业企业随着农产品种植和收获的时令变化，具有季节性用工的特点；另一方面，由于我国农村乡镇的社保制度还没有完全建立，农业企业劳动用工及社保缴纳存在不规范的情形。针对以上情况，农业上市企业应从如下方面规范劳动用工相关的法律问题：

（1）用人单位自用工之日起即与劳动者建立劳动关系，并应当订立书面劳动合同。已建立劳动关系，未同时订立书面劳动合同的，应当自用工之日起一个月内订立书面劳动合同。但实践中，农业企业在聘用员工尤其是聘用农民工时，存在未与其签订劳动合同的情况，对此应予规范。

（2）用人单位应当自用工之日起30日内，为其职工向社会保险经办机构申请办理社会保险登记；用人单位应当自行申报、按时足额缴纳社会保险费，非因不可抗力等法定事由不得缓缴、减免。但现实中，企业往往未及时、足额地为其职工缴纳社会保险费。对此，中国证监会在审核过程中通常会要求发行人披露需补缴金额及补救措施，并要求中介机构就发行人社保制度执行情况对发行上市的影响发表意见。一般而言，实际控制人或主要股东需要出具兜底承诺，承担公司由于未完全履行社保缴纳义务的风险。

农业企业为解决用工不足或季节性用工需求，通常与劳务派遣公司签订劳务派遣协议，在临时性、辅助性或替代性工种上使用劳务派遣员工。农业企业在与劳务派遣公司签署劳务派遣协议时，应注意如下问题：①应确保其具有完备的劳务派遣资质并且独立于发行人及关联方，同时明确劳务派遣公司与派遣员工之间已依法签订劳动合同。②应确保劳务派遣不会因为用工短缺而影响公司正常的生产经营，并保证劳务派遣员工从事的是非核心岗位工作，保证公司生产经营的稳定性。③应明确劳务派遣员工的社保缴纳情况，明确劳务派遣公司为派遣员工依法缴纳社保的责任。

530. 农业企业上市涉及的银行账户如何规范管理？

农业企业的原材料采购非常分散，涉及大量小规模经营的农户。而现阶段我国农村缺乏有效的金融电子支付手段，采购过程一般采用委托承包模式，即公司委托当地承包大户进行原材料采购，公司再向承包商采购收缴。为提高经营的便利性，便于广大农户结算支取，在款项支付过程中，可能存在利用公司员工个人账户进行过渡转账或直接以员工个人账户进行公款结算的情形。此外，在异地销售过程中，为提高资金回笼效率，也可能存在公款私存现象。

这些行为违反了《人民币银行结算账户管理办法》关于存款人不得出租、出借结算账户的相关规定，也违反了《公司法》关于公司资产不得以任何个人名义开立账户存储的相关规定。如果涉及金额过大，说明公司财务会计制度不健全，甚至会影响公司盈利的真实性。

实务中，公司应当在收购环节做好台账明细，注明收购种类、数量、时间、金额、款项以及支付对方的姓名、住址、身份证号码等信息，银行资金的缴存和支付应做到日清日结。

531. 农业企业上市涉及的专利技术问题有哪些？

一些农业企业经营过程中需要用到专利技术，甚至在公司设立时就用专利技术出资，而农业生产相关的核心技术试错成本高、研发周期长，个人及中小规模公司难以承担研发风险。实务中，农业企业的专利技术多为公司创始人在原科研院所的职务发明，通过专利技术转让或缴纳专利使用许可费的方式获得。

应当注意的是，专利技术的权属必须清晰，不存在纠纷。

（1）若涉及职务发明，应当与原单位协商，做好专利技术的转让、登记工作，或允许其折价入股。

（2）若以专利技术出资，应当根据专利技术在生产过程中的作用，适当评估其价值，并在会计年度末核实是否存在减值情形。

（3）若通过许可方式取得专利技术使用权的，应当核实公司是否取得专利技术的独占许可权，公司对该专利技术的依赖是否对持续经营构成较大的经营风险。

第三节 医疗健康

532. 药品生产企业和药品经营企业发行审核需关注哪些问题？

（1）药品生产经营许可取得问题。现行的药品生产经营制度只是对于药品生产经营许可证的核发与换发、许可证内容的变更以及许可证的注销做了相应规定。在药品监管实践中，对于诸如企业改制中的企业变更，通常的企业变更、企业改制中的企业出售、企业的兼并与合并、企业的承包与租赁、企业的脱钩改制、企业资产的出资入股、企业的股份制改制、企业资产的转让、企业的分立经营、企业的股权转让、企业的借壳或买壳上市、企业的分立与再投资等问题都需要在行政许可上做出应有的处理。但在现行的药品生产经营许可法律中，却没有相关规定。因此，医药企业改制中的药品生产经营许可问题要具体问题具体分析。通常情况下，改制后的企业从事药品生产经营并具备法定的药品生产经营条件，可延续原先的药品生产经营许可。公司面临相关许可证书到期问题的，需要关注到期后的相关安排以及就公司是否能够持续取得相关许可进行分析论证。

（2）药品技术及注册批准取得问题。存在药品技术转让、出资的企业，应解释取得药品技术及药品注册批准文号的过程及方式是否符合国家药品监督管理部门的相关规定。

（3）产品进入医保目录问题。国家实行基本药物制度，列入国家基本医疗保险药品目录的药品实行政府定价或者政府指导价，因此企业的产品是否进入医保目录对其持续经营能力具有重要影响。一般需要关注企业历史上主要产品进入医保目录的情况，并需结合企业报告期内主要产品价格变化，详细分析国家医保目录调价及不能进入医保目录的风险。

（4）原材料价格波动与保障问题。例如，中成医药类企业原材料价格在不断上涨，企业能否应对原材料价格波动风险。另外，企业如何管理原材料采购，原材料来源是否安全、环保等问题都需要关注。

（5）产品较为集中的问题。一般来讲，医药企业的主导产品占主营业务收入和毛利比重较大，存在主导产品较为集中的风险，企业需解释主导产品发展空间和毛利率波动问题，同时需要关注核心产品在市场的竞争优势、同行业的类似产品的竞争情况以及国内外相关联的产品、技术研发情况对公司产品未来销售的影响。

（6）应收账款高企问题。随着销售业务规模的不断扩大，医药企业应收账款将保持在较高水平，特别是医药销售企业由于销售客户特点普遍面临应收账款规模较大的问题。若应收账款不能如期收回，将会给公司的正常生产经营造成不利影响，存在应收账款发生坏账的风险。企业需解释应收账款合理性及如何降低应收账款不断扩大的风险。

（7）收入确认问题。该问题与销售模式相匹配，企业需解释收入确认的具体原则是否合理，并特别关注药品销售过程中退换货对收入确认的影响。特别是要关注同时作为企业的销售客户和采购供应商的情况，核实其销售收入和采购成本的真实性。

（8）反商业贿赂问题。医药行业销售模式主要包括代理模式和临床学术推广模式。当前，很多医药企业存在带金销售问题，这种商业贿赂问题，备受监管层关注，企业应结合销售政策，解释销售费用的真实性和合理性，关注企业及相关人员的行政处罚及刑事犯罪事项，并解释不存在商业贿赂问题。

（9）药品价格下降的影响。我国药品价格受到国家有关部门的管制，随着国家药品价格下调措施的力度不断加大，企业需解释药品降价给企业生产经营带来的风险及应对措施。

（10）知识产权问题。审核中关注主要产品相关技术、专利的取得来源。若专利保护期或中药品种保护期过期，需解释由此带来的风险及应对措施。同时针对外部合作取得相关知识产权的，需要关注知识产权的形成过程是否规范，是否存在权属纠纷问题。

（11）经销商及加盟药店问题。对于采取经销商销售的医药企业，需关注经销商的管理模式、考核政策、药品配送方式，确保能够通过内部管理体系说明其最终销售的可靠性；同时，关注经销商销售的占比情况，经销商销售定价、折扣、退货政策对于拟上市医药企业经营的影响。针对医药连锁销售企业，存在加盟药店模式的，需要关注加盟药店的实际销售情况、企业规范运作情况以及加盟药店生产经营活动对企业的潜在风险是否可以得到有效管控。

（12）研发费用资本化问题。企业研究开发支出主要为在研产品开发阶段的支出。企业一般将药品研发在取得国家药监局临床试验批件或生物等效性实验批件之前确定为研究阶段，所发生的支出全部计入当期损益；在取得国家药监局临床试验批件或生物等效性实验批件之后至获得新药证书或生产批件之前为开发阶段，所发生的支出在符合资本化条件时予以资本化。审核过程中会关注企业研究阶段和开发阶段划分的合理性以及会计处理的合理性，与同行业公司的对比情况。

（13）募集资金投资项目。针对募集资金投资项目，需要结合公司目前的产能利用率情况，关注新增投资建设的必要性和合理性问题。

（14）竞争优势表述问题。医药企业在募集说明书中存在通过"独家产品""首个"等表述方式介绍企业和产品的竞争优势的情况，审核过程中会关注相关表述的依据是否充分，公司采取的行业数据的来源是否具备独立性等问题。

533. 医疗器械企业发行审核需关注哪些问题？

（1）产品注册问题。医疗器械在境内销售需分类注册，进入国际市场时，要取得进口国医疗器械注册、认证。企业需说明医疗器械在境内外注册、认证情况。

（2）产品较为集中的问题。一般来讲，医疗器械企业的主导产品占主营业务收入和毛利比重较大，使得公司的经营业绩过度依赖主导产品，存在主导产品较为集中的风险，企业需解释主导产品发展空间，分析公司产品综合毛利率、主导产品毛利率。

（3）代理经销商管理问题。医疗器械企业通常采用经销商的销售模式。若经销商出现合作关系终止、违法违规等情形，将影响公司产品销售和经营业绩。企业需解释对代理经销商的培训管理、组织管理以及风险管理。同时，还需重点关注企业与经销商是否存在关联关系或其他紧密的联系，如企业前员工为经销商的情况，因此，需要企业加强对经销商体系的管理，对于医疗器械要能够透过经销商了解到最终销售情况，对于试剂等耗材要能够建立良好的内控体系说明其销售真实性。

（4）海外销售问题。医疗器械企业海外销售比重较大的，需解释海外销售的真实性，分析汇率变动对公司业绩影响，说明海外应收账款回收的措施。出口销售模式有 ODM 模式的，需解释 ODM 模式可能存在的商标侵权风险及其应对措施。海外市场存在反倾销情形的，需解释对公司海外销售的影响。关注发行人与境内外经销商的合作模式、收入确认方法是否存在差异。

（5）收入确认问题。医疗器械企业采用经销商销售、直销、海外销售等销售模式的，应分别说明各模式的销售收入，确认是否符合会计准则。需要关注不同销售模式和销售区域的产品的销售单价、销售数量、定价政策存在差异的原因。此外，由于部分医疗器械可能存在单体价值量较大的情况，应特别关注退换货的情况以及对收入确认谨慎性的影响。

（6）融资租赁销售问题。医疗器械企业存在融资租赁销售的，需解释该销售模式的合法性，收入确认是否符合会计准则。

（7）应收账款较高问题。因货款结算周期长、销售业务规模扩大等原因，医疗器械企业应收账款余额较大，需解释应收账款周转能力、应收账款坏账准备是否合理。

（8）外协加工问题。医疗器械企业存在外协加工的，需解释价格是否公允，需说明如何保证产品质量。

（9）产品质量问题。用于治疗疾病的医疗器械如果发生质量事故，将对企业信誉造成严重损害，进而影响公司的生存与发展。企业需说明是否存在质量事故、质量纠纷。

（10）知识产权问题。审核中关注主要产品相关技术、专利的取得来源、技术合作是否存在纠纷。

（11）技术储备问题。需要关注企业是否存在后续技术储备、公司在研产品的进度，关注后续技术储备所对应的研发、量产、市场推广的风险，相关产品储备实现业务收入的具体时间。

534. 医疗服务企业发行审核需关注哪些问题？

（1）投资营利性医疗机构及形成连锁经营的业务模式是否存在限制的问题。若符合营利性医疗机构管理要求，如领取医疗机构执业许可证、办理工商登记等，企业投资营利性医疗机构及形成连锁经营的业务模式不存在法律和政策上的限制。

（2）执业许可问题。企业需说明设立营利性医疗机构是否经过了审批，是否取得政府相关主管部门颁布的医疗机构执业许可证。

（3）医师注册问题。企业需说明医师是否与公司签订了劳动合同，是否在本医疗机构注册。

（4）医疗事故和医疗纠纷问题。企业需说明是否存在医疗事故和医疗纠纷，并解释其对企业的影响，说明医疗事故、医疗纠纷的防范处理体系。

（5）结算问题。结算是否存在未开具发票的情形（医院所采用的结算方式主要分为现金结算、银行结算和医保结算三种）。

（6）收入确认问题。各项业务收入是否符合医疗服务行业特点及会计准则要求（医院业务收入主要包括医疗服务收入、药品销售收入）。

（7）科室核算问题。医院存在科室核算的，需说明科室收入、成本核算方法是否符合会计准则。

（8）医疗设备问题。医疗设备使用是否符合相关规定，折旧计提是否符合会计准则。融资租赁设备的会计处理是否符合规定。

（9）募集资金投资项目及审批备案问题。募集资金投资项目是否经过了有关主管部门审批备案。

（10）医疗废物处理问题。医院是否按照《医疗废物管理条例》等法律法规的要求对医疗废物进行收集、运送、储存、处置，以防止医疗废物流失、泄漏、扩散。

（11）存货管理问题。医院关于药品等存货的管理情况。确保过期药品的妥善处理，并进行相应的会计处理。

第四节　文化传媒

535. 文化创意产业有哪些盈利模式？

（1）通过"免费"来盈利。一些企业通过提供免费使用的策略，吸引大量用户，再通过广告或提供收费项目，以及免费用户转收费用户等方式来收费。例如腾讯 QQ、新闻网站、网络游戏、杀毒软件等通过免费服务，吸引庞大用户群体，建立互联网"风口"，再通过广告、收费项目等盈利。

（2）著作权许可费收入。一些文化创意企业将产品著作权中的财产权利通过许可第三方使用的方式取得许可费收入。如华谊兄弟、华策影视、华录百纳等影视公司通过许可影院、电视台、视频网站播放其作品取得盈利。

（3）按服务收费。有些创意企业根据提供服务的时间、人数、频率收费，或根据提供服务、设计方案、完成项目的次数收费。比如，演艺公司按演出场次收费、咨询公司按提供服务的时间收费、设计公司按项目分次收费。如宋城演艺提供的演出、主题公园游览等服务。

（4）直接出售创意产品。有些创意企业直接将有形产品或受法律保护的无形产品（如版权）卖出获利。比如，生产艺术品的企业将艺术品卖给经销商或消费者，建筑设计企业将设计方案卖给房地产商。如捷成股份的音频、视频整体解决方案、硬件集成销售、音频视频工程等业务。

（5）开发创意衍生产品。有些创意企业还善于开发创意产品的衍生产品来获利。比如，动漫制作企业除了销售动漫片的版权之外，还开发与动漫角色相关的玩具、图书、主题公园，从中获利。如《古墓丽影》《生化危机》《极品飞车》原为一款游戏，后在此基础上开发出同主题的系列电影。

（6）模仿或复制创意产品。有些创意企业在开发出新的创意产品之后，大量地仿造、复制该产品并销售获利。比如，音乐创作企业在制作出原创的音乐唱片之后，大量复制并销售产品获利，由于部分创意产品具有边际效益递增的特点，企业有可能获得很高的利润。如有线电视台、杂志出版社、图书出版商通过发展大量终端用户、提高发行量等方式实现盈利。

（7）与传统产业合作，实现利润分成。比如，音乐制作企业将版权的使用权授予出版企业，并协议按照音像产品的销售量取得提成；研发设计企业将科研成果作为无形资产入股生产企业，获得该产品销售收入或利润的分成。在艺术创作方面，如"印象"系列提高了西湖、丽江、阳朔等地方旅游资源的内涵，北京的798艺术区、上海的苏州河创意产业园区，都充分利用了传统资源再现良好的艺术商业生态。

536. 文化创意产业有哪些风险点？

（1）知识产权受侵害的风险。创意产业最主要的产品是智力劳动的成果，体现为知识产权。创意产品具有初始成本投入高，而复制、模仿成本低的特点。倘若知识产权保障不足，大量仿制品充斥市场，使得原创产品销售难度大幅增加，原创人员在创作过程中所做的大量投资便难以收回甚至"为他人做嫁衣"。在目前我国知识产权保护体系还不尽完善的情况下，创意企业面临着知识产权被侵害而带来的较大风险。

（2）商业模式被复制的风险。创意产业一般企业规模不大、固定资产投入少、生产经营不需要专门的设备或复杂的工艺技术，进入行业的资金门槛较低。有些创意企业的产品依赖特有的经营模式盈利，而商业模式一旦被竞争对手或潜在的有实力的竞争者了解，就有可能被它们模仿和替代。竞争者一旦投入重金进行批量化生产，就会给原创企业带来巨大的竞争压力，甚至导致原创企业破产。

（3）人力资本风险。人才是创意的来源，人力资本是创意企业核心竞争力的来源。但是，人力资本的所有权属于劳动者个人，企业只能拥有人力资本在合同期内的使用权，而且人力资本的使用效益还在很大程度上受个人主观能动性的影响。如果创意企业不能做好利益激励，创造良好的企业文化，组建高效率的团队，那么个人的积极性和创造性就会受影响,甚至出现消极怠工或人才流失的现象,大幅削弱创意企业的竞争力。

(4)政策风险。创意产业属于新兴产业,面临着较多政策不确定性,有些创意产业(如影视传媒产业)还面临着较严格的行政管制,政策的变动会给企业带来较大风险。

537. 创意产业发行审核要关注的难点和重点是什么?

(1)企业未来持续盈利能力具有较大不确定性,评估困难。一方面,创意企业面临的知识产权受侵害的风险、商业模式被复制的风险、人力资本风险、政策风险要比传统产业高得多,其产品也面临较大的风险,价格具有较高的波动性,因而企业的盈利能力具有一定的不确定性;另一方面,创意企业的生产具有不连续性,企业创意能力的可持续性和稳定性存在不确定性,其不同产品的市场接受程度也存在差异,这都可能对企业的业绩产生重大影响,使得对未来持续盈利能力的评估存在较大困难。

(2)判断文化创意企业的会计处理是否准确反映其经济实质难度较大。主要体现在:

①由于文化创意产业以文化为基础,以创意为核心要素,财务会计信息难以反映企业的核心资源和价值创造的驱动因素;生产成本不能概括为人员薪酬的简单累加;文化创意产品通常具有非标准化的特性,因此文化创意产品的价格、销售收入、产品公允价值的评估也相对困难。例如,公共关系管理企业,其业务开展主要依赖项目经验丰富的人员和公司积累的案例资源,但财务报表上体现的主要资产是货币资金、应收票据、应收账款等流动性资产,无法反映企业生产经营的核心资源。

②文化创意产业的商业模式处于持续的变化和创新之中,因此,会计准则需要根据现实情况进行"再解释"以反映商业模式的变化。我国文化创意产业发展时间较短,创意企业规模较小,缺乏足够的数据支持,因此对会计准则的适用缺乏实务经验,难免存在较大的主观调节空间。

③考虑到文化创意产业在国外相对成熟,因此通常会借鉴境外

第七部分　发行上市相关专题

资本市场的会计处理方法。但由于文化创意产业与文化背景、消费习惯等因素具有较大关联，不加判断地将境外上市公司的会计处理方法套用于我国文化创意企业，也很可能会出现偏差。

（3）文化创意产业异质性较强，不同业务领域中企业具有显著差异。即使是经营类似文化产品的企业，也会因商业模式、技术手段等不同而存在较大差异。这就要求在对文化创意企业的审核中，应建立在对其业务模式、技术手段、行业背景充分了解的基础上，才能做出准确判断。以广告业为例，媒体代理为主的广告企业，业务模式主要是代理媒体资源并销售给4A广告公司。该模式与最终客户的合作关系较弱，对媒体资源的依赖性较强，因此业务独立性和持续盈利能力都存在不确定性；以全案服务、整合营销服务为业务模式的广告公司，以策划创意为核心竞争力，拥有丰富的最终客户资源，该业务模式具有较强的稳定性。

（4）创意产品的个性化特征带来产品价格、收入、成本、盈利的评估困难，同时较低的边际成本也导致企业可能存在操纵业绩的冲动。创意产品具有非标准化、无形化、智能化特征，对于产品价格、销售收入的确认缺乏参照物。由于创意产品具有初始成本很高、复制和模仿成本很低的特点，企业比较容易通过虚增销售或关联交易操纵收入和利润。此外，由于创意企业生产不具有连续性，企业对于未来收入、成本支出和盈利预测存在较大的随意性。

（5）公开信息披露的要求与保护商业机密之间的矛盾较突出。为保护投资者权益，监管机构要求上市公司公开披露信息，但是创意企业的一些核心竞争要素（如创意设计、产品样式、盈利模式）一旦披露之后，又容易被竞争对手模仿，会削弱企业的长期盈利能力，反而对投资者权益造成不利影响。因此，公开披露信息的要求和保护企业商业机密之间存在矛盾。

根据创意企业的特征，对于创意企业的审核应重点关注：产品价格、销售收入、成本的合理性；未来业务发展的稳定性和可持续性；是否采取了完善的知识产权保护措施；能否确保核心人力资源团队的稳定；能否有效限制竞争者进入细分行业或模仿商业模式；募集资金用途的合理性；主要资产、业务、资质、权利的来源、承继、演变或存续情况；证照的取得情况及其合法性；现金结算方式收入业务的内部控制；主营业务的承载主体与获取渠道；税收优惠及财政补贴等。

538. 传媒产业有哪些盈利模式和风险点？

（1）传媒公司的盈利模式主要有：

①内容收费。通过生产内容，直接由消费者买单而获得收入，这类产品主要包括图书、电影和音像出版等。

②广告收费。通过生产内容获得用户注意力，从而获得广告投放而实现广告收入。电视、报纸业务属于广告收入为主的行业。广告也是内容实现其价值的一种方式。在我国，由于用户付费购买内容的消费习惯尚不成熟，因此，广告收入是文化创意内容实现其价值的主要方式。随着内容影响力的提升，广告的边际效益快速提升，广告收入的盈利模式也体现出了明显的媒体特质。

③渠道收费。通过渠道建设，获得渠道专属权，从而获得收入。有线网络运营商铺设有线网络，从而收取有线电视月租费，并通过增值服务提供第三方内容而获得收入分成；出版发行公司依靠发行权获取发行收入。

（2）传媒产业的风险点。

①政策风险。传媒产业兼具政治属性和商业属性，传媒的行业管制、区域性和行业性分割较为严重。虽然过去几年不断有新政策出台，鼓励放松管制、促进企业跨区域、跨领域发展，但是从政策出台到最终落地实施，一般需要较长的时间。而且，传媒行业一直处于政府的严格监管之下，政策的稳定性和持续性也存在一定的变数，致使传媒企业未来业务具有一定风险。

②新媒体的竞争风险。社交网站、微博、微信等自媒体、网络新闻、移动互联网的出现，不仅对传统媒体构成巨大的竞争压力，也促使新媒体之间相互竞争，通过新技术、新模式抢夺用户。

539. 传媒产业发行审核要关注的重点和难点是什么？

（1）明确适合上市的业务和资产的范围。传媒企业上市的业务和资产，不仅需要满足证监会整体上市的要求，还要满足行业监管部门的要求，上市业务和资产范围的确定也是审核重点关注的问题。文化既是一种事业，又是一种产业，包含公益性文化事业和经营性文化产业。公益性文化事业是指为社会提供精神文化服务，满足人民对文化生活的需求的基本文化产品，例如图书馆、电视台的时政新闻节目、时政类报社的采编等服务，这些服务不适合上市。经营性文化产业就是指按照工业标准，生产、再生产、储存以及分配文化产品和服务的一系列活动，例如电影公司、电视台的非时政节目、非时政类的报刊社、印刷、广告等。

把经营性文化资产与公益性文化事业资产剥离，并将经营性文化资产单独上市并不违背整体上市的理念。例如：电视台可以将非时政、非新闻类节目的频道打包成立专门的运营公司作为上市主体；时政类的党报党刊不适合上市，但非时政类资产例如印刷、广告发行等经营业务也可以剥离到专门的运营公司。

当然，经营性文化资产与公益性文化事业资产剥离是否彻底，是否能避免同业竞争和减少关联交易将成为审核和监管的重点。

（2）传媒行业有其独特的经营方式，这为评估企业的经营情况以及监督企业的资金使用带来了困难。传媒行业的经营收入来源多样，不仅有销售商品、提供劳务的收入，还会包含物物交换、长期劳务合同等较为复杂的业务。此外，在税收方面，某些复杂业务中营业税与增值税的划分也是需要重点关注的领域。

（3）传媒行业所特有的出版权、发行权带来的价值计量、收入核算上的困难。作品的出版、发行对于传媒行业而言十分关键，它往往是一家传媒企业核心价值的重要组成部分。因为我国的会计准则尚未对出版权、发行权的核算做出明确的规定，所以一般沿用国际上的处理惯例进行会计核算。但由于核算上往往以成本为计量基础，这对企业的价值评估也会带来困难。

（4）对传媒行业特有的资产的计量和价值评估。传媒行业所特有的资产包括专享渠道（如卫星通信频道、网络专享带宽、电视网络）、客户资源（如客户数量、客户的订阅合同、客户信息清单）等。这些资产虽然在企业的账面上金额较小，甚至可能完全不体现在报表中,但却是企业的核心资源,在企业的运营中发挥巨大作用,直接影响企业的经营业绩。

(5) 传媒企业较小的资产规模,也为审核和日后监督带来困难。和创意产业相似,传媒企业也具有"轻资产"的特点,生产经营主要依赖具有专业知识的人员。企业日常经营活动一般仅需办公场所、电脑、媒体、办公设备及交通工具等等,不需要大量的固定资产投入,这给 IPO 审核以及上市后募集资金使用监管带来了困难。

(6) 我国传媒行业有其额外需要考虑的经营风险。传媒是重要的新闻传播和思想文化宣传阵地,国家对其管理和控制依然较为严格,所以在经营中必须考虑到行业管制对上市的影响。首先,是否能允许整个媒体产业链完整上市;其次,上市以后是否存在外资控股(如通过 QFII 或私募基金等)的可能性;最后,行业管制与上市公司信息披露要求之间如何权衡。

(7) 我国传媒企业受政策影响较大。其一,传媒企业通常享有较多的财政补贴及税收优惠,政策红利占比大;其二,传统传媒企业(特别是出版行业)多为国有或国有控股企业,政府背景对公司客户的来源、市场等存在较大影响。

540. 文化创意公司的公司治理有何特点?

① 根据员工的绩效、资历、职位、能力等因素,确定进行员工持股的范围和数量。一方面,不必进行大范围的员工持股。大范围的员工持股,会致使持股计划失去"奖优罚劣"的作用,某些基层员工还有可能因为上市后的财富效益失去工作热情,甚至离职;另一方面,对员工持股数量应当有公开的评定标准,以免因为持股不均产生人事矛盾,对公司经营造成负面影响。

② 员工持股可以采取直接持股和间接持股相结合的方式。直接持股的部分,员工可以自由变现,有利于激励;间接持股的部分,可以将员工和公司的长期利益绑定,有利于约束。间接持股的部分可以采用公司制,也可以采用合伙制。

③ 大股东可以通过"预留股份"的方式吸引后备人才。通过设立持股公司或有限合伙企业持有拟上市公司股份的,拟上市公司的

大股东可以作为持股公司的大股东或有限合伙企业的普通合伙人。如果需要引进新员工,即可通过转让持股公司股权或有限合伙企业份额的方式让新进员工间接持有上市公司股份。

④上市后,公司可以推行股权激励计划,采用限制性股票或股票期权的方式进行。采用限制性股票的,需要激励对象预缴资金,股票的授予价格最低可以为市价的50%;采用股票期权的,激励对象的收益取决于授予期权之后股价走势。

⑤上市前的员工持股计划,为统一员工和公司的利益,可以约定员工在公司服务年限等要求,如果员工未能遵循约定,可以通过公司回购股份注销、转让给大股东等方式收回其持有的股份。

541. 如何看待文化创意公司的 IPO 和并购?

文化创意企业的规模一般较小,而且经营业绩可能存在较大的波动,若选择 IPO 方式上市,需要保证较好的业绩记录,对经营层压力较大。同时,IPO 过程时间较长,工作内容庞杂,需要协调的关系也多,一些企业难免有畏难情绪。

目前,文化创意行业还是蓝海市场,创业企业层出不穷。在制造业产能过剩的大背景之下,文化创意产业却蓬勃发展,市场规模不断扩大,新技术的应用和新模式的推广,使得市场热点层出不穷,大大提高了行业的活力和发展前景。如果企业能够把握先机,通过上市前的私募解决资金瓶颈,再借助上市后的资金实力和品牌效应,可以吸引优秀人才,实施产业并购,有望成为行业内的领先企业。例如:蓝色光标通过上市及上市后的收购活动,从一家普通的内资企业成长为集品牌管理、关系维护、广告等业务为一体的具有国际视野的行业标杆企业。

有一些文化企业的主要创始人和主要管理人员为文化相关行业出身,依赖产品特性取得阶段性成功,在企业发展到一定规模之后,面临管理瓶颈或市场瓶颈,或者产品需要借助更大的平台推广。在这种情况下,企业可以考虑并购。并购可以快速实现资产证券化,但是会丧失一定的独立性,甚至失去企业发展的主导权。

542. 文化创意公司申报材料前的收购是否影响 IPO？

文化创意企业发展过程中，可能需要通过收购获取业务资质、营销渠道或实现市场资源共享。但是，如果收购标的资产过于庞大，可能导致公司主营业务的变化，或者导致公司业务模式发生较大变化。可以通过以下三种方式减少收购对 IPO 的影响：

①对于规模较大的收购标的而言，可以通过共同投资设立子公司、发行人取得控股地位的方式，进行业务合作。但是，需要关注：一是合作方与发行人不至于产生同业竞争；二是控制与合作方关联交易的规模，并确保关联交易的公允性。

②对于规模较小的公司，建议被收购标的通过分红、业务分拆等方式减少规模，降低收购对发行人业务结构的影响。

③发行人还可以通过允许标的团队入股的方式，直接收购被收购标的的创业团队和业务骨干。

543. 文化创意公司应如何充分披露信息？

现行的会计准则主要是在传统工业企业的基础上归纳、建立、发展和完善的。对大部分文化创意企业而言，财务报表无法确切反映其拥有的核心资产和价值创造驱动因素。此外，文化创意企业资产规模较小，非流动资产占比较低，使得财务报表呈现明显的"轻资产"特点。对此，我们认为除披露财务会计信息之外，还应当重点披露以下信息：

（1）充分披露行业基本情况和商业模式。发行人应当介绍行业的起源，发展历程，行业内主要公司名称，行业在社会价值链中的分工、地位和发展前景；介绍企业的商业模式，企业所提供的服务，收入的最终来源和成本明细，企业的优势、劣势和发展规划。

（2）充分披露企业发展历程的相关信息。介绍企业创立以来的业务发展历程，分阶段介绍企业的业务特点、技术突破、市场开拓、主要项目和业绩等情况，使得投资者对企业有动态的理解。

（3）充分披露企业的关键人员及其从业经历，公司核心团队及其能力、业绩和项目经验，公司稳定骨干员工团队的政策、措施和效果，公司人力资源政策及队伍建设规划。

（4）充分披露企业收入、成本等关键科目的会计政策，必要时以特定项目为例子，充分说明会计政策适用情况。

此外，轻资产公司在编制募集资金投资项目时，需要综合考虑项目规模和非流动资产投资规模。项目规模应当与公司现有的经营规模、管理能力等相适应，同时也必须控制非流动资产投资规模，关注新增非流动资产的折旧、摊销对公司业绩的影响。

544. 对于客户众多且分散的文化企业应如何核查其业务的真实性？

一些文化企业直接面向终端消费者，拥有庞大的客户群体，由于收入来源广泛，如何核查业绩的真实性成为审核关注的重点问题。如果主要收入方式为现金收款，且收入来源庞杂、难以核查其真实性，在发行上市审核过程中，需要充分解释，确认收入的真实性。企业可以通过以下三个方面说明：

（1）结合行业特点，提供行业相关的业务数据，如游戏公司提供充值的 IP 地址、MAC 码、充值消费比、在线时长等信息。

（2）通过产品的分销商、运营商等第三方机构提供收入证明文件，确认收入的真实性。

（3）提高终端消费者刷卡消费或第三方支付消费的比例，实现收入留痕。

第五节 军工

545. 军工企业改制的类型有哪些？

（1）国有独资的军工企业，应改制为一家或一家以上国有企业出资的有限责任公司。鼓励两个及两个以上军工集团公司（或其他国有企业）对其共同持股。

（2）国有绝对控股的军工企业，鼓励境内资本参与其改制，可以在境内资本市场融资。

（3）国有相对控股的军工企业，鼓励境内资本以及有条件的允许外资参与其改制,可以在境内资本市场融资,经批准可以到境外资本市场融资。

(4)国有参股的军工企业,鼓励采取多种形式、引入境内外资本参与其改制。

(5)民营军工。近年逐渐出现的民营占主体,取得军工资质的企业。

此外,军工企业中的通用设备设施、非主业资产等,剥离出来后允许进行多种形式的改制。同时,鼓励军工企业之间或与其他企事业单位结合专业化重组进行改制,有利于提高自主创新能力,有利于促进军民结合、寓军于民,有利于小核心大协作、减少重复建设,有利于加快军民两用产业协调发展的重组改制,可以放宽改制类型的限制。

546. 军工企业上市应注意哪些问题?

(1)工业和信息化部国防科工局(原国防科工委)负责指导、协调、监督军工企业改制工作。地方国防科技工业管理机构负责组织地方管理的军工企业改制工作。各军工集团公司(或其他国有及国有控股企业)负责组织所属军工企业改制工作。

(2)军工企业改制实施目录管理。国防科工局负责组织制定、发布军工企业股份制改造分类指导目录。军工企业应按目录规定的四种类型(国有独资、国有绝对控股、国有相对控股、国有参股)进行改制。

(3)按照股份制改造分类指导目录,鼓励境内资本(指内资资本)以及有条件地允许外资参与军工企业改制。

(4)军工事项审查,根据《涉军企事业单位改制重组上市及上市后资本运作军工事项审查工作管理暂行办法》(国家国防科技工业局科工计〔2016〕209号,2016年3月2日),涉军企事业单位在履行改制、重组、上市及上市后资本运作法定程序之前,须通过国防科工局军工事项审查,并接受相关指导、管理、核查。根据该规定,军工事项,是指涉军企事业单位改制、重组、上市及上市后资本运作过程中涉及军品科研生产能力结构布局、军品科研生产任务和能力建设项目、军工关键设备设施管理、武器装备科研生产许可条件、国防知识产权、安全保密等事项。审查内容包括改制、重组、上市等对相关军工事项的影响,资质、资格审查,是否符合相关管理规定、发展规划要求以及其他合法合规情况审查。

（5）根据《中介机构参与军工企事业单位改制上市管理暂行规定》,国防科工局对涉及军品业务的中介机构将实施资格审查,不允许有外资参股或外资背景。

（6）根据《国防科工局关于军工项目审计全覆盖的实施意见》（科工财审〔2016〕349号）,对国防科工局投资的所有项目进行审计监督,覆盖军工固定资产投资项目、军工科研项目、核退役治理专项和国家科技重大专项等所有投资类型,覆盖到核、航天、航空、船舶、兵器、电子和民口配套等所有接受国防科工局投资的行业和单位；实现审计内容全覆盖,要按照"应审尽审、凡审必严、严肃问责"的要求,对军工项目建设（研制）全过程情况进行审计。

（7）信息披露。上市军工企业既要履行有关法律法规和中国证监会要求的信息披露义务的最低标准,也要符合国防科工局要求的军品信息披露审查制度。确属涉及国家机密的事项,可持国防科工局安全保密部门出具的证明,向中国证监会和证券交易所提出信息披露豁免申请。如果要求豁免披露的信息内容过多,或者重要信息不能披露,可能会对投资者的投资决策有重大影响的,中国证监会可能认定其不适宜成为上市公司。

547. 军工企业股份制改造需注意哪些问题？

（1）对从事战略武器装备生产、关系国家战略安全和涉及国家核心机密的少数核心重点保军企业,应继续保持国有独资,在禁止其核心保军资产和技术进入股份制企业的前提下,允许对其通用设备设施和辅业资产进行重组改制。

（2）对从事关键武器装备总体设计、总装集成以及关键分系统、特殊配套件生产的重点保军企业在保持国家绝对控股的前提下可以实施股份制改造。鼓励境内资本（指内资资本）参与企业股份制改造,允许企业在行业内部或跨行业实施以市场为主导的重组、联合或者兼并，允许企业非核心资产在改制过程中租赁、转让或拍卖。

（3）除上述两类企业外，对从事重要武器装备生产的其他重点保军企业，根据承制武器装备的重要程度，可实行国有绝对控股、相对控股、参股等多种形式的股份制改造，鼓励引入境内资本和有条件地允许外资参与企业股份制改造，鼓励符合条件的企业通过资本市场进行融资。

（4）鼓励和支持以民为主，从事军民两用产品、一般武器装备及配套产品生产的军工企业引入各类社会资本实施股份制改造，具备条件的军工企业可以在国内外资本市场上融资。

（5）国有独资的军工企业要按照《公司法》的要求，逐步建立董事会制度，规范公司的组织和行为。鼓励军工集团公司之间交叉持股，经批准允许其主营业务资产整体重组改制。

548. 军工企业股份制改造有哪些监管要求？

根据国防科工委、发展改革委、国资委《关于推进军工企业股份制改造的指导意见》，军工企业实施股份制改造，需报国资委、国防科工委批准后，依照《企业国有资产监督管理暂行条例》等规定的法定程序实施。国防科工委会同总装备部和国家有关部门综合考虑武器装备战略影响大小、系统集成强弱和国防专用程度高低等因素，制定军工企业核心保军资产和技术指导目录，实施目录管理，并根据发展需要进行动态调整。

军工企业实施股份制改造，一是要严格遵守国务院办公厅转发国务院国有资产监督管理委员会《关于规范国有企业改制工作意见的通知》等国家有关规范国有企业改制工作的规定。二是要严格执行国家保密法律法规。企业要建立严格的保密议事规则，涉密董事、监事、股东在保密期限内必须承担保密义务，签订保密协议；要强化保密意识，落实保密责任，加强对涉密事项和涉密人员管理，严禁发生泄密事件。规范军工企业的信息披露，境内上市公司披露信息中涉及军品秘密的，可持国防科工委保密部门出具的证明，向证券交易所提出信息披露豁免申请。为军工企业股份制改造或上市提供服务的中介机构，必须符合国家有关保密要求的规定。

在非常情况下,国家可依据《宪法》《国防法》和国家有关法律法规,对武器装备科研生产、装备采购、战时动员以及承担武器装备科研生产改制企业等实行特别管制,确保武器装备科研生产任务的完成和国家安全。

549. 涉及军工业务、国家秘密和商业机密的信息是否可以豁免披露?

根据《公开发行证券的公司信息披露内容与格式准则第1号——招股说明书》《公开发行证券的公司信息披露内容与格式准则第28号——创业板招股说明书》,发行人有充分依据证明上述准则要求披露的某些信息涉及国家机密、商业秘密及其他因披露可能导致其违反国家有关保密法律法规规定或严重损害公司利益的,发行人可向中国证监会申请豁免按上述准则披露。

发行审核部门不会对发行人申请豁免披露的信息是否涉密进行判断,主要依据国家有关主管部门的书面确认。

对存在涉密信息申请豁免披露的,发行人在履行一般信息披露程序的同时,还应落实如下事项:

(1)提供国家主管部门关于发行人申请豁免披露的信息为涉密信息的认定文件。

(2)发行人关于信息豁免披露的申请文件应逐项说明需要豁免披露的信息,并说明相关信息披露文件是否符合有关保密规定和招股说明书准则要求,涉及军工的是否符合《军工企业对外融资特殊财务信息披露管理暂行办法》,豁免披露后的信息是否对投资者决策判断构成重大障碍。

(3)发行人全体董事、监事、高级管理人员出具关于首次公开发行股票并上市的申请文件不存在泄密事项且能够持续履行保密义务的声明。

(4)发行人控股股东、实际控制人对其已履行和能够持续履行相关保密义务出具承诺文件。

(5)中国证监会审核过程提出的信息豁免披露或调整意见,发行人应相应回复、补充相关文件的内容,有实质性增减的,应当说明调整后的内容是否符合相关规定、是否存在泄密风险。

（6）说明内部保密制度的制定和执行情况，是否符合《保密法》等相关法律法规的规定，是否存在因违反保密规定受到处罚的情形。中介机构应当对发行人信息豁免披露符合相关规定、不影响投资者决策判断、不存在泄密风险出具明确、依据充分的专项核查报告，对发行人审计范围是否受到限制级审计证据的充分性以及对发行人豁免披露的财务信息是否影响投资者决策判断出具核查报告。

涉及军工的，中介机构应当说明是否根据国防科工局的《军工涉密业务咨询服务安全保密监督管理办法》取得军工企业服务资质。

550. 改制后军工企业的章程有何特殊要求？

（1）接受国家军品订货，并保证国家军品科研生产任务按规定的进度、质量和数量等要求顺利完成。

（2）决定涉及军品科研生产能力的关键军工设备设施权属变更或用途改变的事项，应经国防科工委批准后再履行相关法定程序。

（3）严格执行国家安全保密法律法规，建立保密工作制度、保密责任制度和军品信息披露审查制度，落实涉密股东、董事、监事、高级管理人员及中介机构的保密责任，接受有关安全保密部门的监督检查，确保国家秘密安全。

（4）修改或批准新的公司章程涉有关特别条款时，应经审批机关同意后再履行相关法定程序。

此外，承制军品的境内上市公司还应在公司章程中设定包含以下内容的特别条款：①控股股东发生变化前，应向国防科工委履行审批程序。②董事长、总经理发生变动及选聘境外独立董事，应向国防科工委备案。③如发生重大收购行为，收购方独立或与其他一致行动人合并持有上市公司5%（含）以上股份时，收购方应向国防科工委申报。未予申报的，其超出5%以上的股份，在军品合同执行期内没有表决权。

第六节 建设施工行业

551. 建筑施工行业有哪些特殊的行业特点?

中国的建筑施工行业发展,伴随着中国改革开放之后的高速城镇化进程,同时也得益于中国的农村劳动力转移浪潮,因此中国的建筑施工行业带有一些特殊的行业特点,包括:

(1) 属于政府管控较强的行业,实行比较严格的资质制度和行业门槛。目前,建筑行业资质总体分为施工总承包资质、专业承包资质、施工劳务资质三个类别。而施工总承包资质和专业承包资质,又按照工程性质和技术特点分别划分为若干资质类别(比如公路工程施工资质、港口与航道工程等),各资质类别按照规定的条件划分为若干资质等级(一般划分为三级,少数划分为两级);施工劳务资质不分类别与等级。建筑施工行业企业只能在所获得的资质许可范围内承接工程项目。

(2) 劳动密集型的特征明显。中国建筑施工行业经过近40年的发展,在机械化、自动化方面已经取得一定进展,但总体而言,仍然属于劳动密集型行业,对灵活、低成本的劳动力依赖性较高,因此在实践中就产生了与之相关的问题,包括存在零散施工队借用挂靠资质承揽工程、工程分包的施工主体要求低等。

(3) 施工内容复杂、专业性较强,财务操纵空间较大。目前的施工工程,在工序和施工内容等方面上都越来越复杂,对于非行业内人员而言,专业壁垒较高。而也因为这样的特点,使得施工项目的财务情况存在较大的人为操纵空间,包括营业成本和费用的真实性、工程进度的确认等。

(4) 施工企业数量多,竞争激烈,业务获取上对于业主方存在一定依赖性,存在部分获取业务不规范的情况,包括给予商业贿赂、串标、围标等问题。

552. 申报 IPO 的建筑施工行业企业在审核中一般有哪些问题会被关注?

建筑施工行业由于业务模式存在一定的特殊性,在 IPO 审核中,除常规问题之外,具有一定特殊性的财务及行业相关问题往往还会被关注到。根据中国证监会的反馈意见及发审委所问询的问题,建筑施工行业在 IPO 审核中会被关注的问题一般包括以下方面:

(1) 收入确认的问题。通常建筑施工行业项目历时较长,财务跨期的情况较为常见,这类项目多采用完工百分比法作为收入确认方法。对于财务处理的合理性与准确性是审核中的关注重点:建造合同完工百分比法确认收入的依据及合理性,包括但不限于建造合同结果是否能够可靠计量的依据、预计总成本的确认依据、工程进度确认的具体依据、累计合同成本确认的依据和方法等,完工进度百分比确认的依据是否合理、客观,是否有充分的内外部证据支持,相应的控制程序是否有效。

(2) 现金交易问题。部分建筑施工企业采购内容较为特殊(如向农户采购苗木、向个体户采购砂石料等),是否存在现金交易、使用个人账户交易、与非法人单位(个人、农户、个体工商户等)交易、无发票交易以及使用其他内部凭证作为入账凭证的情形。

(3) 工程项目的获取方式,包括采用邀标、议标或公开招投标等,是否符合招投标法律的相关要求,是否存在不正当商业竞争行为(商业贿赂等)。

(4) 自身资质情况,包括是否存在借用或挂靠第三方资质承揽业务情况,发行人目前取得资质是否均合法有效,是否存在超越自身的资质承接开展业务的情况。

(5) 对于工程总承包的施工方而言,在存在工程分包的情况下,相关分包商是否具备相应的专业和劳务资质,分包程序是否符合相关规定,是否存在转包或违法分包的情况。此外,发行人进行分包的,对于合同主要条款、质量控制措施等如何控制。

(6) 工程的施工是否符合规范和法律程序要求,包括是否先取得了相应的施工许可证,然后才进行施工。

(7) 施工安全保障及质量问题,包括发行人是否建立了质量安全监管体系并出台了相关文件政策,是否得到了有效执行;发行人在施工中是否发生了重大安全事故,是否发生了因施工问题导致的工程质量事故等。

(8)持续盈利能力,包括发行人的业务是否具有较强的地域性,或对集中度较高的客户存在严重依赖。

553. 申报 IPO 的建筑施工行业企业被否决的案例有哪些问题值得关注?

2016 年 1 月至 2019 年 5 月,被否决的 7 家建筑施工行业 IPO 申报企业,并非是由某一个单独问题而被否决的,而是各种问题叠加所造成的。但是具体到被否决企业的情况以及被中国证监会及发审委关注的问题,通常有:

(1)持续盈利能力存疑,包括应收账款余额较大且占营业收入的比重逐年上升、应收账款周转率下降、直接与业主签订的业务合同数量和占比下降等。

(2)发行人报告期内存在质量、安全等相关的事件,并且受到行政处罚。

(3)违法违规分包,向无劳务分包资质单位采购劳务且占比较高。

(4)获取业务的方式违规,存在应履行未履行招投标程序签订的合同、应当履行招投标程序的项目无中标文件、部分项目在中标前存在发生项目成本的情况。

(5)工程施工过程中存在非正常的大额现金采购或大额现金收取,包括以现金方式收支工程款及材料款,且无法解释其合理性和真实性。

第九章
创新试点

554. 开展创新试点工作有何必要性?

开展创新试点工作,是以习近平新时代中国特色社会主义思想为指导,贯彻落实党中央国务院战略部署的重要举措。当今世界经济正在深刻调整,世界各国都在发掘新的经济增长点,培育经济增长新动能。需要加大改革力度,吸收国际成熟资本市场有效有益的制度方法,努力增强资本市场服务国家战略的能力。

开展创新试点工作,是有效发挥资本市场服务实体经济功能的必然要求。近年来,我国代表新技术新产业的创新企业不断涌现,它们对经济转型升级具有引领作用和示范意义。支持创新企业在境内资本市场发行股票或存托凭证,有利于服务供给侧结构性改革,促进经济结构转型升级。

开展创新试点工作,有利于推动资本市场长期稳定健康发展。由于以往相关制度限制,一批处于引领地位的创新企业已在境外上市,由此引发对我国资本市场包容度和竞争力的反思,也让境内投资者失去分享高成长企业发展红利的机会。现阶段开展创新试点工作,有利于提升上市公司质量,改善资本市场结构,增强市场制度包容性,丰富投资者选择,提高市场竞争力和国际化水平。

555. 哪些企业可以试点?

试点企业应当是符合国家战略、掌握核心技术、市场认可度高,属于互联网、大数据、云计算、人工智能、软件和集成电路、高端装备制造、生物医药等高新技术产业和战略性新兴产业，且达到相当规模的创新企业。其中，已在境外上市的大型红筹企业，市值不低于2000亿元人民币；尚未在境外上市的创新企业（包括红筹企业和境内注册企业），最近一年营业收入不低于30亿元人民币且估值不低于200亿元人民币，或者营业收入快速增长，拥有自主研发、国际领先技术，同行业竞争中处于相对优势地位。

556. 科技创新产业化咨询委员会主要作用是什么？

中国证监会成立科技创新产业化咨询委员会（以下简称"咨询委员会"），充分发挥相关行业主管部门及专家学者的作用，严格甄选试点企业。咨询委员会由相关行业权威专家、知名企业家、资深投资专家等组成，按照试点企业标准，综合考虑商业模式、发展战略、研发投入、新产品产出、创新能力、技术壁垒、团队竞争力、行业地位、社会影响、行业发展趋势、企业成长性、预估市值等因素，对申请企业是否纳入试点范围做出初步判断。中国证监会以此为重要依据，审核决定申请企业是否列入试点，并严格按照法律法规受理审核试点企业发行上市申请。

557. 试点方式是什么？

试点企业可根据相关规定和自身实际，选择申请发行股票或存托凭证上市。允许试点红筹企业按程序在境内资本市场发行存托凭证上市；具备股票发行上市条件的试点红筹企业可申请在境内发行股票上市；境内注册的试点企业可申请在境内发行股票上市。《关于开展创新企业境内发行股票或存托凭证试点的若干意见》所称存托凭证，是指由存托人签发、以境外证券为基础，在中国境内发行、代表境外基础证券权益的证券。

试点企业在境内发行的股票或存托凭证均应在境内证券交易所上市交易，并在中国证券登记结算有限责任公司集中登记、存管、结算。试点企业募集的资金可以人民币形式或购汇汇出境外，也可留存境内使用。试点企业募集资金的使用、存托凭证分红派息等应符合我国外资、外汇管理等相关规定。

中国证监会根据《证券法》等法律法规的规定,依照现行股票发行核准程序,核准试点红筹企业在境内公开发行股票;原则上依照股票发行核准程序,由发行审核委员会依法审核试点红筹企业存托凭证发行申请。

试点企业在境内的股票或存托凭证相关发行、上市和交易等行为,均纳入现行《证券法》规范范围。中国证监会依据《证券法》和《关于开展创新企业境内发行股票或存托凭证试点的若干意见》及相关规定实施监管,并与试点红筹企业上市地等相关国家或地区证券监督管理机构建立监管合作机制,实施跨境监管。

558. 发行条件包括哪些?

试点企业在境内发行股票应符合法律法规规定的股票发行条件。其中,试点红筹企业股权结构、公司治理、运行规范等事项可适用境外注册地公司法等法律法规的规定,但关于投资者权益保护的安排总体上应不低于境内法律要求。对存在协议控制架构的试点企业,中国证监会会同有关部门区分不同情况,依法审慎处理。

试点红筹企业在境内发行以股票为基础证券的存托凭证,应符合《证券法》关于股票发行的基本条件,同时应符合下列要求:一是股权结构、公司治理、运行规范等事项可适用境外注册地公司法等法律法规的规定,但关于投资者权益保护的安排,总体上应不低于境内法律要求;二是存在投票权差异、协议控制架构或类似特殊安排的,应于首次公开发行时,在招股说明书等公开发行文件显要位置充分、详细披露相关情况,特别是风险、公司治理等信息,以及依法落实保护投资者合法权益规定的各项措施。

559. 中国证监会对创新试点工作有何具体安排?

这次创新试点是在现行《证券法》的框架下,依据《证券法》有关规定依法推进的。这次试点中做了一些重要的制度安排:

(1)明确了符合条件的境外注册红筹企业可以在境内发行股票。

(2)推出存托凭证这一新的证券品种,并对发行存托凭证的基础性制度做出安排。

（3）进一步优化证券发行条件，解决部分创新企业存在尚未盈利和未弥补亏损的发行障碍。

（4）充分考虑部分企业存在的可变利益实体（VIE）结构、投票权差异等特殊的公司治理问题，做出有针对性的安排。

（5）切实做好投资者保护的制度安排。

重点关注如下几点：①本次创新试点工作不仅仅等同于发行存托凭证。存托凭证是一种权益性融资工具。通过存托凭证相关制度安排，可以解决注册在境外、经营和客户主要在境内的红筹企业在境内上市与国内《公司法》和境内监管制度不相适应的问题。试点创新企业境内上市有多种途径，符合发行股票条件的，可以在境内市场发行股票；符合存托凭证发行条件的，也可以发行存托凭证。中国证监会也将鼓励创新企业自主选择适合自己的境内外上市途径。②本次创新试点工作强调好中选优，选择少数企业作为试点，重在制度建设，不追求数量、规模。中国证监会将充分考虑国内国际市场情况，把握好试点的数量和节奏，积极稳妥推进创新试点工作，不会一哄而上。在发行审核上将严格按照法律法规和试点规则规定的条件、程序和信息披露要求，严格审核，坚持条件标准不降低，程序不减少。③在试点创新企业发行询价过程中，将充分发挥专业机构投资者的积极作用。中国证监会严格要求发行人及其主承销商根据企业各自的情况，科学设计发行方案，督促专业机构投资者认真研究、审慎报价。

560. 创新试点中如何促进投行更好地发挥作用？

中国证监会针对创新企业发行上市过程中中介服务相关事项做出以下安排：

（1）针对创新企业的特殊情况制定了关于保荐、承销相关多项配套规则，对证券公司进行指导和规范。

（2）综合考虑专业能力水平、风险管理能力、资产收入规模、证券公司分类评价结果和投行类业务合规情况。在试点期间，创新企业可自主选择10家证券公司作为境内发行上市的主保荐机构，其他证券公司可按规定与前述证券公司进行联合保荐或联合主承销。

（3）加大监管力度，督促证券公司勤勉尽责，更好地服务创新企业上市工作。

561. 设立战略配售基金主要考虑什么问题？

在创新试点工作推进过程中，部分基金公司依法向中国证监会申请设立了6只战略配售基金，产品封闭期3年，具体投资安排由基金管理人在基金合同约定范围内自主决策。战略配售基金优先面向个人投资者发售，社保基金、养老金等机构可以自愿参与。根据《基金法》等法律法规要求，各基金管理人在基金合同中明确了产品募集成立下限为50亿元、上限不超过500亿元，实际规模根据投资者申购情况确定。

设立战略配售基金的主要考虑：

（1）鉴于我国股票市场散户参与度高，合格机构投资者数量少、定价能力弱的情况，积极培育机构投资者，发挥其研究、议价能力，增强发行定价的合理性，逐步实现建立市场化发行制衡机制的长期目标。

（2）考虑到首次公开发行企业中创新企业盈利情况具有不确定性、信息披露理解难度大等特点，集中投资风险较高，应给普通自然人提供一个借助基金实现分散投资、长期投资的选择，给尚不成熟的投资者提供保护，并增强市场稳定性。

562. 上市前实施员工持股计划应满足哪些要求？

（1）试点企业实施员工持股计划，应当严格按照法律、法规、规章及规范性文件要求履行决策程序，并遵循公司自主决定、员工自愿参加的原则，不得以摊派、强行分配等方式强制实施员工持股计划。

（2）参与持股计划的员工，与其他投资者权益平等，盈亏自负、风险自担，不得利用知悉公司相关信息的优势，侵害其他投资者合法权益。员工入股应主要以货币出资，并按约定及时足额缴纳。按照国家有关法律法规，员工以科技成果出资入股的，应提供所有权属证明并依法评估作价，及时办理财产权转移手续。

（3）试点企业实施员工持股计划，可以通过公司制企业、合伙制企业、资产管理计划等持股平台间接持股，并建立健全持股在平台内部的流转、退出机制，以及股权管理机制。参与持股计划的员工因离职、退休、死亡等原因离开公司的，其间接所持股份权益应当按照员工持股计划的章程或相关协议约定的方式处置。

563. 满足哪些要求不必穿透计算持股计划的权益持有人数？

员工持股计划符合以下要求之一的，在计算公司股东人数时，按一名股东计算；不符合下列要求的，在计算公司股东人数时，穿透计算持股计划的权益持有人数：

（1）员工持股计划遵循"闭环原则"。员工持股计划不在公司首次公开发行股票时转让股份，并承诺自上市之日起至少 36 个月的锁定期。试点企业上市前及上市后的锁定期内，员工所持相关权益拟转让退出的，只能向员工持股计划内员工或其他符合条件的员工转让。锁定期后，员工所持相关权益拟转让退出的，按照员工持股计划章程或有关协议的约定处理。

（2）员工持股计划未按照"闭环原则"运行的，员工持股计划应由公司员工组成，依法设立，规范运行，且应已经在基金业协会依法依规备案。

564. 上市前制定、上市后实施的期权激励计划应满足哪些要求？

（1）有关激励对象条件、激励计划的必备内容与基本要求、激励工具的定义与权利限制、行权安排、回购或终止行权、实施程序、信息披露等内容应参考《上市公司股权激励管理办法》的相关规定执行。

（2）期权的行权价格由股东自行商定确定，但原则上不应低于最近一年经审计的净资产或评估值。

（3）试点企业全部在有效期内的期权激励计划所对应股票数量占上市前总股本的比例，原则上不得超过 15%。

（4）试点企业在审核期间，不应新增期权激励计划。

（5）试点企业在制订期权激励计划时应充分考虑实际控制人稳

定，避免上市后期权行权导致实际控制人发生变化。

（6）激励对象在试点企业上市后行权认购的股票，应承诺自行权日起三年内不减持，同时承诺上述期限届满后比照董事、监事及高级管理人员的相关减持规定执行。

（7）试点企业应当充分披露期权激励计划的相关信息，揭示期权激励计划对公司经营状况、财务状况、控制权变化等方面的影响。

第十章
新三板挂牌企业

565. 新三板挂牌企业申请 IPO 是否需履行特殊流程？

新三板挂牌企业申请 IPO 主要有两种方式：

（1）以新三板挂牌企业身份直接申请上市。新三板挂牌企业在筹备或申报上市期间，无须在新三板摘牌；中国证监会核准上市后，全国股转公司将根据新三板挂牌企业申请及时终止其股票挂牌。新三板挂牌企业在挂牌期间申请上市的主要流程包括：①挂牌企业根据相关法律法规及公司章程的规定履行内部决策程序，董事会和股东大会审议通过申请上市的相关议案并及时公告，并在后续上市辅导备案及验收时及时公告。②中介机构制作申报文件，向中国证监会提交申报材料，待取得受理许可通知书后，挂牌企业申请股票在新三板暂停转让。③获得中国证监会审核通过后，挂牌企业申请股票终止在新三板挂牌（摘牌退市）。

（2）先从新三板摘牌退市，再以非新三板挂牌企业身份申请上市。此种方式下，新三板挂牌企业终止挂牌后，申请上市无须受限于全国中小企业股份转让系统相关规定，无须履行新三板相关信息披露义务，其他主要流程与一般非新三板挂牌企业无实质区别。

566. IPO 信息披露方面应关注哪些问题？

在新三板企业挂牌期间，往往因为企业规范意识不够强，存在某些信息披露不够准确或不够及时等问题，如对外担保程序问题或关联交易披露不完整等，在申报 IPO 的过程中，这些问题会被监管机构重点关注。

从近期新三板挂牌企业申报IPO案例看,中国证监会在反馈意见中通常会要求企业及保荐机构核查"在招股说明书中披露的主要内容是否与新三板披露的公开转让说明书之间存在重大差异"或者"首发申报文件和在新三板挂牌期间对外发布的文件中披露的信息是否存在重大差异及原因"等。如企业存在前述信息披露差异,而缺乏合法、合理的理由或相关差异未得到解决,可能会对IPO产生不利影响。因此,拟申请IPO的新三板挂牌企业应特别关注信息披露的真实、及时、准确、完整,如有遗漏、错误的信息应当及时补充、更正,尽量避免、减少IPO申报时披露信息与申请挂牌时及挂牌期间所披露的信息存在差异。

此外,按照《首发业务若干问题解答(一)》,发行人曾为或现为新三板挂牌公司的,应说明并简要披露其在挂牌过程中,以及挂牌期间在信息披露、股权交易、董事会或股东大会决策等方面的合法合规性,披露摘牌程序的合法合规性(如有),是否存在受到处罚的情形。对于新三板挂牌、摘牌公司因二级市场交易产生的新增股东,原则上应对持股5%以上的股东进行披露和核查。如新三板挂牌公司的股东中包含被认定为不适格股东的,发行人应合并披露相关持股比例,合计持股比例较高的,应披露原因及其对发行人生产经营的影响。因此,拟申请IPO的新三板挂牌企业还应该特别注意挂牌期间的股权交易、新增主要股东、董事会或股东大会决策等监管机构关注的问题。

567. 股东之间的对赌问题有何要求?

新三板挂牌企业或其实际控制人在挂牌前及挂牌后股票发行时均有可能因引进投资人而签署业绩承诺及补偿、股份回购、反稀释等有特殊条款的投资协议。按照《挂牌公司股票发行常见问题解答(四)——特殊投资条款》,新三板挂牌企业股票发行过程中签订的业绩承诺及补偿、股份回购、反稀释等特殊权利条款应当符合监管要求。除特定情形外,新三板挂牌企业不能作为特殊权利条款的义务承担主体。

按照《首发业务若干问题解答（一）》，上述特殊权利条款等类似对赌协议的安排，原则上要求发行人在申报前清理，但同时满足以下要求的可以不清理：一是发行人不作为对赌协议当事人；二是对赌协议不存在可能导致公司控制权变化的约定；三是对赌协议不与市值挂钩；四是对赌协议不存在严重影响发行人持续经营能力或者其他严重影响投资者权益的情形。保荐人及发行人律师应当就对赌协议是否符合上述要求发表明确核查意见。发行人应当在招股说明书中披露对赌协议的具体内容、对发行人可能存在的影响等，并进行风险提示。因此，拟IPO的新三板挂牌企业在申报IPO前，应当按照上述法规要求，注意与投资方提前沟通特殊权利条款安排及对这些条款进行调整或清理的问题，避免因此影响申报进程。

568. 企业及实际控制人的承诺问题有何要求？

新三板挂牌企业在申请挂牌及挂牌期间，针对某些问题的解决，可能会由企业或者实际控制人出具相关承诺，在挂牌时披露的公开转让说明书、法律意见书中予以公布，此外，在挂牌企业每年的年度报告中亦会披露上述重要承诺事项。根据《证券期货市场诚信监督管理暂行办法》第八条第（四）项的规定，发行人及其主要股东、实际控制人、董事、监事和高级管理人员所做的公开承诺的未履行或未如期履行、正在履行、已如期履行等情况，属于中国证监会记录的证券期货市场诚信信息。根据《创业板首发管理办法》第五条的规定，发行人的控股股东、实际控制人、董事、监事、高级管理人员等责任主体应当诚实守信，全面履行公开承诺事项，不得在发行上市中损害投资者的合法权益。参考该项规定，如果挂牌企业及其控股股东、实际控制人、董事、监事、高级管理人员等相关方未能全面履行申请挂牌或挂牌期间做出的公开承诺的，则有可能会被证券监管部门认定为存在严重损害投资者的合法权益的情形，情节严重的会对IPO产生不利影响。因此，拟IPO的新三板挂牌企业应提前梳理相关各方做出的承诺及承诺执行的情况，注意相关承诺是否已经按时履行。

569. 董事、高级管理人员的变动问题有何要求？

主板、中小企业板拟上市公司最近三年内董事、高级管理人员不应发生重大变化，创业板拟上市公司最近两年内董事、高级管理人员不应发生重大变化。新三板挂牌企业通常为中小型企业，很多企业直到挂牌之前的股份制改造时才真正设立董事会、聘任高级管理人员。而且挂牌企业处于高速发展时期，客观上管理层人员流动较大，因此更容易出现董事、高级管理人员变动的情况。

按照《首发业务若干问题解答（一）》，中介机构对董事、高级管理人员是否发生重大变化的认定，应当本着实质重于形式的原则，综合两方面因素分析：一是最近三年（创业板两年）内的变动人数及比例，在计算人数比例时，以董事和高级管理人员合计总数作为基数；二是上述人员因离职或无法正常参与发行人的生产经营是否导致对发行人生产经营产生重大不利影响。如果最近三年（创业板两年）内发行人的董事、高级管理人员变动人数比例较大，或董事、高级管理人员中的核心人员发生变化，对发行人的生产经营产生重大不利影响的，应视为发生重大变化。变动后新增的董事、高级管理人员来自原股东委派或发行人内部培养产生的，原则上不构成人员的重大变化。发行人管理层因退休、调任等原因发生岗位变化的，不轻易认定为重大变化，但发行人应当披露相关人员变动对公司生产经营的影响。因此，拟申请IPO的挂牌企业应当注意董事、高级管理人员任职的稳定性，尽量避免在IPO报告期内大范围地对董事、高级管理人员进行调整；如根据实际情况需要发生调整事项，应按照上述相关监管规则，谨慎判断调整事项是否可能构成"重大变化"，并采取适当措施避免。

后 记

深圳证券交易所创业企业培训中心(以下简称"培训中心")自2001年成立以来,一直致力于普及资本市场基础知识、基本理念,宣传资本市场政策法规,积极推进中小企业改制上市、规范运作、做大做强,提高上市公司的质量,保护投资者合法权益。截至2019年6月底,培训中心已在全国各地举办各类培训班、座谈会或研讨会,参加培训的学员超过15万人次,受到各地政府、上市公司和拟上市企业的普遍欢迎。期间,培训中心编写了《中小企业板、创业板股票发行上市问答》《上市公司并购重组问答》《上市公司规范运作指引》《上市公司监管法规选编》《上市公司规范运作问答》《有效董事会》等培训教材,得到广大学员与读者的好评。

为进一步提升服务中小企业的能力,发挥市场服务基础职能,深交所于2013年创新性地提出并着手实施打造深交所"中小企业之家"的举措,全力建设包括深交所所有上市公司、拟上市公司在内的大家庭。培训中心作为深交所服务中小企业之家的主要机构之一,积极搭建服务平台,聚集中小企业高管与来自一线监管部门、中介机构等各方面的专家,就企业改制上市、规范运作、并购重组、股权激励、再融资等问题展开深入沟通和交流,切实提升企业家综合利用资本市场发展产业的能力与经验。为不断提升沟通交流的传播效果和范围,服务平台还进一步提出构建以出版物、网站、微信公众号等为媒介的全方位公益服务体系。

回顾历史,培训中心早在2006年就组织编印了《中小企业股票发行上市问答》作为资本市场内部培训教材,2007年进行了第一次

修订，2009年进行了第二次修订并更名为《中小企业板、创业板股票发行上市问答》，2010年和2013年分别进行了第三次和第四次修订。该书内容全面，操作性强，受到了读者的广泛好评，曾被誉为企业发行上市的"红宝书"。

2013年培训中心开始与中国财政经济出版社合作，公开出版中小企业之家系列读物，借此扩大受众，延伸深交所服务。2014年、2016年，培训中心分别组织了《中小企业板、创业板股票发行上市问答》的第五次和第六次修订，并通过中国财政经济出版社正式出版发行了《中小企业板、创业板股票发行上市问答》和《中小企业板、创业板股票发行上市问答（第2版）》，进一步扩大了读者受众面和辐射力。

近年来，随着新股发行体制改革不断深化，企业家、中介机构迫切需要了解改制上市相关政策和操作实务等关注要点的变化。为此，2018年起培训中心进一步充实编委队伍，召集包括律师、会计师、评估师、券商等具有市场实践经验的编委代表对该书进行第七次修订，形成《中小企业板、创业板股票发行上市问答（第3版）》。本次修订对全书的章节结构进行了梳理和调整，将股票发行审核关注要点分为规范性审核、独立性及业务审核、财务与会计审核三个部分，根据新股发行体制改革的最新要求对全书内容进行审阅和修订，新增新三板挂牌企业、创新试点专题，旨在根据监管和市场最新发展趋势，全面梳理和总结了从改制、审核、发行到上市各环节的重点和难点问题，切实解决了企业在进入资本市场过程中可能遇到的各种难题，为企业家开展改制上市工作提供切实可靠的参考。

2019年6月科创板已正式启动，实施股份发行注册制，建立以信息披露为中心的挂牌审核机制，由拟上市企业和中介机构保证信息的真实性、准确性和完整性。由于发行审核制度不同，本书只对中小企业板及创业板发行上市问题进行了探讨。

《中小企业板、创业板股票发行上市问答（第3版）》共分七部分，具体内容和修订人如下：

内容		修订人
第一部分 股票发行上市基础知识	第一章 发行上市概要	广东华商律师事务所邓磊
	第二章 发行上市条件及可行性评估	
	第三章 上市地选择和费用	金杜律师事务所周蕊
第二部分 股票发行上市前期准备	第一章 聘请中介机构	中信证券股份有限公司陈靖
	第二章 尽职调查	
	第三章 企业内部组织和业务架构的调整	广东信达律师事务所张炯
	第四章 企业规范运作与重组	
	第五章 设立股份有限公司	
	第六章 辅导与备案	中信证券股份有限公司陈靖
	第七章 规划募集资金使用	方正证券股份有限公司郭文杰
第三部分 股票发行申报审核与发行上市	第一章 发行申报材料的制作	广发证券股份有限公司朱煜起
	第二章 发行审核原则与流程	
	第三章 发行与承销	方正证券股份有限公司郭文杰
	第四章 上市及上市后监管	深圳证券交易所朱海红
第四部分 股票发行审核——规范性审核	第一章 主体资格	广东华商律师事务所周燕
	第二章 公司治理及规范运作	广东信达律师事务所曹平生
	第三章 内部控制	深圳致行管理咨询有限公司洪乐
	第四章 信息披露	方正证券股份有限公司郭文杰
第五部分 股票发行审核——独立性及业务审核	第一章 独立性	德勤会计师事务所陈坚
	第二章 同业竞争	中伦律师事务所李磐
	第三章 关联交易	
	第四章 募集资金使用	方正证券股份有限公司郭文杰

续表

	内容	修订人
第六部分 股票发行审核——财务与会计审核	第一章 总体要求	致同国际会计师事务所范震杰
	第二章 申报财务会计资料的一般事项	
	第三章 拟上市主体设立涉及的会计问题	
	第四章 会计处理与财务规范	天职国际会计师事务所陈志刚
	第五章 税务问题	毕马威会计师事务所李瑾
	第六章 财务内控	上海立信锐思信息管理有限公司杨芳
	第七章 持续盈利能力	
	第八章 财务披露信息	深圳致行管理咨询有限公司洪乐
第七部分 发行上市相关专题	第一章 优先股	金杜律师事务所周蕊 德勤会计师事务所李莉
	第二章 股权激励	中伦律师事务所李磐 德勤会计师事务所李莉
	第三章 引入创业投资	深圳市东方富海投资管理股份有限公司宋萍萍
	第四章 重组上市	广东华商律师事务所邓磊
	第五章 外商投资	广东华商律师事务所周燕
	第六章 红筹回归	
	第七章 媒体关系、投资者关系管理及路演	深圳证券交易所创业企业培训中心张昊
	第八章 行业特殊问题	广东华商律师事务所周燕 金杜律师事务所周蕊 德勤会计师事务所陈坚
	第九章 创新试点	德勤会计师事务所李渭华
	第十章 新三板挂牌企业	金杜律师事务所周蕊

本书由深圳证券交易所创业企业培训中心精心策划和组织编写，感谢参与撰写和历次修订工作的作者和修订者的辛勤付出。在此，特别感谢深圳证券交易所邱永红，安永会计师事务所汪阳，国枫律

后 记

师事务所曹亚娟、刘斯亮、杜莉莉、孙冬松对本次修订工作的大力支持，同时，感谢招商证券股份有限公司江荣华、灏浚投资管理有限公司毛明、华泰联合证券有限责任公司毛成杰、大成律师事务所沙辉、国泰君安证券股份有限公司陈杰、国信证券股份有限公司李天宇、致同国际会计师事务所陈平、毕马威会计师事务所万姝和谭伟、上海铭垚信息科技有限公司高垚、华融证券股份有限公司赵笏阳对本次审稿工作的支持。

本书初稿完成后，广东华商律师事务所邓磊、天职国际会计师事务所陈志刚依据最新的政策法规对相关内容进行了完善。深圳证券交易所创业企业培训中心 IPO 研究小组的谭凯元、洪文琳、郭斯佳、林垿瑜、谢春华、何久斌、克迪丽亚·艾赛提参与了全书的整合校对工作。

由于资本市场发展迅速，企业发行上市工作的专业性和复杂性较高，加上时间和水平所限，书中难免有疏漏和不足之处。本书给出的解答只代表作者个人观点和理解，仅供参考，对于法律、法规、政策的解读，最终以权威部门的正式解释为准。我们将密切跟踪监管政策变化和市场发展演变，不断修订、完善本书，欢迎各界人士随时提出宝贵意见和建议（联系人：洪文琳；联系方式：wlhong.oth@szse.cn）。

深圳证券交易所创业企业培训中心
深圳证券交易所中小企业之家
2019 年 8 月